KB061007

사
랑

나남
nanam

사랑

원로 언론인 강한필의
아내 간병실록 2,042일

2013년 6월 5일 발행
2013년 6월 5일 1쇄

지은이 · 姜漢弼
발행자 · 趙相浩
발행처 · (주) 나남
주소 · 413-120 경기도 파주시 회동길 193
전화 · 031-955-4601(代)
FAX · 031-955-4555
등록 · 제1-71호 (1979.5.12)
홈페이지 · www.nanam.net
전자우편 · post@nanam.net
ISBN · 978-89-300-8699-8
ISBN · 978-89-300-8655-4 (세트)

책값은 뒤표지에 있습니다.

사랑

원로 언론인 강한필의
아내 간병실록 2042일

나남
nanam

보다 겸허한 마음으로
제 자신을 돌아보면서
아내의 영전(靈前)에 이 작은 책을 바칩니다.
저를 아껴주신 모든 분들께
거듭 감사드립니다.

강한필 姜漢弼

경남 진주에서 태어나 배재고, 서울대 사범대학을 졸업했다. 〈경향신문〉 공채기자로 입사하여 30년간 소용돌이치는 역사의 현장을 뛰었다. 사회부장, 외신부장, 논설위원, 편집부국장 등을 거쳐 편집국장을 두 차례 역임했다. 신문사를 떠난 뒤에는 불교방송 전무, 사장(직대)을 지냈으며, 한화그룹 감사로도 근무했다. 아내의 발병 후 모든 사회활동을 접고 그 곁을 지켰으나, 끝내 그를 붙잡지 못했다.

정복숙 鄭福淑

오랜 난소암 투병 끝에 영원한 나라로 떠난 정복숙은 황해도 황주에서 태어나 6·25전쟁 때 어린 나이로 부모 형제와 함께 임진강과 한강을 건너와 대전에서 자랐다. 대전여고를 거쳐 수도여자사범대(세종대 전신)에서 기악(피아노)을 전공했다. 졸업 후 한때 충남 논산에 있는 가톨릭계 학교인 쎈뽈(St. Paul)여고에서 음악교사로 일했다. 결혼 후에는 남편과 아이들을 위한 전업주부로만 살았다.

아내와 함께한 마지막 제주 여행.

2006년 12월, 항암기간 중 한동안 좋아졌을 때 우리는 제주 여행 길에 나섰다.

그로부터 2년 7개월 아내는 영원한 나라로 떠났다.

나으면 다시 가리라고 다짐했던 그 약속은 끝내 지켜지지 않았다.

― 2006 제주도 절물오름, 삼나무 숲길에서

사미인곡(思美人曲)의 끝나지 않는 노래

그 사람이 우리 곁을 떠난 지 3년 9개월. 몽유병 환자처럼 끝없이 방황하고 떠돌던 가련한 영혼이 이제 겨우 이 작은 책상 앞에 이르렀습니다.

하늘이 유난히 푸르렀던 지난 가을 어느 날, 백담사 만해 마을에서 며칠을 보냈습니다. 반짝거리는 수많은 별들을 바라보며 잠들었던 그날 밤, 아내는 설악의 높은 하늘 너머에서 은은한 달빛처럼 환한 얼굴에 미소를 가득 담고 내게로 내려오고 있었습니다. 나는 신발도 신지 않은 채 두 팔을 벌리고 아내에게로 달려갔습니다. 그러나 아내는 대청봉 위 하늘 위로 사라져버렸습니다. '안 돼! 안 돼!' 소리치며 그 자리에 주저앉았습니다.

허망한 꿈이었습니다. 이루어질 수 없는 환상이었습니다. 창문을 활짝 여니 오싹한 바람이 내 뺨을 후려치고, 깊고 깊은 백담계곡을 거치며 몸집을 불려온 내린천 큰 물소리가 '꿈 깨라! 꿈 깨라!' 외치며 흘러가고 있었습니다.

우리 곁을 떠난 후 꿈속에서조차 그 모습을 좀처럼 보여주지 않던 그 사람, 왜 홀연히 나타났다가 사라졌을까? 그날 오후 만해문학관에서 읽은 만해 선생의 시 〈님의 침묵〉이 어느 때보다 절실하게 가슴에 와 닿았기 때문이었을까? 다시 절망과 슬픔의 밤을 지새운 뒤 나는 그 사람이 꿈에서처럼 결코 돌아오지 않는다는 사실을 새삼 깨달았습니다. 그리고 미루고 미루어왔던 일을 빨리 끝내야겠다는 생각이 번쩍 들었습니다. 그 일이란 그 사람과 함께했던 마지막 날들의 기록을 정리하는 것이었습니다.

그 사람이 난소암 선고를 받은 2004년 1월 10일부터 우리와 영원한 이별을 했던 2009년 8월 6일까지 5년 6개월 27일, 2,036일을 근간으로 암 선고 전 이틀, 눈을 감은 후 삼우제를 지내기까지 나흘, 모두 2,042일의 내 비망록에는 희망과 절망, 기도와 절규, 분노와 회한, 고통과 슬픔, 눈물과 한숨이 가득 차 있었습니다. 5번의 큰 수술, 50차례에 가까운 항암치료, 3일에 한 번꼴로 드나든 병원, 100번에 가까운 입원과 퇴원, 그 사이 잠깐 잠깐 찾아온 행복과 희망의 날들….

대충 정리하다 보니 200자 원고지 7천여 장에 이르는 방대한 분량이었습니다. 책으로 엮기엔 너무 많아 줄이는 일은 더 큰 어려움이었습니다. 우리에겐 너무 소중한 하루하루의 기록이었기 때문입니다. 그래도 줄이고 또 줄여 이 책을 내기로 했습니다. 그러나 또 다른 고민들이 나를 잠 못 들게 했습니다. 속살을 드러내 보이는 것처럼 쑥스럽고, 사사로운 일을 세상에 내보이는 것이 예사로운 일이 아니었습니다. 나름의 결단과 용기가 필요한 일이었습니다.

우리의 희망과 의지와는 달리 암은 이제 더 이상 강 건너 편의 불이 아닙니다. 한 집 건너 한 집의 가족 중 누군가가 그 지독한 암이란 병에 걸려 말할 수 없는 고통을 겪고 있습니다. 날마다 세상을 떠나는 세 사람 중 한 명인 200명에 가까운 생명들이 암으로 우리 곁을 떠나고 있습니다. 이 많은 사람들과 그 가족들의 좌절과 몸부림은 처절하고 참담하기만 합니다. 겪어보지 않은 사람은 누구도 그 아픔을 결코 이해하지 못할 것입니다.

오늘도 병상에 누워, 또는 그 옆에 둘러앉아 시시각각 가까워져 오는 운명의 발자국 소리를 들으며 눈물을 삼키고 있는 수십만, 수백만의 사람들. 생각만 해도 가슴이 메어집니다. 그들에게 아주 작은 위로나 참고라도 되었으면 하는 소망에서 부끄러움을 무릅쓰고 이 책을 냅니다. 아프고 슬픈 긴 투병기간 중 용기와 희망을 주신 분들이 헤아릴 수 없을 만큼 많습니다. 이 모든 분들께 깊이 감사드립니다.

졸고(拙稿)가 세상의 밝은 빛을 받기까지 많은 분들의 꾸준한 격려와 뜨거운 응원이 있었습니다. 그들은 책 내기를 미타(未妥)해하는 필자에게 새로운 에너지와 용기를 주었습니다. 이 책은 그들의 큰 도움에 따른 결과임을 밝히는 것을 명예롭게 생각합니다.

저희 부부와 인연을 맺은 외우(畏友), 친지, 언론계 선후배, 동병상련한 환자와 그 보호자, 의사, 간호사 등 모든 분들께 각별한 감사의 뜻을 전합니다. 마음의 빚을 지게 한 그분들 모두의 이름을 여기서 하나하나 밝히는 예의를 지키지 못해 죄송스럽습니다. 그들의 우정과 의리는 슬픔과 아픔을 달래는 고귀한 선물이 되었습니다.

특히 나남출판 조상호 대표는 담대한 희망과 감동적인 열정으로 필자를 고무했으며 책의 탄생에 결정적인 역할을 맡았습니다. 노련한 경륜을 가진 그는 여전히 싱싱한 감수성을 지닌 '영원한 청춘'임을 확인했습니다. 그와 함께 편집방향을 의논한 시간은 행복했습니다. '언론 의병장'이기도 한 그는 은퇴한 나를 다시 현역으로 귀환시켰습니다.

또한 초고(草稿)를 읽고 우정어린 조언을 준 김세호 홍성조류탐사과학관 연구위원, 고승철 소설가, 이정 소설가(전 불교방송 및 〈경향신문〉 기자) 등 언론계 후배들은 이 염량세태(炎凉世態)에도 여전히 의인(義人)이 존재함을 보여주었습니다. 참으로 감격스럽고 고마운 일이었습니다.

창의적인 발상과 성실한 자세로 편집 및 디자인을 맡아준 나남출판의 편집진에게도 감사드립니다. 34년 역사를 가진 명문 출판사의 명성이 하루아침에 쌓이지는 않았음을 새삼 깨달았습니다. 그리고 파라다이스를 연상케 하는 멋진 표지화를 그려준 이철원 화백의 예술혼에도 경의를 표하지 않을 수 없습니다.

그리고 사랑하는 나의 아내, 아이들의 자상한 어머니 정복숙의 영전에 이 책을 바칩니다.

✠

님은 갔습니다.

아아 사랑하는 나의 님은 갔습니다.

…

아아, 님은 갔지마는

나는 님을 보내지 아니하였습니다.

제 곡조를 못 이기는 사랑의 노래는

님의 침묵을 휩싸고 돕니다.

　　　　　　　　— 만해 한용운, 〈님의 침묵〉중에서

2013년 5월
눈부시게 아름다운 어느 날

강 한 필

사랑 <small>원로 언론인 강한필의 아내 간병실록 2,042일</small>

차례

1부

그해의 잔인한 봄,
병원의 입구와 출구

심각한 (serious), 심각한, 심각한 …

2004년 1월 1일(목요일)

새해 새 태양이 솟았다. 아내와 둘이서 집 앞 소실봉에 올라 첫해를 맞았다. 연말부터 불쾌한 여러 징후가 나타나 해마다 가던 동해안 해맞이 여행을 포기한 것이다. 아내와 나는 아내에게 잇달아 일어나는 이상한 현상들이 기우로 끝나고 건강한 삶을 누릴 수 있도록 해달라고 기구했다. 그리고 아이들이 사회와 국가에 기여할 수 있는 성실한 인재로 계속 뻗어나가기를 빌었다.

오후엔 집에서 가까운 봉녕사로 갔다. 비구니 스님이 운영하는 사찰답게 정갈했다. 큰 양초 2개를 꽂고 부처님께 소원을 빌었다.

미국 시카고에 계신 누나와 자형으로부터 전화가 왔다. 언제나 그렇듯 올해도 건강하고 즐겁게 지내자는 덕담을 나눴다. 필라델피아에 있는 큰딸 윤희와 사위에게는 우리가 전화를 걸었다. 박사 후 과정을 잘 마치고 좋은 대학에 자리 잡을 수 있길 바란다고 격려했다.

어제 오후에 왔던 아이들은 저녁때 서울로 가고 이젠 둘만이 남아 새해 첫날을 보낸다.

1월 9일(금요일)

운명의 날이라고 해야 할까? 동네에 있는 내과의원에 갔다. 아내의 아랫배에서 만져지는 딱딱한 덩어리를 확인하기 위해 초음파를 찍었다. 주먹만큼 큰 덩어리가 초음파에 잡혔다. 종양이 의심된다며 큰 병원에 가보라고 했다. 가슴이 철렁 내려앉고 눈앞이 캄캄했다. 양성일 수도 있고, 단순한 물혹일 수도 있지 않겠나. 애써 좋은 쪽으로 해석하려고 노력했으나 불길한 예감이 뇌리에서 떠나지 않는다.

내일 오전 일찍 강남성모병원에 가서 확실한 진단을 받아보기 위해 병원 근처인 반포 집으로 나왔다. 서초구 반포동에 있는 24평짜리 이 아파트는 4년 전 서울 강남의 아파트를 팔고 지금 사는 수지의 아파트로 이사 갈 때 아이들 출퇴근을 고려하여 구입한 것이다.

나는 잠 못 이루며 뒤척이고 있는데, 아내는 오히려 담담한 표정으로 가족들을 위로한다. 제발 암만은 아니길 빌면서 길고 긴 밤을 보낸다.

초음파 검사: 우리가 들을 수 있는 소리보다 주파수가 큰 음파를 인체 내부로 전파시켜 체내 연조직에서 반사된 음파로 얻어진 반사영상을 이용한 검사. 가장 기초가 되는 검사법이다.

1월 10일(토요일)

오전 9시 30분, 아내와 나는 부인 암의 권위자인 강남성모병원 남궁성은(南宮聖恩) 박사의 진료실을 찾았다. 남궁 박사는 아내를 내진하고 동네병원에서 찍은 초음파 사진을 판독했다. 그리고는 나를 진료실 안으로 들어오게 했다. 안 좋은 종양일 가능성이 90% 이상 된다고 말했다. 눈앞이 캄캄하고 다리의 힘이 쪽 빠져나갔다. 대범하던 아내도 얼굴색이 변했다. 우리에게 왜 이런 끔찍한 일이 닥쳐오는 것일까? 천사같이 선하고 바르게 살아온 아내에게 왜 이런 가혹한 시련이 찾아오는 것일까?

남궁 박사는 정밀검사를 위해 14일로 MRI 촬영 일정을 잡아주었다. 양성일 수도 있고, 설령 암이라고 하더라도 말기가 아니라면 50~70%의 생존확률은 있는 것 아닌가. 아내를 살며시 안으며 우리는 어떤 일이 일어나더라도 절대 절망하지 말고 암과 싸워 이기자고 다짐했다. 1%의 가능성만 있다면 그 1%를 우리 것으로 만들자고 의지를 굳게 다졌다. 갑자기 말이 많아진 내가 안쓰러웠던지 아내는 웃음으로 나를 안심시키려 한다.

수지 집으로 돌아왔다. 저녁때 작은딸 윤정이가 왔다. 윤정이도 놀라서 어쩔 줄 몰라 한다. 우리는 엄마를 살리기 위해 모든 것을 다 바치자고 무언의 결의를 했다. 약한 모습을 절대로 보이지 말고 평소 하던 대로 의연하게 생활하자고 거듭 다짐했다. 희망과 결의의 긴 여로다. 암을 극복한 사례들을 모으고, 암 치료에 대한 정보와 자료들도 찾아 엄마의 용기를 북돋아주자고 했다. 지성이면 감천이다. 정성을 다하고 모든 사랑을 쏟으면 기적이 일어난다.

의지를 다지고 다졌지만, 지나온 일들이 끝없이 떠오른다. 열심히 그리고 성실하게 살아온 아내에게 왜 이런 시련의 먹구름이 몰려오는가. 이제 아내만을 위한 삶을 살자.

자기공명영상(*magnetic resonance imaging*, MRI) : 강한 자기장 내에서 인체에 라디오파를 전사, 반향되는 전자기파를 측정하는 영상을 얻어 각종 질병을 진단하는 검사.

1월 14일(수요일)

지난 며칠 동안 평소와 다름없는 생활을 했다. 아내는 고등학교, 대학교 동창모임에도 나가고, 이웃사람들과 모여 식사도 함께 했다. 또 그들을 집으로 초대해 다과를 들며 살아가는 이야기도 나누었다. 표정이 전과 다름없이 밝아 암 선고를 받은 충격도, 흔적도 보이지 않았다. 나도 친구들과 어울려 산행을 계속했고, 점심 모임이나 술 모임에도 빠지지 않고 나갔다.

오후 1시에 성모병원에 가서 MRI를 찍었다. 태연하려고 애썼으나 무척 긴장되었다. 그러나 아내는 오히려 담담하다.

16일 오전 남궁 박사를 찾아가 검사결과를 놓고 상담하기로 했다. 반포 집으로 돌아와 냉면을 시켰다. 아내는 불안한 기색 없이 잘 먹었다. 그리고 환하게 웃었다. 순진한 저런 모습을 오래도록 볼 수 있어야 할 텐데 생각하니 가슴이 뭉클해진다.

바람이 찼다. 앞으로 아내를 태우고 수없이 넘나들어야 할지도 모를 서울과 경기도의 경계에 있는 경부고속도로의 달래내 고개를 넘어 수지 집으로 돌아왔다. 아내와 나란히 침대에 누웠다. 볼에 입을 맞추면서 사랑한다고 말해 주었다. 아내는 평소에 안 하던 짓을 한다며 살짝 눈을 흘겼다.

1월 16일(금요일)

11시 50분 남궁 박사의 진료실을 찾았다. 그의 표정이 매우 어두웠다. 사형집행을 앞둔 사형수의 심정이 이럴까? 아무리 마음을 다잡아도 떨린다.

"악성 종양인 것 같습니다. 10㎝ 이상 커졌으니 상당히 진행된 상태이고…. 확실한 것은 개복 후 조직검사를 해보아야 아는 것이지만, 경험상 좋지 않은 것만은 확실해요."

각오는 했지만 운명은 현실로 다가왔다. 하늘이 무너지는 충격이다. 내색 않던 아내도 안색이 변했다. 눈물이 주르륵 흘러내렸다.

남궁 박사는 낙담하지 말라고 우리를 위로했다. 수술을 잘하고 치료를 잘하면 좋은 결과가 올 수 있다는 희망적인 설명을 해주었다. 생명의 근원인 난자를 생산하는 난소에서 발생하는 난소암은 부인 암 중 가장 치료가 어려운 고약한 암이긴 해도 10년, 20년 생명을 이어가는 환자도 많다고 했다.

남궁 박사는 이곳저곳에 전화를 했다. 설 연휴가 끝난 후인 24일 입원하여 26일이나 27일에 수술하자고 제안했다. 우리는 최고 최선의 치료를 부탁하는 수밖에 달리 할 말이 없다.

대기실에서 순서를 기다리던 수많은 환자들이 근심 어린 눈빛으로 우리를 지켜보며 안타까워했다. 대개의 경우 환자 보호자까지 함께 상담하면 심각한 상황이라는 것을 그들은 알고 있다. 암의 힘든 투병과 기나긴 간병의 어려움에 공감하는 동병상련의 심정이리라. 병원은 누군가에게는 희망이지만, 누군가에게는 가혹한 시련이자 돌아올 수 없는 다리를 건너는 것이 된다.

아내의 손을 힘주어 꽉 잡았다. 어떤 수를 쓰더라도 아내를 꼭 살려낼 것이다. 우리가 가진 것 모두를 다 쏟아 부어 아내를 살려낼 것이다. 그리고 더욱 사랑할 것이다. 이런 다짐을 몇 번씩 되풀이하면서 달래내 고개를 넘어 집으로 돌아왔다.

암은 소리 없는 살인자(silent killer)라고 하지만, 어느 새 이렇게 커졌을까. 해마다 정밀검사를 받았고, 지난해 3월에도 검사를 받지 않았던가. 지방병원의 한계일까. 유능한 의료진과 좋은 장비를 갖춘 이른바 서울의 큰 대학병원에서 정밀검진을 받지 않은 것이 무엇보다 후회스럽다. 몇 달씩 기다리면서 이들 대형병원들을 찾는 이유를 뒤늦게 깨달았다. 이제 후회한들 소용없는 일, 가슴을 치고 있을 뿐이다.

일생을 나와 아이들을 위해 헌신해 온 아내. 이제 나와 가족이 아내를 위해 모든 것을 바칠 차례다. 아내를 살리자. 나는 당신을 살리는 힘이 되겠소. 끝없이 다짐하며 한밤을 보낸다.

난소암: 난소에 발생하는 악성 종양. 자궁경부암에 이어 두 번째로 흔한 부인과 암. 50~70세 사이에 제일 많이 발생하고 한 해 약 1천 명 이상의 환자에게 진단된다. 난소암의 약 90%를 차지하는 상피성 난소암의 경우는 상당히 진행된 상태(대부분 3기 이상)에서 발견되기 때문에 5년 생존율이 40%가 채 되지 않는다.

1월 18일(일요일)

아내는 친구들을 따라 산에 가라고 나를 떠민다. 언제나처럼 사과와 배를 깎아 유리그릇에 담고, 보온병에 보리차를 담아주었다. 보온병은 식을까봐 타월로 겹겹이 쌌다.

박달산으로 가려다 눈이 너무 많이 쌓여 문경새재로 행선지를 바꾸었다. 새재 길 제2관문에서 제3관문 사이에는 조선시대 과거길에 오른 젊은이들이 장원급제를 꿈꾸며 소원을 적은 글귀를 매달았던 바위가 있다. 그 바위에는 새해 소원을 비는 수천 개의 쪽지들이 새끼에 끼워져 찬바람에 나부끼고 있었다.

수첩을 찢어내 절박한 소원을 정성껏 썼다. 아내의 건강과 성공적인 수술, 성공적인 치료와 치유…. 나름대로 가장 기도발이 잘받을 만한 곳에 쪽지를 꽂았다. 그리고 빌고 또 빌었다. 친구들도 함께 빌어주었다.

밤 10시 무렵 귀가했다. 아내는 환한 웃음으로 맞아주었지만, 아내를 집에 혼자 두고 산에 가 술 마신 일이 죄스럽고 미안하다.

1월 22일(목요일)

설날이다. 아이들도 다 오고, 사촌들도, 조카들도 왔다. 아내가 장만한 음식들이 너무 많아 큰 차례 상이 좁았다. 차례를 지내며 마음속으로 빌었다. 아내가 수술을 잘 끝내 병을 완전히 물리칠 수 있도록 해달라고.

아이들에게 세뱃돈을 나누어주고 덕담을 하고, 겉으로는 예전과 다름없이 지냈다. 미국에 있는 큰딸 윤희는 아침저녁으로 전화했다. 시카고의 매부와 누나도 전화했다.

모두가 떠나고 적막한 밤, 아내와 나만 남았다. "세상 일이 어떻게 될지 모르니 당신이 알아야 할 것을 말해주겠다"며 아내는 예금통장과 집문서 등의 보관장소를 알려 주려고 했다. 나는 그런 심약한 소리를 왜 하느냐고 나무랐다.

불안하고 착잡하고 슬프니 잠이 오질 않는다.

1월 24일(토요일)

강남성모병원 6층 산부인과 병실에 입원했다. 어제 오후에 입원 중에 필요한 물건들을 대충 싸서 반포 집으로 와 하룻밤을 잤다. 그리고 오후 1시 반에 병실로 들어왔다. 아내가 아이들을 낳기 위해 며칠 입원한 적은 있지만, 큰 수술을 받으러 입원한 것은 아내 인생 61년 만에 처음이다.

환자복으로 갈아입고 링거주사를 꽂았다. 금식이 시작됐다. 이제 진짜 환자가 되었구나. 언제 끝날지 모르는 암과의 싸움. 그 멀고 험한 길에 들어선 것이구나. 아이들은 늦게까지 있다가 돌아갔다. 윤희는 4번이나 국제전화를 걸어왔다. 처남 등 친척들도 다녀가거나 전화로 아내를 위로했다.

한밤중이 되어서야 병실이 조용해졌다. 아내의 병상 아래에 있는 보호자용 간이침대에 누워 아내의 손을 꼭 잡았다. 어떤 어려운 일이 닥치더라도 굳건하게 버텨나가자고 다짐하고 격려했다.

부처님이시여, 이 착하고 여린 영혼에게 자비를 베푸소서.

1월 25일(일요일)

병실에서 하룻밤을 보냈다. 일요일인데도 남궁 박사가 병실을 찾아주었다. 수술 스케줄은 내일 오전 10시로 잡혔다. 자궁은 물론, 난소까지 모두 적출하게 되고 시간은 4시간 정도 걸릴 것이라고 설명했다. 남궁 박사는 눈짓으로 나를 밖으로 불러냈다. "수술을 해보아야 알겠지만, 암이 너무 많이 진행돼 있어 아주 안 좋은 상태"라고 거듭 말해줬다. 하늘이 노랗다.

한참 가슴을 진정시킨 뒤 병실로 돌아왔다. 아내와 아이들이 불안한 눈빛으로 내 표정을 살폈다. 수술은 의료진 5, 6인이 참여하며, 집도는 남궁 박사가 맡게 되고, 복부의 배꼽 부위에서부터 아랫배까지 절개해 종양 덩어리를 떼어내게 될 것이란 수술과정을 설명하더라고 얼버무렸다.

종일 링거주사를 맞았고, 장 청소를 위한 약제를 4리터나 마셨다. 관장을 하고, 장에 남아 있는 찌꺼기를 모두 씻어내는 처치도 밤새도록 받았다.

안절부절못하며 아이들은 종일 들락거린다. 큰딸 윤희는 거의 2시간마다 한 번씩 전화했다. 와보지 못하니 얼마나 불안할까.

1월 26일(월요일)

오전 10시 아내는 파란 수술복으로 갈아입고 병상에 실려 3층 수술실로 내려갔다. 아이들은 눈물을 글썽이며 불안에 떨고 있는데, 아내는 떨리지도 불안하지도 않다며 오히려 우리를 위로했다. 아내에게 수술 잘 받고 나오라고 손을 살며시 잡아주었다. 그러겠다는 표현인 듯 아내의 손에 힘이 느껴졌다.

수술실 문이 열리고 아내가 그 안으로 들어갔다. 눈물이 핑 돌았

다. 남궁 박사가 전화로 연락할 테니 병실로 올라가서 기다리라고
했다. 병실 전화기 앞에 앉았다. 지금쯤 마취가 시작됐겠지, 수술
부위에 소독하고 메스로 그 연한 살을 가르겠지, 드디어 종양 덩어
리를 찾아냈겠지. 수술실에서 진행되는 과정을 상상하며 피 말리는
시간을 보냈다.

11시 45분 전화벨이 울렸다.

"수술실로 내려오세요."

남궁 박사의 목소리다. 엘리베이터를 타고 수술실 입구로 허겁지
겁 달려갔다. 위생가운과 신발, 모자, 마스크를 착용한 뒤 아내의
수술대 앞으로 안내됐다.

핏기 하나 없이 창백한 아내, 복부가 열려 있다. 그 가운데 고구
마처럼 생긴 덩어리가 파묻혀 있다. 남궁 박사는 이것이 문제의 종
양 덩어리라고 했다. 떼어내 의뢰한 조직검사 결과가 나와야 확실
한 것을 알 수 있지만 경험상 악성일 가능성이 매우 높다고 했다.

정신이 아찔하여 그 설명이 제대로 들리지 않는다. 아내 얼굴을
한 번 더 쳐다보고 대기실로 물러나왔다.

여러 수술대에서 수십 명의 환자들이 동시에 수술을 받고 있는가
보다. 대기실 의자를 모두 채우고도 모자라 복도와 통로까지 보호
자들이 꼭 차 있다. 모두 불안하고 초조한 기색이다. 모니터가 각
환자의 수술 진행상황을 알려주고 있다. 수술 중, 수술 후 회복실
이동, 중환자실 이동 등으로 모니터가 분주하게 변한다.

조용히 수술실로 들어갔던 환자들이었지만, 회복실로 나온 그들
은 마취가 깨면서 울기도 하고 고함을 지르기도 한다. 수술실 주변
은 지옥인들 이럴 수 있을까 싶을 정도로 슬프고 기가 막힌다.

4시간이면 끝날 것이라고 했던 아내의 수술이 5시간이 지나도 감

감하다. 불안하여 가만히 앉아 있을 수가 없어 대기실 안팎을 끝없이 서성댔다. 6시간 35분 만인 2시 35분에 아내가 모습을 드러냈다.

피주머니, 소변주머니, 코를 통해 위까지 연결된 또 다른 주머니들을 주렁주렁 달았다. 의식이 없는지 우리가 옆에서 소리쳐도 반응이 없다. 병실로 옮겨졌다. 아내의 고통에 마음 아파 울고, 살아서 다시 내 곁에 있게 된 감격에 울었다.

큰아들 지훈, 작은아들 정훈이 회사에서 조퇴해 병실로 달려왔다. 눈물을 글썽이며 엄마, 엄마를 불러댔다. 많은 친인척이며 동창들, 이웃들이 다녀갔다. 화분도 보내오고, 격려전화도 수없이 왔다. 큰딸 윤희는 시간마다 전화를 걸어 엄마의 상태를 물었다.

아내를 반드시 살려내리라고 다짐하고 다짐하며, 아내 곁에 서 있다. 표정이나 작은 움직임까지도 놓치지 않으려고 거의 뜬눈으로 밤을 지새우고 있다. 아내는 밤늦게야 핏기가 돌아오고, 가끔 말도 한다. 드디어 불안이 가시고 긴장이 풀린다.

1월 27일(화요일)

남궁 박사가 아침 일찍 병실로 찾아왔다. 수술은 잘 되었고, 경과도 좋은 편이라고 설명했다. 다행히 전이된 곳은 없으며, 의심스러운 주변의 림프절은 모두 제거했다고 했다.

긍정적인 결과에 기운이 나는지 아내의 얼굴에 처음으로 미소가 돌아왔다. 남궁 박사에게 감사하다고 연거푸 머리를 조아렸다. 아내는 가끔 일어나 앉기도 하고, 폐활량을 회복하기 위한 기구를 불며 심호흡 연습을 했다.

림프절(임파절) : 생체 내에서 전신에 분포하는 면역기관의 일종. 림프절은 감염 등
으로 인체 내에 들어온 병원체를 인식해 면역반응을 일으키는 데 관여한다. 내부에
림프구 및 백혈구가 포함되어 있다.

1월 29일(목요일)

오전 9시 30분, 와! 환성이 터져 나왔다. 아내가 자리에서 일어나 몇 발자국을 걸었기 때문이다. 이어 11시 50분엔 가스가 나왔다. 개복수술을 한 환자가 가스를 배출하면 장이 제자리를 잡았다는 신호다. 그래서 수술환자나 보호자들이 이 순간을 간절히 기다린다. 가스가 나오면 물부터 시작하여 미음, 죽, 밥, 이런 순으로 음식을 먹을 수 있다. 첫 번째 가스가 나온 후 잇따라 6번의 가스가 나왔다.

몸 상태는 빠른 속도로 호전돼 저녁때부터 서너 번의 걷기 운동을 하고, 물도 마시기 시작했다. 소변 줄을 제거하고 소변 양 체크는 시간 단위에서 하루 단위로 바뀌었다. 빠른 회복이고 장족의 발전이다. 안도의 숨을 길게 내쉬었다.

1월 31일(토요일)

아내의 상태가 날로 좋아져 지난 며칠 동안 우리는 모두 행복했다. 그러나 오늘 주치의로부터 항암치료를 받아야 한다는 통고를 받았다. 떼어낸 종양조직을 정밀 검사한 결과 악성으로 판명돼 항암치료가 불가피하기 때문이란다.

언제나 담담했던 아내가 눈물을 주르륵 흘린다. 우리들도 모두 눈시울을 적셨다. 앞으로 얼마나 많은 항암주사를 맞고, 그 지독한 고통을 이겨내야 하는 것일까? 무척 참담하고 착잡하다.

부산의 강호관 사장, 큰아들 지훈의 장인 정범식 사장과 장모, 친구 박용배 씨 부부, 강일석 사장 내외가 다녀가고 동네모임 부부들

도 다녀갔다.

2월 2일(월요일)

오후 1시부터 항암주사가 시작됐다. 검은 봉지로 빛을 가린 500cc의 택솔 계통의 약제가 서서히 아내의 정맥을 타고 들어간다. 항암제의 부작용은 엄청나다. 심한 구토와 소화불량, 탈모, 빈혈, 위 점막 파괴 등···. 항암제는 성장속도가 빠른 세포를 죽인다. 암세포의 성장이 빠르기 때문에 그것을 표적 삼는 것이지만, 그러다 보면 다른 빠른 성장세포까지 표적이 된다.

위 등 소화기 표면을 덮고 있는 점막세포, 피를 만드는 조혈세포, 머리를 자라게 하는 세포들이 빠른 성장세포들이다.

2월 3일(화요일)

항암주사는 오늘까지 계속됐다. 수액을 맞은 다음 항암주사를 맞고, 또 수액주사, 또 항암주사, 또 수액주사, 이런 순서로 진행된다. 수액주사는 항암제의 독소를 씻어내기 위한 것이다. 수액주사는 수분, 나트륨 같은 전해질, 탄수화물 같은 영양성분도 보충해준다.

1차 항암주사는 오전 7시에 끝났다. 심한 구토가 시작됐다. 물 한 모금만 마셔도 그 몇 배의 양을 토한다. 토하고 또 토하고, 위액까지 쏟아낸다. 그 고통은 정말 상상을 초월한다.

경과가 좋아 모레쯤에는 퇴원이 가능할 것이라고 남궁 박사는 말했다. 우리 모두는 얼굴이 밝아졌다.

2월 5일(목요일)

퇴원해 반포 집으로 돌아왔다. 입원한 지 13일 만이다. 만감이 교차한다. 큰 수술과 항암의 고통을 잘 견뎌준 아내가 고맙다. 약한 자여, 그대 이름은 여자라고 했던가. 그러나 아내는, 아이들의 어머니는 지독한 아픔 앞에서도 강했다.

며칠 전 우연히 알게 된 아내의 종양 정밀검사 보고서, 거기에 기록된 '심각한'(serious)이란 단어가 자꾸 어른거리기에 불길한 예감을 떨쳐 버릴 수 없다.

항암치료의 부작용은 진정되지 않고 계속되고 있다. 아무것도 도와줄 수 없는 게 안타깝다.

창밖의 밤하늘에는 달빛이 휘황하다. 마침 오늘이 정월 대보름이다. 아내와 함께 앞으로 저 달을 몇 번이나 더 볼 수 있게 될 것인가?

2월 6일(금요일)

음력 1월 16일, 아내의 음력 생일이다. 생일케이크를 가운데 두고 둘러앉아 아이들과 함께 〈해피 버스데이〉 생일축하 노래를 불렀다.

생일 축하합니다. 생일 축하합니다.
사랑하는 당신의 생일 축하합니다.

아내의 눈에 눈물이 고였고, 우리도 눈시울이 뜨거워졌다. 아주 특별한 눈물의 생일이 되었다. 이런 생일, 앞으로 10번만 더 맞게 해달라고 마음속으로 간절히 빌었다. 겨우 10번이냐고 할 정도로 작은 욕심이다. 그래 봐야 우리나라 사람들의 평균수명보다도 훨씬 낮은 수준이니 말이다.

생일케이크의 작은 한 조각이라도 먹어보려고 애쓰는 아내가 측은하고 안쓰럽다. 암과의 싸움에서 꼭 이기겠다는 의연한 의지와 용기가 눈물겹다.

2월 10일(화요일)

심한 구토와 소화불량 등 항암주사의 부작용으로 아내는 고통 속에서 잠을 못 이룬다.

죽염으로 이름난 인산가에 가서 죽염을 사고, 유기농산물을 파는 가게에서 채소와 과일, 두부 등을 사 왔다. 그리고 장어구이를 사고 전복과 문어도 사 왔다. 아내의 입맛을 돋구어주기 위해서다.

그러나 먹으려고 무척 애를 써도 몸이 받아주지 않는다. 먹어야 기운을 차리고 암을 이겨낼 것인데 말이다.

2월 12일(목요일)

수술 자리의 실을 뽑고, 혈액검사를 받기 위해 퇴원 후 처음으로 병원에 갔다. 검사 결과, 암 지수 등 갖가지 수치가 정상으로 돌아오지 않고 있다고 설명했다. 좋은 결과가 나오지 않았기 때문인지 아내는 또 먹지 못하고 괴로워한다.

부산 강 사장이 미국에서 산 암 건강보조식품을 들고 집으로 찾아왔다. 특유의 유머로 아내를 웃기며 격려했다. 웃음이 무엇보다 좋은 묘약이다.

2월 15일(일요일)

　떠난 지 23일 만에 수지 집으로 돌아왔다. 오랫동안 비워놓았기 때문인지 집안이 썰렁하다. 보일러를 풀로 돌리고, 전열기도 가동시켜 실내온도를 23도까지 올렸다.

　집으로 오는 길에 식당에 들러 몇 숟갈 먹은 복지리가 아내의 속을 뒤집어 놓았다. 계속 토하며 괴로워하고 있다.

　동네모임에서 우리를 위한 자리를 만들어놓았다. 아내에게 힘을 실어주기 위한 배려였다. 일곱 커플이 모여 아내를 위로하고 격려했다. 모처럼 고통을 잊고 떠들고 활짝 웃었다.

　작은딸이 와서 아내에게 오랜만의 샤워를 시켜주었다.

2월 18일(수요일)

　항암주사를 맞은 지 16일째, 머리카락이 빠지기 시작한다. 아내는 그 동안 먹으려고 무척 노력했고, 가벼운 운동도 꾸준히 했다. 덕분에 하루가 다르게 좋아지고 희망에 차 있다. 그러나 이젠 그 꿈은 멀어져 가고 있는 느낌이다. 각오는 하고 있었지만, 여자에게 생명과도 같은 머리카락. 막상 그 머리카락이 빠지기 시작하니 아내는 큰 충격과 비탄에 빠졌다.

　우수수 빠지는 머리카락은 현실로 나타난 눈물이요 좌절이다. 낫기 위한 과정이라고 아무리 마음을 추슬러 보려 해도 아픔과 슬픔은 끝없이 밀려온다.

2월 19일(목요일)

　다시 반포 집으로 왔다. 저녁때 작은딸 윤정이와 함께 압구정동에 있는 가발전문점에 들러 아내의 평소 머리스타일과 비슷한 가발을 샀다. 아내에게 씌워보니 가발 같지 않고 자연스럽다. 앞으로 얼마 동안 이 가발을 써야 한다. 하기야 멋을 부린다고 일부러 가발을 쓰는 사람도 있지만, 가발을 써야 하는 상황은 가슴 아픈 일이다.

가발이 너무 잘 어울린다고 아내에게 한마디씩 했다. 아내는 씩 웃는다. 그러나 가슴엔 피멍이 맺히고 있을 것이다.

그 동안 태연한 척하느라고 일부러 친구들도 만나고 술도 마셨다. 남편의 심각한 모습은 아내를 더 힘들게 할지도 모르기 때문이다.

2월 20일(금요일)

병원에 가 두 번의 혈액검사를 한 뒤 남궁 박사를 만났다. 많이 좋아졌다고 검사결과를 설명해주었다. 좋아졌다는 것은 난소 암지수인 CA125가 낮고, 항암주사의 부작용인 백혈구, 혈소판 감소 등 빈혈상태가 아니라는 뜻이다. 그래서 예정대로 3주 만에 두 번째 항암주사를 맞을 수 있게 되었다.

저녁땐 위암 수술을 두 번이나 받고 항암주사를 계속하고 있는 친구 주한식을 선릉에 있는 일식집에서 만났다. 머리카락이 없다는 사실을 제외하곤 환자 같지 않다. 술도 조금 마셨다. 암 투병 신참 간병인인 나로서는 큰 위안이 되었다. 암은 이제 더 이상 무서운 병이 아니고 더구나 불치의 병이 아니라고 암환자인 그가 나를 되레 위로한다.

2월 21일(토요일)

아내의 61번째 생일이다. 음력 생일모임을 이미 가졌었지만, 하루라도 더 아내를 즐겁게 해주기 위해서 양력 생일을 한 번 더 갖기로 했다.

34

아이들이 모두 엄마한테 왔다. 잠원동에 있는 큰아들 지훈이 집에서 생일 케이크에 촛불을 밝히고 다시 한 번 〈해피 버스데이〉 노래를 불렀다. 목멘 노래, 눈물의 생일축하 노래였다. 큰딸 윤희는 몇 번씩 엄마 생일을 축하한다는 국제전화를 했다.

아무래도 병원이 가까운 반포 집에서 생활해야 할 날들이 많을 것 같아 진공청소기와 압력밥솥을 샀다.

2월 26일(목요일)

어제까지 두 번째 항암주사를 끝내고, 정오까지 부작용을 줄이기 위한 수액주사를 맞았다. 오후 1시가 넘어서 퇴원했다. 심한 구토 증세로 먹지 못하는 고생은 계속되고 있다. 억지로 조금 먹으면 먹는 양보다 훨씬 많은 양을 토한다. 머리카락도 계속 빠진다.

표정은 담담하지만, 속이야 얼마나 참담할까? 가슴이 미어진다.

아내는 이 와중에도 곧 백일을 맞는 손녀 혜인이의 백일반지를 금은방을 운영하는 친구에게 주문했다.

3월 1일(월요일)

혜인이의 백일잔치 날이다. 반포에 있는 양식집에서 조촐하게 치렀다. 우리 가족과 함께 지훈이의 장인과 장모, 그리고 처제들도 참석했다.

아내가 투병 중이라 분위기가 착 가라앉았지만, 손녀 백일잔치 하는 날, 아내의 컨디션이 많이 좋아졌다. 구토증세가 어느 정도 완화돼 여러 가지 음식을 그런대로 잘 먹었다.

3월 9일(화요일)

오전 오후 두 차례 병원에 갔다. 항암주사 후 몸 상태를 점검하기 위해서다. 간수치는 좋아졌으나 백혈구 수는 좀 줄어들었다.

아내는 이 불행한 사태를 예측이라도 했던가? 오래 전부터 보장성 암보험에 들어 있었다. 그것도 올해 그 기간이 끝나는 것이었다. 우리는 그로 인해 적잖은 도움을 받게 되었다. 오늘 각종 서류를 갖추어 교보생명에서 보험금을 받았다. 넉넉한 것은 아니지만, 뜻하지 않은 돈이니 앞으로의 일도 잘 풀릴 것 같은 예감이 든다.

윤희는 엄마의 쾌유를 비는 카드와 조카 혜인이의 예쁜 옷, 엄마와 윤정이의 스웨터를 보내왔다.

3월 15일(월요일)

세 번째의 항암주사를 맞기 위해 입원했다. 부작용을 줄이기 위한 수액주사를 잇따라 맞았다. 항암제는 내일과 모레 이틀 동안 맞는다. 겨우 먹기 시작했는데, 또 그 지독한 주사를 맞고 고통의 심연을 헤쳐 나가야 한다. 암은 이렇게 인간의 행복과 생명을 서서히 빼앗아가고 있다.

너무 고통스러워하고 있는 아내에게 아무것도 못해주고 옆에 앉아서 그 처절한 모습을 지켜보고 있을 뿐이다. 고통은 나누면 줄어든다는데, 어떻게 나눌 것인가? 이 답답함을 풀 수 있는 길이 없으니 어찌 할까.

3월 18일(목요일)

퇴원했다. 항암주사를 맞으며 아내는 잘 견뎌주었다. 그러나 먹는 것은 냄새조차 싫단다. 한 모금 물도 못 마시니 최악의 상태다.

더구나 오늘 새벽 옆방의 암환자가 저세상으로 떠났다. 입 가벼운 아줌마들의 숙덕거림으로 아내가 눈치 챘다.

"암은 결국 저렇게 죽음으로 끝이 나는 군요. 남의 이야기가 아니에요." 돌아누우며 눈물을 훔쳤다.

그러나 좋은 일도 생겼다. 혈액검사 결과 암 지수가 호전되었다. 약의 효과가 탁월하다고 주치의는 말했다. 아내의 얼굴엔 한순간 화색이 돌고, 우리들은 만세를 불렀다.

시간은 모든 상처를 치유한다. 절망의 바다 저 너머 희망의 빛이 보인다. 어둠의 밤이 지나면 찬란한 새 아침이 올 것이다. 슬픔이 깊으면, 기쁨 또한 깊을 것이다. 이것이 인생이다.

4월 3일(토요일)

퇴원한 후 몇 번 병원에 가서 검사받는 등 서울 나들이를 했으나, 대부분의 날들은 수지 집에서 보낸다. 토하고 못 먹고 항암요법 후유증이 심하다. 날마다 밖에 나가 천 7백 보에서 2천 보 정도 걷는다. 병원에 오갈 때는 반포 집에서 성모병원까지 서래풀공원 산등성이를 넘어 걸어 다닌다.

본격적인 채소 가꾸기 철이 도래했다. 텃밭을 갈아엎고, 거름을 주고, 땅을 고르고, 씨앗을 뿌리는 일을 아내도 거들었다. 상추와 쑥갓, 열무 등 씨앗을 뿌렸다. 우리는 오래 전부터 이곳에서 농사지으며 살아온 이웃으로부터 아파트단지 앞 땅 10여 평을 할애받아 몇 년 전부터 채소 등을 가꾸는 즐거움을 누리고 있다.

아내는 수원에 있는 봉녕사에 들러 기도를 드리고, 가끔 고등학교 동창 모임에도 나갔다. 일견 정상인과 다름없는 생활이다. 마을 사람들도 일부러 모임을 만들어 우리 부부를 불러내곤 한다. 매주

한 번씩 받는 혈액검사 결과도 모두 좋게 나왔다. 우리는 제한적이고 불안하나마 작은 행복에 즐거워하며 지난 10여 일을 보냈다.

4월 8일(목요일)

12시 30분 퇴원했다. 치료 중이지만 퇴원해 집으로 돌아가는 것은 언제나 즐겁다. 지겨운 병실을 벗어난다는 것은 아내에겐 최대의 기쁨이다. 아내는 지난 5일 네 번째 항암주사를 맞기 위해 입원했었다. 항암주사 횟수가 거듭될수록 부작용이 더욱 심해진다. 소화액까지 모두 토하고 물도 마시지 못한다. 머리카락은 이미 다 빠졌다. 흉한 몰골을 보이지 않겠다고 가발을 쓰고 있어 모르는 사람은 눈치 채지 못한다. 극한상황에서도 자세를 흐트러지지 않는 아내가 존경스럽다.

옛 직장 선배 부인께서 오랜 투병 끝에 돌아가셨다는 연락을 받았다. 그분도 난소암이다. 가슴이 철렁 내려앉는다. 인편에 조의금을 보내고 고인의 명복을 빌었다.

4월 12일(월요일)

화창한 봄날이다. 아내와 함께 텃밭에 나갔다. 지난 3일에 뿌린 상추, 쑥갓 등의 어린 싹이 고개를 내밀기 시작했다. 아내는 밭둑에 갓 돋아난 쑥도 캐고, 냉이도 캤다. 참 평화스런 한때다.

봄볕은 빛나고 하늘은 푸르다. 이 상태로 영원히 머물게 하소서.

4월 21일(수요일)

36번째 결혼기념일. 기쁨을 나눠야 할 날이지만, 병원에 다녀왔다. 혈액검사 결과 백혈구 수치가 낮아 그것을 올리는 주사를 맞았다.

지난 36년간의 결혼생활은 참 행복했다. 소중한 선물이었던 가족 모두 건강했고, 꿈꾸었던 모든 것들이 거의 이루어졌다. 소박하고 착한 아내와의 사랑은 이 세상 누구보다 깊었고, 우리 가정은 언제나 웃음꽃이 만발했다.

우리는 함께 걷는 아름다운 동행이 되고자 했고 서로의 목소리는 낮추었다. 우리는 서로를 존경하고 신뢰했으며, 멀리 떨어져 있을 때는 서로를 그리워하였다. 우리는 우리 앞에 놓인 인생을 열애(熱愛)하였다. 그리고 우리는 행복하였다.

아내와 밤늦게까지 이런저런 이야기를 하며 어떤 어려움도 사랑의 힘으로 극복하자고 다짐했다. 모처럼 포옹하고 긴 입맞춤을 했다. 아내의 눈에는 눈물이 어려 있었고, 나 또한 그랬다.

4월 29일(목요일)

항암주사를 또 맞기 위해 지난 26일 다섯 번째 입원을 했다. 병실 문제로 창구직원에게 잠시 언성을 높였다. 불치병을 앓는 환자의 가족들도 예민해진다. 병원은 편의주의적이고, 관료적으로 변해간다. 그래서 배려가 부족하다.

3주 전에 예약한 병실이 없다는 것이었다. 어쩔 수 없이 다인실(多人室)에 들었다. 6명의 환자와 그 간병인들, 병실은 좁고 몹시 소란스러웠다. 더구나 보호자들 대부분이 여자들이기 때문에 신경이 많이 쓰였다.

아내는 자신보다 내가 고생하는 것을 더 힘들어한다. 나는 나대로 그런 걱정을 하는 아내를 보는 것이 잠자리 불편한 것보다 더 힘들다.

퇴원 전 혈액검사에서는 약간의 빈혈증상이 보였다. 항암제의 부

작용은 이루 헤아릴 수 없을 만큼 많지만, 조혈기능의 저하로 피 부
족현상이 가장 두드러지게 나타난다. 다행히 아내는 아직까지 수혈
은 하지 않았다. 대신 백혈구를 올리는 주사는 여러 번 맞았다.

부작용은 지난번보다 더욱 심해졌다. 무엇보다 물도 마시지 못한
다. 병원에 머무는 동안은 영양제라도 맞을 수 있지만, 퇴원해서 1
주일가량은 음식냄새만 맡아도 토하니 그 기간 내내 무엇인가 먹고
일어서려는 아내의 처절한 안간힘이 안쓰럽다.

5월 15일(토요일)

강릉에서 옛 직장 친구들과 만나기로 했으나 참석하지 못했다. 아
픈 아내를 두고 멀리 떠나는 것이 불안하고, 그 자체 또한 사치다.

텃밭에 얼갈이 배추씨를 뿌리고, 거실에서 겨울을 지낸 난들을
발코니 창가로 옮겨놓았다. 50여 분의 난들을 돌보는 일을 아내처
럼 잘 할 수 있을지 걱정이다.

며칠 사이, 아내가 큰 수술을 했다는 소식이 많이 퍼진 모양이다.
멀리 떨어져 사는 친구나 집안사람들로부터 많은 안부전화가 걸려
왔다. 일부 친구나 후배들은 암 치료에 도움이 된다는 상황버섯, 차
가버섯 등을 가져오기도 했고, 미국에서 항암식품으로 인기를 끌고
있는 '노니'(Noni)란 약을 구해오기도 했다. 암 투병 중인 한 후배는
그가 복용하고 있다는 항암식품을 나누어주기도 했다.

눈물겹도록 고맙다.

5월 17일(월요일)

아내는 여섯 번째 항암주사를 맞기 위해 입원했다.

제대로 먹지 못해 몸이 극도로 쇠약해졌으나, 정신력으로 버텨왔

다. 항암주사를 맞는 사람들 중에는 그 고통을 견디지 못해 일정을 제대로 지키지 못하거나 포기하는 사람이 많다. 아내는 의사의 지시를 조금도 어기지 않고 잘 따르고 있다.

내일과 모레, 이번 항암주사의 마지막 텀(Term: 주기)인 여섯 번째 주사를 맞는다. 암 덩어리가 모두 없어져 이번 치료를 끝으로 정상으로 돌아오길 간절히 빈다.

큰 수술을 다시 하다니

5월 20일(목요일)

이틀에 걸쳐 항암주사를 맞았다. 겨우 회복한 기력이 순식간에 바닥으로 떨어졌다.

남궁 박사는 2차 수술날짜를 6월 3일로 잡았다. 다른 암은 모르겠지만 난소암의 경우 여섯 번의 항암주사, 즉 한 텀의 치료가 끝나면 다시 배를 열어 지난번의 수술결과를 확인하고 암세포 등이 소멸했는지 여부를 직접 육안으로 점검한다. 수술한 주변에 암 의심 조직이 있으면 다시 뜯어내고, 앞으로의 치료방향, 방법 등을 정하는데 필요한 정보를 얻기 위한 이른바 확인수술이다.

불과 5개월 사이 처음과 같은 큰 수술을 다시 하다니. 눈앞이 캄캄하다. 그러나 아내는 조금도 내색하지 않는다.

12시가 넘어 퇴원했다. 아내는 언제나 퇴원을 즐거워한다. 먹지 못하고, 메스꺼움과 구토로 표현할 수 없는 고통을 받으면서도 병원 문만 나서면 환자란 흔적을 찾을 수 없이 해맑다.

5월 23일(일요일)

퇴원 이후 반포 집에 머물다 오늘 수지 집으로 돌아 왔다. 어느 새 봄은 가고 여름이 성큼 다가왔다. 소실봉엔 신록의 푸르른 잔치가 한창이다.

집에 오니 생기가 돈다. 지난번 고향의 누나가 보내준 쑥을 데쳐

떡집에 쑥떡을 부탁했다. 떡의 양이 상당히 많았다. 그동안 걱정해 준 이웃들에게 감사하는 마음도 담아서 돌렸다.

텃밭에 나가 상추 등을 한 바구니 뜯어왔다. 너무 싱싱하고 먹음 직스럽다. 저녁 밥상에 올렸으나 아내는 먹지 못했다. 아내에게 농약을 쓰지 않는 최상의 야채를 먹게 해야겠다는 욕심으로 열심히 텃밭을 가꾸었다. 그러나 그 좋아하던 채소를 먹지 못하니 농사의 기쁨이 순식간에 사라졌다.

그제 PET-CT를 촬영했다. 치료효과를 측정하고 확인수술 시 참고하기 위한 것이다. PET-CT는 보험 적용이 되지 않아 그 비용이 만만치 않다.

PET-CT: 현재까지 알려진 암의 영상진단 방법 중 가장 초기에, 가장 정확하게 암을 찾아내는 첨단 검사방법. PET는 포도당과 유사한 물질(양전자를 방출하는 방사성 의약품)을 주사해 신진대사의 미세한 이상을 찾아내 진단한다. 특히 전신을 한꺼번에 촬영할 수 있는 장점이 있다. PET-CT는 부작용을 일으킬 수 있는 조영제를 사용하지 않는다. 한편 CT, MRI, 초음파 촬영 등은 우리 몸의 해부학적 이상을 찾아 병을 진단한다.

5월 26일(수요일)

부처님 오신 날, 아침 일찍 서울 강남에 있는 봉은사로 달려가 해마다 달았던 초파일 등을 칠성각 앞에 달았다. 강남의 중심지가 한눈에 보이는 언덕 위 좋은 자리다. 아내의 건강을 빌었다.

우리는 강남으로 이사 온 1970년대 후반부터 한 번도 빠지지 않고 봉은사에 초파일 등을 달았다. 그때는 절의 규모도 작았고, 신도수도 지금보다 훨씬 적었다. 강남의 눈부신 팽창과 함께 지금은 절이 엄청 커졌다. 스님의 얼굴을 보기도 어려워졌고 신도끼리의 친밀감도 덜해졌다.

우리 집의 기도 주제는 세월 따라 달라졌다. 처음엔 소원성취, 가정화목 등 포괄적인 것이었으나, 아이들이 커가면서 좋은 대학 진학 등 구체적인 것으로 변해갔다. 다행히도 이제까지 우리가 기도했던 것은 거의 다 이루어졌다.

올해 초파일 부처님께 간절히 비는 것은 오직 하나, 아내의 건강 회복뿐이다. 이 소원도 반드시 이루어질 것이다. 지금까지 우리가 기도한 것은 모두 들어주셨으니까. 해가 진 뒤 다시 절을 찾아 우리 등에 불을 밝혔다. 그리고 아내의 건강을 또 빌었다. 넓은 절 경내는 은은한 연등 빛으로 화려하고 장엄했다. 수백 수천 개의 연등이 저마다 소원을 담고 어둠을 밝히고 있다.

부처님이시여,
이 선한 당신의 제자를 살려주소서.
불쌍한 중생에게 자비를 베푸소서.

내 평생 가장 절실하고 간절한 기도를 올렸다. 기도할 때 인간은 강해진다. 어떤 힘 같은 것이 가슴 속에 올라오고 있음이 느껴진다.

퇴원한 지 6일. 아내는 입맛도 서서히 돌아오고 기력도 상당히 회복되었다. PET-CT 촬영결과가 좋게 나왔다는 연락도 받았다.

아내는 모임에 빠짐없이 나갔다. 거의 일상으로 돌아온 듯한 기분이다.

6월 1일(화요일)

두 번째 수술(확인수술)을 이틀 앞두고 입원했다. 점심 때 미음 한 컵을 먹은 것을 끝으로 금식에 들어갔다. 혈액검사 결과 백혈구 수치가 많이 떨어졌다. 감염이 우려된다며 마스크를 쓰라고 한다. 피도 모자라 4팩의 피 주사를 처음으로 맞았다. 백혈구를 올리는 주사도 맞았다. 장 청소용 약제 4리터를 마시기 시작했다.

불과 세 달 사이 또 큰 수술을 하다니 측은하다. 시련이 몰아치는데도 흔들림 없는 아내가 고마울 뿐이다.

6월 3일(목요일)

수술 날이 밝아왔다. 불안과 초조가 파도처럼 몰려온다. 파란색 수술복으로 갈아입은 아내는 오전 9시 20분에 3층 중앙수술실로 옮겨졌다. 눈을 감고 조용히 누워 있는 아내의 뺨을 쓰다듬어 주며 무언의 격려를 했다. 이심전심, 작은 미소가 반갑다.

아내가 수술실 안으로 들어간 뒤부터 피 말리는 기다림의 시간이 계속됐다. 불안하고 초조하여 도저히 자리에 앉아있을 수가 없다. 남궁 박사는 지난번처럼 필요할 때 전화할 테니 병실에 가 있으라고 했다. 병실에서 안절부절못하고 있는데, 11시 40분경 전화가 울렸다. 수화기를 든 손이 벌벌 떨렸다.

"모든 것이 오케이(OK)입니다."

남궁 박사의 목소리다. 다만 장이 심하게 유착돼 있어 이것을 풀고 떼어내 정상으로 돌리는 데 시간이 좀 걸릴 것 같다고 했다. 안도의 한숨이 터져 나왔다.

3층 수술실 앞 대기실로 다시 내려갔다. 수술을 끝낸 환자들이 회복실에서 울부짖는 소리가 들린다. 수술실에 들어간 지 5시간 만인 오후 2시 15분 드디어 아내가 나왔다. 얼굴은 백지장처럼 창백하다. 수많은 줄들을 주렁주렁 달고 회복실을 거쳐 병실로 옮겨졌다.

남궁 박사는 병실에 들러 암세포가 육안으로는 보이지 않아 일단은 치료효과가 입증됐다며 기뻐했다. 공포와 불안, 초조의 시간이 이렇게 지나갔다.

아내는 오후 늦게 눈을 떴다. 감사와 기쁨의 눈물이 주르륵 흘러 내렸다. 윤희는 잠도 자지 않고(미국은 밤이다), 무려 다섯 번이나 국제전화를 걸어 수술과정과 결과를 알려고 노심초사한다.

6월 6일(일요일)

기다렸던 가스(방귀)가 새벽 6시부터 나오기 시작했다. 장이 제대로 자리를 잡았다는 신호다. 사람들은 방귀를 혐오스러워하지만, 방귀가 제대로 나오는 것만으로도 행복하다는 사실을 처참한 시련을 겪고서야 깨달았다.

10시부터 입원실 복도를 세 바퀴 돌았다. 장이 자리를 잡기 위해선 걷기운동이 필수란다. 아내가 걸으니 모두 기뻐하며 그 뒤를 따랐다. 힘든 한걸음 한걸음이 건강을 향해 가는 희망의 대장정이다.

화초에 물을 주기 위해 수지 집에 잠깐 다녀왔다.

대부분의 의료진이 쉬는 공휴일, 병원은 그 기능이 정지된 듯하다. 환자가 고통에 시달려도 의사 한 명 오지 않는다. 회진도 없고 치료도 없다. 질병도 공휴일엔 쉬어주었으면 얼마나 좋으랴.

6월 7일(월요일)

1주일 만에 물을 조금 마시자 복통이 심해 물 마시는 것을 다시 중단했다. 오전부터 물을 마시고 저녁부터는 미음을, 그리고 모레쯤 죽을 먹게 한다는 것이 진료계획이었다. 그러나 이 예측은 몇 시간이 지나지 않아 깨졌다. 환자의 치유가 예상대로 되는 확률은 그리 높지 않은 것 같다. 암 같은 난치병은 더욱 그렇다.

환자나 환자 가족들은 빗나간 예측도 고맙게 생각하며 또 다른 예측을 바란다. 일종의 약자의 법칙이다. 때때로 의료진들이 너무 무성의하고 무책임해도 꾹꾹 참을 수밖에 없다. 잦은 검사, 짧은 진찰, 기계적인 치료, 그리고 오랜 기다림. 지친 보호자들을 더욱 녹초가 되게 하는 곳이 아쉽게도 병원이다.

병원에서 의료소비자는 왕이 아니라 영원한 약자다. 전문지식으로 무장한 의료진으로부터 알게 모르게 불이익이 돌아오지나 않을까 두렵기 때문이다. 비싼 돈 내고 쩔쩔매는 소비자는 환자나 그 가족밖에 없을 것 같다. 그래서 우리는 치유가 본질인 병원에서 상처를 받는다.

히포크라테스의 선서를 다시 새긴다는 것은 세상물정 모르는 얼간이들의 잠꼬대일 뿐이다.

6월 8일(화요일)

오늘은 좋은 소식으로부터 시작됐다. 수술 시 적출한 조직을 검사한 결과 암세포가 없었다는 남궁 박사의 설명이다. 그러나 완전한 치유는 아닌 듯, 오른쪽 가슴 위 정맥에 케모포트(chemoport)를 설치해야 한단다.

케모포트란 약물이나 영양제를 주사할 때 그것을 주입하는 보조장치다. 약물을 투여할 때마다 핏줄을 찾기 위해 여기저기 찔러대는 고통을 덜게 되는 좋은 점이 많아 아내처럼 장기간 치료를 받는 환자들은 이 장치를 달고 있다. 그러나 암 조직이 없어져 약물주사를 더 해야 할 필요가 없어졌다면 구태여 케모포트를 설치할 필요가 없지 않은가.

기분은 찜찜했지만 남궁 박사의 뜻을 따르기로 했다. 케모포트를 설치한 뒤 남궁 박사는 "문명의 이기는 모두 이용하는 것이 좋습니다"라고 말했다. '문명의 이기'— 아무리 좋다고 해도 이것을 이용하는 일만은 결코 없었으면 하는 바람 너무 간절하다.

6월 12일(토요일)

아내는 많이 좋아졌다. 식사도 비교적 잘 하고, 변도 조금 보았으며 심장박동도 정상으로 돌아왔다. 외부 식당에서 전복죽을 사와 몇 숟갈 먹었다. 이런 템포로 좋아진다면 월요일 퇴원이 가능할 것 같다.

노조가 쟁의에 들어갔는지 머리띠를 두른 병원 종사자들이 로비에 진을 치고 구호를 외쳐대고 있다. 분위기가 어수선하고 불안하다.

6월 14일(월요일)

드디어 퇴원했다. 지난 1일 입원한 후 14일 만이다. 퇴원을 여러 번 경험했지만, 오늘은 유난히 기쁘다. 이웃 병실의 환자들, 그 동안 신세진 간호사들에게 감사하다는 인사를 하고 병원을 나섰다. 자주 들렀던 일식집에서 점심을 시켰으나 아내는 제대로 먹지 못한다. 유기농 먹거리를 취급하는 가게에 들러 이것저것 구입했다.

집에 돌아오니 참 포근하고 아늑하다. 아내는 모처럼 깊고 편안한 잠을 잤다.

6월 18일(금요일)

혈액검사 결과 모두 좋게 나왔다.

큰며느리, 정강은이 미국으로 출장을 떠난 날, 마침 아내의 상태가 좋아져 손녀 혜인이를 돌보러 잠원동 큰아들 집으로 갔다. 손녀를 보고 싶어했던 아내, 모처럼 손녀를 안아보고 행복에 젖었다. 밤에는 손녀를 옆에 누이고 아들과 함께 잤다.

날마다 이런 날들이면 얼마나 좋을까.

6월 21일(월요일)

어제 오후 수지 집으로 돌아왔다. 제대로 가꾸지 않았는데도 텃밭의 상추와 쑥갓, 그리고 열무가 싱싱하게 잘 자라 있다. 한 바구니 뜯어다 이웃에 나누어주고, 우리 밥상에도 올려놓았으나 아내는 조금 먹었을 뿐이다.

아내를 위해 가꾸는 채소, 아내가 잘 먹지 못하니 마음이 아프다.

6월 25일(금요일)

확인수술을 한 뒤 또 항암주사를 맞기 위해 입원했다. 항암주사는 이번이 일곱 번째. 아이들이 사온 전복죽과 도시락으로 저녁을 해결했다. 아내는 병원 냄새만 맡아도 구역질을 하지만 오늘은 신기하게도 전복죽 몇 순갈을 먹었다.

몇 차례 피를 뽑아갔다. 내일 항암주사를 맞을 수 있는 조건들이 갖춰져 있는지 확인하기 위해서다.

6월 27일(일요일)

어제부터 시작한 항암주사는 오늘 새벽 2시에 끝났다. 아내는 잘 견뎌주었고 웃는 얼굴로 고통을 이겨냈다. 그 모습이 아내의 진면목이다. 피를 뽑느라 몇 번씩 혈관을 찔러대도 얼굴 한 번 찡그린 적이 없다. 오히려 핏줄이 가늘고 피가 잘 나오지 않아 힘들게 해서 미안하다는 말을 잊지 않는다.

6월 30일(수요일)

아내의 몸 상태가 좋지 않아 퇴원 후 반포 집에 계속 머물다가 오늘 수지로 돌아왔다. 이젠 기력을 다소 회복하고 있다.

양지에서 농장을 하는 아내의 친구가 쑥떡과 찐쌀을 보내왔다. 아내의 치료에 도움이 될까 하여 보내준 귀한 음식이다.

동네사람들이 우리가 왔다고 음식점에 자리를 마련했다. 이웃의 형제 같은 사람들과 어울리면 아내는 언제나 환자란 사실도 잊은 듯 환하게 웃는다.

7월 1일(목요일)

수지서 겨우 하룻밤을 지내고 오후에 서울로 다시 왔다. 내일 아침 일찍 병원에 가서 피검사를 받아야 하기 때문이다.

아내와 아파트 단지 안에 있는 상가에 들러 몇 가지 물건을 사고 저녁으로 냉면을 먹었다.

평소 냉면을 좋아했던 아내, 그러나 치료 중 백혈구가 떨어져 감염이 되면 치명적인 사태를 맞을 수 있다는 의사의 경고에 따라 그동안 찬 음식이나 날 음식을 먹지 않았다. 그래도 오늘은 몸 상태로 보아 괜찮을 것 같아 모처럼 냉면 맛을 본 것이다.

7월 2일(금요일)

이른 아침 또 병원에 갔다. 여전히 핏줄을 찾지 못해 여기저기 쑤셔대며 몇 차례 시행착오를 거듭하다 겨우 피를 뽑았다. 그러나 검사결과가 좋게 나와 그 아픔을 보상받은 기분이다.

지난 밤 깊은 잠을 잤기 때문인지 아내는 기분이 매우 좋은 듯 표정이 유난히 밝다. 병원에서 돌아오는 길, 서래풀공원 언덕을 넘어

일부러 먼 길을 택해 많이 걸었다.

할아버지 제삿날. 아내는 병원을 오가며 고통스런 치료를 받으면서도 제사 준비를 착실하게 해놓았다. 저녁때 아이들이 모두 수지 집으로 와 평소와 다름없이 정성스런 제사를 모셨다.

7월 5일(월요일)

아내는 모처럼 친구들의 모임에 나갔다. 일반적으로 항암주사를 맞은 후 7일에서 10일이 지나면 메스꺼움 현상이 없어지고 입맛이 돌아온다. 다시 주사를 맞기까지 10여 일에 불과한 짧은 시간, 그래도 그 한 시간 그 하루가 때로는 한 달 또는 일 년이 농축된 소중하고 축복받은 날들이다.

이 아까운 시간 친구들 얼굴 보고 웃고 떠들면 환자란 사실을 잠시 잊을 수 있을 것이다. 그래서 이런 시간을 자주 갖도록 권한다. 나도 그 동안 줄곧 참석하지 못했던 초월회란 매달 첫 번째 월요일에 만나는 모임에 나갔다.

아내를 만나 집으로 돌아오는 길에 서점에 들러 암을 이긴 사람들의 투병기 등 책 몇 권을 샀다.

7월 9일(금요일)

큰딸 윤희네 식구가 미국에서 오는 날이다. 아내는 투병기간 중 처음으로 이들을 맞는다. 신경이 많이 쓰이는 모양이다. 가발을 쓴 모습이 어색하지는 않은지, 얼굴 모습이 옛날과 얼마나 달라졌는지, 평소와 달리 자주 거울을 본다.

아침 일찍 병원에 다녀왔다. 모든 것이 좋게 나왔으나 혈소판이 약간 떨어져 조혈제 주사를 맞았다.

병원에서 나오자마자 인천공항으로 달려갔다. 모녀의 감격적인 상봉, 그동안 윤희는 밤낮으로 전화를 걸어 항상 함께 있는 느낌이었으나, 서로 부둥켜안고 뜨거운 눈물을 흘린다. 서울로 들어오는 차 속에서도 모녀는 많은 이야기를 나누며 훌쩍 훌쩍 눈물을 삼켰다. 윤희는 둘째 아이를 가졌다는 기쁜 소식도 전했다.

7월 14일(수요일)

며칠 머무는 사이 손자 호진이는 적응이 됐는지 온 집안을 헤집고 다니며 집안을 난장판으로 만들어 놓았다. 때때로 공원에 나가 뛰놀기도 하고, 집 앞 소실봉 중턱까지 오르기도 했다.

윤희네가 오늘 시가로 돌아가고 나니 집안이 다시 절간처럼 고요해졌다. 아내는 이틀 앞으로 다가온 시어머니 제사 준비에 또 분주한 시간을 보내고 있다. 잠시도 눕거나 앉아 쉬지도 않는다. 항암주사로 지친 몸, 어디서 저런 힘이 나오는지 놀랍다.

7월 16일(금요일)

본격적인 장마가 시작되나 보다. 구질구질 종일 비가 내린다. 8번째 항암주사를 맞기 위해 입원했다. 입원할 때마다 병실 잡기가 어려웠으나 다행히 2인실에 자리가 났다. 옆 병상의 환자는 수녀님, 행운이다. 아내와 수녀님은 오랜 지기인 듯 금방 친해졌다.

오늘은 어머니 제삿날. 병원에 와 있으니 제사를 모시지 못해 불효하는 것 같다며 아내는 내내 가슴 아파한다.

7월 19일(월요일)

원래 스케줄대로라면 어제 항암주사를 모두 끝내고 퇴원해야 했다. 그러나 피검사 결과 백혈구 부족으로 토요일엔 항암주사가 불가능하다는 통보를 받았다. 조혈제 주사로 백혈구 수치를 올리고 난 뒤 어제 오후가 되어서야 항암주사를 맞기 시작했다.

새벽에는 간호사의 실수로 링거호스가 주사바늘 부위에서 빠져버렸다. 이로 인해 피가 역류하고 수액이 흘러나와 아내 가슴과 배, 그리고 시트에 핏물이 흥건하게 젖었다. 아내의 창백한 얼굴은 더욱 파리해졌다. 내가 그 순간 눈을 뜨지 않았더라면 심각한 사태를 빚었을 것이다.

인간의 생명을 다루는 사람들은 작은 실수도 용납되지 않는다. 환자가 넘쳐나기 때문인지 형식적이고 기계적으로 환자를 다루고 있다는 의구심이 불쑥불쑥 떠오른다. 신뢰가 없으면 치료효과가 없다. 너그러운 마음을 갖자.

옆자리의 수녀님이 퇴원하시고 젊은 환자가 들어왔다. 암이 너무 퍼져 수술을 못한단다. 아내는 매우 안타까워하면서 젊으니까 잘 이겨 나갈 것이라고 위로했다. 암환자에게는 수술할 수 있다는 사실만으로도 일단은 행운이다.

7월 22일(목요일)

피가 모자라 400cc의 피를 수혈했다. 약물주사 부작용으로 몹시 괴로워하는 아내에게 큰딸 윤희가 곁에 있어 큰 위안이 된다. 날마다 엄마와 함께 식사도 하고 이야기도 하며 엄마를 즐겁게 해주려고 모든 정성을 다 쏟고 있다.

아내는 먹지 못해 기력을 차리지 못하면서도 최선을 다해 걷는다. 공원을 걷고, 아파트단지 안길을 걷는다. 걸을 때는 언제나 내가 옆에서 부축한다.

병원에서 우리 부부는 항상 붙어 다니는 것으로 유명하다. "보기가 참 좋습니다"라는 주변의 한마디가 힘이 된다. 오래오래 동행할 수 있게 해달라고 기도하며 우리는 날마다 걷고 있다.

서울에서 수지 집으로 돌아왔다. 안방에 아내를 누이고 아기처럼 다독거렸다. 깊은 잠을 자고 기력을 회복하라고 빌었다.

7월 27일(화요일)

윤희네가 미국으로 떠났다. 짧은 만남, 긴 헤어짐이 아프다. 윤희는 헤어질 때마다 눈물을 흘렸다. 이번에는 그 어느 때보다 그 눈물이 진하다. 언제나 아내와 함께 공항에 나가 마중하고 배웅했으나, 오늘 아내는 공항에 나가지 못했다.

윤희가 미국으로 유학을 떠난 지 10년째. 그 사이 수많은 이별과 만남의 날들이 있었지만, 오늘 유독 가슴이 쓰리고 아픔은 무엇 때문일까. 자식이 부모에게는 힘이 되고, 용기가 됨을 실감한다.

8월 4일(수요일)

작은아들 정훈이의 고등학교 친구 어머니가 아주 작은 산삼 다섯 뿌리를 갖고 왔다. 먹고 일어서라고 어렵게 마련한 매우 귀하고 소중한 선물이다. 우리는 감격해 할 말을 잊었다. 신비의 영약, 산삼의 효능은 틀림없이 발휘될 것이다.

또 하나의 지푸라기가 아닌 든든한 동아줄이 되어 달라는 간절한 소망을 담아 오늘부터 한 뿌리씩 먹기로 했다.

8월 13일(금요일)

어제 오전부터 시작되어 오늘 새벽 1시 40분에 9번째의 항암주사는 끝났다. 이번엔 3번의 주사를 하고 그 결과에 따라 다음 조치를 취하기로 했다.

좋은 소식이 있었다.

"9월부터는 해외여행을 떠나도 될 만큼 좋아졌습니다."

남궁 박사의 희망의 메시지다. 아내는 손뼉을 치며 기쁨을 감추지 못했고 나는 환호성을 질렀다. 얼마만인가. 드디어 깊고 어두운 터널을 빠져 나오고 있는 것인가. 행복의 발자국 소리가 점점 가깝게 들려온다.

점심을 굶은 상태에서 시약을 복용하고 CT를 찍었다. 그리고 서둘러 퇴원했다.

CT촬영(컴퓨터 단층촬영): 여러 각도에서 인체를 투과한 X-선을 컴퓨터로 측정, 인체의 단면에 대한 흡수치를 재구성해 병소 등을 영상으로 나타내 준다.

8월 14일(토요일)

오후 늦게 텃밭에 나갔다. 이제 상추, 오이, 고추 등은 끝물이다. 늦가을에 거둬들일 김장배추와 무를 심을 철이 다가온다. 퇴비를 뿌리고, 이랑을 파고 골랐다. 나를 돕겠다고 나온 아내는 눈만 마주치면 웃는다. 햇살은 아직 따갑고 대기는 후덥지근하지만 행복은 이렇게 다시 찾아오고 있다.

8월 17일(화요일)

오전 10시 남궁 박사 진료실에 아내와 함께 들어갔다. 두근거리는 가슴을 진정시키며 그의 표정을 살폈다.

"CT상으로는 아무 이상이 없습니다."

아내의 얼굴이 상기됐다. 아침에 뽑은 혈액검사 결과도 백혈구가 약간 모자라는 것을 빼놓고는 다 좋다며 조혈제 한 대만 맞고 귀가하란다. 감사하다는 말을 연발하면서 진료실을 나왔다.

8월 18일(수요일)

'매미'라는 이름의 태풍이 남해안을 스치고 갔다. 피해가 엄청나다고 TV 뉴스가 요란하다. 그 여파로 고향 진주에도 큰비가 내리고 있단다.

오늘 다른 목적으로 병원에 갔다. 아내는 암 선고를 받기 전부터 급성 류머티즘으로 고생을 많이 했다. 암 치료를 받는 동안 그 치료를 받지 못했으나, 오래 전부터 일정이 잡혀 있어 성모병원의 김 박사를 찾아간 것이다. 큰 병이 작은 병을 쫓아낸 것인가. 치료를 받지 않았는데도 많이 좋아졌단다. 연달아 기분 좋은 소식이다.

이 가을에 입을 만한 옷이라도 하나 살까 해서 백화점에 갔으나 간이 작은 아내는 자기 손으로 선뜻 블라우스 하나 고르지 못한다.

8월 27일(금요일)

더위의 기세가 많이 꺾였다. 지난 10여 일 동안은 즐겁고 행복한 날들이었다. 일주일에 두 번씩(화, 금요일) 병원에 가서 혈액검사를 하고 주치의를 만나는 일은 그대로 계속되었지만, 항암의 부작용은 거의 없어져 그런 대로 잘 먹고 깊은 잠을 잘 수 있었으니 말이다. 이 축복받은 날들, 우리는 날마다 앞산에 오르고 공원을 산책했다. 그리고 책을 읽고 음악을 들었으며 서로 뺨을 비볐다. 보송보송 솟아나는 아내의 머리카락을 쓰다듬으며 전류처럼 흐르는 연민에 눈물도 삼켰다.

아내와 24시간 붙어 다닌다. 심지어 화장실 갈 때도 함께 간다.

다리에 힘이 없어 넘어지기라도 하면 치명적인 결과를 초래할 수 있기 때문이다. 아내는 나와 함께 이렇게 지내는 것이 너무 좋은 모양이다. 나 또한 그렇다.

젊은 시절, 뭐 그리 대단한 일을 한다고 하루에도 20시간 가까운 시간을 혼자서 보내게 한 일들이 가슴을 치게 한다. 언제나 묵묵히 기다림의 세월을 살아온 아내, 그런 것들이 쌓여 큰 병을 얻지나 않았나 생각하면 마음이 저며 온다.

아침에 서래풀공원 능선을 걸어서 병원으로 갔다. 남궁 박사는 이제 일주일에 두 번씩 체크할 필요가 없다며 한 달에 한 번씩만 오란다. 9월에는 해외여행을 떠나도 된다고 한 말이 현실로 다가왔다. 긴 질곡을 견뎌낸 아내가 대견하다.

부처님이시여, 오늘이 영원히 이어지게 하소서.

동해안 여행, 소녀처럼 즐거워하는 아내,
이 아름다운 모습을 내년에도, 내후년에도…

9월 1일(수요일)

아침 일찍 앞산에 올랐다. 좀 긴 코스를 택했다. 20~30분 걷다가 10여 분 쉬면서 가파른 산등성이를 거쳐 정상에 올랐다. 아내의 이마에 땀이 송송 솟는다.

날마다 눈으로 대화하고 환하게 웃으며 사랑하는 요즈음, 참 행복한 세월이다. 때로는 아내의 무릎을 베고 누워 순간순간 달콤한 오수를 즐기고, 아내와 함께 걷는 파란 들길도 꿈꾼다. 이 행복을 시샘하면 어쩌나? 불쑥 불쑥 불길한 예감이 떠오르면 강한 전류가 흐르고 몸서리가 쳐진다.

베란다의 관엽수며 화초들, 주인의 마음을 읽기라도 하는지 며칠 사이 윤기가 자르르 흐른다. 식물도 관심과 사랑을 받으면 생기가 돈다.

9월 10일(금요일)

병원에 가지 않으니 이렇게 좋을 수가 없다. 이 소중한 시간들이 눈 깜짝할 사이에 흘러가니 아깝다. 아내는 이 귀한 순간들을 영원히 살려는 듯 고등학교·대학 동창 모임에 빠짐없이 나가고, 네 아이들이 다닌 중·고등학교 학부모 모임에도 부지런히 참석한다. 그리고 몇 차례 이사 다니면서 맺어진 좋은 인연들(이웃들)과의 모임에도 열심히 나간다. 이들은 아내의 투병기간 중 끝없는 관심과 애정을 갖고 희망과 용기를 잃지 않도록 성원하고 격려했던 분들이다. 우리는 그들에게 많은 빚을 졌다.

나도 그동안 참석하지 못했던 모임에 나가고 만나고 싶었던 친구들을 찾아본다. 가을이 오니 결혼식도 많고, 환절기라 돌아가시는 분들도 많다. 아내가 병원에 있을 때 길·흉사에 제대로 참석하지 못한 것을 보상이라도 하듯 열성껏 다닌다.

9월 12일(일요일)

산행 멤버들이 산에 가자는 전화가 연달아 왔으나, 아직은 오랜 시간 아내 곁에서 떨어져 있을 수 없어 사양했다. 어제 벌초를 위해 진주에 가는 것도 포기했다.

아내의 부지런한 본능이 또 발동하기 시작했다. 하루 종일 조금도 앉아 있지 않는다. 그릇과 냉장고를 정리하고 여기저기 흩어져 있는 책들이며 옷가지들을 제자리에 갖다놓았다. 김치를 담겠다며 내게 텃밭의 무와 배추를 뽑아오게 했다.

지난 8개월 사이 두 번의 큰 수술을 하고, 9번의 항암주사를 맞은 사람이 이렇게 일을 해도 되는지 두렵다. 쉬라고 해도 몸을 움직여야 회복이 빠르다며 일을 찾아다닌다. 주부가 움직이니 집안에 윤기와 생기가 넘친다.

9월 21일(화요일)

음력 8월 8일 내 생일이다. 아내는 미역국을 끓이고, 햅쌀로 밥을 짓고, 손을 모아 소원을 빌었다. 시어머님이 하던 대로다.

윤희는 미국에서 생일축하 꽃을 보냈고, 아이들은 저마다 등산복 등 선물을 한 아름씩 안고 왔다. 어떤 선물보다 아내가 좋아져서 즐거운 오늘이다.

9월 26일(일요일)

이틀 앞으로 다가온 추석. 그 준비로 분주한 시간을 보내고 있다. 먼저 집안 대청소를 했다. 몇 시간에 걸쳐 구석구석 걸레질을 하고 나니 땀이 비 오듯 한다. 아내는 언제나 이런 일을 혼자 했다.

나는 친구들과 어울려 술 마시거나 돌아다니고, 집에 머물 때도 빈둥대며 도와줄 생각은 하지 않았다. 그렇게 무심했던 일들이 모두 마음에 걸린다.

오늘의 나는 아내의 고생 덕분이다. 짧고도 긴 인생의 여정에서 이름을 더럽히지 않고 살 수 있었던 것, 아이들이 잘 자라준 것은 아내의 희생 덕분이다.

9월 28일(화요일)

추석날. 아침에 차례를 지냈다. 우리 가족이 모두 모이고 사촌네 식구들까지 오니 집안이 북적댔다. 아내는 힘들어도 얼굴에 미소가 가득하다. 고생 많이 했다고 위로하며 자리에 누웠다. 십오야 밝은 달이 소실봉 위에 높이 떴다.

10월 5일(화요일)

추석 이후 날마다 아내와 함께 소실봉에 오르고, 공원을 도는 등 열심히 걷는다. 아내는 내가 게으름이라도 피우면 나가자고 재촉한다. 텃밭에서 상추, 고추, 호박을 수확하는 보람이 쏠쏠하다.

지난 달 24일에 뽑은 혈액과 엑스레이 결과를 보기 위해 남궁 박사를 찾아갔다. 기다리는 이 순간은 언제나 불안하고 긴장된다. 결과에 따라 천국에도 가고 지옥에도 떨어지는 상황을 맞게 되기 때문이다. 막상 그를 만나고 보니 표정이 밝다. 역시 모두 OK란다.

아내의 얼굴이 밝아졌다. 서로 손을 잡고 가벼운 걸음으로 병원을 나섰다.

10월 11일(월요일)

마치 투병생활이 모두 끝난 듯 외출을 자주하고 텃밭에 나가는 빈도도 높아졌다. 날마다 산에 오르고, 공원에 나가 일곱 여덟 바퀴씩 돌았다. 또 혼자서 동창모임 등 여러 모임에 열심히 나간다.

일곱 부부의 이웃들을 초청해 중국집에서 저녁을 먹었다. 그분들은 그동안 병마와 싸우는 아내에게 많은 고마움을 베풀어 주셨다.

10월 16일(토요일)

마을사람들과 1박 2일 일정의 동해안 여행을 떠났다. 미니버스에 일곱 부부가 타고 양평, 인제, 미시령, 코스를 달려 설악산 콘도에 도착했다.

남북으로 장엄하게 뻗쳐 있는 설악의 영봉, 높은 곳에서부터 단풍이 물들어오고 있다. 신선한 공기가 코를 찡하게 자극한다. 끝없이 전개된 높은 산과 계곡, 파란 하늘에 떠다니는 하얀 구름, 천지는 이렇듯 아름답고 신비롭다.

바닷가 횟집에 들러 저녁을 먹고 소주 몇 잔도 마셨다. 그리고는 고성에서 간성으로 이어진 7번 국도변 절경의 바닷가에 있는 나포리라는 카페를 찾았다. 우리가 해마다 섣달그믐에 들러 동해의 세찬 물결을 바라보며 차나 칵테일을 즐겼던 곳이다. 달이 뜨는 밤엔 관동팔경보다 더 아름답고 환상적인 곳이다.

큰 파도가 밀려와 달빛은 부서지고, 또 밀려가고…. 자연에 취하고 술에 취하고 우정에 취해 생애 최고의 순간들을 보낸다.

무엇보다 소녀처럼 즐거워하는 아내. 활활 타오르는 장작불 빛에 비친 그 얼굴, 이 아름다운 모습을 내년에도 그 후 내년에도 또 그 후 내년에도… 영원히 볼 수 있기를 빌고 또 빈다.

지극히 아름다움은 때때로 지극한 슬픔이 된다.

아! 아! 지금 내가 울고 있구나. 가슴속 깊은 곳에서 잔잔한 슬픔의 물결이 밀려옴은 무엇 때문일까. 그래도 아내는 머리카락이 손에 만져질 정도로 자랐다고 순진한 웃음을 짓고 있는데 말이다.

10월 17일(일요일)

회진포로 갔다. 역시 절경이다. 푸른 바다와 긴 백사장, 넓은 호수를 낀 이곳에 이승만과 김일성, 남북 초대 지도자들의 별장이 존재하는 이유를 알 만하다. 명불허전이다.

그리고 화진포의 이름은 너무 아름답다. 꽃이 만발한 꽃나루 화진(花津)인가, 꽃이 다한 화진(花盡)인가. 무엇이 되어도 그 이름이 우리에겐 고맙다. 아름다운 동행 — 아내가 옆에 있으매, 꽃이 피든 지든 모두 기쁘다. 꽃은 필 때도 좋지만, 꽃이 다할 때도 환상적이다. 생명이 있는 모든 것은 이 세상을 떠난다. 꽃도 마찬가지다.

우리 부부는 벤치에 앉아 밀려왔다 밀려가는 파도를 바라본다. 앞으로 더욱 건강해져 이 나라에 숨겨진 아름다운 곳들을 찾아 여행하자고 서로 다짐했다.

일행을 이곳에서 약간 떨어진 대진의 외딴곳에 있는 솔밭 집으로 안내했다. 이 집의 막국수 맛이 일품이다. 특히 삶은 돼지고기는 정말 맛있다. 마을사람들은 어떻게 이런 곳을 알았느냐고 감탄했다.

진부령을 넘어 화천의 평화의 댐을 둘러보고 집으로 돌아왔다. 집에 오니 밤 11시. 39시간의 강행군이었다. 긴 투병 끝의 여행이라서 우리 부부에겐 감격과 환희의 여행이었다. 그러면서도 마음 한 구석이 비어 있는 듯한 우울한 여행이기도 했다. 그리고 아내에게 무리가 되지 않았을까 하는 걱정의 여행이기도 했다.

10월 30일(토요일)

동해안 여행을 다녀온 지 채 2주도 안 된 사이 이번엔 큰아들 지훈이의 장인어른이 사장으로 계시는 대산화학단지로 초대받아 갔다. 현대 정주영 회장이 생전에 심혈을 기울여 서해를 메운 130만 평의 드넓은 땅에 세운 세계적인 화학단지다. 현대는 IMF시대를 겪으며 이 거대한 화학단지를 롯데에 넘겼다. 여수화학단지의 사장이신 큰아들 장인어른이 이곳의 사장을 겸임하시게 됐다. 2003년 매출이 3조, 롯데그룹의 효자 기업이 된 것이다.

아들의 차를 타고 저녁때 이 단지 내 게스트하우스에 도착했다. 사돈 정 사장 내외분이 반갑게 맞아주셨다. 높은 언덕 위에 지어진 영빈관에서 내려다본 단지의 야경은 거대한 도시 야경 못지않게 눈부시고 환상적이었다. 사돈 내외와 다과를 나누며 밤늦게까지 색다른 분위기를 즐기며 축복받은 시간을 보냈다.

11월 9일(화요일)

남궁 박사를 만나는 날. 지난 10월 5일 좋은 결과를 확인하고 한 달여 만에 또 검사결과를 알아보기 위해 진료실에 나온 것이다. 남궁 박사는 빙그레 웃는다.

"엑스레이도 그렇고 모든 수치가 정상입니다."

기쁜 마음으로 병원을 나섰다. 깊어진 가을, 날씨는 흐리고 다소 차가웠으나 꼭 잡은 아내의 작은 손은 따뜻했다.

면역력을 길러 준다는 또 다른 인삼제품인 선삼 한 상자를 사서 오늘부터 정성스런 마음가짐으로 먹기 시작했다. 아내의 몸은 더 좋아질 것이다.

11월 12일(금요일)

텃밭의 무와 배추를 모두 뽑았다. 무는 이웃에 나누어주고도 넘쳤다. 일부는 내년 봄에 먹으려고 밭에 구덩이를 파고 묻었다. 무 잎은 시래기를 만들기 위해서 모두 잘라 삶았다. 발코니가 온통 시래기로 가득 찼다. 냄새가 집안 전체에 구수하게 배었다.

아내는 완전한 무공해식품인 이 무와 배추로 김장을 했다. 종일 그 힘든 일을 누구의 도움도 없이 혼자서 다했다. 그리고 일일이 라벨을 붙여 김치냉장고에 넣었다. 올 겨울뿐 아니라 내년 초여름까지의 김치가 마련된 것이다. 성취감에 젖은 듯 몹시 흐뭇해한다.

11월 17일(수요일)

아침 일찍 병원에 가서 CT 촬영을 했다. CT는 보통 3개월마다 한 번씩 찍는다. 암 조직이 어떻게 변하고, 다른 곳으로 전이되지 않았나 하는 것을 확인하는 의료행위다. 판독할 때까지 피 말리는 기다림이 또 시작됐다.

저녁엔 공원을 열 바퀴 돌았다. 아내의 걸음걸이로 대략 6천 보가 된다. 많은 운동을 한 셈이다. 꾸준한 운동과 충분한 수면은 투병기간 중 가장 중요시하는 부분이다. CT 촬영을 하고 나면 아내는 물론 나도 제대로 잠을 못 잔다. 잠을 자기 위해서라도 운동은 필수적이다.

11월 25일(목요일)

큰손녀 혜인이의 첫돌이다. 반포의 한 양식집에서 먹고 마시며 상당히 긴 시간을 보냈다. 아내는 내내 행복에 젖은 듯 웃음을 잃지 않았다. 그리고 지훈이 집으로 장소를 옮겨 밤늦게까지 손녀의 재롱을 지켜보다 자정이 넘어 반포 집으로 돌아왔다.

아내는 요즘 이 집 저 집 다니면서 너무 많은 일을 한다. 조금도 앉지 않고 빨래며 청소를 끊임없이 한다. 하지 못하게 해도 막무가내다. 얼마 전부터 운전도 다시 시작했다. 암 선고를 받은 이후 운전대를 잡지 않았으나 이제 가까운 거리는 운전을 한다. 내가 하는 운전이 서툴고 눈에 차지 않을 것이다.

12월 1일(수요일)

오늘 진주에 갔다. 10월 22일 다녀온 후 불과 40일 사이에 두 번째다. 내일 시제를 모시기 위해서다. 오후에 고속버스 편으로 도착해 부모님 묘소를 돌아보고 돌아가신 어머님께서 열심히 다니셨던 절, 청곡사에 들렀다.

아내의 집안은 가톨릭이다. 그런데 시집 온 후 시어머니를 따라 절에 다니더니 어느 새 신심 깊은 불자가 됐다. 가정의 평화를 위해 시어머니를 따르다가 자연스럽게 개종한 셈이다.

종교란 무엇인가. 사랑이고 자비고 평화이고 화합이 아닌가. 그러나 가정의 평화, 가정의 사랑, 가정의 화합이 종교보다 더 위대할지 모른다.

12월 2일(목요일)

12월에 접어드니 날씨가 제법 쌀쌀해졌다.

아내에게 옷을 더 껴입게 하고 선산으로 갔다. 집안사람들이 많이 나와 있었다. 낯이 선 사람들도 많았다. 평소 자주 만날 기회가 없었기 때문이다. 시제를 올리고 30명에 가까운 혈족들이 묘소 주변에 모여 앉아 음식을 나누어 먹으며 서먹서먹한 벽을 허물었다.

알고 보면 모두가 가까운 사이다. 산업화 사회가 되면서 저마다 조상 대대로 살아왔던 고향을 떠났으니 얼굴도 이름도 모르게 됐다. 아내에겐 더욱 그랬다. 누나네 집에 들러 작별인사를 하고 귀경길에 올랐다.

12월 12일(일요일)

오늘은 1965년 아내와 처음으로 만난 날이다. 39년이 훌쩍 흘렀다. 아내와 만난 것이 최선의 선택이었고 최고의 축복이었다. 깊은 사랑과 애정으로 행복한 오늘을 만들었다. 그날 아내를 만났기에 이만큼 왔다. 아이들은 잘 자라주었고 하는 일은 대부분 뜻대로 이루어졌다. 그리하여 가정에는 언제나 웃음과 기쁨이 꽃피었다. 아내만 완쾌되면 우리는 지상에서 극락세계, 천국을 누린다.

아내와 더불어 새로운 39년을 향해 건강하게, 그리고 열심히 사랑하며 살아가게 해 달라고 간절히 기도한다.

12월 19일(일요일)

지척에 두고도 오르지 않았던 산, 광교산에 올랐다. 동네친구들과 느지막이 집에서 나와 서두르지 않고 천천히 뚜벅뚜벅 발걸음을 옮겨놓았더니 어느새 정상까지 올라 있었다. 늦은 시간이라 등산객이 북적대지 않아 좋았다.

하산 후 맨 정신으로 돌아갈 수 있으랴. 호프집에 들러 찬 생맥주

66

몇 조끼씩 들이켜고 거나한 기분으로 집에 돌아왔다.

실로 오랜만에 LP판을 꺼내 턴테이블에 걸었다. 음악은 LP판으로 들어야 제맛이 난다. 아내도 좋아한다. 젊은 시절 아내와 함께 들었던 베토벤의 〈피아노협주곡〉, 〈합창교향곡〉, 그리고 슈베르트의 〈겨울 나그네〉 등의 클래식 곡과 크리스마스 분위기가 물씬 풍기는 팻 분(Pat Boone)의 크리스마스 캐럴 등을 다시 들으니 젊은 날의 아름다운 추억들이 아련히 떠오른다. 그리고 눈물이 난다.

12월 28일(화요일)

남궁 박사를 만났다. 아침에 찍은 엑스레이와 혈액검사 결과는 모두 정상으로 나왔다. 연초엔 해외여행을 떠나도 괜찮을 정도로 좋아졌다며 환하게 웃는다.

베토벤의 9번 교향곡, 환희의 합창소리가 영혼의 깊은 심연에서 울려 퍼진다. 며칠 전 아내와 함께 LP판으로 들었던 희망과 기쁨이 가득한 그 곡 말이다.

12월 31일(금요일)

좌절과 희망, 분노와 환희, 눈물과 웃음이 반복된 한 해였다. 청천벽력 같은 아내의 암 선고, 그리고 큰 수술, 또 큰 수술, 고통스런 항암주사, 머리카락은 모두 빠지고 돋아나고 또 빠지고. 끝없는 구토와 식욕부진, 불면증, 지옥 같은 아픔의 시간들이었다.

나는 아내의 암 앞에 한없이 무력하였다. 나의 노력은 아내 앞에서 결국 무참하였다. 또 그 무력함 때문에 한없이 울었다. 우리가 암 따위에 패배할 수 없다고 맹세했지만 흐느낌이 소용돌이친다.

그러나 그 사이 사이 희망과 행복의 시간도 있었다. 아내가 잘 견더주었고, 용기와 의지를 잃지 않았다. 열심히 운동도 하고, 치료 효과도 뚜렷하게 나타났다. 그래서 여행도 가고, 친구들의 모임에도 자주 나갔다.

오늘, 이 해의 끝자락, 아내의 머리카락은 2cm 정도 자랐다. 조금만 더 자라면 가발을 쓰지 않아도 될 것 같다. 서로 마주보고 빙그레 웃었다. 제야의 종소리가 울릴 때까지 잠자리에 들지 않았다. 살아온 1년이 기적 같다. 이제 한순간 새해, 희망의 지평이 열린다.

아내여, 힘을 내자. 새해엔 우리의 소망이 반드시 이루어질 것이니 … 사랑해.

2부

看病日記
간병일기,
남편의 가벼움과 아내의 무게

가혹한 시련, 계속되는 희약의 나날들

2005년 1월 1일(토요일)

새해맞이 동해안 여행을 못 간 대신, 일출시간에 아내와 함께 소실봉에 올랐다. 아내는 두 손을 모은 경건한 몸가짐으로 떠오르는 태양을 향해 섰다. 필경 가정의 행복과 가족의 건강을 기도했을 것이다. 나도 기도했다.

나는 오직 한 가지, 아내의 건강회복을 빌었다. 시련과 고통의 2004년이 지나갔으니 이젠 해맑은 아내의 얼굴을 늘 볼 수 있기를, 희망의 불빛이 영원하기를 빌었다. 가고 싶은 곳 함께 가고, 하고 싶은 것 함께 하고, 오래도록 함께 살아가기를 빌었다.

1월 2일(일요일)

아내의 투병 중 많은 분들이 성원과 용기와 희망을 주셨다. 그 고마우신 분들께 새해인사를 드렸다. 산다는 것은 관계를 맺는다는 것이다. 좋은 관계가 우리 사는 인생의 핵심이다.

오늘부터 아내와 108배를 함께 하기로 약속했다. 기구(祈求)의 한 방법일 뿐 아니라 운동의 차원에서도 큰 도움이 될 것으로 믿기 때문이다. 108배를 한다는 것은 또 더욱 겸손해진다는 것을 의미한다. 수없이 엎드리면서 몸을 바닥에까지 낮추면서 마음의 평정을 찾는 것, 이것이 108배의 효과일 것이다.

우리는 그동안 인생을 살면서 얼마나 오만하였던가. 오체투지(五

體投地)의 108배는 어리석은 나를 버리고, 나를 부처님에게 모두 맡긴다는 예법이다.

아내는 무엇이든지 한번 시작하면 끝까지 밀고 나가는 성격이다. 비디오를 보며 요가를 하고 '2 miles walking'이란 걷기 운동도 열심히 하고 있다. 걷는 것이 사는 것이다. 우리는 걸어야 살고, 누우면 죽는다.

나는 처음 며칠 아내를 따라 하다가는 슬그머니 중단하는 경우가 비일비재했다. 그러나 이번에는 아내와의 약속을 반드시 지켜야겠다고 다짐한다.

1월 11일(화요일)

새해 들어 처음으로 병원에 갔다. 지난해 12월 하순의 검사결과를 확인하기 위해서다. 암 수치(CA125)가 많이 올라가 있다는 주치의의 설명이다. 땅이 꺼지는 것 같은 충격이다. 좋아지고 있다는 진단에 희망에 부풀어 새해를 맞았는데 이게 웬 날벼락인가. 새해엔 해외여행을 떠나도 좋다고 한 말이 불과 며칠 사이에 절망적인 말로 바뀌어 버리다니.

암은 영원히 풀리지 않는 수수께끼, 검사결과를 순식간에 뒤집고 의사도 속이고 모두를 속인다. 그리하여 좌절하고 희망을 잃게 한다. 담당 의사는 한 번 더 검사를 해보자며 피를 뽑고 가라고 한다. 할 말을 잊은 채 피를 뽑고 후들거리는 발걸음으로 병원을 나섰다. 지난번의 그 검사가 잘못된 것이기를 빌면서.

그래도 아내의 일상은 여전하다. 108배를 열심히 하고, 산을 오르고, 공원을 걷고, 친구들과 만나고, 쇼핑하고, 미장원에도 가고. 오히려 내가 안절부절못한다. 때로 취하지 않으면 잠을 이룰 수 없구나.

위안이라도 받고 싶은 생각으로 대학동창 모임에 나갔다. 최종철 선배가 신비의 물이란 EMAX 500cc 한 병과 책자를 주면서 부인의 투병에 도움이 될지 모르니 마셔보게 하라고 했다. 과연 생명의 물일까, 어마어마하게 고가란다. 이 물을 마셔 암을 물리칠 수 있다면 값이 문제랴. 그토록 비싼 물을 주면서 우리를 격려해준 선배의 따뜻한 마음이 눈물겹도록 고마워 아내에게로 달려갔다.

생명의 물 EMAX는 일본 북해도의 한 대학에서 개발했다. 혹독한 북해도의 엄동설한, 실험실에서 버린 물이 뿌려진 땅에서 파란 잔디가 돋아났다. 그 물을 분석한 결과 생명의 물임이 입증됐고 고가임에도 불티나게 팔려 나간단다. 대학 후배가 총장으로 있는 한 지방대학에서 수입, 국내에 보급되기 시작했다.

1월 14일(금요일)

침울한 기분으로 병원에 갔다. 혈액검사 결과를 보니 암 지수가 76에서 120으로 크게 올라 있었다. 의사는 16일 입원하라고 했다. 그러면서 또 약물치료를 받아야 한다고 했다. 눈앞이 캄캄하다. 도대체 얼마나 많은 약물을 투여해야 끝장이 날 것인가. 의사는 일단 또 한 주기, 6번의 항암주사를 맞아 보자고 한다.

신비의 물 한 병으로 기적이 일어날 수는 없다. 또 하나의 지푸라기를 잡기로 했다. 거금을 들여 기적의 그 물 1상자(24병)를 샀다.

1월 16일(일요일)

시골에서 보내온 직접 농사지어 만든 밀가루와 국수를 이웃에 나누어 주고 서둘러 서울로 나왔다. 오후 3시 입원했다. 작년 8월 13

일 퇴원한 후 5개월 만이다. 입원하는 일이 다시는 없기를 애원하고 기도했으나 그 간절한 소망은 이렇게 허망하게 깨어졌다.

병원 주변이 흰 눈으로 덮여 있다. 세상은 모두 얼어붙은 듯 고요하고 적막하다. 아내의 가슴속 케모포트에 연결된 호스를 타고 수액과 약제들이 끝없이 흘러 들어가고 있다.

이제 겨우 잠든 아내를 물끄러미 바라보며 넋이 나간 듯, 분노하고 푸념한다. 아! 이 어진 여인에게 왜 이토록 가혹한 시련을 내리고 있는가.

나는 지금 아내의 병상에 기대 앉아 눈보다 더 하얀 아내의 얼굴 지켜보며 통한과 분노와 절규의 밤을 보내고 있다.

1월 17일(월요일)

아침 일찍 남궁 박사가 병실에 찾아왔다. CT 판독결과 골반 위쪽에 약 1㎝ 정도 부어 오른 듯한 음영이 보였으나 약물만 투여하면 괜찮을 것 같단다. 수술하지 않아도 된다는 말에 약간은 안심이 되었다.

다시 항암주사가 시작되었다. 200cc짜리 1개, 50cc짜리 1개를 1시간 반에 걸쳐 맞았다. 용량은 적으나 이제까지 써왔던 것보다 더 강한 것이라고 한다. 오후에도 남궁 박사가 회진차 왔다. 밤사이 소변 많이 볼 수 있게 물을 많이 마시라고 일러 주었다.

밤새도록 링거를 맞고, 물을 많이 마셨기에 소변 양이 많아졌다. 항암제의 독소가 다 빠져 나올 것 같은 기분 좋은 느낌이다.

1월 18일(화요일)

남궁 박사가 아침 7시 40분에 와서 오늘 퇴원해도 된다고 한다. 11시 30분 병원에서 나와 자주 들르는 일식집에서 점심을 시켰으나

74

아내는 거의 먹지 못한다. 항암제 부작용이 빠르게 나타났다. 구토를 심하게 하고 어지럼증을 호소했다.

그러면서도 할 일이 많다며 수지 집으로 가자고 재촉한다. 집에 오자마자 고춧가루를 빻기 위해 방앗간으로 갔다. 해가 질 때까지 계속 움직였다. 그러나 저녁은 한술도 먹지 못한 채 고통과 괴로운 밤을 보내고 있다.

> 항암제 부작용: 암세포를 죽이는 항암제는 정상세포에게도 큰 타격을 준다. 특히 피를 만들어내는 골수세포, 구강·위장관의 상피세포, 머리카락 세포, 손톱·발톱을 이루는 세포, 정자·난자를 만드는 생식세포 등을 크게 손상시킨다. 따라서 빈혈, 감기증세, 백혈구·혈소판 감소, 오심, 구토, 설사, 근육통, 무력감, 감염의 위험성 같은 부작용이 나타날 수 있다. 머리카락이 빠지고, 입안이 헌다.

1월 22일(토요일)

병원에 다시 갔다. 혈액검사 결과 백혈구가 적어 그것을 올리는 주사를 맞았다.

아내는 지난 며칠 동안 집에서 성한 사람처럼 모든 일을 다 했다. 자동차 정기검사와 은행 통장정리를 하고, 마트에 가서 채소며 해산물 등을 사오기도 했다. 가사 도우미를 1주일에 한두 번이라도 쓰자고 해도 모르는 사람에게 살림을 맡길 수 없을 뿐 아니라 움직여야 기운을 차릴 수 있다며 우겼다.

병마에게 꺾이지 않으려고 모든 힘을 다 쏟고 있는 아내, 애처롭고 눈물겹다.

교보문고에 들러 《암을 넘어서》 등 4권의 책을 샀다. 암을 극복한 사람들의 투병기와 암에 관한 책들이다. 책의 주인공들은 암과의 치열한 전쟁에서 승리한 투사이자 영웅들이다. 아내가 책 속의 주인공들처럼 암을 이기기를 바란다.

1월 25일(화요일)

아침 일찍 병원에 나가 피를 뽑고 검사결과를 기다렸다. 백혈구
수가 1,500에서 300으로 크게 떨어졌다.

항암주사 부작용은 무척 많지만, 백혈구를 떨어뜨리는 것이 대표
적이다. 백혈구가 떨어지면 면역기능이 약해져 세균 등에 감염될
경우 치명적이다. 암환자들은 이것을 매우 두려워한다. 그래서 사
람들 만나는 것을 꺼리고 나들이를 삼간다. 그래도 아내는 일상의
일들을 다하고 있다.

2월 1일(화요일)

아내의 머리카락이 또 빠지기 시작했다. 작년 2월 수술 후 항암치
료를 받으며 다 빠졌던 머리카락이 8월에 9번째의 항암주사를 끝낸
후 다시 자라기 시작해 지금은 5㎝ 정도 자랐다. 가발을 쓰지 않아
도 될 만큼 됐다. 그런 머리가 또 빠지다니 억장이 무너진다.

한 주먹씩 뭉텅뭉텅 빠져나갈 때마다 내 살점이 찢어나가는 듯 쓰
리고 아프다. 본인의 마음은 오죽할까. 내색은 않지만 비탄의 눈물
을 쏟고 있으리라.

부처님이시여, 언제까지 이런 고통을 주실 것입니까? 이제 자비
의 손길을 내리소서.

2월 5일(토요일)

오늘 또 병원에 갔다. 검사결과 항암주사를 맞을 수 있을 만큼 모
든 것이 정상이니 설 연휴 마지막 날인 10일 입원하란다.

설날이 다가온다. 아내는 설날 맞을 준비에 분주하다. 집안 대청
소를 하고, 제수용품을 준비하느라 잠시도 자리에 앉지 않는다. 일

을 두고 못 참는 천성이 암환자란 현실을 잊게 하고 있다.

　2월 9일(수요일)

　설날이다. 주부가 병을 앓고 있으니 이 즐거운 날이 되레 가슴 저며
오는 날이 되고 만다. 가족 모두 모였다. 사촌들은 이번 설날엔 오지
않았다. 큰어머니가 아프니 번거로울까 염려가 되는 모양이다.

　차례를 지냈다. 올해부터 3대조 이상은 시제로 모시기로 했으나
아내는 당장 그렇게 하기가 섭섭하다며 예년과 같이 메를 올렸다.
아내의 머리카락은 모두 빠졌다.

　차례 후 음식을 먹으며 많은 이야기를 나눴다. 아내는 아이들에
게 정직하고 성실하고 건강하게 살라고 했다. 덕담도 덧붙여 들려
주었다. 시어머니가 그에게 자주 해준 말이 생각난다.

　"남의 눈에 꽃이 되라."

　떠들썩했던 지난날들의 설날과는 달리 차분함을 넘어 우울하고
울적하다.

　2월 10일(목요일)

　설 연휴라고 모두들 한복차림의 즐거운 표정으로 고향에도 다녀
오고 세배 길을 오가는데 우리는 신음소리 가득 찬 병원으로 들어왔
다. 암환자는 입원하면 다음날 항암주사를 맞기 위한 준비작업으로
엑스레이를 찍고 채혈을 하고 수액주사를 맞는다.

　아이들은 모두 엄마 곁에 머물다 밤늦게 돌아가고 아내의 가냘픈
숨소리만 착 가라앉은 병실 공기에 잔잔한 파문을 일으키고 있다.
창밖 앙상한 나뭇가지가 심하게 흔들린다. 아마도 찬바람이 거세게
몰아치고 있는가 보다.

쓰리고 아린 밤이다. 우리는 이런 밤들을 얼마나 더 보내야 즐거운 우리집 안방에서 달콤한 잠을 잘 수 있게 될 것인가.

2월 12월(토요일)

어제 하루 종일 항암주사를 맞고 수액을 잇따라 주입했다. 아내는 잘 견뎌주었다. 항암주사의 부작용이 아직 나타나지 않아 표정은 여전히 환하게 밝다.

남궁 박사가 일찍 병실에 찾아왔다. 지금 맞고 있는 수액이 다 들어가면 퇴원하란다. 그리고 항암주사를 계속 맞으면 면역기능이 떨어져 감염될 확률이 높으니 병원 무균실 수준의 깨끗한 방을 마련해 주로 그곳에서 생활하는 것이 좋겠다고 당부했다.

어제는 보험사와 아이들 회사에 제출할 진단서 등 각종 서류를 떼었다. 아내는 제한적인 암보험에 가입하고 있었다. 보험회사에 다니는 친척의 권유를 뿌리칠 수 없어 10년이 지나면 원금을 찾을 수 있는 이 보험을 들었다. 친척을 도와야겠다는 뜻으로 들었던 이 보험, 그 혜택을 받으리라고 꿈엔들 생각했겠는가. 기쁨보다 기가 찬다.

2월 14일(월요일)

항암제의 부작용이 본격적으로 나타나기 시작한다. 심한 구토로 물 한 모금 제대로 마시지 못한다. 구토 억제제를 먹어도 듣지 않는다. 아내는 먹지 못해 최악의 상태인데도 강남의 교보생명에 들러 보험금 수령 절차를 끝냈다.

기진맥진한 상태로 수지 집에 돌아왔다. 남궁 박사가 하라는 대로 대청소를 하고 이부자리를 깨끗한 것으로 모두 바꾸었다. 그리고 거실에 있던 공기청정기를 안방으로 옮겨 놓았다. 병실보다 훨씬 깨끗하고 아늑하다. 마스크를 하고 손을 자주 씻고 소독을 했다.

아내는 밤늦도록 계속 토한다. 위 속에 들어 있는 모든 것, 심지어 위액까지 토해낸다. 그 고통스러워하는 모습이 너무 안쓰럽고 안타깝다. 이 지구상에는 수천만 수억의 암 환자들이 항암제의 부작용으로 이런 고통을 받고 있다. 그 많은 암 연구자들은 왜 이런 고통을 덜어줄 치료법이나 약물 하나 제대로 개발하지 못하고 있는 것일까.

2월 18일(금요일)

항암주사 후 1주일 만에 병원에 갔다. 혈액검사 결과 암 수치 등이 크게 낮아졌다는 주치의의 설명을 들었다. 치료효과가 빠르게 나타나 기쁘다. 그러나 구토 등 부작용은 더 심하다. 어제 밤은 거의 잠을 못 잤다. 이런 상태로 나다니는 것이 기적이다.

2월 21일(월요일)

아내의 62번째 생일이다. 꽃 한 송이 달아주지 못하고 케이크 하나 마련하지 못했다. 이렇게 아플 때 더 잘해줘야 하는 것인데.

내일 일찍 병원에 가기 위해 반포 집으로 나왔다.

2월 23일(수요일)

큰딸 윤희가 필라델피아에서 둘째아들을 순산했다는 소식을 전해왔다. 3년 전 큰손자를 낳았을 때는 아내와 내가 미국에 가서 40일간 머물며 딸의 산후조리를 도왔었다. 그러나 이번엔 가지 못했다. 아내는 기뻐하면서도 딸한테 못 간 것을 못내 가슴 아파한다. 다행히 경험 많은 산후 도우미를 구했다고 하니 어느 정도 안심이 된다. 아내는 긴 통화를 나누며 조리 잘하라고 몇 번씩 당부했다.

윤희는 앞으로 무척 힘이 들 것 같다. 두 아이를 키우고 학교에 나가 강의와 연구도 해야 하니 말이다.

"아이들이 어느 정도 클 때까지 돌봐주어야 하는데, 도와주어야 하는데."

아내의 걱정이 태산이다. 딸에겐 누구보다 친정어머니가 가장 든든한 존재다.

마을사람들이 아내를 위한 자리를 만들었다. 거의 먹지 못했으나 몹시 즐거워한다. 아내의 생일잔치를 조금 늦게 이웃들이 마련해 준 셈이다.

3월 4일(금요일)

어제가 입원예정일이었으나 병실이 없어 하루 늦게 입원했다. 혈액검사 결과 빈혈지수가 겨우 10이다. 10이라면 항암주사는 못 맞는다. 남궁 박사는 세미나 참석 중이라 회진을 못한다며 전화로 알려줬다. 항상 신경을 써주어 감사하다.

작년만 해도 1인실은 어느 정도 여유가 있었으나 금년 들어 사정이 달라졌다. 입원할 때마다 담당직원에게 언성을 높이기 일쑤다. 날이 갈수록 환자가 많아진 탓이다. 지방의 환자들까지 서울의 유명 대학병원에 몰린다. 믿음이 가는 큰 병원에서 진료를 받고 싶어 하는 것은 인지상정이다. 의료수준 평준화가 절실하다.

3월 5일(토요일)

항암주사를 맞기 위해 어제 밤부터 3천 cc 가까운 수액을 맞았다. 오늘은 지난번과 꼭 같은 처방의 항암제 두 가지를 맞았다. 오후 2시경 남궁 박사가 왔다. 항암제가 잘 듣는 편이라고 고무적인 말을 해주었다.

항암주사는 일찍 끝났으나 해독을 위한 수액주사는 계속 됐다. 그래서 내일 퇴원하기로 했다

큰아들 회사에서 엄마 병원비 지원금이 나왔다. 상당한 액수다.

3월 12일(토요일)

마을모임에서 대천으로 나들이 길에 올랐다. 병원에서 나온 지 6일밖에 되지 않아 장거리 여행이 무리일 수 있었으나 기분전환이 때로는 보약이 될 수도 있을 것이다.

미니버스를 타고 떠들며 대천의 한화콘도에 도착했다. 며칠 전까지만 해도 아내는 병원에서 두 번씩이나 조혈주사를 맞을 정도로 심한 빈혈상태였다. 그리고 구토증세와 불면증으로 고통을 받았다. 그러나 오늘은 환자 같지 않게 명랑하고 사람들을 잘 웃긴다. 저녁 땐 바닷가에 나가 생선회도 먹고, 노래방에도 갔다.

3월 17일(목요일)

아내, 나 모두 모임이 많은 날이다. 아내는 12시에 청담동에서 큰아들 고등학교 어머니 모임에, 저녁엔 압구정동에서 대학 동창모임에 참석했다. 15일 혈액검사 결과 백혈구 수치가 정상으로 돌아와 아내는 홀가분한 기분으로 이들 모임에 나갈 수 있었다.

3월 25일(금요일)

입원했다. 암 지수가 높아져 1월에 입원이 시작된 후 올 들어 벌써 4번째다. 남궁 박사는 저녁 늦게 전화로 모든 것이 정상이기 때문에 내일 항암주사가 가능하다고 알려왔다.

지훈과 윤희는 각각 미국서 전화로 엄마의 상태를 물었고, 윤정과 정훈은 병실에서 밤늦게까지 머물다 돌아갔다.

3월 27일(일요일)

정오쯤 퇴원했다. 퇴원 직전엔 언제나 다음 번 입원할 날짜와 입원 의뢰서가 나온다. 입원비 계산서, 복용할 약 등과 함께. 그러나 이번엔 그것이 나오지 않았다. 우리는 이제 입원하지 않아도 되는 것으로 판단해 기쁨에 젖었다. 더구나 어제 남궁 박사로부터 희망적인 말을 들은 터라 이제 항암이 끝난 것 아닌가 생각했다.

그러나 행복한 기대는 곧 깨어졌다. 입원 의뢰서를 착오로 내보내지 않았단다. 우리의 어깨는 축 처졌다. 어려운 병을 앓고 있는 환자나 그 가족들은 의료진의 말 한마디, 작은 몸짓 하나에도 천국과 나락을 오간다. 아내를 달래며 병원을 나섰다.

찬란한 봄볕이 따사롭다. 저녁 땐 신세계백화점 식료품점에 들러 아내에게 먹여볼까 하여 전복과 문어를 샀다.

3월 29일(화요일)

아내의 컨디션이 계속 좋지 않다. 못 먹고 못 자고 지친 듯 자리에만 누워 있다. 항암주사를 거듭할수록 체력이 점점 떨어지는 것 같아 안타깝다.

그러나 동네모임에 참석했고, 노래방까지 갔다. 병을 앓고 있다는 티를 내지 않으려는 의지의 표현이다. 귀가 길에 아내가 넘어져 너무 놀랐다. 못 먹고 못 잤으니 쇠약해지지 않을 수 없다.

기력을 도와줄 길이 없을까. 무엇인가 아내가 잘 먹을 수 있는 음식을 장만해 주어야 하는데, 걱정만 하고 있으니 한심하다.

4월 2일(토요일)

정동의 한 약국에서 면역력을 획기적으로 높인다는 선삼을 샀다. 6년근 인삼의 정수를 뽑아 만들었다는 제품. 산삼보다 효과가 높기 때문에 그 값이 매우 비싸다는 주인 약사의 설명이다. 먹을 때마다 산삼을 복용할 때처럼 빌고, 경건한 마음과 몸가짐을 해야 한다고 그는 부연했다.

백혈구 수치가 크게 떨어져 그것을 올리는 주사를 또 맞았다.

4월 5일(화요일)

산불이 며칠째 동해안을 휩쓸고 있다. 오늘은 천년고찰 양양 낙산사가 모두 불탔다.

아내는 TV를 통해 화염에 휩싸인 낙산사가 허물어지고 문화재인 동종이 녹아내리는 것을 보고 비명을 지르고 눈물을 흘렸다. 먼 동해바다를 향해 우뚝 서 계신 해수관음보살도 시커멓게 그을렸다. 불길은 바닷가에 붙어 있는 유서 깊은 홍련암도 삼킬 듯 넘실댔으나 아슬아슬하게 비껴갔다.

우리는 학창시절부터 여러 번 이 절에 들른 적이 있다. 아내는 그 곳에서 기도를 올렸고, 특히 망망 동해바다에 안겨 있는 홍련암을 사랑했다. 아내의 영혼 속에 깊이 각인돼 있는 동해안의 명찰 낙산사, 아! 아! 이 소중한 보배들이 한줌의 재로 사라져 가는구나.

4월 7일(목요일)

황사가 심하다. 온천지가 희뿌옇다. 날씨 탓인지 아내는 우울하고 감상적이다.

"○○ 어머니는 암 선고 받고 3년을 못 넘기고 돌아가셨다."

창밖을 내다보며 긴 한숨을 쉬었다. 가슴이 철렁 내려앉는다. 의지와 희망을 잃으면 모두를 잃는다는데, 왜 저런 생각을 하고 있을까. 아내를 살며시 안아주며 호소했다.

"절대 좌절하지 말고 긍정적인 생각만 갖자. 이제까지 해왔듯이 의연하게 싸워 극복하자."

환희의 날은 꼭 올 것이라 믿으며 베토벤의 9번 교향곡을 쾅쾅 틀었다. 그것도 안 되겠다 싶어 아내를 태우고 밖으로 나와 봉녕사로 달려갔다.

4월 13일(수요일)

옆집 김문진 사장 내외와 함께 용인 백암에 있는 한택식물원으로 갔다. 희귀한 식물 등 볼거리도 많고 경관이 빼어나 기분전환에 도움이 됐다. 아내도 쾌활한 본래의 표정으로 돌아왔다. 보람 있는 나들이였다.

저녁엔 그저께 아내가 텃밭 주변에서 캐온 쑥으로 국을 끓여 먹었다. 봄내음이 물씬하다. 나무와 난에 물을 주고, 어질러놓은 서재를 정리했다. 모레 아내가 입원하면 며칠 또 집을 비워야 하기에 이곳저곳 손보아야 할 곳이 많다.

4월 21일(목요일)

37번째 결혼기념일이다. 병중에 맞으니 착잡하다. 오늘도 손녀를 어린이 집에 데려다주고, 저녁때 데려왔다. 큰며느리가 출장에서 돌아왔다. 케이크를 사와 우리의 결혼기념일을 축하해주었다.

4월 22일(금요일)

밤새도록 식은땀을 흘리고 거의 자지 못했다. 너무 상태가 좋지 않아 병원으로 달려가 혈액검사를 해보니 백혈구, 혈소판 등이 크게 떨어져 면역기능이 바닥이다. 이런 상태로 집에 머문다는 것은 모험이다.

서둘러 입원했다. 감염될까봐 면회가 제한되고, 식사는 무균식으로 바뀌었다. 좀처럼 약한 모습을 보이지 않던 아내가 눈물을 흘린다. 나도 눈이 뜨거워진다. 치료를 받으면 조금씩 나아져야 할 텐데, 왜 자꾸 좋지 않은 결과만 생기는지 가슴이 저며 온다.

4월 23일(토요일)

눈앞이 캄캄하다. 레지던트 3년차인 젊은 의사가 CT상으로 이상한 음영이 나타났다고 한마디 던지고 갔다. 항암주사를 계속 맞고 있고, 병원에서 하라는 대로 다 하고 있는데, 왜 또 암 의심 영상이 나타나는가. 가혹한 시련이다.

4월 25일(월요일)

남궁 박사가 회진차 들렀다. 지난번 찍은 CT상에서 직장과 골반 사이에 3.5㎝ 크기의 의심스런 음영이 나타났다고 했다. 레지던트가 지난주 이야기한 것을 확인해준 셈이다. 그는 PET-CT(양성자 CT)를 또 찍어 더 정확한 진단을 해보자고 했다.

PET-CT나 CT나 오십보백보 아닌가, 의사의 말을 누가 거역할 수 있으랴. 빈혈수치는 조금 올라갔으나 백혈구 부족 현상은 여전하다.

4월 29일(금요일)

그제 찍은 PET-CT 촬영결과를 통보받는 날이다. 입이 바삭바삭 마를 정도로 초조하다. 아내와 함께 아침 일찍 집을 나섰다. 어떤 결과가 나오더라도 지난 1년 이상 우리가 해왔던 것처럼 절대 절망하거나 좌절하지 말자고 미리 다짐했다. 희망과 의지를 버리지 않는 한 반드시 좋은 내일이 있을 것이라는 말도 되풀이했다. 아내는 언제나 그렇듯 담담하고 흔들림이 없다.

드디어 운명의 시간, 8시 30분이 다가왔다. 남궁 박사는 부산 출장시간을 늦추고, PET-CT 촬영결과를 차분하게 설명했다.

골반 쪽에 1.2∼1.4㎝ 크기의 암 의심 음영이 보이고, 허파에도 이상한 징후가 나타났다고 했다. 수술해야겠다는 설명도 덧붙였다. 두 번이나 큰 수술을 했는데 또 수술이라니 온 세상이 다 노랗다. 부처님이시여, 왜 이렇게 가혹한 시련을 계속 내리십니까.

친구 이상하 회장이 오늘 아침 별세했다. 너무 슬프고 충격적이다. 대장암 선고를 받은 지 2년, 한동안 치유가 된 듯해서 여행도 다니고 친구들과 어울려 공도 치고 술도 마시며 즐겁게 살아온 그다. 이렇게 황망이 떠나다니 암의 끝은 결국 이런 것인가.

아산병원에서 밤늦게까지 머물다 돌아왔다. 지난 26일엔 옛 직장동료 김학수 씨도 저세상으로 갔다. 그는 간암이었다. 암 진단을 받은 후 겨우 1년을 더 살다 떠났다. 암은 이렇게 귀한 생명들을 앗아가고 있다. 아내가 충격적으로 받아들일까 싶어 암 아닌 다른 지병으로 세상을 떠났다고 얼버무렸다.

몸에 이로운 이온을 발산한다는 암염램프(rock salt lamp) 5개를 구입했다. 안방과 거실에 켜고, 친구들에게도 나누어주기 위해서다. 건강보조기구에도 관심이 많아졌다. 이런 것들이 작은 기여라도 할 것이란 믿음이 마음속에 깔려 있다.

5월 8일(일요일)

어버이날이다. 미국에 있는 윤희네를 제외한 아이들이 모두 집에 모였다. 아이들은 저마다 선물을 사 들고 왔다. 옷이며 구두, 등산 장비 등을 사왔고, 용돈도 내놓았다. 엄마 빨리 나아서 산에도 가고 여행도 떠나라는 뜻이 담겨 있다. 불고기집에 가 점심을 함께 했다.

잔인한 4월은 가고 5월이 오니 봄은 본격적으로 무르익어 간다. 텃밭에 오이, 토마토, 고추, 가지 모종을 심었다. 좋은 품종을 고르기 위해 성남의 모란시장에까지 나가 구입해 왔다. 아내에게 농약이나 무기질비료(화학비료)를 뿌리지 않은 순수한 채소를 제공하기 위해서다.

몇 년째 텃밭을 가꾸다 보니 그런대로 농사꾼이 되어가는 느낌이다. 아내는 밭둑에서 이제 제법 자란 쑥을 캤다. 봄 향기 가득한 쑥국이 또 밥상에 올랐다.

5월 10일(화요일)

아내는 초파일을 앞두고 어제 집 근처 보현사와 봉녕사를 각각 찾아 1년 연등을 달았다. 오늘은 압구정동으로 이사온 후 20여 년간을 꾸준히 다닌 봉은사에도 연등을 달고, 1년 치 신중기도 동참금도 냈다. 고향 진주에 있는 청곡사에도 연등을 달게 했다.

등을 여러 곳에 많이 단다고 하여 더 많은 축복을 받는 것은 아니다. 그러나 귀한 인연을 맺은 사찰들을 아내는 잊지 못해 1년에 한 번 초파일마다 작은 정성을 보태왔다.

지난 초봄에 담근 장도 달였다. 장 달이는 데 많은 신경을 쓰고 정성을 쏟는다. 아내의 감기가 심해 동네 병원에서 치료를 받았다.

5월 12일(목요일)

입원날짜를 잡느라고 원무과 직원과 또 한바탕 실랑이를 벌였다. 주기적으로 입원하는 환자에 대한 배려가 없다. 때맞추어 주사를 맞아야 치료효과를 극대화할 수 있는데도 말이다.

지난번 촬영한 CT 판독결과, 폐에 전이된 징후가 발견됐다고 남궁 박사가 알려왔다. 또 한 번의 청천벽력이다. 아내를 위로하며 흘러나오는 눈물을 억지로 감추었다.

오후엔 동국대에서 봉행된 국은 이한응 열사 100주기 추모식에 참석했다. 사위의 현조부인 국은 선생은 고종이 파견한 마지막 영국대사다. 그는 한일합병으로 나라를 잃자 30대 젊은 나이에 런던에서 자결했다. 그의 위대함을 제대로 몰랐다. 장충공원에 그의 동상이 있다는 사실도 오늘 처음 알았다.

윤정과 함께 압구정동 가발가게에서 아내의 가발을 또 하나 구입했다. 여름용이다. 가발이 하나씩 늘어난다. 서글픈 일이다.

5월 15일(일요일)

부처님 오신 날. 우리 산행 멤버들은 경북 문경 희양산으로 산행을 했다. 1년에 한 번 일반인들에게 산문을 여는 우리나라 최대·최고의 수도도량인 봉암사를 참배하기 위해서다.

봉암사는 정말 청정한 도량이다. 덜 세속화되고 때가 덜 묻었다. 평소 일반인들이 접근할 수 없어 절은 물론 절 주변의 산과 계곡이 태고의 깨끗함과 신비를 그대로 지니고 있다. 십수 년 전 불교방송 전무로 일하게 된 인연으로 이곳에 와본 후 처음이다.

그때보다 불사를 많이 해 아늑하고 정숙한 분위기가 덜하지만, 그래도 우리나라 다른 절집과는 그 품격이 다르다. 인파가 꽉 차 대웅전엔 들르지도 못하고 밖에서 합장하고 아내의 건강회복을 빌었다. 청정한 절에서의 간절한 기구는 그 효험이 더욱 크리라고 믿으면서 빌고 또 빌었다.

우리는 계곡을 따라 희양산 정상 쪽으로 걸었다. 많은 등산객들이 모처럼의 기회를 이용해 봉암사 쪽에서 희양산을 오르고 있었다. 너무 깨끗하고 아름다운 자연이라서 밟기가 아까웠다. 계곡으로 흐르는 물을 손으로 퍼 마시니 가슴이 확 트이는 기분이다. 물에 손을 담그는 것도 죄스러웠다. 인간의 흔적들을 남기지 않은 무릉도원 같은 산과 계곡에서의 한나절 산행은 찌든 영혼을 씻어준 듯 신선의 경지에 이른 것 같은 착각에 빠지게 했다.

면역력이 떨어져 고생하는 아내, 이런 곳에서 단 하루라도 머물 수 있다면 엔도르핀이 콸콸 솟아날 것 같다.

엔도르핀(endorphine) : 뇌 속에 존재하는 내인성 모르핀(endogenous morphine)을 줄인 말. 모르핀보다 100배 정도 강한 마약성분을 가진 특별한 단백질(수용체).

모르핀(morphine) : 아편의 주성분인 알칼로이드. 마취제로 진통·진해(鎭咳)·진정·최면에 효력이 있으며, 구토·발한·발열·설사 등의 부작용이 있다.

5월 22일(일요일)

한바탕 난리를 치른 뒤 겨우 입원했다. 어제는 입원이 가능하니 오라고 해놓고 막상 입원하려니 병실이 없다니. 하기야 퇴원하기로 했던 환자가 퇴원을 못하는 경우도 있어 차질이 빚어질 수 있다. 늦게 6층 산부인과 병실에 들었다.

일요일이나 쉬는 날에 병원에 입원하면 본격적인 치료받기가 힘들다. 밤 10시가 넘어 겨우 링거를 꽂고, 항암제를 맞기 위한 준비를 시작했다.

아내는 좀처럼 잠들지 못한다. 기침도 심하고. 폐에 음영이 생겼다니 그것 때문인지 너무 불안해한다.

5월 23일(월요일)

항암주사를 맞기 시작했다. 이번 투약은 지금까지와 완전히 다르다. 주사 맞는 기간도 5일이고, 약제도 더 강한 것이란다. 첫날 두 개, 둘째 날부터 다섯째 날까지는 한 개씩이다. 아내는 질린 듯 좀처럼 보이지 않던 눈물을 흘린다. 두 개의 항암주사를 맞고, 두 개의 전해제와 두 개의 1천cc짜리 수액을 맞았다. 그리고 사이사이 여러 가지 주사를 맞았다. 자그마한 체구에 그 많은 주사액이 어디로 다 들어가는지 놀라울 뿐이다.

부작용이 나타나기 시작했다. 약이 독하다더니 부작용도 빨리 오는가 보다. 구토가 심해 거의 잠을 이루지 못한다.

5월 27일(금요일)

24일, 25일, 26일, 그리고 오늘까지 한 개씩의 항암제를 맞고, 그것을 씻어내기 위한 링거를 수없이 맞았다. 그리고 항생제와 부작용을 최소화하기 위한 주사, 또 주사 ….

첫날부터 토하기 시작하더니 이제는 토할 것조차 없다. 죽은커녕 물 한 방울만 마셔도 위액까지 토해낸다. 참 괴롭고 힘든 긴 날들이다. 당분간 먹고 마시는 것을 모두 포기하고, 영양제 주사로 현상을 유지하기로 방침을 정했다. 항암제는 암세포를 죽이기 전에 사람을 먼저 죽이는구나.

아내는 그동안 거의 깊은 잠을 이루지 못했다. 아이들 하나하나의 성장과정을 되돌아보고, 가정을 키워온 일들, 자기가 떠나면 남아있는 사람들, 특히 남편은 어떻게 살아갈 것인가를 생각하고 상상하며, 긴 밤들을 뜬눈으로 보내고 있다.

왜 이런 비관적인 생각을 하고 있느냐고 아내를 나무랐으나 가슴 찡해오는 감정은 다스릴 수 없다. 슬그머니 휴게실로 나와 먼 산을 바라보며 눈물을 훔친다.

5월 28일(토요일)

먹지 못하고, 구토가 심한데도 불안한 퇴원을 했다. 그래도 아내는 지옥 같은 병실에서 벗어나는 것이 무엇보다 즐거운지 창백한 얼굴에 미소가 어린다.

무엇이든지 먹여볼까 하여 유기농식품들을 잔뜩 샀다. 전복도 사고, 문어도 사고, 현미와 각종 잡곡, 약간의 채소와 과일도 샀다. 이들 중 단 몇 가지라도 아내가 먹으면 큰 성공이다. 요리를 잘 해야 할 텐데, 나는 한 가지도 할 수 있는 것이 없으니 어쩌랴.

환경이 바뀌면 좀 나아지리라고 기대했으나, 항암 후유증은 조금도 호전될 기미를 보이지 않는다. 먹지 못하고 계속 토하기만 하니 어떻게 생명을 부지하나. 병원에 있었으면 영양제라도 맞았을 텐데, 그것도 못하니 막막하다.

5월 30일(월요일)

하루 이틀 버티면 조금씩 나아질 줄 알았는데 점점 고통이 더할 뿐이다. 이번의 항암제는 부작용이 너무 심하다. 병원을 다시 찾았다. 혈액검사 결과 수치상으로는 정상에 가깝다. 그러나 통증으로

잠을 이루지 못한다. 구토도 여전하다. 곧 좋아질 거라며 집에서 며
칠 안정을 취해보라고 의사는 말한다. 어떻게 며칠을 더 버틸 수 있
을까.

사이버 나이프 시술

6월 1일(수요일)

못 먹고 못 자고 토하고, 거기다 심한 통증까지 겹쳐 병원에 또 갔다. 혈액검사 결과, 백혈구 수치는 36으로 바닥이다.

당장 입원하란다. 일단 입원하고 영양제, 백혈구촉진제, 항생제, 구토방지제 등 각종 주사를 잇따라 맞았다. 백혈구가 크게 떨어진 상태라 '면회제한' 스티커가 병실 문에 붙었다. 환자와 간병인은 마스크를 쓰고, 손을 항상 깨끗이 씻어야 한다고 담당 간호사는 몇 번씩 강조했다.

남궁 박사가 들렀다. 위에 염증이 심하고 약간 부었다고 했다. 저녁때부터 진통제의 효과가 나타나기 시작했는지 아픔이 가시고 토하는 증세가 어느 정도 진정이 됐다. 아내가 소르르 잠이 드는 모습을 지켜보다 병상 옆 소파에 쓰러져 눈을 붙였다.

6월 2일(목요일)

집중적인 주사 효과 때문인지 조금씩 좋아져 저녁부터 약간의 미음을 마셨다. 희망의 새벽이 아주 느리게 밝아오는 느낌이다. 아내의 숨소리, 신음소리, 그 변화에 따라 하루에도 몇 번씩 천국에서 지옥으로, 지옥에서 천국으로 오르내린다.

백혈구를 올리는 주사를 맞았으나 백혈구 수치는 36에서 9로 더 떨어졌다. 이제 면역력은 거의 0에 가깝다. 무엇보다 감염 예방에 최선을 다해야 한다. 문병 오겠다는 사람을 못 오게 하고, 모르고 찾아온 사람은 내가 대신 휴게실에서 만나 저간의 사정을 이야기했다. 그리고 병실 밖으로 거의 나오지 않았다.

아이들이 냉장고에 채워놓은 먹거리와 아내가 먹지 못하는 환자식으로 허기를 채우며 희망의 메시지를 기다리고 기다린다.

6월 3일(금요일)

남궁 박사가 기쁜 소식 하나를 갖고 왔다. 지난번에 심각하게 이야기했던 허파에서의 암 의심 음영이 없어졌다는 굿 뉴스다.

암이 허파까지 전이되었다면 치명적이다. 불안과 절망이 한순간에 사라졌다. 아내도 안도의 긴 숨을 내쉬었다.

피가 모자라 400cc짜리 2팩을 주입했고 혈소판 40cc짜리 8팩을 수혈했다. 수혈 부작용인지 저녁 한때 한기가 들어 담요와 시트 등을 더 덮어주었는데도 침대가 움직일 정도로 심하게 떨었다. 열이 38.5도까지 크게 오르고, 가슴이 답답하다고 호소한다.

아침에 맑았다 저녁에 흐려지는 안도와 불안의 연속이다.

6월 5일(월요일)

새벽에 열이 39도까지 치솟았다. 간호사실에 몇 번씩 연락해 해열제 주사를 맞았다. 우리는 초조하고 불안한데 그들은 느긋하다. 하기야 이런 경우가 날마다 수없이 되풀이될 터인데, 그들로서는 개개인의 입장을 깊이 생각할 여유도, 이유도 없을 것이다. 이제 의술은 한갓 기능과 기술에 불과해 그 숭고한 이미지가 퇴색한 세상 같다.

집중적인 약제 투입에도 아내의 상태는 계속 나빠지고 있다. 며

94

칠 전부터 몇 숟갈씩 마시던 미음도 중단했다. 이번의 항암제는 너무 지독해 사람이 먼저 죽게 만들고 있다.

6월 7일(화요일)

어제는 현충일, 의료진이 대부분 쉬었다. 병마는 쉬지 않고 환자를 공격해 오는데, 일요일에 이어 어제도 환자는 외로운 싸움을 계속해야 했다. 벌써 입원치료 7일째인데 부작용은 여전하다. 열이 나고 음식을 토하고 통증은 끝없이 밀려오고, 백혈구 혈소판은 계속 바닥권에 머물고 있다.

아내는 병실에 온 의사에게 눈물을 글썽이며 하소연했다.

"왜 이렇게 더 나빠지고 있느냐."

아내가 이처럼 의사에게 절규한 적은 한 번도 없다. 아내도 이제 참는 데 한계가 온 것 같다.

아내의 호소가 먹혀들었기 때문인지 내과 의사들이 4차례나 찾아왔다. 엑스레이상으로는 위와 장이 깨끗하단다. 그러나 아내에게 지난 3일간은 최악의 날들이었다. 의지도 꺾인 듯 나약한 모습을 보이곤 한다.

수면제 주사를 맞고 잠든 아내의 여윈 손을 쥐어본다. 이러다 영영 이 손을 놓치면 어쩌나, 눈물이 주르륵 흐른다.

6월 10일(금요일)

조혈제 주사, 수혈 등의 효과가 나타나기 시작했다. 어제부터 백혈구 수치가 올라갔다. 아주 적은 양이지만, 미음도 조금씩 마셨다. 오늘부터 다시 백혈구가 갑자기 정상수준까지 올랐다. 그러나 메스꺼움은 여전하고, 열도 조금 났다. 얼마 남지 않은 머리카락은 모두 빠지고 없다.

남궁 박사가 회진을 와서 모든 상태가 좋아졌다며 이제부터 마스크를 쓰지 않아도 된다고 했다. 병실 문에 붙여 놓았던 '면회제한' 스티커도 떼내라고 간호사에게 지시했다. 월요일(13일)에 위 내시경을 찍고 퇴원하란다.

그동안 암으로 오래 고생해온 친구 주한식이 별세했다. 주변의 좋은 친구들이 한 사람 한 사람 떠난다. 사람은 언젠가 반드시 죽는다. 그러나 착한 사람들이 평균 수명도 훨씬 못 채우고 떠나는 것이 안타깝다. 그래서 불공평하고 억울하다.

6월 13일(월요일)

아내가 평생 처음으로 위 내시경을 찍었다. 대부분의 사람들이 수면 내시경을 찍는다. 아내는 이보다 몇 배 두렵고 고통스런 수술도 불과 1년 사이 3번씩이나 받았다며 내시경 정도는 맑은 정신으로 하는 것이 정상이라고 했다.

어마어마한 기구가 입, 식도를 거쳐 위 속으로 들어가 휘젓는데도 담담하다. 촬영을 끝내고 회복실에 머물지 않고 병실로 직행했다. 조금이라도 빨리 집으로 돌아가고 싶은 마음에 웬만한 불편이나 고통은 의지로 잘 견뎌내고 있다.

오후 6시, 입원한 지 13일 만에 퇴원했다. 병원 문을 나서니 아내의 기분이 좋아지고 저녁도 밥으로 약간 먹었다. 병원에서 나와 집에서 보내는 이 밤이 무엇보다 행복하다.

6월 16일(목요일)

퇴원한 지 3일 만에 또 병원에 갔다. 혈액검사 결과 모든 수치는 정상을 회복했다. 그러나 골반에 남아 있는 종양의 크기는 2.4㎝로 커졌다. 남궁 박사는 또 수술날짜를 잡자고 했다. 네 번째 수술이다. 약물로는 이 종양을 근본적으로 제거할 수 없어 수술을 해야 한다는 것이다.

또 한 번의 청천벽력이다. 이렇게 큰 수술을 연달아 해도 되는 것인가? 극도로 쇠약해진 아내가 이것을 또 감당해낼 수 있을 것인가. 가엾은 내 아내, 이 가냘픈 몸에 메스를 댈 자리나 남아있기나 한가. 그러나 우리에겐 선택의 여지가 없다.

어깨가 축 처져 집으로 돌아왔다. 아내는 모든 것을 달관한 듯 식사도 전처럼 잘하고, 죽염으로 잘 알려진 인산가에서 사온 유황오리 죽을 어제부터 조금씩 먹기 시작했다. 그들만의 비법으로 만들었다는 유황오리 죽은 기력을 돋우고 면역력을 키워 암 등 난치병 치유에 큰 도움이 된다고 선전하고 있다.

6월 19일(월요일)

그저께 수지 집으로 돌아왔다. 넓고 시원한 곳에서 머무니 기분이 많이 좋아지고 기력도 좀 생기는 것 같다. 함께 텃밭에 나가 상추를 뜯고 고추와 오이도 따며 모처럼 초여름 햇볕을 쏘였다.

먹는 것도 약간 다양해졌다. 백혈구가 정상으로 올랐으니 감염에 크게 신경을 쓰지 않아도 될 듯해 상추쌈과 오이와 고추도 된장에 찍어 먹었다. 동네 사람들과 국수집에서 칼국수도 먹었다.

즐거운 날이다. 행복은 이렇듯 가까운 곳에 있었구나.

6월 24일(금요일)

아내와 병원에 가 남궁박사로부터 지난번 찍은 CT 판독결과 설명을 들었다. 종양 크기는 처음 3.4㎝에서 2㎝로 줄고, 이번엔 2㎝에서 1㎝로 줄어 많이 호전돼 간다고 했다. 그러나 작아진 종양이 그 상태로 계속 유지되면 좋은데, 항암치료를 지속하지 않을 경우 그것이 또 자란다니 문제다.

그 부위는 일반적인 방법으로는 수술이 불가능해 새로 도입한 첨단의료장비인 사이버 나이프(cyber-knife) 시술을 시도해 보자는 의견을 내놓았다. 고강도의 방사능을 종양 부위에 정확하게 쏘여 암세포를 박멸할 수 있다는 것이다. 거기에다 무통 무혈이며 시술 후 입원치료도 필요 없다고 했다. 다만 비용이 많이 드는 것이 단점이라며 한 번 시술에 2천만 원 정도가 든단다.

한 번의 시술로 암을 완전히 물리친다면 우리에겐 그런 복음이 없다. 그러나 이 수술법은 아직 실험단계라서 100% 보장을 못한단다. 적은 가능성만 있어도 매달리는 것이 환자다. 우리는 그 시술을 받아보기로 작정했다.

지난 며칠 동안은 아내의 컨디션이 많이 좋아져 동창 모임이나 동네 모임에 나갔다. 날마다 텃밭에 나가 풋마늘과 상추를 수확했고, 따가운 여름 햇볕도 쪼였다.

7월 1일(금요일)

본격적인 여름, 장마철이 시작되었는지 비가 오락가락한다.

남궁 박사를 면담했다. 사이버 나이프에 관해 많은 이야기를 나누었다. 1년 사이 몇 차례 큰 수술을 했고, 20여 번의 항암주사로 아내의 몸 상태는 최악이다. 이런 상황에서 또 일반적인 수술을 한다는 것은 엄청난 무리다. 더구나 암세포가 자라고 있는 부위는 많은 신경조직이 얽혀 있어 수술이 거의 불가능하다니 사이버 나이프밖에는 선택의 여지가 없다.

남궁 박사는 방사선 종양 권위자인 윤 교수를 만나 상담하도록 주선해주었다.

박용배, 문미애 부부를 병원 근처에서 만났다. 문 여사는 아내에게 행운의 네잎 클로버를 주며 병마와 싸워 반드시 이기라고 격려했다. 세 개의 네잎 클로버를 작은 수첩 크기의 은제 액자에 넣은 것이다. 아내는 감격해 눈물을 글썽거렸다. 꼭 행운이 찾아와 모진 병에서 곧 해방될 것 같은 기분이 들었다.

집에 돌아와 그 액자를 아내의 침대 옆 장식대 위에 올려놓았다. 이제 마주칠 때마다 행운을 빌어야겠다. 친구의 따뜻한 마음이 이렇듯 큰 희망과 용기를 주는구나.

7월 6일(수요일)

사이버 나이프 전문가인 윤 교수를 만났다. 이 병원에 사이버 나이프가 들어온 것은 작년. 아직까지 많은 노하우가 쌓인 것 같지 않다. 주로 시술 대상자는 뇌종양 환자들이고, 난소암은 사례가 거의 없는 듯했다.

윤 교수는 사이버 나이프 시술을 받기 위해선 종양 부위에 금침을 박아 방사능을 쏠 때 그 범위를 벗어나지 않게 해야 하고, 몸의 작은 움직임이라도 막기 위해 몸을 고정시키는 형틀을 제작해야 한다고 설명했다. 그리고 방사능 조사는 한 번에 끝날 수도 있지만, 대개는 두세 번 해야 한다고 했다. 단 1㎜의 오차가 생겨도 다른 장기에 천공이 생기는 부작용이 따르기 때문에 극도의 정밀성이 요구된다고 했다.

그래서 11일(월요일)에 입원을 하란다. 병실을 예약했다.

봉은사에 모처럼 들러 기도를 올렸다. 모험이 될지도 모르는 또 하나의 선택에 좋은 결과가 있기를 빌었다.

7월 10일(일요일)

윤회는 날마다 아침·저녁으로 전화를 한다. 7월 8일로 미국 유학을 떠난 지 꼭 10년이 됐다며 유학생으로 미국에 첫발을 디뎠을 당시를 회상했다.

엄마와 함께 태평양을 건너고, 뉴저지에 사는 외삼촌 집에 며칠 머물다가 예일대학이 있는 뉴헤븐에 갔던 일들을 이야기했다. 그러면서 연달아 외쳤다.

"엄마, 힘내세요."

윤회는 7년 만에 박사학위를 취득했고, 지금 펜실베이니아대학교(U-Penn)에서 연구원으로 강의와 연구를 하고 있다.

아내는 머나먼 미국 땅을 한 해에 한 번꼴로 넘나들며 딸이 커가는 것을 지켜보며 흐뭇해했다. 미국에 갔다 와도 좋다는 의사의 말을 고대하고 있었는데 또 수술이라니 기가 막힌다.

7월 12일(화요일)

윤 교수 팀에서 사이버 나이프 시술을 위한 금핀 삽입을 종양 부위에 시행했다. 매우 까다로운 시술인 것 같다. 아내는 몹시 고통스러워한다.

윤 교수는 위로했다. "좋은 대학에 들어가기 위해 고생하듯이 잘 참으면 좋은 결과가 온다." 아내가 겪는 고통을 대학입시를 위한 고생에 비유하다니 황당한 비약이다.

남궁 박사는 저녁때도 병실에 들러 아내를 격려했다.

7월 13일(수요일)

사이버 나이프 시술을 위해선 많은 준비가 필요한 모양이다. 어제는 금핀을 방사능 조사부위에 꽂았고, 오늘은 하반신을 고정시키는 형틀을 제작했다. 석고로 몸에 꼭 맞게 만드는 작업이다. 몸이 조금이라도 움직이면 사이버 나이프에서 쏘는 고단위 방사선이 다른 장기를 손상시키기 때문이란다. 그리고 CT 촬영을 또 했다. 최근의 상황을 컴퓨터에 입력하여 작은 오차도 없이 사이버 나이프를 통해 방사선을 쏘기 위해서다.

일반 수술보다 준비과정이 길고 복잡하고 고통스럽다. 그러나 마취를 하지 않고, 시술과정을 옆에서 지켜볼 수 있다니 불안감은 덜하다.

7월 14일(목요일)

드디어 사이버 나이프 시술이 시작됐다. 오후 1시 반에 시작하여 3시에 끝났다. 1시간 반 정도 걸린 셈이다. 보호자 대기실에서 안절부절못하며 기다렸다. 아내는 걸어서 나왔으나 지친 기색이 역력하다. 그 지독한 방사선을 집중적으로 쏘였으니 무섭고 불안했을 것이다. 내 팔에 의지하여 병실로 돌아왔다.

병상에 눕자마자 심한 구토를 한다. 소화기 계통을 건드리지 않았을 터인데 토하는 것이 이해되지 않는다. 방사선이 빗나가 장을 스쳐갔는지 모를 일이다. 무통, 무혈, 무절개 등 장점이 참 많다는 사이버 나이프 시술, 무통 대신 고통은 여전하다.

7월 16일(토요일)

세 번째 시술을 1시간 동안 받았다. 오늘로 3일에 걸쳐 시행한 사이버 나이프 시술은 모두 끝났다. 암 덩어리가 모두 소멸되어 다시는 병원을 찾는 일이 없기를 간절히 빌었다.

7월 21일(목요일)

병원에 가서 사이버 나이프를 시술한 윤 교수를 만났다. 윤 교수는 불편하거나 부작용이 없는지 물었다. 자기로서는 최선을 다했으니 좋은 결과가 있을 거라고 했다.

아내는 이제 식욕이 조금씩 돌아오는지 무엇이든 먹고 싶어한다. 배탈이 날까봐 자제했지만, 가족들의 얼굴에 미소가 돌아왔다.

7월 22일(금요일)

오늘 또 병원에 갔다. 아침 8시에 채혈을 하고, 12시에 남궁 박사를 만났다. 피검사 결과는 별 이상이 없다. 2주 후에 오란다. 보통 때 1주일에 한 번꼴, 어떤 때는 두 번씩 갔던 것에 비교하면 큰 진전이다.

7월 28일(목요일)

어제 밤, 이틀 전 미국에서 귀국한 윤희네 가족이 수지 집으로 왔다. 모처럼 집안이 북적댄다. 손자들은 종일 큰 집안을 휘젓고 다니며 잘 논다. 손자들의 재롱에 아내는 행복에 젖어 있다.

아내는 빗속에 은행에 다녀오고, 점심땐 추어탕을 사와서 잘 먹었다. 아이들은 생전 처음 보는 추어탕이 이상하다며 잘 먹지 않는다. 덥고 시차 적응이 잘 되지 않는지 밤에는 잠을 제대로 자지 못하고 보챈다. 윤희는 자신의 논문이 권위 있는 저널에 실리게 됐다고 기뻐한다.

102

8월 5일(금요일)

2주 만에 병원에 갔다. 사이버 나이프 시술 효과인지 종양 크기가 2분의 1로 줄었다는 기쁜 소식이다. 나머지 종양도 반드시 없어질 것이기에 아내의 얼굴은 순식간에 환하게 밝아지고, 온 가족들은 모처럼의 기쁨을 누렸다.

8월 13일(토요일)

둘째딸 윤정이는 오늘 광릉에 있는 용하다는 점쟁이 집에 다녀왔다. 점 같은 건 믿지 않던 딸이 엄마가 아프니 점쟁이라도 찾아가 위안의 말이라도 듣고 싶었던가 보다. 젊은 여자 점쟁이는 이제 엄마는 죽을 고비를 넘겼으니 걱정하지 말라고 했단다.

나도 기분이 좋았고, 아내도 표정이 밝아졌다. 죽을 고비를 넘긴 것은 분명하다는 믿음이 생긴다.

8월 14일(일요일)

가족 모두 큰아들 집에 모였다. 한 사람도 빠지지 않고 이렇게 다 모이는 것은 매우 어렵다. 닷새 후 떠나는 윤희네와 저녁을 먹기 위해서다.

즐거운 만찬이었다. 더구나 어제 점쟁이의 희망적인 점괘도 있었던 터라 더욱 그랬다. 인간은 참 약하다. 보통 때는 믿지 않던 점쟁이 말도 어려움이 닥치면 쉽게 믿는다. 더구나 희망적인 이야기는 꼭 붙잡는다. 혹세무민이라고 점쟁이를 비난하면서도 사람들은 그의 한마디에 웃고 운다. 점쟁이가 영원히 존재하는 이유인가 보다.

8월 18일(목요일)

　윤희네가 미국으로 떠나는 날이다. 한국에 온 지 23일 만이다. 아내는 거의 1년에 한 번꼴로 딸을 보러 다녀왔고, 나도 두세 번을 제외하고 동행했다. 물론 윤희도 자주 한국에 다녀갔다. 그때마다 눈물의 이별이 되풀이되었으나 오늘의 농도는 다른 어떤 때보다 진했다. 모녀의 포옹은 더 깊고, 눈물도 더 뜨거워 보인다.

　아침 10시 35분 윤희네 가족들은 출국장 안으로 들어갔다. 아내는 아이들이 보이지 않을 때까지 유리창 앞에 쪼그리고 앉아서 틈 사이로 아이들을 놓치지 않으려고 안간힘을 썼다. 그러나 아이들은 다시 보이지 않았다. 윤희네가 탄 비행기가 이륙하는 시간까지 공항 주변을 맴돌았다.

　하루 종일 마음이 허전하다. 아내는 훨씬 더할 것이다. 아내를 다독거리며 일찍 잠자리에 들었으나 좀처럼 잠이 오지 않는다. 잠깐의 헤어짐이 오늘따라 왜 이렇듯 서러운가.

8월 19일(금요일)

　아침 일찍 병원에 가 남궁 박사를 만났다. 나도 진료실로 들어오란다. 가슴이 철렁 내려앉는다. 좋지 않은 결과가 나왔을 때 보호자를 부르곤 했기 때문이다. 불길한 예감대로 또 청천벽력 같은 선언이다.

　"종양 크기는 많이 줄어들었으나 또 수술해야 될 것 같습니다."

　이게 무슨 소린가. 사이버 나이프 시술을 한 것이 7월 14일. 겨우 한 달이 조금 넘었을 뿐인데, 또 수술이라니 기가 차다. 엄청난 비용도 비용이려니와 수술과정에서 아내는 얼마나 고통을 받았던가. 더구나 일반적인 수술은 거의 불가능하다고 해 사이버 나이프 시술을

104

받은 것 아닌가. 사이버 나이프 수술의 실험대상이 된 것 같은 기분이 들어 분노가 끓어올랐다. 따지고 항의하고 싶었으나 꾹 참았다.

실망에 빠진 아내를 위로하는 것이 더 급한 일이다. 환자는 언제나 할 말도 못하는 약자다. 의사에게 불만을 말한다는 것은 거의 불가능한 일이다. 위급한 환자일수록 더하다. 의사의 처분만 기다릴 뿐이다. 한층 무력해진 기분이 든다.

윤희네 무사히 도착했다는 전화가 왔다. 다시 수술해야 될지도 모른다는 말이 입 밖에 나오지 않는다.

8월 22일(월요일)

착잡하고 가슴이 쓰리다. 먼 길을 훌쩍 떠나면 좀 나아질까.

아내와 오랜만에 긴 나들이에 나섰다. 충북 괴산의 월악산 초입에 있는 미륵사지(세계사)를 찾았다. 우리나라에서 가장 대중적인 미륵불이 모셔진 절이다. 영동고속도로와 중부내륙고속도로를 거쳐 절터에 이르니 12시가 넘었다.

늦더위가 만만치 않았으나 계곡은 시원했다. 아내는 먼 거리 여행인데도 환자답지 않게 표정이 밝다. 아름다운 풍광과 맑은 공기, 그리고 불심이 아내를 힘나게 하는가 보다.

얼마 전까지 미륵불만 서 있던 폐허의 절터에는 이제 발굴작업과 함께 복원불사가 진행되고 있다. 아내는 백일기도를 접수하고, 미륵불 앞에서 수없이 절을 했다.

미륵은 고통에 빠진 중생을 구제하기 위해 온다는 부처다. 미륵불은 석가가 미처 하지 못하고 간 일, 그 미완(未完)을 완성하기 위해 반드시 온다는 당래불(當來佛)이다. 그래서 미륵은 어려운 처지에 빠진 모든 사람들의 희망이다. 미륵불에게 하는 기도는 영험이 있다고 많은 불자들이 믿고 있다. 병을 앓고 있는 사람과 그 가족들이 이곳을 많이 찾는 이유다.

오늘도 많은 사람들이 병을 낫게 해달라는 소원을 빌고 있다. 나도 아내가 건강해지게 해달라고 빌고 또 빌었다. 월악산에 오르면서 이곳을 몇 번 지나간 적이 있었으나 오늘처럼 부처님께 빌지는 않았다.

절 아래 마을에서 늦은 점심을 먹고 집으로 돌아왔다. 긴 여름 해가 소실봉 너머로 기울고 있었다. 아내는 지친 기색이 없다. 충격적인 의사의 말을 듣고도 담담한 아내가 아름답고 위대해 보이기까지 한다.

8월 25일(목요일)

마을모임에서 여섯 부부가 충북 단양에 갔다. 그제 다녀온 괴산 미륵사지보다 조금 먼 거리다. 날씨는 더웠지만, 마음 맞는 사람들과 몇 시간씩 떠들며 여행한다는 것은 분명 행복이다. 아내도 밝고 발랄하다. 환자라는 사실도 잊은 듯 여행분위기에 잘 적응했다. 대명콘도에 방을 정하고 인근에 있는 고수동굴 등 가볼 만한 곳을 돌아봤다. 저녁엔 이곳에서 유명하다는 고깃집에 들러 돼지갈비와 삼겹살 등을 푸짐하게 먹었다.

마을사람들은 우리 부부를 크게 배려해 주었다. 아내가 환자 취급받지 않으려고 노력하는데도 방도 별도로 정해주고, 먹는 것도 최고의 것만 골라주려고 애를 썼다.

떠들고 놀다 늦게 숙소에 돌아왔다. 창밖으로 남한강 물결이 도도히 흐른다. 참 기분 좋은 밤, 아내가 활기에 차 있으니 그렇다. 때때로 이렇게 여행을 하고 잠자리를 바꾸는 것이 활력소가 된다.

8월 26일(금요일)

일찍 일어나 콘도 앞 강 옆길을 걸었다. 바람이 시원할 뿐 아니라 아내와 걷는 길이라 행복했다. 아내는 병치레하느라고 이런 기회 제대로 갖지 못했다며 좋은 경치 많이 보고 맑은 공기 실컷 마시자고 했다.

단종의 전설이 담긴 다인탑(多人塔)을 돌아보는 나의 심정은 어린 단종처럼 처절하다. 모든 것을 빼앗긴 채 짧은 삶을 살다간 단종. 그는 한을 안고 억울하게 죽어갔다. 하늘이 울고 땅도 울었을 것이다.

새삼 비감에 젖으며 단양을 떠나 수안보, 장호원을 거쳐 이천에서 점심을 먹었다. 1만 원짜리 쌀밥이다. 이천은 쌀의 고장이라서 쌀밥집이 유명하다. 반찬도 많고 먹을 만해 일부러 쌀밥을 먹으러 이천을 찾는 사람이 많단다.

8월 30일(화요일)

최근 며칠 사이 먼 길나들이가 잦다. 오늘 또 아내와 함께 여주 신륵사 여행길에 나섰다. 11시 반쯤 집을 떠나 신륵사에 이르니 1시도 넘었다. 부처님께 절을 올리고 소원을 빌었다. 사찰 뒤쪽 우거진 소나무 산에 올라 싸가지고 간 옥수수, 떡, 계란들을 먹었다. 어린 시절 소풍을 갔던 때가 아스라이 떠올랐다.

유유히 흐르는 남한강, 그 위로 흰 구름이 떠가고, 시원한 강바람이 은은한 소나무 향기를 실어온다. 절 앞 낭떠러지 밑으로는 한강의 푸른 물이 굽이치며 흘러간다.

아내와 함께 강 옆의 길을 따라 걸었다. 힘들면 소나무 아래 바위에 걸터앉아 새들의 노래를 듣고, 두둥실 떠가는 흰 구름도 보고,

때로는 내 무릎을 베개 삼아 아내를 눕게도 하고.

꽤 오랜 시간 절과 그 주변에서 머물다 여주 시내로 나왔다. 여주 특산인 고구마가 가는 곳마다 쌓여 있다. 도자기 파는 곳도 유난히 많다. 고구마 한 상자를 샀다. 숨을 쉰다는 황토항아리에 쌀을 담아 놓으면 좋을 것 같다는 아내의 말에 황토항아리도 하나 샀다. 색이 은은하고 모양도 예쁘다.

9월 7일(수요일)

남쪽엔 태풍과 폭우로 피해가 극심한데, 중부지방엔 비 한 방울 오지 않는다. 한창 자라는 텃밭 채소들이 목말라 한다. 아내와 함께 근처 옹달샘에서 물을 길어다 어린 채소들에게 뿌렸다. 그리고 쏟아지는 강렬한 햇볕을 쏘였다. 햇볕은 병을 앓고 있는 사람에겐 자연이 내리는 보약이다.

나는 이 채소를 잘 가꾸어야 할 임무를 지고 있다. 잘 키운 깨끗한 채소를 아내가 먹도록 해야 한다. 아내를 위해서 할 수 있는 거의 유일한 일거리다. 무거운 물통을 끙끙거리며 날라다 열심히 물을 뿌렸다.

9월 11일(일요일)

음력 8월 8일, 내 생일이다. 아이들이 메리어트호텔 양식당에서 생일파티를 열었다. 엄마가 아픈데 무슨 생일잔치인가. 나는 당황했다. 그러나 아이들은 그 동안 어머니 간병하느라 너무 고생하셨기에 작은 위안이라도 드리기 위해 자리를 마련했단다. 제대로 해준 것이 없는데 너무 과분하다. 감격하여 눈물이 난다.

9월 12일(월요일)

둘째아들 정훈이 졸업한 영동고등학교 자모들의 모임에 아내가 다녀왔다. 1~2개월 간격으로 만나는 이 모임, 오늘은 아내를 격려하는 자리였단다. 그들은 아내에게 많은 희망적 이야기들을 해주었다.

오늘 또 하나의 특별한 일이 생겼다. 6년째 타고 다니는 우리집 승용차 마일리지가 오후에 수지 집으로 오는 도중 경부고속도로 달래내 고개를 넘는 순간 77,777㎞를 기록한 것이다. 합창하듯 아내와 함께 환호성을 질렀다. 행운의 숫자 7 다섯 개가 나란히 나열되는 찰라, 우리 앞에 행운이 도래할 것이란 믿음이 마음 속 깊이 밀려왔다.

절실하게 바라면 그대로 이루어진다는 피그말리온 효과를 생각하면서 오른손을 운전대에서 잠시 떼어 아내의 야윈 손을 꼭 잡았다. 사람들은 어려움을 당하면 주변에 생기는 작은 일, 작은 변화에도 민감하게 반응하고 의미를 부여한다. 길을 달리다 우연히 우리 차와 같은 번호의 차량을 발견한다든가, 갑자기 난에서 꽃대가 올라와 꽃을 피운다든가, 들이나 산에서 아름다운 새소리를 듣는다든가, 하물며 호랑나비가 화려한 날갯짓을 하는 것을 보게 될 때에도 반드시 좋은 일이 생길 것으로 믿곤 한다.

생각하면 우리는 많이 약해졌는지도 모른다. 숫자 하나에 웃고 울고, 미물들의 몸짓 하나에도 영혼이 흔들리니 말이다.

9월 18일(월요일)

추석날, 미국에 있는 윤희네를 제외하고 우리 가족이 모두 모였다. 아내가 병마에 시달리면서 두 번째 맞은 추석이다. 아내는 건강했을 때나 마찬가지로 며칠 전부터 정성을 다해 추석 차례를 준비했다. 과일이며 햅쌀, 생선, 나물거리 등을 사다 열심히 음식을 만들었다.

음식을 올리고, 술을 따르며 조상님들의 은혜에 감사드리고, 아내의 건강과 가정의 화목을 빌었다. 아내가 만든 음식, 간이 잘 맞고 맛있다. 아내의 지극한 정성이 들어 있기 때문일 것이다.

9월 27일(화요일)

검사결과를 알아보기 위해 병원에 가는 날. 암 지수는 141에서 158로 약간 올라갔다. 그리고 암 크기는 지난번과 같단다.

그동안 아내는 많은 일을 했다. 텃밭에서 무, 배추를 뽑아와 김치도 담그고, 은행에 들러 통장정리도 했다. 엔진오일을 교환하는 등 자동차도 점검하고, 이웃에 부탁해 시골에서 태양초 20여 근도 사와 방앗간에 가서 빻아오기도 했다. 표정이나 행동으로 보아 환자란 모습은 어디서도 찾을 수 없다. 외견상으로는 즐겁고 행복한 날의 연속이다.

화안시 (和顔施)

9월 28일(수요일)

철원에 있는 심원사를 찾았다. 6·25 때 최대의 격전지였던 철원으로 가는 길은 멀고도 낯설었다. 10시 반 집에서 출발해 포천, 백운계곡을 거쳐 물어물어 찾아갔다.

심원사는 철원의 큰 들판 한 언저리에 자리 잡고 있었다. 역사는 오래됐지만 대찰은 아니었다. 수수하고 때 묻지 않은 절 본연의 모습이다. 이 절은 사람들에게 건강을 찾아주는 영험이 있다고 하여 병들고 아픈 사람들이 전국 곳곳에서 찾아와 기도를 올린다. 우리도 부처님께 엎드려 기도하고, 종무소에 들러 적을 올렸다. 멀리 찾아온 보람인 듯 많은 위안을 받았다.

가을걷이가 한창인 철원평야는 멀리 북쪽으로 끝없이 펼쳐져 있다. 하늘은 더 없이 높고 푸르다. 이 땅과 하늘을 차지하기 위해 얼마나 많은 젊은이들이 피를 흘리고 목숨을 바쳤던가.

돌아오는 길에 한탄강 다리 밑에 차를 세우고 모래밭에 앉아 무르익어가는 가을을 가슴속 깊이 호흡했다. 강물은 굽이쳐 흐르고, 불어오는 바람은 파리한 아내의 얼굴을 어루만지고 간다.

우리 언제 이곳에 다시 오리…

우리는 저무는 강가에서 다시 울고 있는가.

불쌍한 나의 사람. 아내의 손을 잡고 자갈밭을 한참 거닐었다.

10월 9일(일요일)

몇 차례 비가 내리더니 가을이 성큼 다가왔다. 아내와 공원을 걷고 소실봉에도 오르며 가을을 한껏 느낀다.

어제는 텃밭에서 아내와 함께 상당량의 무와 배추를 뽑았다. 열심히 돌봐주지 못했으나 잘 자라주었다. 우리 식구 김장거리로는 충분할 것 같다.

둘째딸 윤정이 와 있으니 아내는 나더러 친구들이 가는 산에 가라고 등을 떠밀었다. 아내를 두고 가는 것이 마음에 걸렸으나 못 이기는 척 산행길에 나섰다. 경북 문경의 조항산에 올랐다. 자주 산을 타지 못해 초반엔 힘에 겨웠으나 친구가 좋고 산이 좋고 가을이 좋아 즐거운 산행을 할 수 있었다.

11시 넘어 집에 오니 딸은 이미 서울로 가고 아내는 나를 기다리고 있었다. 얼마나 외롭고 쓸쓸했을까.

10월 11일(화요일)

지난 4일 찍은 CT와 혈액검사 결과가 나왔다. 희망과 기대는 한순간에 사라지고 비참한 선고가 내려졌다. 남궁 박사는 대동맥 임파선에서 새로운 종양(암 덩어리)이 발견됐고, 암 지수도 2배 이상 급격히 치솟았다고 했다. 대범한 아내도 이번엔 안색이 변했다.

도대체 몇 번이나 더 항암주사를 맞아야 하고, 몇 번이나 더 수술을 해야 이 지긋지긋한 암 덩어리가 없어질 것인가.

이런 결과를 암시한 것인지도 모른다. 아내는 지난 밤 내내 악몽에 시달리는 듯 심한 잠꼬대를 했다.

10월 15일(토요일)

항암 약제를 고르는데 오랜 시간이 걸렸다. 그 동안 많은 종류의 약들을 써버려 선택의 폭이 그 만큼 좁아졌기 때문이다.

어제 오후 늦게 처방이 나와 입원한 지 24시간이 지난 후 겨우 주사를 맞기 시작했다. 병원에서의 하루는 한 달이나 되는 듯 지루하고 힘겨운 시간이다. 단순히 약을 고르는 데 하루가 걸렸으니 그 지루함은 한계를 초월한다.

아내는 그래도 미소까지 짓는 여유를 보이며 잘 견뎌줘 고마울 따름이다. 담당의사는 내일 다른 종류의 항암주사를 맞고 월요일쯤 퇴원하게 될 것이라고 말했다.

아직 부작용이 나타나지 않아 비교적 잘 먹고 기분이 좋은 듯 오히려 나를 위로한다. 이 청명한 가을날, 병실에 갇혀 고생만 한다고.

10월 17일(월요일)

어제 항암주사는 끝났다. 저녁부터 계속 맞은 수액도 오늘 오전에 마무리됐다. 퇴원이다. 언제나 퇴원은 즐거운 것. 아내가 더 서둘러 일찍 병원을 나섰다.

아내는 집에 오자마자 청소하고, 빨래하고, 잠시도 앉아 있지 않는다. 집으로 돌아오는 길 근처에 있는 보현사에 들러 기도까지 올렸다.

저녁때부터 항암주사 부작용이 나타나기 시작했다. 먹지 못하고 토하기만 한다.

10월 19일(수요일)

모진 고통의 밤과 낮이 지나고 오늘부터 조금씩 나아져 간다. 약간씩 먹는데도 메스꺼움은 덜 한다.

아내는 거실과 서재에 두었던 동자승 석상과 통나무로 조각한 부처님의 두상을 보현사로 옮겨 모시자고 한다. 부처님 형상의 조형물을 집안에 모시기가 불경스런 느낌이 든다며.

아내의 뜻에 따라 동자승은 보현사 대웅전 앞 화단 축대에, 부처님 두상은 대웅전 옆문 곁 목제 제단 위에 각각 모셨다. 동자승은 이름 있는 조각가가 만들어 선물로 준 것이고, 부처님 두상은 인도 성지순례를 다녀온 직장 후배가 여행 기념품으로 사온 것이다.

단순한 조각품일 뿐이지만 동자승과 부처님 두상은 절에 두니 제격이다. 오가는 많은 신도들의 사랑과 경배를 받게 될 것이다.

아내가 몹시 흐뭇해하는 이유이다.

10월 22일(토요일)

어제 병원에 다녀왔다. 혈액검사 결과 암 지수, 백혈구, 적혈구, 혈소판 등의 수치가 정상에 가깝게 나왔다. 졸이던 가슴이 확 풀렸다. 기분이 좋아진 아내는 친구들을 만나고 텃밭을 돌아보고, 공원을 몇 바퀴씩 돌았다. 행복의 발자국이 조심스럽게, 조심스럽게, 조금씩, 조금씩 다가오는가. 그 소리가 영혼 속에 맴돈다.

주말이라 아이들이 모두 왔다.

인간은 작은 여유라도 생기면 딴생각을 한다. 오랫동안 미뤄왔던 후배와의 약속, 정선행을 실행했다. 정선은 신문사 후배인 홍성균 씨의 고향, 그는 몇 년 전부터 그곳을 자랑하며 함께 가보자고 했다. 지금 아내의 몸이 좋지 않으니 그런 곳이 더욱 절실해졌다.

아침 일찍 그의 승용차 편으로 서울을 떠나 11시쯤 정선에 도착했다. 높은 산, 깊은 계곡, 맑은 물, 상큼한 공기, 빼어난 경관…. 좋은 것이 너무 많다.

아내와 이런 곳에 작은 오막살이 집이라도 짓고 살면 얼마나 좋으랴. 마음에 드는 곳을 찾아 돌아다녔다. 벌어진 입이 다물어지지 않는다. 산 좋고 물 좋고 공기 좋고 하늘이 파란 세상. 이런 곳에서 아내와 함께 살 수 있게 기회를 내려주소서.

> 혈소판: 말초 혈액 내에 주로 분포하는 유형 성분인 혈구의 일종. 부착과 응집과정을 통해 일차 지혈 기전을 담당하는 물질. 주로 골수에서 생성되며 지라(비장), 골수 내에도 존재한다.

10월 27일(목요일)

요즈음엔 날마다 텃밭과 소실봉, 보현사를 잇는 3㎞ 정도의 산길을 천천히 걷는다.

며칠 전 이곳으로 옮겨놓은 동자승. 어느새 그 귀여운 아기스님 앞에는 몇 닢의 동전과 사탕이 놓여 있다. 누군가가 관심과 경의를 표한 것이다. 만인의 사랑을 받는 동자승이 오늘따라 더욱 귀여워 보인다. 환희심(歡喜心)이 넘치는 아내의 얼굴, 불가에서 말하는 화안시(和顏施)다. 역시 그의 결정은 훌륭했고 적중했다.

텃밭에서 몇 뿌리의 무를 뽑았다. 깍두기를 담아 먹으면 맛있겠다며 좋아한다.

그러나 끝없이 이어지는 불안한 미래와 온갖 상념이 아내를 잠 못이루게 하는가 보다. 뒤척이며 불면의 밤을 보내고 있다.

깊어가는 가을밤, 우수와 시름도 깊어가는 것 같아 마음 아프고 눈물겹다.

> 화안시(和顏施); 불교경전의 하나인 《잡보장경》(雜寶藏經)이 전하는 무재칠시(無財七施)의 하나. 무재칠시란 신시(身施), 심시(心施), 안시(眼施), 화안시(和顏

施), 언시(言施), 상좌시(床座施), 방사시(房舍施)의 일곱 가지. 재물 없이 남에게 베풀 수 있는 일곱 가지의 보시(布施)를 말한다.

신시는 몸으로 남에게 봉사하는 것. 심시는 남에게 따뜻한 마음을 베푸는 것, 안시는 눈으로 남을 볼 때 평온한 느낌을 받을 수 있도록 하는 것, 화안시는 온화한 얼굴 표정을 통해 남에게 도움을 주는 것, 언시는 남에게 친절하고 따뜻한 말을 해주는 것, 상좌시는 남에게 자리를 찾아주거나 양보하거나 편안하게 해주는 것, 방사시는 남에게 자기의 방을 이용하게 하거나 집에 와서 쉬거나 묵게 하는 것이다. 쉬울 듯 보이지만 일상생활에서 그대로 실천하기 쉽지 않다.

11월 1일(화요일)

좋은 가을날들은 어느덧 서서히 막을 내리고 서늘한 바람에 낙엽이 흩날린다.

아내는 토요일과 월요일 잇따라 병원에 다녀왔다. 토요일엔 백혈구가 모자라 조혈주사를 맞았고, 월요일엔 적혈구와 혈소판이 부족해 4팩의 혈소판주사를 맞았다.

한동안 밝고 행복에 젖어 있던 아내, 다시 지친 듯 실의에 빠져 있다. 항암주사의 부작용으로 몸은 철저히 망가져 가고 있다. 그래도 처절하게 싸우고 있다. 해도 해도 끝이 없는 일을 만들어가면서 하고 있다.

11월 6일(일요일)

또 아내에게 등을 떠밀려 친구들과 등산길에 올랐다. 경북 문경의 대미산. 늦가을 정취가 가득하다. 땀을 뻘뻘 흘리며 6시간 이상 걸었다. 아내와 함께 이런 산에 오를 수 있는 날이 어서 오길 기원하

116

며 오르고 또 올랐다. 아내는 비교적 산을 잘 탄다. 발병 전에는 속리산, 계룡산, 한라산, 오대산 등을 쉽게 올랐었다.

대미산 기슭에는 사과 과수원이 많다. 지대가 높고 일교차가 심해 사과 당도가 높고 아삭아삭하다. 굵고 잘 익은 것으로 한 상자를 샀다. 작년에 이곳에서 사간 사과를 아내가 맛있다고 좋아했기 때문이다.

11월 9일(수요일)

아내가 또 입원했다. 원래는 4일이 입원 예정일이었으나 혈소판과 백혈구가 모자라 항암주사를 맞을 수 있는 조건이 충족되지 않아 오늘로 미루어졌다.

6인실. 약간 소란스럽고 답답하고 어색하다. 그러나 같은 병을 앓는 환자들이 모여 있어 대화하고 정보를 주고받을 수 있으며 인정도 느낄 수 있어 좋은 점도 많았다. 다만 보호자가 머물기엔 너무 좁다. 여자들만의 병실에 남자 보호자가 밤에까지 머물기엔 불편한 점이 한두 가지가 아니다.

작은딸 윤정이에게 엄마를 돌보게 하고 반포 집으로 왔다. 자리에 누웠으나 아내가 계속 눈앞에 어른거려 잠이 오지 않는다.

11월 12일(토요일)

10일부터 맞기 시작한 항암주사가 11일까지 계속됐다. 그리고 어제 밤부터 오늘 오전까지 해독을 위한 링거주사를 계속 맞았다. 드디어 오늘 오전 11시 30분 병실을 나섰다.

3박 4일간의 6인실 입원. 많이 보고 많이 배우고 많이 깨달았다. 이 병실에 입원해 있는 환자들은 모두 암 환자들이다. 이제 막 수술을 끝내고 항암주사를 시작한 사람도 있고, 몇 년째 항암주사를 맞는 환자도 있다. 직장을 들어내고 인공장기를 단 사람도 있고, 암덩어리가 너무 크게 번져 당장 수술을 받을 수 없어 그것을 줄이기 위한 항암주사를 맞는 환자도 있다. 공통적인 특징은 착하고 성실해 보이는 사람들이란 점이다.

어려운 병이 사람들을 선량하고 착하게 만든 것인가. 서로 격려하고 아픔을 공유하려고 노력한다. 색다른 음식이라도 있으면 나누어 먹지 못해 안달이다. 또 의지들도 대단하다. 항암 부작용과 고통을 못 참아 모르핀 주사를 달고 있으면서도 결코 좌절하거나 절망하는 모습을 보이지 않는다.

왜 이 선한 사람들에게 이렇듯 무거운 시련을 내리는가. 순간순간 분노가 치솟는다. 공평하고 정의로운 신은 존재하지 않는 것 같아 매달릴 곳이 없다. 무한한 고독을 느낀다.

우리가 병실을 나서자 모두 박수를 쳤다. 병실이 아닌 바깥세상에서 만나자며 손을 흔들었다. 이들 모두에게 행운이 있기를 빌며 발걸음을 옮겼다. 눈물이 핑 돌았다.

나는 눈물 젖은 마음으로 그대들을 떠난다.
나는 왜 울고 있는가.
이 세상 어디엔들 눈물 없으랴.

11월 22일(화요일)

새벽에 잠이 깨니 바깥 공기가 싸늘하다. 어느새 겨울이 남녘 땅 내 고향에도 찾아왔다. 이른 아침을 먹고 아버지 어머니 묘소에 들러 귀향인사를 드렸다. 그리고 당신의 착한 며느리를 살려달라고 매달렸다.

오전 10시부터 시제가 시작됐다. 전국에 흩어져 살고 있는 일가 친척들이 많이 모였다. 자주 만나지 못해 처음에는 서먹서먹하였으나 곧 친숙해졌다. 하루 정도 더 머물며 이들과 못 다한 이야기들을 나누고 싶었지만, 집에 혼자 두고 온 아내 생각에 서둘러 고향을 떠나야 했다.

밤 10시경 반포 집에 도착했다. 하루 사이지만 무척 궁금하고 보고 싶었던 아내가 너무 반갑다. 그의 하얀 얼굴을 가만히 가슴에 품고 긴 시간 침묵의 대화를 나누었다.

11월 24일(목요일)

김장을 못해 벌써 며칠째 자다가도 벌떡 벌떡 일어나던 아내가 오늘 기어코 그 일을 시작했다. 도우미 아줌마를 한 분 부르고, 준비해두었던 양념 등을 꺼내고, 텃밭에서 수확한 무, 배추를 씻고 다듬고 절여 연중 가장 힘든 판을 벌였다. 도우미 아줌마가 거든다고 해도 아내에게는 힘에 벅찬 일이다. 몸살이라도 나면 어떻게 하나 걱정이지만, 몸을 아끼지 않는다.

무에서 잘라낸 무청은 섬유질과 비타민C의 보고다. 환자들에게 권유하는 식품 중 하나다. 무잎을 데쳐내고 말리는 것은 내 차지다. 두 개의 큰 솥에 물을 끓여 무잎을 데치고 발코니에 긴 줄을 여러 가닥 매달아 그것을 말린다. 집안은 온통 구수한 시래기 냄새로 가득 찬다.

아내는 우리가 작은 텃밭을 가꾸기 시작한 이래 해마다 무를 많이 심고 그 잎을 이렇게 갈무리해 1년 내내 시래깃국도 끓여 먹고, 된장찌개, 시래기나물 등을 만들어 식탁에 올린다. 아내 암 선고 이후

이 시래기는 더 귀한 음식물로 대접받는다.

12월 3일(토요일)

3박 4일간의 항암치료를 끝내고 오전 11시 30분 퇴원했다. 멀쩡한 상태로 입원했다가 기진맥진한 상태로 병원을 나선다.

항암주사는 암을 죽이기 위해, 전이를 막기 위해 투여하는 것, 그러나 횟수를 거듭할수록 그 부작용은 더 심해진다. 그 지독한 독성 때문에 체력과 저항력이 떨어지고 몸은 바짝 바짝 말라간다.

저녁 때 수지 집에 돌아왔다. 집을 며칠 비워놓은 탓인지 썰렁하다. 아내는 토하고 탈진한 상태로 자리에 누워 있다.

12월 4일(일요일)

기온이 크게 떨어지고 눈도 펑펑 쏟아진다. 아내는 여전히 먹지 못하고, 구토 증세도 가시지 않는다. 을씨년스럽고 우울한 날이다.

아내는 이런 고통 속에서도 집수리를 해야 된다며 리모델링 전문 업자를 물색해왔다.

우리가 이곳으로 이사올 때만 해도 큰딸을 제외한 아이들이 모두 함께 살아 아이들에게 하나씩 방을 주고 나면 내 서재를 꾸미지 못한다며 거실의 상당 부분을 할애해 서재를 만들어주었다. 그러나 아이들이 결혼하거나 서울에 주로 살게 되자 거실을 원상회복해야 할 필요가 생겼다. 아내는 얼마 전부터 집을 다시 꾸미는 그림을 그리기 시작했다.

집을 수리하는 동안 시끄럽고, 먼지 나고, 불편한 점이 한두 가지가 아니다. 그러나 집을 고치고, 가구를 재배치하는 등 분위기가 바뀌면 아내의 치유에도 도움이 되리라. 그래서 아내의 뜻을 따르기로 했다.

12월 11일(일요일)

시골에서 보내온 무농약 쌀로 떡집에서 떡을 만들어왔다. 집수리를 하게 되면 소음, 먼지로 이웃에 폐를 끼칠 것 같다며 그들의 이해를 어떻게 구해야 할지 고민했다. 궁리 끝에 생각해낸 것이 떡을 만들어 돌리며 송구스럽다는 뜻을 전하기로 한 것이다.

아내는 떡을 예쁜 상자에 나누어 담고 원색 보자기로 쌌다. 그리고 같은 동의 이웃들에게 돌렸다. 아내의 고민 하나는 일단 해소됐다.

내일부터 공사가 시작된다. 지금 항암치료를 받고 있는 아내, 안정을 취하는 것이 무엇보다 중요하다. 공사가 시작되면 어떻게 안정을 취할지 걱정이다.

12월 12일(월요일)

40년 전 아내와 처음 만난 날이다. 이 특별한 오늘, 집 개조공사가 시작됐다. 드릴 소리가 요란하다. 집안이 흔들릴 정도로 진동도 심하다. 거실과 서재 사이의 벽을 허는 것이 난공사다. 너무 단단하여 몇 시간 드릴을 들이대도 겨우 주먹이 들어갈 만한 구멍 두세 개를 뚫었을 뿐이다. 기술자들도 난감해 한다. 내일 더 큰 드릴을 가져와 뚫어야겠다며 벽 뚫는 것을 미루고 발코니까지 서재로 편입시키기 위한 공사부터 시작했다. 창틀을 뜯어내고, 난방코일과 마루를 깔았다. 서재가 1평 이상 넓어졌다. 서제가 넓어져 이방 저방 쌓여 있는 책들을 한 곳으로 모을 수 있게 됐다.

12월 14일(수요일)

벽을 모두 뜯어내고 거실 입구에 장식장 설치작업을 시작했다. 원래 설계상에는 장식장이 있었으나, 방을 하나 더 만드는 바람에 장식장을 설치하지 못했다. 이제 설계대로 장식장을 복원하는 셈이지만, 아내는 새로운 아이디어를 내 더 세련되고 쓸모 있는 장식장을 주문했다.

아내는 오늘에도 딸과 함께 병원에 다녀왔다. 백혈구가 계속 오르지 않아 촉진제를 맞았다.

12월 15일(목요일)

어제에 이어 오늘 또 병원에 갔다. 이번에는 혈소판이 모자라 8팩의 혈소판 주사를 맞았다. 혈소판이 부족하면 멍이 잘 들고 상처가 나면 피가 멎지 않는다. 항암제는 이렇게 조혈기능을 저하시키거나 망가뜨린다.

아내는 거실 구조가 조금씩 제 모습을 갖추어 가는 것을 보고 흐뭇해한다.

12월 19일(월요일)

공사를 시작한 지 1주일째다. 날씨는 더욱 추워지고, 공사 진척은 예상보다 훨씬 늦다. 바닥재를 모두 뜯어내고 새 것으로 바꾸어 깔았다. 멀쩡한 것을 교체하다니 아깝다.

아내의 머리카락이 또 빠지기 시작한다. 몇 달 사이 제법 자라 제 모습을 되찾아가던 머리카락이 또 빠지다니, 억장이 무너진다.

빠지고 자라고, 자라고 또 빠지고, 제발 이번으로 이 악순환의 고리를 끊어지게 하소서.

12월 23일(금요일)

원래는 어제까지 공사를 끝내기로 했었으나 공사하는 과정에서 새로운 일거리가 생기는 등 예상치 않았던 일로 완료일이 늦어지고 재료비도 상당히 추가됐다.

옛 직장의 후배를 만나러 광화문으로 나갔다. 암 투병 중인 그의 부인은 암이 너무 진행되어 병원치료를 접고 지금은 강서구 방화동에 있는 한 민간요법 시설에서 자기요법이란 일종의 전자파 치료를 받고 있다. 통증이 완화되고 식욕이 늘고 숙면을 취할 수 있어 정상적인 생활을 할 정도라고 했다. 그 시설에 한번 가보고 그곳 사람들의 이야기도 들어보면 참고가 될 것이라고 했다. 좋은 정보를 준 후배가 고맙다.

12월 26일(월요일)

병실이 없어 늦게 입원했다. 언제나 하는 피 뽑고 엑스레이 찍고 링거를 맞으며 내일부터의 항암주사를 준비했다.

머리카락은 모두 빠졌다. 두건을 쓴 모습이 애처롭다. 이 병동엔 머리카락 빠진 환자들이 대부분이어서 머리카락이 없는 것이 오히려 정상처럼 보인다. 스스로 위로받으려는 서글픈 자기합리화다. 애써 마음을 추스르려 했으나 공허하고 참담함만 밀려온다.

12월 29일(목요일)

3박 4일간의 지겨운 주사과정이 끝나 오후에 퇴원했다.

퇴원 전 주치의는 이번에 찍은 CT 결과를 놓고 설명해 주었다.

"사이버 나이프가 암 조직을 괴사시킨 흔적이 뚜렷하지만 암 조직 일부가 아직도 남아 있다. 최악의 경우 또 수술을 해야 할지 모른다. 수술할 경우 대장까지 손을 대야 하기 때문에 인공장기(항문)를 달아야 할지도 모른다."

또 가슴이 철렁 하고 억장이 무너진다. 무슨 소린가. 사이버 나이프는 수술을 하지 않기 위해 한 것 아니냐. 이럴 바엔 왜 비싼 비용을 들여 그 시술을 하고 지독한 후유증을 겪어야 했던가. 통탄할 노릇이다. 너무 무책임하다. 실험 삼아 시술을 해본 것인가. 실망할 아내를 생각하니 분노와 눈물이 쏟아진다.

아내를 달래며 병원을 나섰다. 캄캄한 밤, 수지 집에 돌아왔으나 공사 끝이라 집안이 온통 먼지투성이다.

"수술을 또 하고 인공장기를 달아야 될지 모릅니다."

주치의의 음성이 악몽이 되어 맴돈다.

12월 30일(금요일)

정돈이 되지 않은 피난살이 같은 집에서 하룻밤을 보냈다. 그래도 아내는 계속 미소를 짓는다. 괴롭고 고통스러워도 집은 언제나 안식처인 모양이다.

청소하는 사람들을 불렀다. 먼지로 뒤덮인 천정과 벽, 마루 등을 닦아내고, 커튼도 빨았다. 책이며 가구 등도 제자리로 옮겨 정리했다. 화분의 나무들도 목욕을 시켰다. 이제야 집안이 제 모습을 되찾았다.

20일 가까이 불편과 고생은 많았으나 구조변경하고 도배도 다시 하니 새 집처럼 깔끔하다. 돈 들이고 고생한 보람이 있다며 아내는 기뻐한다.

12월 31일(토요일)

2005년 한 해가 저문다. 우리에겐 시련과 고통의 긴 터널이었다. 그러나 행복과 희망의 날이 반드시 올 것이란 신념을 다지는 세월이기도 했다. 아내는 종일 물 몇 모금 마셨을 뿐 여전히 먹지 못한다. 그래도 열심히 일을 찾아 움직인다.

퇴원하던 날 들었던 의사의 충격적인 선언도 잊은 듯 아내의 표정은 밝다.

누가 아내를 시한부 삶을 사는 3기말 암환자라 할 수 있을까? 그래서 더 슬프고, 더 가슴 아프다.

천년, 만년을 살듯 아이들을 돌보고, 나를 받들며 달려온 아내가 2005년의 끝자락에 쓰러질 듯 저 앞에 힘없이 서 있다. 나의 멍해진 시선은 또 젖어들었다.

해마다 울리는 제야의 종소리가 유난히 긴 흔들림을 남기고 지금 멀리멀리 사라져 가고 있음은 무엇 때문인가. 질곡의 세밑에서 제야의 허무한 종소리를 우리는 흩어진 뼈와 쏟아진 피가 되어 듣는다. 회한과 불안, 애절함으로 가득 찬 긴 시간들이 어김없이 흘렀다. 서러운 눈빛과 함께 희미하게 사라지는 달빛, 또다시 잃어야 할 많은 것들, 그리고 다가올 아픔과 슬픔을 생각하면, 차라리 영원히 붙잡고 싶은 이 찰나. 아내는 아는가, 닫힌 행복의 문 앞에서 더욱 처절한 심정이 되어 오늘 이 그믐날을 서성이는 나의 어두운 마음을.

한없이 빛나던 젊음의 어느 날. 가슴 떨며 읽었던 "켈트족 기도문"을 다시 읽으며, 나의 기도로 삼아 아내에게 전한다. 스산한 한 해의 마지막 그믐을 나는 또 보낸다.

당신 손에 언제나 할 일이 있기를.

...

당신 발 앞에 언제나 길이 나타나기를.
바람은 언제나 당신의 등 뒤에서 불고
당신의 얼굴에는 해가 비치기를.
이따금 당신의 길에 비가 내리더라도
곧 무지개가 뜨기를.

...

앞으로 겪을 가장 슬픈 날이
지금까지 겪은 가장 행복한 날보다 더 나은 날이기를.
그리고 신이 늘 당신 곁에 있기를.

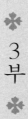

3부

희망과 결의,
그리고 슬픔의 긴 여로^{旅路}

누우면 죽고 걸으면 산다

2006년 1월 1일(일요일)

새해가 밝았다. 올해도 우리의 유일한 희망은 아내의 건강회복이다. 아내가 건강해지면 우리는 이 세상 모든 것을 다 얻는다.

아내가 마음속으로 무엇을 원하는지 미리 간파하여 정성과 애정을 다 쏟아 붓자. 희망과 용기를 불어넣자. 그리하여 아내가 연약한 생각을 갖지 못하게 하고, 작은 불편도 느끼지 않게 하자.

이렇게 다짐 또 다짐하며 새해 첫날을 맞았다.

아내는 오늘부터 음식을 조금씩 먹기 시작했고 기분도 좋아 보인다. 새해라고 우리들을 즐겁게 해주기 위해 일부러 그렇게 행동하는 것은 아닐까?

집을 깔끔하게 손질하고 새해를 맞으니 기분이 새롭다. 구조가 달라진 집안 곳곳을 사진 찍어 윤희에게 보냈다.

1월 4일(수요일)

어제에 이어 오늘 또 병원에 갔다. 바닥권으로 떨어진 백혈구가 올라가지 않았기 때문이다. 백혈구 수치가 어제는 90이었으나, 촉진제를 맞은 탓인지 오늘은 조금 올라갔다. 입원해야 될지도 모른다고 했던 의사는 일단 입원하지 않아도 좋다고 한다.

저녁때 수지 집으로 오면서 선지해장국을 사 왔다. 선지가 빈혈에 좋다고 해서 저녁엔 그것을 데워 먹었다. 아내는 원래 징그럽다며 선짓국밥집 근처에 가는 것조차 싫어했다. 그러나 지금은 약이

라고 생각하고 입에 대기 시작했다. 건강을 찾기 위한 처절한 노력
이다.

1월 5일(목요일)

이른 아침을 먹고 아내를 태우고 김포공항 근처의 암을 고친다는
대체의학을 한다는 곳을 찾아갔다. 옛 직장 후배가 안내했다.

자기(磁氣)를 인체에 불어넣어 종양을 없앤다는 일종의 유사의료
기관이다. 그곳 사람들의 설명대로라면 쉽게 병을 고칠 것 같다. 그
러나 우리는 좀더 생각해보겠노라고 답하고 그곳을 나왔다. 소개해
준 후배에겐 미안하지만, 이상한 기도원이나 요양소 같은 느낌을
주어 신뢰가 가지 않았다.

어려운 병을 앓고 있는 사람들에겐 솔깃한 유혹이 참 많다. 기적
의 특효약, 면역력을 획기적으로 개선하는 건강보조식품, 침, 뜸,
그리고 수많은 시술, 전자파 등을 이용하는 온갖 기구 등으로 선택
에 혼란을 주고 갈등을 느끼게 하는 것들이 너무 많다.

지푸라기라도 잡아야 하는 절박함을 이용한 상술이 아픈 사람을
더 아프게 하고, 그 가족들을 괴롭게 한다. 병원에서 포기한 상태가
아니라면 대체요법에 전적으로 의지한다는 것은 모험이다. 그래서
많은 환자들은 병원을 속여 가며 그런 요법을 병행하고, 효과가 입
증되지 않은 약들을 사먹는다. 대개 그런 약들은 엄청나게 비싸다.

아내는 또 병원에 갔다. 백혈구가 거의 없다. 겨우 9개, 서둘러
격리병실에 입원했다. '면회제한'이란 표지가 문 밖에 붙어 있다. 아
이들은 드나들지 못하게 하고 나만 마스크 등으로 무장한 채 아내
곁에 머물렀다.

단 며칠간의 작은 행복과 새해 희망이 산산이 깨져 버렸다. 그토

록 일어서려고 눈물겨운 노력을 해온 아내, 너무 측은해 가슴이 메어진다.

1월 6일(금요일)

백혈구는 겨우 30으로 올랐을 뿐이지만 그래도 오르기 시작하니 안도의 숨을 내쉴 수 있게 됐다. 항암제 주사를 맞지 않는데도 구토가 심해 먹지 못하고 영양제로 겨우 체력을 유지하고 있다.

항암을 하는 환자들 중 아내처럼 신경이 예민한 사람은 병원에만 들어서면 구토부터 한다. 심한 경우 병원 벽 색깔과 같은 건물만 보아도 메스꺼움을 느낄 정도란다. 항암제가 얼마나 지독한가를 말해주는 사례 중 하나다. 암 자체보다도 치료의 후유증과 부작용이 환자를 더 괴롭히고 좌절에 빠지게 한다.

1월 7일(토요일)

백혈구가 약간 상승, 62개가 됐다. 여전히 항생제, 촉진제 주사를 계속 맞고 400cc의 피를 수혈했다.

저녁부터 죽을 조금씩 먹기 시작했다. 좋아지고 있다는 뜻이요, 곧 퇴원할 수 있으리라는 신호다. 작은 변화지만 잔잔한 안도감이 몰려온다.

1월 8일(일요일)

620개로 백혈구가 갑자기 뛰어올랐다. 10배로 급상승하다니 이런 일도 생기는 것인가? 너무 기분 좋은 날, 가족 모두가 기쁨에 젖었다. 그 지독한 암 덩어리도 백혈구가 치솟듯 어느 날 갑자기 사라질 것이란 기대에 가슴이 뛴다.

죽을 제법 먹고 파인애플, 계란 등 간식도 조금 했다. 행복한 날들이 조금씩 다가오는 예감이 든다.

바깥엔 한파가 몰아치고 있어도 병실은 그래서 더욱 따뜻하다. 겨울이 깊으면 봄이 멀지 않다. 우리의 봄날도 곧 올 것이다.

1월 9일(월요일)

백혈구가 960개로 크게 늘어 오늘 퇴원했다. 4박 5일 만의 귀가지만 한 달처럼 길게 느껴진 날들이었다. 병이 완쾌되지 않아도 아내는 일단 병원 밖으로 나오면 생기가 돈다.

반포에서 몇 시간 쉬다가 수지 집으로 왔다. 집수리 후 처음으로 정리된 침실에 누웠다. 아내의 기분이 무척 좋아 보인다.

1월 10일(화요일)

피검사를 받기 위해 아침에 병원에 또 갔다. 검사결과는 정상에 가까울 정도로 좋아졌다. 집에 머물 때에도 몸 상태를 수시로 점검해야 한다. 면역력이 약하기 때문에 언제나 살얼음 위를 걷는 것 같은 기분이다.

1월 12일(목요일)

아내는 변화된 집 분위기를 너무 좋아한다. 이번에는 넓어진 거실을 꾸밀 궁리를 한다. 오전 내내 가구거리를 헤맨 끝에 진열장을 샀다. 거실 한쪽에 설치하고 이곳저곳에 쑤셔 넣어두었던 기념품이며 양주 등을 꺼내 진열했다. 거실이 한결 화려해졌다.

여자는 언제나 소녀다. 예쁜 것을 진열하고 바라보는 것만으로도 즐거워하니 말이다. 술 한 방울 못 마시는 아내가 저마다 다른 모양의 술병을 진열해놓고 이렇게 기뻐하다니.

1월 16일(월요일)

계획대로라면 오늘 입원해야 하는 날이다. 항암주사는 정해진 날짜에 맞아야 효과가 극대화된다고 한다. 물론 며칠간의 융통성은 있겠지만, 가능하면 그 시기를 맞추는 것이 중요하다.

그러나 현실적으로 그것이 잘 지켜지지 않는다. 그 이유의 첫 번째는 입원해야 할 날에 병실이 나지 않기 때문이다. 두 번째는 항암주사를 맞아야 할 환자의 몸 컨디션이다. 무엇보다 백혈구, 혈소판 등 혈액관계 수치가 기준선을 넘어야 하고, 열이 나거나 심장에 이상이 있을 경우 항암주사는 불가능하다.

그렇지만 대부분은 병실문제가 환자와 가족들을 초조하게 하고 분통 터지게 한다. 전화하면 '오세요' 하고는 그것으로 끝이다.

오늘 입원을 포기했다. "당신의 기력을 더 회복할 수 있도록 기회를 더 주는 것이라고 생각하자"고 아내를 위로했으나, 화가 쉽게 가라앉지 않는다.

1월 18일(수요일)

병실문제로 또 한바탕 실랑이를 벌인 후 오후 늦게 6인실에 입원했다.

여자들만 있는 병실에서 밤을 지새우려니 쑥스럽고 부자유스럽다. 아픈 아내를 생각하면 이런 것쯤은 아무것도 아니다. 문제는 끝없이 밀려오는 통증 때문에 잠 못 이루고 울부짖는 환자들이다. 말기 암 환자의 아픔은 상상을 초월한다.

이런 현상을 보면서 아내는 얼마나 무서워할까? 다인실이 불편하고 두려운 이유다.

1월 19일(목요일)

2인실로 옮겼다. 좀 살 것 같다. 오늘부터 항암제인 택솔 2병을 맞았다. 택솔은 주목(朱木)이란 나무에서 추출한 약제다. '살아 천 년 죽어 천년'이란 주목은 그 이름에 걸맞게 귀한 나무다. 항암제로 탄생해 수많은 생명들을 살리거나 연장하는 데 도움을 주고 있다니 더욱 놀랍고 고맙다.

윤희와 긴 통화를 했다. 옆집 김 사장 아들이 마련해준 태권도복을 보냈더니 손자 녀석이 입고 좋아서 어쩔 줄 몰라 한다. 유치원에서 아이들한테 자랑도 하고, 앞으로 행사가 있으면 그것을 입고 뻐길 것이 뻔하단다.

태권도복 입은 손자를 상상해 보는 것만으로도 아내는 기분이 좋은 모양이다.

1월 22일(월요일)

어제 항암주사가 모두 끝났기 때문에 병원 문을 일찍 나설 수 있었다. 아내는 속이 울렁거려 아무것도 먹지 못하면서도 이것저것 많은 음식을 장만하느라고 분주하다. 벌써 며칠째 먹지 못하고 쇠약해진 저 몸, 어디서 이런 힘이 나오는지 놀랍다.

차려준 저녁 밥상이 화려하다.

1월 25일(수요일)

아내는 아직도 먹지 못해 혹시 먹을까 하여 추어탕을 사왔으나 몇 순가락 뜨고는 메스꺼워한다. 이제 서서히 입맛이 돌아올 때가 되었는데도 계속 먹지 못하니 안타깝다. 다른 집처럼 색다르고 맛있는 음식을 만들어 권하고, 입맛이 돌아오게 하여야 하는데, 내가 할 수 있는 것이 무엇인가. 반찬을 만들어 줄 도우미 아줌마를 1주일에 한두 번 쓰자고 해도 한사코 반대다.

1월 27일(금요일)

가슴을 졸이며 병원 진찰실로 들어섰다. 주치의의 표정만 보아도 어떤 결과가 나올지 이젠 다 안다. 좋은 선고가 내릴 것 같은 예감이다. 드디어 남궁 박사의 무거운 입이 열렸다. CA125 지수가 3, 혈소판 적혈구 모두 기준 이상이고, 다만 백혈구가 조금 낮은 수준이라고 선언했다. 아내의 얼굴이 환해졌다. 허리를 90도 이상 숙여 고마움을 표시하고 진찰실을 나섰다.

CA125란 난소암 세포가 어느 정도인가 나타내는 지수. 40 이하면 암이 걸리지 않은 사람의 수준이다. 그 지수가 3이니 얼마나 좋은가. 항암주사가 잘 들었다는 증거다.

아내는 기운이 치솟는지 슈퍼마켓 등에 들러 설날 먹거리 재료를 샀다. 벌써부터 고향으로 가는 차량이 고속도로를 메웠다. 평소 30분 거리를 1시간 반이나 걸려 수지 집으로 돌아왔다.

1월 28일(토요일)

음력 섣달그믐. 미국에 있는 큰딸 윤희네 식구들을 제외하고는 아들 딸 며느리 손녀 모두 모였다. 아내의 검사결과도 잘 나왔고, 아이들도 다 오고, 집안은 갑자기 온기와 활기가 넘친다.

큰아들 지훈이와 함께 마트에 가서 아내가 적어준 대로 설에 쓸 물건들을 사 왔다.

여자들은 부침개를 부치고, 남자들은 밤을 깎고, 제기를 챙기고, 제방을 쓰고, 단란한 집안의 섣달그믐 모습을 되찾았다. 밤늦게까지 웃음소리가 그치지 않는다. 저마다 한결같은 소원, 아내의 쾌유를 빌며 이 뜻 깊은 밤을 보낸다.

1월 29일(일요일)

아내가 정성껏 준비하고 온 가족이 동원돼 만든 음식이며 과일 술 등이 큰 제상에 그득하다. 아내는 연방 음식을 올리고, 우리는 엄숙한 마음으로 조상님께 절을 했다. 다른 어떤 해의 설날보다 정성을 쏟은 차례였다. 우리 모두는 사랑하는 아내, 자상한 엄마의 건강을 다시 찾게 해달라고 빌었다.

우리의 간곡한 이 소원을 들어주소서, 들어주소서.

1월 31일(화요일)

언제나 진료실에 들어갈 땐 떨린다. 지난 금요일, 좋은 결과가 나왔는데 불과 며칠 사이 무슨 변화가 있겠나. 애써 마음을 가라앉히려 했으나 그래도 초조하다. 의사는 "모든 수치가 좋아요. 다만 백혈구가 많이 떨어졌으니 감염되지 않도록 조심하세요. 백혈구 촉진제 한 대 맞고 가세요"라고 선고를 내렸다.

2월 3일(금요일)

올 겨울 들어 가장 추운 날이다. 서울의 기온이 영하 14도까지 떨어졌다. 모두들 춥다고 종종걸음이다. 문 밖에 한 발자국도 내놓지 않고 종일 아내 얼굴을 쳐다보며 지낸다. 아내는 연달아 먹을 것이며 마실 것을 내온다. 그 동안 듣고 싶어도 참았던 음악도 들었다.

창밖의 날씨와는 달리 발코니의 관상수가 눈부신 햇살을 받아 반짝반짝 윤이 난다. 제대로 돌보지 못했으나 싱그러움을 잃지 않고 지금 우리의 행복지수를 높여주고 있다.

2월 4일(토요일)

드디어 백혈구가 상승하기 시작했다. 계속 우리를 괴롭혀온 문제 하나가 해결됐다.

암은 흔히 소모성 질병이라고 한다. 암 조직이 숙주인 환자의 영양분을 약탈해가기 때문이다. 그래서 무엇보다 중요한 것은 잘 먹어 체중을 유지하는 것이다. 그러나 잘 못 먹는 데다 그나마 빼앗기니 점점 말라갈 수밖에 없다.

다행히 아내는 급격한 체중감소가 없다. 암과의 싸움에서 보이지 않는 손이 아내를 보호해 주고 있음이 분명하다. 그것이 부처님이라고 해도 좋고, 아내의 의지와 희망이라 해도 좋다. 또 주의의 사랑과 정성이라고 해도 좋다.

잠깐 외출하고 들어오니 아내의 눈에 눈물이 그렁그렁하다. 누가, 무엇이 슬프게 했을까? 달래도 그치지 않고 이유도 말하지 않는다. 아내에게 필경 무슨 사연이 있을 것이다. 심약해져서 우는 것일까? 누군가가 언짢은 이야기를 했을까? 생각할수록 궁금하다. 그러나 더 이상 캐묻지 않았다. 덩달아 나도 눈언저리가 뜨거워진다.

일평생 함께 살면서 아내의 눈물을 본 적은 손으로 꼽을 정도다. 시어머니가 돌아가셨을 때, 친정어머니 돌아가셨을 때, 친정아버지가 돌아갔을 때, 그리고 그의 남동생이 불의의 교통사고로 유명을 달리했을 때다. 모두 영원한 이별을 슬퍼하는 눈물이었다. 그리고 유학 간 딸을 혼자 남겨두고 한국으로 돌아올 때였다.

큰딸 윤희는 서울대에서 학사와 석사를 마친 후 한 장학재단의 전액 장학금을 받아 유학길에 올랐다. 마침 휴가철이기도 해 우리는 함께 미국으로 떠났다.

윤희가 앞으로 박사과정을 공부할 예일(Yale) 대, 300여 년 역사의 무게를 느끼게 했다. 특히 기숙사는 중세의 수도원처럼 고색이 창연했다. 그 방에 대충 짐을 풀고 작별을 고해야 할 시간을 맞았다. 모녀는 서로 부둥켜안고 눈물을 펑펑 쏟았다. 그리고 긴 복도로 이어진 통로를 거쳐 밖으로 나왔다. 어깨를 들먹이며 또 오열했다. 이제는 헤어져야만 하는 순간, 육중한 철문이 철격 닫히고 딸은 어둠침침한 복도 저쪽으로 사라져 갔다.

아내는 뉴욕을 거쳐 케네디 공항에 이르기까지 소리 없는 눈물을 멈추지 못했다. 그때처럼 아내가 우는 것을 보지 못했다. 그러나 이 눈물은 감격의 눈물이며, 다시 만날 수 있는 헤어짐이기에 희망과 기대의 눈물이기도 했다.

그 후 아내는 암이 재발했다는 선고를 받았을 때 꾹꾹 눌러왔던 진한 눈물을 흘리고 또 흘렸다. 그리고 피맺힌 절규를 했다.

"결국 암의 끝은 죽음이란 뜻이 아니에요?"

내가 눈감기 전에는 결코 잊지 못할 눈물이요, 가슴에 꽂힌 말이다.

아내는 언제나 웃는 얼굴이다. 환한 얼굴에 늘 웃음이 가득 차 있다. 아내가 찍힌 사진마다에는 미소 띤 얼굴뿐이다.

그런 아내를 오늘 무엇이 눈물 나게 하고 슬프게 했을까?

2월 5일(일요일)

아내의 얼굴에 다시 미소가 돌아왔다. 눈물 나게 했던 그 무엇을 털어내려고 하는 것일까? 피아노를 열심히 치고 즐겨 부르던 노래들도 불렀다. 나를 기쁘게 해주려고 그러는 것 같기도 하고, 정말 마음에 평온이 찾아와 그러는 것 같기도 하다. 어쨌든 울적했던 마음이 가벼워졌다.

실로 오래간만에 본격적인 청소를 했다. 새해를 맞기 전에 집안 청소를 대대적으로 하지 못해 조바심이었다. 그러나 하루걸러 한 번꼴로 병원에 가는 형편이라 엄두를 내지 못했다. 미루어온 것을 일부라도 해치우니 기분이 상쾌해진 것 같다.

그 동안 해도 해도 끝나지 않는 잡다한 일 다 하느라 얼마나 힘들고 고단했을까? 그 힘겨운 일들의 피로가 쌓이고 쌓여 병을 얻은 것은 아닐까? 아내의 일이 이렇듯 중노동이란 것을 뒤늦게 깨닫게 되니 가슴이 찡하다.

아내는 며칠 전부터 아랫배가 묵직해 기분이 좋지 않다고 호소한다. 왜 그럴까? 또 하나의 걱정 대상이 생겼다. 약물 부작용으로 끝났으면 하는 바람 간절하다.

2월 8일(수요일)

미국에 있는 둘째 손자의 돌이 곧 돌아온다. 첫째 손자는 여름방학 중이라 한국에 나와서 그럴 듯한 돌상을 차렸었다. 그러나 둘째 놈은 미국에서 간단히 치러야 될 것 같다. 무엇보다 돌 선물을 못해 아내는 안타까워한다.

우리집은 신기하게도 여자들 모두와 사위 둘째 손자가 2월생이고 아들 둘은 4월생이다. 2월과 4월은 우리 집의 생일잔치 달이다. 아내는 아이들 생일을 언제나 정성을 쏟아 지켰다. 그러나 그는 지금 처절한 암과의 전쟁을 치르고 있다.

2월 10일(금요일)

어제 입원하는 날이었다. 그러나 병실이 없어 오늘 어렵게 입원했다. 입맛이 돌아와 겨우 먹을 만하니 또 입원이다. 병원 문을 들어서자마자 구역질을 한다. 밥은 숟가락조차 대지 않는다. 우유 몇 모금 마시고, 가래떡 몇 입 먹은 것이 전부다.

백혈구가 회복되지 않아 병원에 올 적마다 촉진제를 맞았는데도 여전히 모자란다. 이번에는 빈혈도 심해 400cc짜리 2팩의 피를 맞아야 했다. 아주 느리게 들어가기 때문에 자정을 넘겨 끝났다.

2월 11일(토요일)

새벽에 뽑아간 혈액검사 결과 항암을 할 수 있는 선을 겨우 넘었다. 이번에 맞을 항암제는 2개. 1개는 낮 12시 20분에서 3시간 동안, 또 다른 하나는 1시 20분에서 2시간 동안 맞아야 한다. 주사가 끝나는 시간은 3시 20분, 1시간 시차를 두고 맞기 시작했으니 끝나는 시간은 같다. 효과를 극대화하기 위해 시간을 이렇게 조정하는가 보다.

아내는 심한 구토를 시작했다. 또 앞으로 3, 4일, 길 경우 7, 8일간 토하고, 못 먹고, 고통의 늪에 빠져 긴 질곡의 시간을 보내야 한다. 고난의 연속이다.

2월 13일(월요일)

어제까지 항암주사 절차를 끝내고 오늘 퇴원했다.

오늘 음력 1월 16일, 태어나서 63번째 맞은 아내의 음력 생일이다. 둘째 아들 정훈이 회사에서 틈을 내어 퇴원을 돕고, 퇴원길 엄마 생일 점심을 샀으나 거의 먹지 못했다.

암 선고 받은 후 3번째 맞은 생일. 생일은 언제나 즐겁고 정겹고 행복했다. 그러나 지금은 쓸쓸하고, 서럽고, 눈물겨운 날이 됐다. 이럴수록 더 화려한 가족모임도 갖고, 선물도 더 많이 주고, 더 분위기를 띄워야 하는 것 아닐까? 장미 한 묶음 거실 탁자 위에 꽂아놓은 것으로 언제나 사랑한다는 마음을 남겼다.

올 들어 가장 따뜻한 날. 이제 혹독했던 겨울날들도 서서히 물러갈 채비를 하고 있다. 아내의 병마도 이 겨울과 함께 떠나갔으면 하는 희망을 안고 수지 집으로 돌아왔다.

올해는 병실에 갇혀 있어 정월 대보름에 달을 보지 못했다. 그러나 오늘밤 창문 밖, 소실봉 위에 그 달이 떴다. 아내는 발코니에 나가 달을 향해 다소곳이 손을 모우고 한참 동안 기도했다.

사람들은 이런 행동을 미신이라고 비웃을 것이다. 그러나 무엇이라 해도 좋다. 종교란 무엇인가. 기도하고, 빌고, 구하고, 그리고 위안을 얻으려 하는 것이 소박한 의미의 종교가 아닌가. 그 대상이 부처님이건 예수님이건 마음의 평화와 구원을 얻고자 하는 것이 신앙이요 종교가 아닌가. 우리가 생각하는 종교는 그런 것이다.

속이 좀 풀렸는지 달처럼 얼굴이 환하다.

2월 15일(수요일)
날씨가 포근해진 탓인지 안개가 자욱하다. 퇴원 5일 만에 병원에 갔다. 혈액 검사결과가 나쁘지 않았다.

피 뽑는 것이 너무 괴롭고 어렵다. 성모병원 1층에 있는 채혈실은 번호표를 뽑아 3, 40분 기다리는 것은 보통일 정도로 언제나 붐빈다. 우리는 어느 채혈사가 핏줄을 잘 찾아내고 잘 뽑는지 안다. 그 사람에게서 피를 뽑았으면 하는 바람으로 차례를 기다린다. 그러나 그 확률을 6~10분의 1이다.

신참한테 걸리면 고통이 몇 배 크다. 그 사람 역시 아내 같은 환자를 만나면 고역이다. 땀을 뻘뻘 흘리며 2, 30분 실랑이 하는 것은 다반사다. 오늘도 오랜 시간 피를 뽑느라 실랑이를 했다.

파김치가 된 아내가 한없이 측은하다.

2월 17일(금요일)

오늘부터 느리게 기력을 찾아가고 조금씩 먹는다. 책 읽고 피아노 치고, 난 화분을 돌본다. 이런 아내를 쳐다보고 있노라면 눈언저리가 뜨거워진다. 그 동안 못해준 것들이 응어리가 되어 다가온다.

밖은 아직 찬데 햇별 쏟아지는 거실은 따스하고 아늑하다.

"날마다 이런 날 되게 하소서."

환한 얼굴 쳐다보며 아내가 치는 피아노 소리 듣는 이런 날, 우리의 극락이요 천국이다.

2월 18일(토요일)

자기 몸은 자기가 더 잘 안다고 하지 않는가. 어떤 때는 아내가 주치의보다 더 잘 안다. 아무래도 몸이 이상하다며 병원에 가 보잔다. 원래 병원에 가는 날은 다음 화요일(21일)이다.

공휴일은 언제나 불안하다. 급한 일이 생기면 상담할 의사가 없고, 응급실 외에 치료받을 곳도 없다. 어쨌든 백혈구 올리는 주사를 맞았으니 병원가는 날까지 마음을 놓을 수 있게 돼 행복하다.

2월 21일(화요일)

아내의 양력 생일. 석순 누나가 보내준 미역으로 국 한 그릇을 끓여 먹는 것으로 생일을 기념했다.

혈소판이 많이 떨어져 8팩을 맞았고 백혈구도 여전히 모자라 촉진제를 주사했다. 혈소판은 엷은 노랑 빛깔을 띤 투명한 피로 상처가 났을 때 응고돼 출혈을 막는 역할을 한다. 부족하면 조금만 충격을 주어도 멍이 들고, 상처가 나면 출혈이 잘 멈추지 않는다.

혈소판이 부족한 아내, 미세한 실핏줄이라도 끊어지면 위험하다. 언제나 조마조마하다.

2월 22일(수요일)

어제 오늘 연달아 병원에 갔다. 가는 날이 아닌데 아내가 스스로 이상함을 느꼈기 때문이다. 아내의 예상이 맞았다. 혈액검사 결과 혈소판은 좀 올라갔으나, 백혈구는 크게 떨어져 있었다.

아내가 연달아 쟁반을 떨어뜨려 깨뜨린다.

"내가 왜 이래."

당황한 얼굴에 눈물이 핑 돈다. 무슨 불길한 예감이라도 한 것일까? 계속된 항암치료로 체력이 떨어지고 손아귀 힘이 약해져 그런 것이라고 위로했다.

작은 변화나 현상에도 큰 충격을 받는다. 가령 암세포 지수를 보러 가는 길, 첫 번째 맞닥뜨리는 신호등의 색깔이 푸른색이냐 붉은색이냐에 따라, 매일 신문에 연재되는 오늘의 운세에 따라, 기분이 좋아지기도 하고 언짢아지기도 한다. 오랜 투병으로 신경이 예민해지고 심약해진 탓이다.

2월 24일(금요일)

병원에 가는 날. 혈액검사 결과, 또 혈소판과 백혈구가 많이 떨어졌다. 백혈구 촉진제는 근육으로 맞기 때문에 맞는 과정에서 혈관을 찾느라 겪는 고통은 덜하다. 그러나 혈액은 다르다. 더구나 혈소판은 붓듯이 순식간에 넣기 때문에 굵은 혈관을 찾아 주사바늘을 꽂아야 한다. 어렵게 혈관을 찾아 혈소판을 주입하기 시작하자, 이번엔 주입속도가 너무 빨랐던지 어지러움을 호소한다.

지난번에 맞은 항암주사가 그 이전 것보다 더 독한 것이었나? 아니면 아내의 저항력이 많이 떨어졌나? 이번 주 들어 하루만 빼고 날마다 병원을 찾고 주사를 맞으니 말이다.

2월 25일(토요일)

주말의 응급실은 아비규환이다. 피를 흘리며 울부짖는 사람, 의식을 잃은 채 119 구급차에 실려 오는 사람, 때로는 들것에 누워 나오는 시신, 정신이 멀쩡한 사람은 견디기 힘든 곳이다.

응급실을 찾는 불행을 막기 위한 예방차원에서 병원에 갔다. 혈액검사 결과, 혈소판과 백혈구 모두 크게 올라있다. 주말의 불안이 씻겨나가고 주사를 맞지 않는 것만으로도 행복하다. 그래서 우리는 마주보고 웃었다.

2월 27일(월요일)

눈만 마주쳐도 아내는 미소 짓는다. 창으로 스며든 햇살이 따사로운 오늘, 집안엔 고요가 흐르고 잔잔한 음악이 감미롭다. 행복이란 이런 것이구나. 아내의 미소가 있고 음악이 있고 찬란한 태양이 있고 파란 하늘이 있으니 이 얼마나 분에 넘치는 축복인가.

오후엔 난과 관상수에 물을 주었다. 잡초가 무성하다. 잡초도 삭막한 겨울날엔 푸르름을 안겨주니 고마운 존재다. 그러나 잡초는 자양분을 빼앗아 가고 햇볕을 가려 난의 성장을 방해하고 꽃을 피우지 못하게 한다.

"잡초야, 미안해."

아내는 잡초를 뽑으며 이렇게 속삭인다. 꽤 많았던 난들이 이제 10여 분만 남았다. 투병기간 중 돌보지 못했더니 그 사이 잡초가 하나 둘 쳐들어와 주인을 병들게 하거나 죽게 만들었다.

암이란 놈도 잡초와 같은 것, 살금살금 사람의 조직 속에 파고들어 그 덩치를 불려나가다 어느 날 그 주인의 모든 것을 빼앗아 간다. 아내의 몸속에 숨어든 잡초, 암. 화분의 잡초 뽑듯 평소에 관리를 잘하였더라면 결코 뿌리를 내리지 못했을 것이다.

제대로 돌보아주지 못한 남편, 이 맺힌 한을 무엇으로 풀 것인가. 뒤늦은 깨달음이 가슴을 친다.

2월 28일(화요일)

주치의를 만나기 위해 병원에 갔다. 주말과 어제 분주하긴 했지만 행복한 시간을 보냈기 때문인지 백혈구와 혈소판 모두 기준을 넘어서 있었다. 의사도 모든 것이 좋아지고 있다며 기뻐한다.

귀가 길에 아내는 시금치, 콩나물 등 나물거리를 골고루 샀다. 집에 돌아와 나물 데치고 새로 밥을 지어 근사한 비빔밥을 내놓았다. 늦은 시간이라 배가 고프기도 했지만, 비빔밥이 아주 맛있다.

아내가 만들어준 음식이 이 세상에서 가장 맛있다는 사실을 깨닫는 이 순간, 또 가슴이 뜨거워져 옴은 무엇 때문일까.

따뜻한 봄볕, 아내 얼굴도 볼그스름하다

3월 1일(수요일)

3·1절, 오랜만에 태극기를 내달았다. 집 비우는 날이 많아 국기를 거의 달지 못했다. 휘날리는 깃발과 아내 얼굴 번갈아 쳐다보며 음악을 들었다. 창으로 쏟아져 들어오는 봄볕이 따사로운 오늘, 아내 얼굴에도 볼그스름한 봄기운이 돈다.

저녁때 옛 직장 후배 만나 저녁 먹고, 소주도 한잔 했다. 그의 산이 있는 충남 청양의 칠갑산 계곡에 댐이 건설되어 물이 고이면 산이 호숫가의 절경지로 변하게 된단다. 그곳에 아담한 집 몇 채 지어 함께 살잔다. 꿈같은 이야기다.

일찍 집으로 돌아왔다. 아내의 피아노 선율이 잔잔하게 흐르는 밤, 나는 아내 곁을 맴돌며 행복과 평안의 이 봄밤을 누리고 있다.

3월 7일(화요일)

남궁 박사를 만나는 날. 모든 수치가 좋게 나왔다며 좀처럼 표정을 드러내지 않던 그가 웃는다. 핵의학과에 가서 혈액 채취를 의뢰하고, 28일 CT를 찍기 위한 예약을 했다.

3월 8일(수요일)

모임에 나온 친구 박용배의 표정이 어둡다. 좋아하는 술도 마시지 않고 물어도 대답이 없다. 계속 왜 그러느냐고 했더니 그의 막내

146

딸이 매우 좋지 않다고 입을 뗐다.

그의 딸은 1년 전부터 혈액암을 앓고 있다. 다행히 잘 맞는 골수 기증을 받아 거의 완치단계에 이르렀다고 기뻐한 것이 불과 몇 달 전이다. 그런데 이게 웬일인가? 재발해 다시 입원하고, 지금은 참기 어려울 정도로 통증이 심해 가끔 의식을 잃을 정도란다.

가슴이 철렁했다. 남의 일이 아니다. 너무 안타까워 위로할 말을 잊었다. 몇 시간째 아내를 집에 혼자 남겨 두었다는 생각이 번쩍 떠올라 먹는 둥 마는 둥 집으로 달려왔다. 아내는 예상 외로 빨리 온 나를 보고 의아하게 생각하는 눈치다.

암이란 도대체 무엇인가? 치유된 듯하다가 또 재발하고 전이되고 그리고 모든 것을 빼앗아가고 ···.

3월 12일(월요일)

경칩이 지난 지가 언제인데, 겨울이 아직 자리를 내주지 않으려고 발버둥치고 있다. 바람이 차고 대기가 무겁다. 거기다 황사까지 몰려왔다.

아내는 오늘 점심 저녁 모임을 모두 취소했다. 가급적이면 모임에 나가려고 노력했고, 나도 적극 권유했다. 친한 사람들과 어울려 웃고 떠들면 엔도르핀이 솟아난다. 그것이 바로 치료다. 그러나 오늘 날씨는 나들이하기에는 너무 안 좋다.

종일 아내를 졸졸 따라다니며 말도 시키고 서툰 아양도 떨었다.
"말이 없으신 남자가 왜 이러실까." 아내가 웃는다.

3월 14일(화요일)

아침 일찍 병원에 갔다. 출근시간이라 길이 많이 막혔다. 혈액검사 결과 모든 것이 좋게 나왔다.

아내처럼 혈관이 약하거나 혈관을 찾기 어려운 환자들 중 장기간 주사를 맞아야 하는 환자는 가슴 위쪽 정맥에 케모포트란 인공주사 주입장치를 설치한다. 그리고 필요할 때 간단한 시술로 열어 항암제 등 약물을 주입한다. 주사가 끝나면 또 시술로 막는다. 편리한 장치임에는 틀림없다. 그러나 몇 달 쓰지 않으면 피가 굳어 막힐 염려가 있어 피가 엉기지 않는 약물을 넣는 등 관리가 필요하다.

아내는 오늘 그 장치를 했다.

3월 16일(목요일)

슬픈 소식이 전해져 왔다. 박용배의 딸이 오늘 하늘나라로 떠났단다. 너무 아리다. 아내에게는 말하지 않았다.

결혼해서 2년 남짓, 채 서른도 넘기지 못하고 영원한 이별을 고했다. 남은 부모, 남편은 어쩌라고 그렇게 바삐 떠났을까?

용배, 그리고 그 부인 문미애 씨는 지금 어떤 상태에 있을까. 점점 좋아져 간다고 그렇게 좋아하던 부부, 그리하여 아내에게 희망과 용기를 주었던 그들이다. 아내가 눈치 챌까봐 두렵다.

서재에서 서성거리며 아내가 잠들 때까지 안방에 들어가지 않았다. 늦게 방에 들어가 아내 곁에 조용히 누웠다. 자는 척 눈을 감았으나, 눈앞에 용배와 그 부인이 어른거린다. 슬프고 괴로운 밤이다. 심각하다는 말은 들었으나 여기까지 올 줄은 꿈에도 몰랐다. 암이란 결국 모든 것을 빼앗아가고 비통과 절망과 회한만 남긴다.

3월 17일(금요일)

아산병원 영안실에 마련된 박용배 딸 빈소에 갔다. 예쁜 모습의

148

영정이 나를 맞았다. 눈물이 핑 돈다. 누군가 놓아둔 흰 국화 몇 송이와 향불만이 빈소를 지키고 있을 뿐 아무도 없다. 자식을 먼저 보낸 부모가 조문객을 맞을 수 없다.

자식을 먼저 보내는 것을 참척(慘慽)이라고 했던가. 인간사에서 가장 슬프고 쓰린 일이다. 자식을 가슴에 묻고 통한의 세월을 살아야 할 친구, 생각만 해도 가슴이 멘다.

넋을 잃은 채 영정을 바라보며 한참 앉아 있었으나 끝내 용배는 나타나지 않는다. 사위가 왔다. 젊은 친구가 상처를 하고 얼마나 슬플까. 위로할 말이 없다. 손 한번 잡아주고, 향 하나 더 피워놓고 장례식장을 나섰다.

찬란한 햇볕이 내리 쪼이고 있다. 봄은 오고 있으나 슬프고 잔인한 봄이다. 아내에게는 아직 말할 용기가 나지 않는다.

3월 18일(토요일)

용배 딸은 영원한 나라로 떠났다. 한 줌의 재가 되어 흑석동 성당 안에 있는 납골당에 안치됐다. 허무하다. 장례식에는 가지 못했다. 아내가 아픈 상황에서 흉사에 참여하는 것이 꺼림칙하기도 하거니와, 용배네를 위로할 말조차 생각나지 않기 때문이다.

아내의 컨디션이 좋아져 저녁때 공원을 몇 바퀴 돌았다. 아직 바람은 쌀쌀하나, 양지 바른 곳에는 풀들이 여린 싹을 내밀기 시작했다. 나무에는 물이 올라 곧 꽃과 잎을 터뜨릴 채비를 하고 있다. 기분 좋은 날이 슬픈 날이다.

3월 21일(화요일)

지난 11일 백혈구 주사 맞은 후 한 번도 병원에 가지 않았다. 그것만으로도 우리는 행복하다.

춘분이다. 묵혀 놓았던 텃밭을 삽으로 뒤엎고, 고르고, 퇴비를 뿌렸다. 그리고 상추, 얼갈이배추, 대파의 씨앗을 뿌렸다. 소꿉장난 같은 채소농사가 시작된 것이다.

날이 더 따뜻해지고 봄비가 내리면 싹이 트고 무럭무럭 자란 무공해 채소가 우리 식탁에 오를 것이다. 머지않아 아내가 좋아하는 싱싱한 채소를 얻을 날이 온다고 생각하니 가슴이 설렌다.

요즈음 아내는 공원을 열 바퀴 이상 걷는다. 열 바퀴면 6천 2백 보 정도다. 1시간이 더 걸린다. 이렇게만 걸으면 집안에서 걷고 집 주변에 나들이하는 것을 합쳐 1만 보는 될 것이다. 의식적으로 걷지 않는 한 주부들이 1만 보를 걷는 것은 불가능하다. 아내는 전문가들이 권장하는 1만 보를 채우는 셈이다.

날마다 열심히 걷는다. 건강한 몸에는 병마가 붙을 자리가 없다.

3월 27일(월요일)

16일 만에 서울에 나왔다. 모처럼 긴 간격이다. 내일 아침에 CT 촬영도 있고, 아이들이 집안을 어떻게 해놓고 사는지도 궁금하여 나온 것이다.

압구정동에서 여름용 가발을 구입했다. 항암치료 초기에 가발을 샀을 때는 곧 벗어 던질 것으로 기대했으나, 벌써 3번째, 착잡하다. 무슨 일이 그렇게 많을까? 기력이 떨어져 눕지 않는 한 아내는 일, 일, 일이다. 과로가 회복의 적이란 사실을 알고 있으면서도 일을 보고는 못 참는다.

3월 28일(화요일)

아침 일찍 CT 촬영을 끝냈다. 다음 주 화요일까지 불안하고 초조한 긴 기다림의 시간을 살아야 한다. 일반 엑스레이, 가슴 사진은 100번도 더 찍었을 것이고, CT, MRI 등도 셀 수 없이 촬영했다. 모두 방사선을 투시하여 찍는 것. 가냘픈 몸에 이토록 많은 방사선을 쪼여도 되는 것일까?

병소를 찾아내고 그것의 변화상황 등을 파악하기 위해 동원되는 최첨단의 의료장비, 이것들이 또 다른 병을 유발할지도 모른다. 인체의 기능을 떨어뜨리고 장애를 가져오지나 않을지 불안하다.

4월 1일(토요일)

봄비가 촉촉이 대지를 적신다. 텃밭의 상추는 싱그러운 잎을 활짝 폈을 것이다. 어제 텃밭 나머지 부분을 갈아엎고 거름 주고, 열무 씨 뿌린 것이 타이밍을 잘 맞춘 것 같다.

지난 며칠 동안은 모임의 연속이다. 이웃 모임, 친구 모임, 그리고 아내의 자모모임. 많은 모임을 갖는 것은 확실한 즐거움이다.

아내는 눈에 띌 정도로 나날이 좋아지고 있다. 비교적 잘 먹고, 수면제 도움 없이 깊은 잠을 잔다. 피아노도 열심히 치고, 숫자 맞추는 게임인 스도쿠(數獨)도 즐긴다. 나와 함께 텃밭에 나가 햇볕을 쪼이고, 막 돋아나는 쑥을 캔다.

행복은 느릿느릿 우리 곁으로 다가오고 있다는 느낌을 가질 수 있다는 것, 무한한 기쁨이요 축복이다.

4월 4일(화요일)

지난번에 찍은 CT를 확인하러 병원에 가는 날. 가슴 졸이며 아침 일찍 집을 나섰다. 오전 11시 남궁 박사 진료 데스크 앞에 아내는 앉고, 나는 옆에 엉거주춤하게 섰다. 남궁 박사는 컴퓨터 영상을 살피고 판독 기록을 읽어나갔다. 표정이 진지하더니 차차 밝아왔다. 우리의 가슴이 콩닥콩닥 뛰고 얼굴은 벌겋게 달아오른다.

"다 좋군요. 내주 화요일엔 오지 말고 전화로만 확인하세요. 그리고 한 달 후에 오세요."

사형대에 올랐다가 구원을 받았다면 필경 지금 우리가 느끼는 이런 기분일 것이다. 아내와 나는 번갈아 굽실거리며 고마움을 표했다. 천하를 얻은들 이럴까? 희망과 희열로 가득 찬 가슴을 안고 병원을 나섰다. 봄 햇살은 우리에게만 내리 쪼이는 듯 따뜻하고 더욱 찬란하다.

4월 7일(금요일)

요즈음은 하루하루가 즐겁고 행복한 날들의 연속이다. 아내는 눈에 띄게 좋아지고 있다. 비디오테이프를 틀어놓고 요가를 하고, 2 마일즈 워크(2 miles walk)란 걷기 운동도 따라 한다. 소실봉 아래 소나무숲 쉼터까지 오르고, 그러지 못할 경우 공원을 10여 바퀴씩 돈다. 부지런히 움직이고, 조금씩 자주 먹는다.

옆집 김 사장네 부부가 광교산 자락의 깔끔한 한식집으로 초대했다. 정원이 아름답고 경관이 빼어난 집이었다. 포도주 한잔 마시고 정갈한 한식을 배불리 먹었다. 더불어 무르익은 봄기운을 마음껏 향유했다. 좋은 이웃은 형제 못지않다는 것을 절감하는 요즘이다.

4월 8일(토요일)

둘째 아들 정훈이 사귀는 여자친구를 집으로 데리고 왔다. 엄마의 뜻을 확인하고 싶어서다. 오래 전부터 보이고 싶었으나 엄마가 병원에 드나드는 형편이라 지금껏 미루었단다. 온 가족과 함께 중국집에 가서 요리를 시켜 먹으며 아내는 찬찬히 말도 걸어보고, 매너 등도 살피는 기색이었다. 나는 참하다고 보았는데, 아내 역시 높은 점수를 주었다. 며느릿감으로 낙점된 셈이다.

그들은 몹시 기뻐했다. 우리 또한 그랬다. 둘째 아들을 장가 못 보내 안달이던 아내가 이제 한시름 놓게 됐다.

아내가 약간의 열이 있는 것 같아 집 근처 병원에 갔더니 방광에 염증이 있는 듯하다며 약을 처방해주었다. 그것을 먹고 쉽게 나았다. 주말에 병원에 가지 않아도 되니 마음이 놓인다.

4월 10일(월요일)

아내와 나 모두 점심 약속이 있어 압구정동으로 나왔다. 조금 일찍 도착하여 큰아들이 유학가기 전에 서둘러 마련해 놓은 아파트를 둘러보았다. 지금 살고 있는 아파트를 팔고 그 동안 저축한 것을 보태 이 집을 샀다. 아내가 아파 제대로 돌봐주지 않았는데도, 며느리와 함께 일을 잘 처리하는 것을 보니 대견하다. 아들은 이 집을 전세 놓고 MBA를 하러 미국으로 간다. 자기개발에 열심인 아들과 며느리가 자랑스럽다.

다니던 직장에 사표 내고 받은 퇴직금과 전세 놓고 받은 돈 일부를 투자해 공부를 더 하겠다고 결심하는 것, 매우 어려운 일이다. 현실에 안주하기보다 더 나은 내일을 위한 도전과 용기, 패기를 높이 평가해 주고 싶다.

이후 각자의 점심 모임에 갔다. 버스와 지하철을 타고 혼자 다녀도 좋을 만큼 아내의 상태가 좋아졌기 때문에 가능한 일이다.

4월 11일(화요일)

병원에 갔다. 원래는 전화로 문의하라고 했으나, 이 병원 류머티즘센터 핵의학과 등에 갈 일이 있어 겸사겸사 남궁 박사 진료실에도 들렀다. 왜 왔느냐는 표정이더니 검사 결과를 확인해주었다. 기대했던 대로 오케이(OK)이다.

아내는 암 선고를 받기 1년 전부터 무릎 등 관절에 통증이 심해 이 병원 류머티즘센터 김 박사로부터 급성 류머티즘이란 진단을 받았으나, 암 치료를 받느라 신경 쓰지 못했다. 이젠 좀 여유가 생겨 오늘 다시 찾아왔다. 혈액검사 결과 완치단계에 이르렀다고 했다. 큰 병이 작은 병을 누르는 것인가, 이 또한 즐거운 일이다.

핵의학과에 들렀다. 지난주 의뢰한 혈액검사 결과가 어떻게 나왔느냐고 물었더니 전화 연락을 받지 않았으면 이상이 없다는 뜻이라고 설명했다. 무소식이 희소식이란 말이다.

4월 12일(수요일)

어제 병원에서 나와 아내가 반포 집에서 자고 가자고 한 뜻을 새벽에야 깨달았다. 아내는 이른 새벽부터 싱크대 앞에서 조용조용 무엇인가 하고 있다. 미역을 꺼내 씻고, 시금치, 콩나물을 무치고…. 오늘이 둘째 아들 정훈의 음력생일이었다. 병원에 입원해 있지 않는 한 아내는 가족의 생일과 기제사는 어떤 일이 있어도 챙겼다. 재작년과 작년엔 입원해 있었기에 아이들 생일을 차려주지 못해 늘 안타까워했다.

아침을 대충 대충 먹고 출근했던 아이들도 오늘은 미역국이며 나물을 많이 먹었다.

쌓인 빨래와 청소를 끝내고, 가벼운 마음으로 수지 집으로 돌아왔다. 청계산 자락은 바야흐로 봄기운으로 향긋하다.

4월 17일(월요일)

모처럼 고향 나들이에 나섰다. 아내는 몸 상태가 좋아지니 그 동안 미루었던 아버지 어머니의 산소를 돌아보고 바야흐로 봄이 한창인 그곳에 가고 싶어했다.

집을 출발, 두 시간 남짓 달려 대전~진주 간 고속도로 금산 인삼랜드 휴게소에 들렀다. 따사로운 햇살이 가득한 잔디밭에 준비해간 음식을 펼쳐 놓았다. 보온도시락에 담은 잡곡밥과 된장국, 김치, 나물, 진수성찬이다. 서로 얼굴 쳐다보고 밥 한 숟갈 떠먹고, 웃고 또 떠먹고 행복이란 이런 것이구나.

아내는 핸들을 잡고 싶어한다. 터널이 많은 구간이라 약간 마음에 걸렸으나, 운전은 아내가 나보다 수십 배 더 잘하지 않는가. 산청휴게소까지 100㎞가량 운전했다. 과로는 독약, 나머지 구간은 다시 내가 몰았다.

아버지 어머니의 산소를 찾으니 고향 나들이의 날이 어느새 저물었다. 어머니 숨결 같고, 포근한 아내의 품 같은 밤이 깊어간다.

4월 18일(화요일)

아내는 피곤하지도 않은 듯 일찍 일어나 마당 언저리 텃밭에서 마늘 뽑고, 열무 등을 솎아내느라 옆에 서 있는 나도 의식하지 못한다. 아침 먹은 후 누나 조카 등과 함께 통영으로 떠났다. 사천, 고성을 거쳐 통영에 이르는 길. 아이들이 어렸던 시절, 여름 휴가철이면 아이들과 함께 주로 아내가 운전하는 차로 오가던 길이었다.

바닷가 언덕 위에 서 있는 충무관광호텔에 들렀다. 잔잔하고 푸른 남쪽바다, 절벽 위를 덮은 초록빛 숲, 저 멀리 작은 고기잡이배들이 떠 있다. 하늘에는 하얀 뭉게구름이 흘러간다. 지금은 주변이 많이 훼손되었지만, 우리가 아직 젊고 아이들이 어렸을 때 이곳을 찾았던 아름다운 추억들이 바다 위에 서려 있는 엷은 안개처럼 아른아른 피어오른다.

유자차 한 잔 마시고, 음식점이 몰려 있는 바닷가 횟집으로 가 회와 매운탕을 시켜 푸짐한 오찬을 즐겼다.

아내가 즐거워한 날, 화려한 봄날은 이렇게 지나간다.

4월 19일(수요일)

월아산 기슭 아늑한 곳에 세워진 천년 고찰 청곡사. 어머니가 돌아가시기 직전까지 다니시던 절이다. 어머니가 내리 딸 셋을 낳고 이 절 부처님께 공을 들여 나를 낳으셨다는 절, 아내는 그런 사연 때문인지 이 절을 열심히 찾는다.

대웅전, 칠성각, 명부전 등을 모두 돌며 촛불을 밝히고 향을 피웠다. 아내는 수십 배씩 절을 하고 기도를 올렸다. 언제나 아내따라 건성으로 몇 번 절하곤 했으나, 오늘은 진지하고 경건하게 기구했다. 건강을 완전하게 되찾아 부처님 앞에 자주 나와 무릎을 꿇을 수 있도록 해달라고 빌었다.

머지않아 4월 초파일이다. 연등 하나를 미리 달았다.

오늘은 이곳 장날. 아내는 산나물을 잔뜩 샀다. 나이 많으신 할머니들이 애써 채취해 조금씩 내놓고 파는 것이 안쓰럽다며.

피곤한 듯 아내는 일찍 자리에 누웠다.

누나와 나는 작은 술상을 차려놓고 술을 나눴다. 엄마 같은 누나가 당부하신다. "니 마누라 우째도 살리래이."

4월 20일(목요일)

덕유산을 넘어 무주 쪽으로 달린다. 봄바람이 세차다. 교량 구간을 지날 땐 차가 날려갈 듯 심하게 흔들린다. 속도를 크게 낮추고 핸들을 꼭 잡고 조심조심 차를 몬다. 아내가 놀랄까봐 더 두렵다.

아내와 함께한 3박 4일간의 고향 나들이가 꿈같이 지나간다. 하룻밤 자고 오는 것이 고작이었는데, 이번엔 오래 머문 셈이다. 무엇이 그렇게 바쁘다고 언제나 뛰는 삶을 살았다. 네 아이를 기르고, 집안 살림을 도맡아 온 아내는 더욱 그러했다.

좀더 느긋하고 유유자적하려고 하니, 아내가 병이 났다. 시간은 우리를 기다려주지 않는구나.

"니 마누라 우째도 살리래이."

누나 말이 자꾸 맴돈다.

진인사대천명(盡人事待天命)이라 했던가. 사람이 할 수 있는 일은 무엇이든 다 할 각오를 다짐하며 천리 길을 달린다.

집에 오니 오후 4시. 아내는 옷을 갈아입자마자 시골서 가져온 나물들을 펼쳐놓고 다듬느라 정신이 없다. 또 이렇다. 언제쯤 느긋해질 것인가.

4월 21일(금요일)

결혼기념일이다. 38년이 꿈같이 지나갔다. 앞으로 12년을 더 살면 50년. 요즘 같은 장수세상에서 50년 해로는 대부분의 사람들이 누리는 평범한 일일 뿐이다. 12년을 건강하게 느릿느릿 살아 금혼식을 맞고 싶다.

아이들에게 꽃이나 케이크 같은 것 사오지 말라고 아내는 며칠 전부터 신신당부했다. 아픈 사람에게 그런 것 하면 더욱 나빠진다며.

'당신 사랑해', 이 한마디로 오늘을 잊고 있지 않고 있다는 마음을 전했다.

오후엔 백화점에 나가 아내의 봄철 옷 한 벌을 샀다. 내일 작은아들 장인 장모될 사람들과 처음으로 만나는 모임도 있고 해서다.

작은아들의 결혼은 생각보다 빠르게 진척되고 있다. 아내는 신혼 생활을 하는 데 필수적인 작은 아파트라도 마련해주어야 한다며 날마다 고심하고 있다. 서울은 너무 비싸 분당이나 수지쪽 복덕방에 조건 맞는 물건이 나오면 연락바란다고 전화를 수없이 걸고 있다.

부모가 자식에게 해주어야 할 일은 어디까지일까? 집만 마련해주면 안정적인 직장에서 맞벌이를 하고 있으니 그럭저럭 잘 살 수 있을 것이다. 아내의 얼굴이 부석부석하다. 분명 신경 많이 쓰고 과로한 탓이다.

4월 22일(토요일)

정훈의 장인 장모될 사람과 분당에 있는 중국집에서 만났다. 사람들이 순박하고 좋아 보인다. 그분들은 딸이 장녀이고, 우리는 아들이 막내이니 우리보다 훨씬 젊다. 아내는 "딸 잘 키워 저희 집에 시집 보내주시니 감사하다"고 했다. 결혼 날은 딸 쪽에서 정하는 것이라고 말하고, 이번 가을에 식을 올리도록 하자고 했다. 모두 흡족한 기분으로 헤어졌다.

인간지사에서 혼사가 가장 어렵다는데, 우리는 순조롭게 잘 풀리고 있다. 우리에게 가장 절실한 것은 그때까지 아내의 건강이 깨끗하게 회복되는 것이다.

4월 24일(월요일)

아내와 분당 하나로클럽에 가 과일과 채소 그리고 고추, 토마토, 가지, 오이, 호박 모종을 샀다. 집에 돌아와 정리해둔 텃밭에 모종을 심었다. 고추는 한 이랑이 넘고, 나머지 모종들도 제법 넓은 면적을 차지했다. 지난번에 씨를 뿌려 곧 솎아 먹게 된 상추 쑥갓 열무 등과 함께 텃밭이 구색을 갖추었다.

몇 년 동안 노하우가 쌓여 농사꾼이 되어가는 느낌이다. 아내도 농부의 아내가 되어 간다. 커피를 보온병에 담고, 떡과 과일을 새참으로 갖고 나왔다. 밭고랑에 비닐을 깔고 앉아 이웃 텃밭의 조기숙 씨, 신아 엄마와 함께 나누어 먹었다.

소꿉장난 같은 텃밭 가꾸기지만, 책을 읽어가며 최선을 다하고 있다. 사랑하는 아내에게 신선한 유기농 채소를 먹게 하기 위해서다. 주변의 농사꾼(?)들에게도 화학비료를 뿌리거나 농약을 절대로 치지 못하게 당부했다. 벌레 먹고 진딧물이 끼어도 농약 뿌리고 비료 주어 윤기 나고 탐스러운 채소보다 백 배 천 배 더 낫다.

텃밭을 가꾸는 또 다른 하나의 이유는 아내가 작물이 무럭무럭 자라는 것을 보고 즐거움을 느끼게 하고, 수확의 기쁨을 누릴 수 있게 하기 위함이다. 농부들이 왜 천사의 얼굴을 하고 있는가. 그렇게 힘든 일을 하면서도 작물이 자라는 것을 지켜보는 기쁨, 거두는 행복이 있기 때문이다.

인간은 스스로 치유하는 능력을 갖고 태어났다. 그것이 바로 엔도르핀(endorphine), 에너지와 모르핀의 합성어다. 유쾌한 농부들은 엔도르핀이 많이 분비되기 때문에 건강하고 행복하다.

아내여, 이 하찮은 농사라도 지으며 엔도르핀이 많이 나오게 하자. 그리하여 병마를 쫓아내자.

어제는 지난 2월에 담근 간장을 달였다. 장을 담그는 과정도 철저하거니와 달이는 작업도 엄격하다. 물방울은 물론 작은 먼지 하나 들어가지 않도록 신경 쓴다.

정훈의 아내가 될 은희가 왔다. 집안에 가득한 장 냄새와 흐트러짐 없는 자세로 장을 달이고 있는 내일의 시어머니를 보고 무엇을 느낄까?

4월 25일(화요일)

이웃 일곱 부부의 모임. 지방에 출장 간 남자 한 사람을 빼고 13명이 돼지삼겹살집에 모여 저녁을 먹었다.

음식을 가려 먹어야 한다는 사람이 많으나 대부분의 의사들은 음식을 골고루 먹어 균형 있는 영양섭취가 가장 중요하다고 말한다. 우리는 의사의 말을 믿고 따르기로 했다. 독한 항암제 등의 부작용을 막으려면 강한 체력이 뒷받침돼야 한다.

웃고 떠들고 많이 먹고 많이 마셨다. 맥줏집을 거쳐 노래방에까지 갔다. 저마다 한 가락씩 뽑았고 좀처럼 이런 자리에서 노래를 부르지 않던 아내도 조용필의 〈창밖의 여자〉를 열창했다. 아내가 기분 좋고 건강한 모습을 보이니 모두 흐뭇해한다.

자정을 넘겨 집에 돌아와 커튼을 걷었다. 캄캄한 하늘에 별이 빛나고 있다. 희망의 별이다.

4월 27일(목요일)

봄의 발걸음에 가속이 붙었나? 느리게, 때로는 뒷걸음을 치던 봄걸음이 뜀박질로 바뀌었다. 아내의 환한 얼굴, 행복한 나날이 이렇게 빠른 걸음으로 다가온다.

그러나 오늘은 슬픈 날, 허무를 느낀 날이다. 이상하 형이 떠난 지 1년, 그를 추모하는 출판기념 모임이 오후 6시 반 태평로 프레스센터에서 열렸다. 그를 따르고 사랑하는 많은 사람들이 큰 홀을 가득 메웠다. 대부분이 낯익은 얼굴들이다.

　　그는 친구를 좋아했고, 술을 사랑했다. 그의 부인 김동분 여사는 소주, 맥주에 양주까지 많이 준비했다며 고인이 못다 마신 술까지 마음껏 마셔달라고 주문했다.

　　같은 직종의 일을 하면서 40년의 긴 세월 그와 더불어 참 많은 술을 마셨다. 어느 봄날 그는 친구 아들 결혼식 후에 우리와 어울려 강남 도곡동 어느 밥집에서 술을 마시던 중 배가 아프다며 자리를 떴다. 그 후 대장암 판정을 받았다.

　　큰 수술과 항암치료 끝에 많이 좋아져 가끔 만나 술도 한잔씩 하고 밥도 먹었다. 그러나 암은 그를 놓아주지 않았다. 그의 암이 술 때문이었다면 우리는 친구를 먼저 보낸 죄인이다.

　　광화문에서 직행버스를 타고 귀가하면서 고인과 지냈던 긴 세월을 생각한다. 질풍노도와도 같은 시절이었다.

　　"형, 그곳에도 친구가 있고 술이 있지요? 좋은 곳 많이 알아 놓으세요. 이다음 우리 가면 그런 곳 안내해주어야 할 것 아니에요."

4월 29일(토요일)

　　아내 친구의 딸 결혼식이 있어 함께 서울로 나왔다가 저녁에 돌아왔다. 운전은 딸이 하고, 아내와 뒷자리에 나란히 앉았다. 머리를 내 가슴에 기댄다. 팔을 돌려 가만히 안아 본다. 몸이 많이 축났다. 가발 사이로 이제 상당히 자란 머리카락이 보인다. 곧 가발을 벗어도 좋을 것 같다.

고통과 시련 속에서 자란 머리카락은 회색을 띤 부분이 많다. 치렁치렁하고 윤기 나던 머리카락을 지독한 약물과 고통이 순식간에 이렇게 망가뜨려 놓았다.

4월 30일(일요일)

산행 빈도는 행복지수와 비례한다. 이번 달 들어서는 친구들과 3번의 산행을 했으니 행복지수가 매우 높은 편이다. 산에 오르려면 건강해야 하고, 집안이 편해야 한다. 정신적 여유와 의지가 있어야 하고, 좋은 친구가 있어야 한다. 그리고 내게 있어선 가장 중요한 요인, 아내가 좋은 컨디션을 유지해야 한다. 4월 들어 이런 여건들이 어느 정도 충족돼 3번이나 산행을 했으니 얼마나 축복을 받았나.

친구 다섯 명과 더불어 가까운 청계산에 올랐다. 사람들이 너무 많아 시장바닥 같고 먼지가 자욱해도, 바야흐로 물오른 산은 연초록의 대잔치가 펼쳐지고 있다.

이수봉 건너 눈 아래로 보이는 옥녀봉은 아내와 자주 올랐던 봉우리다. 시원한 막걸리 한 사발을 단숨에 마시고 내려왔다.

5월 1일(월요일)

영풍문고에 들러 책 몇 권을 샀다. 그 중에는 암을 극복한 사람이 쓴 책도 포함돼 있다. 이런 류의 책들을 그 동안 여러 권 사서 읽었지만, 상업적인 냄새가 짙어 기대에 못 미쳤다. 이번에는 미국의 트랜스퍼스널 심리학의 권위자인 켄 윌버(Ken Wilber)가 쓴 《세상에서 가장 아름다운 용기》(Price & Grit)란 매우 두툼한 책을 샀다.

결혼하자마자 아내가 암에 걸려 긴 세월 아내를 간병하는 과정, 결국 아내를 떠나보내는 비극을 맞은 한 사나이의 슬픈 러브스토리

162

다. 아내를 구하지 못한 사나이의 이야기가 도움이 될까? 그러나 이 책은 지금까지 내가 읽었던 이런 류의 책과는 매우 다르다는 느낌이다. 단순한 간병과 사랑의 이야기뿐 아니라, 질병(암)에 대한 일방적 접근과 시류적 접근 모두에 의문을 던지며 철학적, 심리학적, 종교적인 해석을 더하고 있다는 점이다. 그래서 이 책을 읽어보기로 한 것이다.

5월 2일(화요일)

아내와 병원에 갔다. 이번엔 채혈이 없어 큰 고통 하나를 덜었다. 남궁 박사는 문진만 하고, 점점 좋아지고 있다는 희망의 메시지를 전했다. 하늘을 날 듯한 기분이다.

봉은사에 들렀다. 압구정동에 살 때 아내가 거의 날마다 다니던 절이다. 수지로 이사가고 병원에 드나드느라 최근엔 제대로 찾지 못해 매달 일정액을 시주하는 이른바 동참금을 내지 못했다. 오늘 그 밀린 돈을 모두 냈다.

또 평범한 등 하나를 사서 소원을 담은 꼬리를 달아 칠성각 앞 해마다 초파일 등을 달던 그 자리에 달았다. 이제 초파일에 촛불만 밝히면 된다.

아내가 초파일 등을 다는 절은 전국에 걸쳐 여러 곳이다. 고향의 청곡사는 물론, 그 인근의 작은 암자 1곳, 이사간 집 근처의 보현사, 수원에 있는 봉녕사, 부산의 해동용궁사, 괴산 월악산의 미륵사, 대원사, 때때로 양양의 낙산사, 오대산 월정사, 설악산 신흥사, 서해 석모도의 보문사, 남해의 보리암, 여수의 향일암 …. 그만큼 부처님에 대한 깊은 신심의 표현이기도 하다.

인간은 나약한 존재다. 어려운 일이 닥치면 종교에 더욱 매달려

위안을 구한다.

5월 3일(수요일)
아침을 일찍 먹고 괴산 월악산 미륵사지로 떠났다. 영동고속도로
와 내륙고속도로를 거쳐 정오쯤 그 절에 도착했다.

푸른 하늘 밑 끝없이 펼쳐진 산들은 초록의 파노라마다. 흰 구름
몇 덩어리가 월악산 정상 쪽으로 느릿느릿 다가가고, 기분 좋은 바
람이 아내의 뺨을 스쳐간다.

아내는 한번 다녀온 후 이곳에 깊이 빠졌다. 병든 자를 낫게 해준
다는 미륵부처님의 영험을 믿기도 하거니와, 이 주변의 때 묻지 않
은 자연이 때로는 경외감을 갖게 하기 때문이다.

미륵부처님 앞에 양초 하나 밝히고 아내는 108배 기도를 힘겹게 올
렸다. 땀이 뺨을 타고 줄줄 흐른다. 종무소에 들러 1년 내내 밝히는 연
등 하나를 주문하여 부처님이 가장 잘 보실 수 있는 곳에 달았다.

따사로운 햇볕이 쏟아지고, 맑은 물이 소리 내며 흐르는 개울가
큰 소나무 밑에 자리 잡았다. 잡곡밥과 된장국, 김치와 나물, 마른
반찬, 거기다 과일과 차가 들어 있는 작은 등산백을 풀었다. 소풍
나온 아이들처럼 가슴이 설렌다.

아름드리 소나무와 이제 갓 피어난 활엽수 숲길을 따라 아내와 함
께 한참 걸었다. 이 길이 바로 천국의 정원이다. 아내의 행복한 모
습이 오히려 눈물겹다.

5월 5일(금요일)
어린이날이자 부처님 오신 날. 집 근처 보현사에 갔다. 이 주변에
개발바람이 몰아쳐 자고 나면 대단위 아파트촌이 등장하면서 세워

진 절이다. 어딘가 짜임새가 없고 경건한 분위기가 덜한 듯하지만, 걸어서 갈 수 있어 초파일 연등 하나 달고 부처님께 소원을 빌었다.

거실의 작은 시계소리까지 크게 들릴 정도로 고요하고, 잔잔하다. 타이스의 명상곡이 흐른다. 아늑하고 아득하게 이어지는 희망과 희열의 세계로 빠져든다. 이제 수북하게 자란 아내의 머리카락을 뺨으로 쓰다듬어본다. 명상곡의 선율보다 더 감미롭다.

5월 6일(토요일)

눈부신 봄날을 시샘하듯 하루 종일 주룩주룩 비가 내린다. 우산을 받쳐 들고 공원을 몇 바퀴 돌았다. 벤치가 흠뻑 젖어 앉아 쉴 수 없어 느릿느릿 계속 걸었으나 아내는 지치지 않는다.

텃밭의 상추며 열무는 비가 내린 후 한결 더 윤기가 흐른다. 이제 날마다 신선한 상추와 쑥갓으로 쌈을 먹게 됐다.

봄이야 간들 어떠랴. 싱그러운 녹음과 함께 풍성한 푸성귀까지 안겨 주었으니 그 임무는 다한 것 아닌가.

5월 7일(일요일)

비 갠 5월의 하늘은 푸르고 녹음은 싱그럽다. 이런 날 산으로 가는 길은 가볍고 즐겁다. 높고 긴 능선을 가진 문경의 백화산에 오른다. 백두대간에 당당하게 솟아 있는 좋은 산이다. 정상 부근에는 아직도 진달래가 만발해 있다.

문득문득 아내 얼굴, 아지랑이 되어 피어오른다. 휴대폰이 터지지 않는 계곡을 벗어날 때마다 전화를 걸어 내 앞에 펼쳐진 장엄한 광경을 전한다.

대자연의 경이와 아름다움을 몇 마디 언어로 전달할 수 있을까?

그러나 아내가 영혼 속에 전개되는 이 찬란한 봄날의 환희를 느끼며 작은 위안이라도 받았으면 하는 바람 간절하다.

5월 8일(월요일)

병원에서 피 검사결과 정상으로 나왔다. 아이들 말로 기분 짱이다. 외출한 김에 아내는 친구들과의 모임에 가고, 나는 몇 번 미뤄왔던 친구를 만났다. 반갑다고 한 잔, 기분 좋다고 한 잔, 이렇게 마신 고량주에 얼근하게 취해서 돌아왔다.

아내와 텃밭을 거쳐 소실봉에 올랐다. 요즘에는 도중에 한 번만 쉬고 너끈히 오른다. 서너 번 쉬거나 도중에서 돌아오던 때와 비교하면 눈부신 발전이다.

오늘은 어버이날. 사실은 어머니날이다. 이 세상의 어머니들, 그들의 거룩한 가슴에 카네이션을 달아주는 날이다. 아이들은 지난 주말 찾아와 이미 달아주었고, 큰딸과 사위는 인터넷으로 카네이션 꽃바구니를 보내왔다.

미국의 한 젊은 여성이 세상 떠난 어머니를 못 잊어 이웃 어머니 가슴에 카네이션을 달아주기 시작한 가슴 찡한 선행이 전 세계로 퍼져 이제는 우리의 마음까지 뜨겁게 달구고 있다.

아내는 그 카네이션을 며칠째 훈장처럼 달고 다닌다.

5월 11일(목요일)

큰며느리 정강은이 마련한 점심 대접을 잘 받았다. 어버이날 선물로 아내에게는 근사한 등산용 조끼와 화려한 색상의 셔츠가, 나에겐 멋진 등산복이 주어졌다. 대학에서 의상학을 전공했고, 지금은 의류전문회사에 근무하고 있기에 옷에 대한 안목이 뛰어나다.

내일 마을모임의 강원도 봄나들이 여행에 입고 가 뽐내게 되었다
고 아내는 기뻐한다.

저녁엔 텃밭에서 솎아온 상추와 쑥갓으로 쌈을 싸 먹으며 향긋한
봄의 미각을 즐겼다.

아내와 더불어 24시간, 언제 이런 시간을 가져보았던가.

5월 12일(금요일)

봄의 끝자락, 여름의 문턱. 마을모임 여섯 부부가 강원도 횡성으
로 여행길에 올랐다. 올봄 들어 아내와 먼 길 여행이 무척 많아졌
다. 아내가 그만큼 좋아지고 있기 때문이다.

미니버스로 오후 늦은 시간에 출발했다. 우리 멤버 중 가장 젊은
정창화 사장의 별장이 있는 곳, 횡성군 장림. 어둠이 깃들기 시작할
때 첩첩산속 중턱에 자리 잡은 별장에 도착했다.

산속이라 쌀쌀한 밤공기. 마당에 장작불을 지피고, 횡성 한우고
기를 구웠다. 갓 채취한 산나물과 술, 그리고 때 묻지 않은 대자연
속에서 맛있고 멋있는 12인의 성찬이 이어졌다.

때마침 둥근 달이 높이 솟았다. 이웃이 좋고, 자연이 좋고, 달밤
이 좋고, 기뻐하는 아내가 좋아 오랜 시간 순수한 대기를 마셨다.

벽난로의 장작은 활활 타오르고, 창밖의 산들이 달빛에 젖어 꿈
을 꾸듯 신비롭고 아름답다.

자정을 훌쩍 넘기고서야 자리에 누웠다. 환상적인 달빛이 쏟아져
들어오는 밤. 아내의 잔잔한 숨소리가 내 영혼을 흔든다 ….

5월 13일(토요일)

꿈같은 밤이 지나니 먼 산 깊은 곳에서 찬란한 태양이 솟아오른

다. 산속의 여명은 상쾌하고 신선하며 태고의 고요가 흐른다. 아내를 따라 밖으로 나갔다. 청정한 대기가 얼굴을 스쳐간다. 아내 얼굴한 번 쳐다보고, 먼 산과 파란 하늘 바라보며, 소나무향기 가득한숲길을 걷는다. 살아서 아내와 함께 이렇게 걷고 있다는 것, 기쁨과환희를 느끼게 하는 산속의 아침이다. 산다는 것에 대한 나름의 화두를 던져주는 아침이기도 하다.

산다는 것, 무엇일까? 사는 것이 아니라 살려지고 있는 것 아닐까? 태어날 때부터 그 길은 정해져 있고 그 길 따라 걸어가는 것이다. 보이지 않은 손이 가리키는 대로 걸어가기만 하면 되는 것이다.

신이 내린 이 축복의 땅에서 왜 이런 엉뚱한 생각을 하고 있을까?

5월 17일(수요일)

횡성 여행의 감격이 채 가시기도 전에 오늘 부산 나들이 길에 올랐다. 서울역에서 오후 2시 30분에 떠나는 KTX를 탄 후 5시 10분 부산에 도착했으니 3시간도 채 걸리지 않았다. 참 좋은 세상이다. 강호관 사장 내외분이 차를 가지고 나와 반갑게 맞아주었다.

해운대 바닷가의 횟집에 부산모임 멤버들 다섯 부부가 모두 나와환한 웃음과 박수로 맞아주었다. 반갑고 감격스러워 아내는 찔끔찔끔 눈물을 흘렸다. 맛있게 먹고 웃고 떠들며 즐거운 시간을 보냈다. 특히 강 사장의 구수한 농담에 모두 박장대소했다.

원래 이 모임은 아내들 대학동창 모임이었다. 저마다 결혼하면서끈끈한 부부모임으로 발전, 이제는 남자들이 더 친해지고 적극적이됐다. 이들 중 강 사장은 성도 같고 서로 통하는 점이 많아 형제보다더 가까워졌다. 우리나라 명승지는 물론 일본 미국 중국 등 외국여행도 여러 번 다녀왔다.

친구들과 헤어져 우리는 강 사장 집으로 옮겼다. 부산의 절경, 달맞이고개에 자리 잡은 그의 집 창밖으로 펼쳐진 풍광이 너무 아름답다. 잔잔한 바다는 끝없이 이어지고, 은은한 달빛, 바닷가에 빤짝이는 무수한 불빛 ….

강 사장 내외는 우리에게 그들의 안방까지 내주었다. 아무리 사양해도 막무가내다. 우리 생애 최상의 호사를 누리며, 잠들기 아까운 밤을 보내고 있다.

5월 18일(목요일)

향긋한 바다내음에 눈이 떠진다. 달맞이고개에서 내려다보이는 아침바다는 영원으로 통하는 환상의 정원 같다. 점점이 떠 있는 작은 섬들, 빤짝이는 황금빛 물결, 그 위로 흘러가는 배들, 한가롭게 날갯짓하는 갈매기들 …. 꿈을 꾸고 있는 것만 같다. 찬란한 봄날의 일장춘몽(一場春夢)일까?

강 사장이 운전하는 차로 강 사장 부부와 함께 기장과 일광, 그리고 울산을 거쳐 경주로 갔다. 길옆으로 펼쳐진 남해와 동해 또한 환상적이다. 넘실대는 푸른 물결, 불어오는 훈훈한 바람, 찬란한 코발트색 녹음 ….

아내는 차창 밖에 전개되는 절경과 광휘의 봄날에 감탄하고 감격해 한다. 몸 안의 자기치유능력은 이런 때 치솟을 것이다.

아내가 이토록 즐거워하는 이런 여행을 제대로 다니지 못한 것이 후회스럽다.

5월 19일(금요일)

2박 3일의 부산여행이 꿈같이 지나갔다. 친구들의 환대, 특히 강 사장 내외의 정성 가득 담긴 대접에 무엇이라고 표현할 길이 없다. 미역, 다시마, 멸치 등 바다내음 듬뿍 담긴 선물 보따리를 들고 KTX 편으로 서울로 돌아왔다. 많은 사람들과의 만남, 멋진 풍광과 맛을 찾아다닌 나들이에 아내는 지친 기색 하나 없다.

파리했던 얼굴에 생기가 돌고 있다. 건강하고 발랄했던 2년 전으로 돌아간 듯 축복의 초여름 날을 누리고 있다.

5월 27일(토요일)

큰아들 내외와 손녀, 작은 딸, 작은 아들과 그의 여자 친구가 거의 한꺼번에 들이닥쳤다. 조용했던 집안에 활기가 넘친다. 아내도 신이 나서 바삐 오가며 음식을 만들고 먹을 것을 챙긴다. 아기의 해맑은 웃음과 울음소리가 그치지 않는 집, 그런 집엔 대화가 많고 끈끈함도, 활기도 넘친다. 오늘 같은 날이 많으면 좋겠다.

6월 2일(금요일)

병원 가는 날. 가슴 엑스레이를 찍고, 핵의학과에서 피검사를 받기 위해 피를 뽑았다. 그리고 PET-CT(양성자 컴퓨터 촬영) 찍을 날짜를 14일 이른 시간으로 예약했다.

PET-CT는 CT보다 훨씬 정확해 잡히지 않는 아주 작은 종양의심 조직도 찾아낸다. 얼마 전까지는 보험 적용이 되지 않아 1번 찍는데 100만 원이 훨씬 넘었다. 그러나 지금은 암환자에겐 보험 혜택이 돌아온다.

아내의 머리카락이 많이 자랐다.

6월 7일(수요일)

언론계 선배이신 김창렬 사장님이 돌아가셨다. 대장암으로 오랫동안 고생하시다가 끝내 회복을 못하고 떠나셨다. 근래 내 주변의 많은 사람들이 영원한 길을 떠났고, 그들 대부분이 암으로 생을 마감했다.

암의 끝은 이런 것인가? 치유되는 듯 희망을 안겨주다가도 재발하고 전이되고. 결국 생명을 앗아간다. 모두 허망하게 떠나니 가슴이 저며 온다. 그러나 예외가 있고 기적이 있다는 사실을 믿는다. 암 극복을 위한 의술의 발전은 얼마나 빠르고 눈부신가. 주사 한 방으로 몸 안의 모든 암세포들을 날려버릴 그런 날이 불쑥 우리 앞에 다가올 것이다. 페니실린 개발로 불치의 병이었던 폐렴을 단숨에 퇴치했던 것처럼.

서울대 병원 영안실에 마련된 그분의 빈소에서 긴 시간 머물렀다. 그곳에 온 많은 친구들과 성균관대 앞 술집으로 자리를 옮겨 술을 마시며 슬픔을 달랬다. 술을 너무 좋아했던 그분, 그리고 개고기를 유난히 즐겼던 그분, 이제는 삼선교 부근 그분의 고향 이름과도 같은 그 영양탕 집에 갈 일도 없어진 것 같다.

자정이 넘어 집에 돌아왔다. 애처로운 눈으로 아내를 보고 또 본다. 뜨거운 전류가 가슴에 흐르고 눈물도 흐른다.

6월 8일(목요일)

집 옆 공원길을 돌다 풀밭에서 네잎 클로버를 찾았다. 그것도 여섯 개나. 아내는 하나하나 찾아낼 때마다 손뼉을 치며 환호한다. 소녀 같은 몸짓, 천사 같은 표정이다.

행운과 기적은 어느 날 갑자기 예고 없이 찾아온다. 우리는 이것을 종교처럼 믿는다. 총알이 빗발치는 전쟁터에서 떨어진 물건을 주우려고 허리를 구부리는 순간 날아온 총알을 피할 수 있고, 천 길 낭떠러지에 떨어지면서도 나뭇가지에 걸려 생명을 건질 수도 있다.

아내는 산에 오르거나 길을 걷다가도 클로버 군락지만 보이면 네 잎 클로버를 찾는다. 오늘 네잎 클로버를 무더기로 찾은 그곳에서도 그 동안 여러 차례 찾으려고 시도했었다. 그렇게 훑었던 그곳에서 네잎 클로버를 무더기로 찾다니.

분명 행운은 우리 곁으로 다가오고 있다. 아내는 흥분한 상태로 집에 돌아와 클로버를 책갈피에 끼워 넣고 장식장 위에 보배처럼 올려놓았다.

6월 9일(금요일)

옆집에 사는 김 사장 내외와 함께 서해안에 있는 작은 포구, 화성 궁평항으로 갔다. 개발바람을 타고 방파제를 만들고, 수산물 직판장, 회센터 등도 세우고 있었다.

소나무 숲이 우거지고, 모래밭이 넓게 깔려 있고, 황해답지 않게 맑고 푸른 바다 물결이 넘실거렸다. 대부도나 제부도가 가까운 곳에 있지만, 아직 촌티를 벗어나지 않은 이곳이 더욱 정겹다. 시원한 바닷바람을 맞으며 물과 모래가 맞닿은 모래 위를 걷고, 송림 속으로 난 오솔길을 걸었다. 비릿한 바다내음과 향긋한 소나무향을 동시에 느끼고 호흡했다.

아내에겐 이런 바람과 햇볕과 드넓은 바다가 누구보다 절실하다. 걸으며 쉬며, 끝없이 밀려왔다 밀려가는 파도를 보고, 자갈들이 물결따라 움직이며 내는 소리도 듣는다.

파란 하늘과 맞닿은 푸른 바다, 그 위로 떠가는 작은 고깃배, 느

릿느릿 날갯짓하며 오가는 갈매기, 여유 없이 살아온 날들이 아내
를 이 지경에 이르게 했구나. 뒤늦은 회한이 파도처럼 몰려온다.

6월 11일(일요일)

오늘 또 산에 올랐다. 서산에 있는 일락산. 야트막한 뒷동산 같은
산이다. 그러나 소나무가 하늘을 가리고 능선이 길어 여름산행 코
스로는 최상이다. 서해안 쪽의 산들은 대부분 부드럽고 여성적이
다. 그리고 등산객이 붐비지 않아 조용하다. 걷고 생각하기 좋은
산, 누구나 철학자가 되고 명상가가 되는 산이다.

아내를 아이들에게 돌보게 하고 이렇게 전국의 좋은 산을 누비고
다녀도 되는 것인가. 일주일에 한번쯤은 아내가 아이들과 함께 지
내거나 24시간 붙어 있는 남편으로부터 약간은 해방(?) 되었으면 하
는 생각이 있지 않을까? 뻔뻔스런 자기합리화를 해본다.

그러나 심한 갈등을 느낀다.

6월 14일(수요일)

PET-CT를 찍는 날. 아침 일찍 병원으로 가 조영제를 맞고 촬영
대 위에 올랐다. 문이 닫히고 긴 기다림의 시간이 1시간 반 정도 지
났다. 아내는 지친 표정으로 문을 열고 나온다.

결과가 어떻게 나올까? 또 피 말리는 시간이 시작됐다. 아내의 머
리카락은 가발을 쓰지 않아도 될 만큼 자랐다. 이제 저 머리가 다시
빠지는 일이 없기를 기도한다. 본격적인 장마철이 시작되는가 보
다. 하루 종일 질척질척 비가 내린다.

6월 15일(목요일)

신호인 사장의 아들이 장가가는 날. 신 사장은 새해 해맞이 여행을 함께 떠나는 멤버다. 아내와 함께 삼성동 공항터미널 예식장에 나갔다. 아내가 2년여 투병기간 중 여러 사람이 모이는 예식장에 나간 것은 오늘이 처음이다. 곱게 차려 입고 약간의 화장까지 하니 옛날 모습 그대로다.

사람들은 오랫동안 병마에 시달린 사람 같지 않다며 놀란다. 혼주보다 우리가 더 축하인사를 많이 받은 듯하다.

기쁨의 한복판에서도 문득문득 PET-CT 촬영결과가 어떻게 나올 것인지 불안하고 초조하다.

6월 16일(금요일)

오전 11시, PET-CT 결과를 전화로 물어보는 시간이다. 떨리는 손으로 전화 버튼을 눌렀다. 간호사가 받아 남궁 박사와 연결한다.

"혈액검사 결과는 모두 정상이다. 그러나 사이버 나이프로 시술한 부분의 영상이 뚜렷해졌다. 좋은 변화인지 나쁜 변화인지는 좀 더 관찰을 해보아야겠다."

대답이 명확하지 않아 찜찜하다. 아내는 사이버 나이프 시술을 탐탁하게 생각하지 않는 터라 기분이 언짢은 모양이다. 긍정적으로 생각하자며 아내의 등을 두드려주며 달랬다. 일체유심조(一切唯心造)라, 세상만사가 마음먹기에 달렸다고 불가에서는 말하고 있지 않는가.

아내는 요즈음 새로운 고민이 생겼다. 올해 안으로 장가를 보내야 하는 막내의 집을 마련하려니 서울은 집값이 너무 비싸고, 분당이나 수지는 출퇴근하기가 힘들 것 같고. 복덕방에 열심히 전화걸어 자금사정에 맞는 집을 찾느라 밤잠도 설치는 것 같다. 아내가 지금 이런 것에 신경 쓸 형편이 아닌데, 내가 그 분야에 바보이니 얼마나 답답할까?

6월 30일(금요일)

아내는 열심히 걷고, 사경(寫經)도 꾸준히 한다. 궂은 날이라서 공원이나 산에 가지 못하면 집안을 쉬지 않고 돈다. 입원 중 병원 복도를 끝없이 돌듯이. 안방, 거실, 복도, 부엌, 안방, 이런 순서로 개미 쳇바퀴 돌 듯 한다. 계속 움직이는 것이 최상의 치유법이라는 것을 아내는 믿고 있다. 사랑하는 아이들과 남편 곁에 더 오래 머물러야겠다는 의지의 표출이자 처절한 싸움이다.

"아주머니는 아무리 수술해도 낫지 않아요"

7월 1일(토요일)

또 기분 좋은 일이 생겼다. 평소처럼 공원을 돌다 아내는 굉장한 클로버를 발견했다. 잎이 다섯 개, 정말 찾기 어려운 것이다. 아내는 너무 기뻐한다. 네잎 클로버만 찾아도 행운이 온다고 흥분하는데, 다섯잎 클로버는 얼마나 큰 행운을 가져다 줄 것인가? 이제까지 다섯잎 클로버를 찾았다는 이야기를 듣지 못했다.

다섯잎 클로버는 더욱 희귀한 돌연변이다. 생물학적으로 어떻게 설명하든지 우리는, 특히 아내는 함부로 그 모습을 드러내지 않는 다섯잎 클로버를 찾아낸 것이 부처님이 우리를 지켜주고 있는 증거라고 굳게 믿는다.

좋은 징조로 시작된 2006년의 하반기다. 아내는 미국에 있는 딸에게 전화를 걸어 이 사실을 알리며 어린아이처럼 흥분하고 기뻐했다.

7월 3일(월요일)

주치의로부터 연락이 왔다. 7일(금요일) 오전에 병원으로 나오라는 전화다. 지난달 27일의 혈액검사 결과가 나쁘게 나왔나? 불길한 예감부터 든다. 아내도 불안해하는 눈치다. 어렵게 찾아온 행복, 또 이렇게 허망하게 끝나면 어쩌나.

주치의는 좀처럼 이런 연락을 하지 않는데 이상하다. 또 불면의 밤이 시작되었다. 아내 역시 잠이 오지 않는지 계속 뒤척인다.

네잎 클로버를 그렇게도 많이 찾고, 다섯잎 클로버까지 찾아냈는데 …. 애써 불길한 예감을 떨쳐 버리려고 하지만 좀처럼 진정이 되지 않는다.

7월 5일(수요일)

북한이 오늘 새벽 대륙간 탄도미사일을 발사했다고 온 세계가 난리다. 인민들을 굶어 죽게 하면서도 핵과 미사일을 개발하는 데 막대한 국부를 쏟아 붓는 이상한 나라가 지구상에 존재한다는 것이 불가사의하다.

하지만 내일 지구가 멸망한다고 해도 그것에 관심을 둘 여지가 없다. 지금 절실한 것은 모레 결과가 어떻게 나올까 하는 것이다. 초조하고 불안한 시간의 연속이다.

대낮부터 술을 마셨다. 술은 모든 것을 잊고 마비시킨다는데, 오히려 마음을 혼란 속에 빠뜨린다. 늦게 휘청거리며 돌아왔다. 아내를 똑바로 쳐다보지 못하고 서재에 들어가 책상 앞에 꼬꾸라져 눈물을 흘렸다. 좋지 않다는 선고를 받은 것도 아닌데, 왜 나는 이렇게 나약해져 청승을 떨고 있나.

이럴 때일수록 강한 모습을 보여줘야 아내가 위안받고 안심할 수 있지 않은가. 정신이 번쩍 들어 아내 곁으로 달려갔다. 잠이 들었는지 잠든 척하는지 아내의 숨소리가 조용하다.

7월 7일(금요일)

아침밥을 먹는 둥 마는 둥하고 서둘러 병원으로 달려갔다. 남궁 박사의 표정이 어둡다. 다리의 힘이 순식간에 빠져 주저앉을 것만 같다.

컴퓨터 모니터에 나타난 영상들을 살피고 전문가의 판독내용을 읽어내려 가던 그는 "아무래도 또 한 번 수술을 해야겠습니다. 그것도 좀 어려운 수술을…" 하고는 말을 채 다 잇지 못한다.

청천벽력이란 이런 때 쓰는 말일까? 기가 차고 억장이 무너진다. 웬만해선 흔들리지 않는 아내도 큰 충격을 받은 듯 얼굴이 창백해졌다. 아내가 눈치챌까봐 눈물이 쏟아지려는 것을 참고 참으며 멍하니 창밖만 내다보았다.

이번에 또 수술을 받게 되면 2년 사이 큰 수술을 네 번씩이나 받는 것 아닌가. 부처님이시여, 너무 가혹하십니다. 아내 대신 내가 그 수술을 받게 해주소서. 아내는 담담하려고 노력하는 표정이 역력하다.

입원과 수술날짜를 잡고 무거운 걸음으로 진료실을 나섰다.

해질 무렵 수지 집으로 돌아왔다. 아내는 평소처럼 부엌에서 음식을 장만해 저녁상을 차렸다. 서로 마주보고 씽긋 멋쩍은 웃음 한 번 웃고 밥을 먹었다. 안방, 거실, 복도, 부엌, 안방을 도는 걷기운동을 오늘도 거르지 않았다.

늦게 자리에 누웠으나 잠이 오지 않는다. 온갖 잡념이 머리에 가득하다. 선한 이 여인에게 왜 이렇게 큰 시련을 계속 안겨주고 있는가?

7월 8일(토요일)

잠 못 이루는 밤은 계속되었으나, 아내는 조금씩 안정을 찾아간다. 웃기도 잘하고, 피아노도 더 힘 있게 친다.

아이들이 모두 와 집안이 시끌시끌하다. 엄마를 기쁘게 해주려고 애쓰는 모습이 뚜렷하다.

178

아내는 비극적인 통고를 받고도 막내아들에게 작은 아파트라도 장만해주어야 한다며 분당과 수지의 복덕방을 수없이 드나든 끝에 드디어 처가에서 가까운 곳의 작은 아파트를 계약했다. 구입비의 절반은 아들이 직장에 다니며 저축한 돈으로, 일부는 융자로, 나머지는 우리가, 집수리 비용은 사돈댁에서 부담하기로 했다.

아내가 오랫동안 고민하던 문제 하나가 해결됐다. 그러나 서울에 있는 직장으로 출퇴근하는 데 어려움이 따를 것 같다며 또 걱정이다. 이 정도의 고생은 젊은 아이들의 긴 인생역정에서 오히려 도움이 될 것이라고 아내를 위로했다.

7월 10일(월요일)

끈질기게 퍼붓던 비가 끝내 일을 저질렀다. 진주 등 남쪽지역에 물난리가 났다.

아내의 모임이 있어 함께 서울로 나왔다. 비는 계속 쏟아진다. 둘째딸 윤정이와 압구정동에 있는 보리밥집에서 점심을 먹고 헤어졌다. 그리고 아내 모임이 끝날 때까지 찻집에 앉아 비 오는 거리를 물끄러미 내려다보며 시간을 보내고 있다.

모두들 우산을 받쳐 들고 열심히 오간다. 즐겁고 행복해 보인다. 아내도 저러했다. 건강하고 해맑은 모습으로 이 거리를 수없이 오갔다. 아내가 거래하는 은행이며 단골집들이 이 거리에 몰려 있다.

7월 11일(화요일)

수술을 앞두고 궁금한 것, 불안한 것들이 많아 남궁 박사 면담을 신청했다. 오후 2시 대학 안에 있는 그의 방으로 오라는 연락을 받았다. 부랴부랴 달려가 단둘이 마주앉았다.

"이번에는 꼭 제 아내를 살려주세요."

이 병원 최고의 수술팀을 구성해 다시는 수술하지 않도록 최고 최선의 수술을 해달라고 애걸했다. 무식한 요구다. 묵묵히 듣고 있던 그는 지금까지도 최선을 다해왔노라며, 최고의 전문가로 최상의 수술을 하겠다고 약속했다. 머리가 바닥에 닿도록 허리를 구부려 몇 번씩 절하고 그의 방을 나왔다. 세상에 태어나 이렇게 머리를 조아려본 것은 처음이다. 이렇게라도 하고 나니 어느 정도 마음이 가벼워진다.

집으로 돌아와 남궁 박사 만난 이야기를 하며 아내와 산에 올랐다. 그 동안의 폭우로 산길은 엉망이다. 그러나 잎들은 더욱 푸르고 공기는 맑아 경쾌하다. 내려오는 길, 텃밭에서 팔뚝만큼 자란 오이를 따며 아내는 어린아이처럼 기뻐한다. 숱한 고비를 넘겨온 아내는 큰 수술을 앞두고도 순진하다.

7월 13일(목요일)

아내와 함께 이곳저곳을 많이 다녔다. 오전엔 집 근처에 있는 봉녕사에 들러 부처님께 기도드리고 백중기도를 접수했다

큰 마트에 가 과일, 생수, 삼계탕용 생닭, 그리고 나를 위한 맥주 등을 구입했다. 평소와는 달리 종류나 양이 많다. 수술하게 되면 오랫동안 병원에 머물러야 한다는 나름의 계산이리라.

은행에 들러 현금 좀 찾고, 주택부금(청약통장)도 들었다. 앞으로 광교지구에 대규모 아파트단지가 들어서면 규모가 작은 아파트를 마련해 볼까 해서다. 아이들이 모두 가정을 이루고 떠나면 지금 집은 내외가 살기엔 너무 크다.

7월 17일(월요일)

제헌절, 아이들은 3일간의 연휴를 보내고 있다. 아내는 아침부터 제사준비로 분주하다. 어머니 제사날인 19일, 수술하는 날로 잡혀 있다. 그래서 아내는 아이들이 모두 모이는 오늘, 제사를 앞당겨 모시기로 작정했다.

평소보다 좀 이른 시간에 시어머니 제사상을 차렸다. 음식의 가짓수는 좀 줄었으나, 정성을 다한 제상이었다.

당신의 며느리를 살려주소서. 수술을 잘 끝내 내년에는 거창한 상을 차리게 해주소서. 마음속으로 빌었다. 아이들도 어느 때보다 엄숙한 자세로 할머니께 잔을 올리고 절을 했다.

7월 18일(화요일)

입원했다. 수술시간은 내일 오후 1시 반으로 잡혔다. 저녁때부터 수술을 위한 준비작업이 진행됐다. 4리터짜리 물통을 간호사가 갖고 왔다. 장 속에 들어 있는 이물질을 씻어내기 위한 세척용이다. 이 물을 내일 새벽까지 모두 마셔야 한다. 엄청난 고역이다. 밤새도록 화장실에 드나드느라 잠은 거의 자지 못한다.

큰아들, 며느리 등 온 가족이 다 병실에 모였다. 4번째 수술이 성공적으로 끝나기를 빌며 근심스런 표정으로 병상을 지키고 있다. 정작 수술 당사자인 아내는 "잠시 잠자다 깨어나면 다 끝나는데, 왜 이렇게 걱정을 많이 하고 있느냐"고 오히려 아이들을 안심시킨다.

아이들은 모두 떠나고 아내 곁에는 나만 남았다. 영원한 동반자는 부부뿐, 이번 수술로 옛날 같은 건강한 모습으로 돌아갈 수 있게 해달라고 기도한다. 그리하여 이 다음 내가 병들어 누울 때 나를 지켜 줄 수 있게 해달라고 이기적인 주문도 하고 있다.

7월 19일(수요일)

　자다가 깜짝 깜짝 놀라 깨기를 되풀이하며 새벽을 맞았다. 운명의 수술 날이 밝았다.

　남궁 박사가 6시 반 이른 시간에 나왔다. 많은 신경을 써주어 고마웠다. 그는 아내 모르게 이런 말도 살짝 해준다. "최악의 경우도 상정해 두라"고. 가슴이 철렁 내려앉는다.

　의사들은 원래 큰 수술을 앞두고 만약의 사태를 예상해 보호자들에게 이런 말을 하곤 한다. 수술에 성공할 경우에는 매우 어려운 수술을 잘 해냈다는 자기과시를 위해, 반대의 경우에는 책임을 면하기 위해 하는 말이다. 그러나 남궁 박사는 다른 의사와는 다르다고 생각하기에 희망이 무너지는 충격을 받았다. 애써 태연한 듯 자세를 가다듬고 아내 앞에 섰다.

　드디어 그 시간이 왔다. 푸른색 수술복으로 갈아입고 오후 1시 10분 침대에 실려 3층 대수술실로 내려갔다. 수술실 문 앞에서 아내의 손을 꼭 잡아주며 수술 잘 받고 나오라는 사랑의 눈길을 보냈다. 육중한 수술실 문이 닫히고 아내는 그 속으로 모습을 감추었다. 이 세상에서 가장 불행하고 처참한 순간이다. 이런 상황을 4번이나 맞고 있으니 불쌍하고 참담하다.

　수술 진행과정을 전화로 알려주겠다며 남궁 박사는 병실에서 대기하라고 했다. 긴장되고 떨린다. 수술실 앞 대기실에 아이들과 함께 앉아 있다가 병실로 올라갔다. 아내가 누웠던 그 병상에 누웠다. 가슴이 찢어진다. 최악의 상황을 포함, 온갖 생각들이 머리를 스쳐간다.

　2시 40분 전화벨이 울린다. 남궁 박사의 목소리다.

　"수술실로 들어오세요."

가운을 입고, 덧신을 신고, 모자를 쓰고, 직원의 안내를 받아 수술대 앞에 섰다. 뜨거운 전류가 흐르고 눈물이 왈칵 쏟아진다. 아내 얼굴은 핏기 하나 없이 창백하고, 수술 부위가 절개돼 열려 있다.

남궁 박사는 피 묻은 조직을 보여주며 이것들을 모두 떼어내고, 이 주변의 다른 장기로 전이가 되었다면 그것들도 모두 제거할 것이라고 설명해 주었다.

처참한 몰골로 대기실로 나왔다. 수술환자 보호자들의 눈이 모두 내게로 쏠렸다. 수술과정을 보호자에게 보여주는 경우는 드물다. 대개 어려운 수술일 때, 또는 특별한 경우에 보여주는 것 같다.

3시 40분, 남궁 박사의 전화가 또 걸려왔다. 암 덩어리를 모두 제거했고, 전이가 의심스런 대장 일부도 잘라냈다고 했다. 일단 수술은 잘 되었고, 이제는 외과팀에 의해 꿰매고 봉합하는 과정만 남았다며 조금만 더 기다리라고 했다.

6시 30분, 모든 수술 절차가 끝나 회복실로 옮겨졌다는 연락을 받았다. 긴 여름해가 기울 무렵 아내는 수많은 줄들을 온몸에 주렁주렁 달고 우리 앞에 나타났다. 얼굴은 파리하고 손은 차디차다. 초주검이 된 상태다. 눈은 못 뜨고, 더구나 말은 단 한마디도 못한다.

아이들은 주르르 엄마 옆에 몰려가 얼굴을 쓰다듬어 보고 손도 만져본다. 살아 있음을 확인하는 순간 모두는 감격의 눈물을 흘렸다.

병실로 돌아왔다. 계기판에 나타난 각종 숫자들, 맥박도 혈압도 시간이 지날수록 조금씩 정상으로 돌아온다. 통증이 심한지 가끔 신음을 한다. 그때마다 혈관에 연결된 진통제 캡슐을 한 번씩 눌러 줬다.

자정이 넘어도 아내는 여전히 눈을 뜨지 못한다. 내 생애 가장 긴 하루는 아내의 쌔근거리는 숨소리와 함께 지나가고 있다. 괴롭고 암담한 밤이다.

어머니, 당신의 제삿날, 이렇게 병실에서 보내고 있습니다. 당신의 착한 며느리, 빨리 낫게 해주소서.

7월 20일(목요일)

아침 일찍 남궁 박사가 병실로 와 수술이 잘 되었다고 거듭 우리를 안심시키려 정성을 쏟아주었다. 그리고 그는 다행히 암 조직이 골반, 등뼈가 아닌 대장 쪽에 있어 떼낼 수 있었다고 했다. 또 아내가 가장 두려워했던 인공항문(장루)을 설치하지 않아도 될 만큼 암 조직이 직장에까지 번지지 않았다고 했다. 약물치료 여부는 좀더 시간을 갖고 생각하자고 설명해 준 후 병실을 떠났다. …

아내는 새벽에 긴 잠에서 깨어나 눈을 뜨고 두리번거린다. 그 간에 일어났던 일들과 수술이 아주 잘 되었다는 남궁 박사의 말을 전해줬다. 낮부터는 기력이 조금씩 돌아오는지 모기소리만 한 목소리로 의사표시를 하고, 눈이 마주치면 잔잔한 미소도 지어 준다.

그러면서 어지럽고, 속이 울렁거리고, 온몸에 통증이 온다고 호소한다. 저녁 땐 두 팩의 피 주사를 맞았다. 수술부위와 연결된 호스를 통해 고인 피가 잘 빠져 나오고, 방광에 꽂혀 있는 줄로 소변도 잘 흘러나오고 있다.

한숨을 돌리게 되니 참을 수 없을 정도로 잠이 몰려온다.

7월 21일(금요일)

눈을 뜨니 새벽 4시 반, 딸은 엄마 병상에 엎드려 졸고 있다. 아내는 새벽에 겨우 잠이 들었다. 딸을 조용히 깨워 집으로 보냈다. 출근해야 하는데 힘들겠다.

184

수술한 지 이틀. 기다렸던 가스(방귀)가 나왔다. 우리는 물론 의료진들도 몹시 기뻐한다. 내장을 수술한 환자에게는 복음이다. 수술 후 서둘러 넣은 내장이 꼬이지 않고 제자리를 찾아가 활동을 제대로 하기 시작했다는 신호이기 때문이다. 이때부터 환자는 물도 마시고, 미음, 밥 순서로 식사를 하게 된다.

장 겉면에는 서로 붙지 않게 끈적끈적한 윤활유 같은 것이 발라져 있다. 그러나 이 윤활유가 공기를 쐬면 접착제로 변한다. 이런 특성 때문에 장을 다시 넣을 때 의료진들은 신경을 많이 쓴다. 그래도 꼬이고 뭉쳐 고생하는 환자들이 너무 많다. 어떤 경우 제거대상인 병소보다 장이 막히는 부작용으로 수술을 되풀이하거나, 최악의 경우 생명을 잃게 되는 경우도 있다고 한다.

방귀가 나오지 않으면 처절한 노력과 투쟁을 해야 한다. 수술한 많은 환자들이 피주머니, 영양제, 치료제, 수혈 팩 등을 주렁주렁 달고 좁은 병실 복도를 수없이 돌고 있다. 장이 제자리를 잡으려면 걷는 운동 외에 다른 방법이 없다고 의사들은 말한다.

아내는 병원에서 가장 많이 걷는 환자로 유명하다. 그러나 아직은 복도를 돌 만큼 좋아지지 않았다.

7월 22일(토요일)

소변줄과 대장과 연결돼 있는 줄을 제거했다. 각종 장기와 연결된 줄들이 하나 둘씩 줄어든다는 것은 그만큼 좋아지고 있다는 증거다. 그러나 어떤 때는 제거했던 줄을 다시 꽂는 경우도 있다.

물을 조금씩 마시라는 주치의의 권고다. 꼬였던 장들이 어느 정도 제자리를 잡아 음식물을 받아들일 수 있는 단계에 이르렀다고 판단했기 때문이다.

몸을 추슬러 복도를 한두 바퀴씩 하루 10바퀴 정도 돈다. 기운이 없어 거의 내게 의지하여 겨우겨우 걷는다. 빨리 회복돼 집으로 돌아가고 싶은 생각으로 혼신의 힘을 다하는 모습이 측은하고 안쓰러워 눈물이 핑 돈다.

물을 마시고 운동을 시작했기 때문인지 배가 너무 아파 어쩔 줄을 몰라 한다. 잘 참는 아내가 이토록 아파하니 나도 아프다.

7월 23일(일요일)

오늘부터 미음이 나왔으나 심한 복통으로 먹지 못한다. 혈압도 150까지 치솟는다. 혈압이 이렇게 높이 올라간 적은 한 번도 없었다. 의사들은 왜 배가 아프고 혈압이 올라가는지 명쾌한 설명을 해주지 않는다. 조금만 더 참아보라며 진통제만 줄 뿐이다.

주말과 휴일엔 대부분의 고참 의사들은 세미나, 학술대회 등에 참가한다며 떠나버리고, 환자가 위급해도 병원엔 거의 나타나지 않는다. 의사라고 사생활이 없을 수 없다. 그러나 의사의 사명감이 옛날 같지 않은 것 같아 씁쓸하다.

아내는 복통으로 거의 잠을 자지 못한다. 이를 지켜보는 우리들은 괴롭고 분노만 들끓는다.

7월 24일(월요일)

먹지 못하는데, 미음은 죽으로 격상됐다. 무슨 기준인지는 모르지만, 나름대로 원칙이 있는 것 같다. 복통은 여전히 심하고 의지가 많이 꺾였는지 비감한 말들도 가끔 내뱉는다.

"이놈의 고통, 죽어야 끝날 모양이다."

좀처럼 하지 않던 말이다. 가슴이 찢어지는 아픔이 몰려온다.

186

아내는 오전 내내 의기소침해 눈물도 보였다. 수술한 지 5일이나 지났는데도 별 차도가 없고, 언제 병원에서 나가게 될지 전망도 캄캄하기 때문일 것이다. 희망을 잃으면 모든 것을 다 잃는다.

"힘내요 당신, 이 고비만 넘기면 빠른 속도로 좋아질 것이에요."

"배를 갈라 장을 잘라내고, 꿰매고, 엄청난 상처들을 내놓았으니 그것들이 자리를 잡고 아물 때까지는 시간이 필요하고 고통도 따르게 되는 것이에요."

이런 말로 아내를 위로했다.

아내는 자리에서 일어나 고통을 참으면서 복도를 느릿느릿 걸어 15바퀴 돌았다. 처절한 싸움이다.

7월 26일(수요일)

1인실이 나와 병실을 옮겼다. 입원한 지 8일, 수술한 지 7일 만이다. 2인실에 있는 동안 옆자리 환자가 3명이나 바뀌었다. 2인실은 정거장 같은 곳이다. 다인실에 자리가 생기면 옮겨가는 환자가 대부분이다. 그러다 보니 늘 분위기가 어수선하다. 우리처럼 큰 수술을 받은 후 안정을 취해야 할 환자는 머물 곳이 못 된다. 보통은 하루 이틀 만에 1인실로 옮겼는데, 이번엔 방이 나지 않아 늦어졌다.

방을 옮기니 기분이 어느 정도 좋아지고 통증도 조금씩 진정되어 가는 것 같다. 그러나 구토 증세는 좀처럼 가시지 않는다. 몇 숟갈 죽을 먹으면 그보다 훨씬 많은 양을 토한다. 먹지 않아도 생존에 필요한 영양분을 공급할 수 있는 주사제가 있어 그나마 다행이다.

7월 29일(토요일)

위가 거의 운동을 하지 않는 것 같다. 며칠 전에 빼냈던 호스를 코를 통해 위 속으로 다시 삽입했다. 위액이며 위 속에 쌓여 있었던 음식 찌꺼기 등이 계속 나온다. 저녁까지 650cc정도 빼냈다.

남궁 박사는 이런 상황이 오래 지속될 수 있다고 전화로 알려주었다. 문외한인 내 눈에도 그렇게 보인다. 아내에게는 말하지 않았다.

하루에도 몇 번씩 복부 엑스레이를 찍지만, 복통의 원인은 오리무중이고 별다른 변화가 없다. 치료를 위해 많은 약들을 투여하고 열심히 운동을 하고 있는데, 왜 호전의 기미를 보이지 않고 있는지 답답하고 초조하다.

7월 31일(월요일)

점입가경이다. 교수 등 외과팀이 수술 후 처음으로 병실로 찾아왔다. 장 두 곳이 막혀 있는 상태라고 했다. 특별히 손 쓸 방도는 없고 운동으로 뚫어야 한단다. 최악의 경우 또 한 번 수술해야 할지도 모른다고 말하고 교수는 젊은 의사들을 이끌고 병실에서 나갔다.

지친 아내는 실망하고 어처구니없어하는 표정이다. 이 병원에서 가장 수술을 잘한다는 그 교수. 남궁 박사 소개로 아내 수술을 앞두고 그의 진료실로 찾아가 상담을 한 적이 있다. 외과의사는 원래 거친 것인지 말을 함부로 한다는 인상을 받았다.

"아주머니는 아무리 수술해도 낫지 않아요."

이런 말을 마구 쏟아냈다. 아내는 이 의사의 말이 총알처럼 심장에 박히는 아픔을 느꼈을지도 모른다. 나도 기분이 몹시 상했고, 한동안 절망에 빠져 있었다.

설령 상황이 그렇다고 해도 의사가 그런 식으로 표현해 환자를 실망시킬 수 있는가. 그때부터 그 의사에 대한 나쁜 인상이 뇌리에 깊이 박혀 있다. 그런 의사에게 아내의 수술을 맡길 마음이 없었지만,

'최고'라는 마력에 끌려 주치의의 뜻을 따랐다. 그 의사가 오늘 수술 후 처음으로 나타나 최악의 경우 또 수술해야 한다는 말을 내뱉고 사라졌다.

어떤 의사가 좋은 의사이고 명의인가. 기술자 같은 명의는 많아도 아픈 육신과 영혼을 어루만져주는 인술을 가진 명의는 좀처럼 찾아보기 어려운 세상이다.

8월 1일(화요일)

입원한 지 14일, 수술한 지 13일이 지났다. 상처가 아물어 수술 부위를 봉합했던 실의 대부분을 뽑았다. 여러 이웃분들이 찾아왔다. 좀 길게 입원할 때마다 이들은 거르지 않고 문병오곤 한다. 좋은 이웃을 가진 것도 행복 중 큰 행복이다.

콧줄을 통해 위에서 음식물 찌꺼기 등이 많이 나온다. 이런 것 때문에 복통이 심한 것인가 보다. 어제 외과팀의 기분 나쁜 소리만 듣지 않았다면 아내는 오늘쯤 기운을 차렸을지 모른다. 그러나 아직도 의지가 크게 떨어져 있다.

하루에 몇 번씩 복도를 돈다. 아내와 보조를 맞추어 나란히 걷는다. 영원한 동행, 부부는 영원히 함께 걸어야 한다. 운동만이 약이라 했으니 곧 효험이 나타날 것이다.

8월 2일(수요일)

수술 후 이틀 만에 나오기 시작했던 방귀가 그 후 무슨 까닭인지 나오지 않는다. 다시 장이 막히지나 않았나 하고 큰 걱정을 하며 날마다 기다려왔던 방귀가 새벽 5시, 드디어 나왔다. 너무 기뻐 이른 시간인데도 아이들에게 전화를 걸어 '엄마 가스 나왔다'고 전했다.

잠이 덜 깬 목소리로 기뻐하는 아이들의 목소리가 들린다.

"엄마 방귀 나왔대."

대부분의 사람들이 혐오하는 방귀, 그러나 그 소리에 감격에 젖는 사람들도 있다. 통증도 조금씩 가시기 시작했고, 콧줄을 통해 나오는 장 속의 찌꺼기들도 그 양이 크게 줄었다.

어깨동무하듯 껴안고 나란히 복도를 돈다. '좋아 보이네요', '부럽네요' 만나는 사람마다 격려를 아끼지 않는다.

8월 3일(목요일)

콧줄을 빼냈다. 나오는 불순물 양도 줄었고, 장 특수촬영을 위해 조영제를 마셔야 하기 때문이다. 두 시간에 걸쳐 조영제가 어떻게 흘러 들어가고 있는가를 관찰하기 위한 정밀촬영 2번 등 모두 7번의 장 촬영을 했다. 번거롭기도 하거니와 못 먹고 지친 환자로서는 힘겨운 과정이다. 결과는 우리가 바라던 대로 좋게 나왔다. 장은 제자리를 찾았고, 기능도 정상을 회복하고 있다고 했다.

위기의 긴 터널을 벗어나고 있다는 희망의 빛이 보인다. 수술부위의 제거하지 않았던 실도 모두 뜯어냈다. 기분 좋은 날이다. 이제 죽이라도 먹기만 한다면 곧 퇴원이 가능할 것 같다.

8월 4일(금요일)

남궁 박사가 회진했다. 내주 초 퇴원이 가능하겠다고 했다. 모처럼 들어보는 희망적인 이야기다. 아내는 신이 났다. 통증도 많이 완화됐다. 장이 정상화됐다면 그것은 오직 아내의 눈물겨운 노력과 의지의 결과다. 외과 전문의가 말했듯이 장을 정상화시키는 것은 의학적 조치가 아니라 걷기 등 운동뿐이다. 아내는 못 먹고 통증으로 거의 탈진상태였는데도 걷고 또 걸었다. 허리를 펼 힘조차 없어 내 허리에 매달리거나 부축을 받으며, 때로는 휠체어를 짚고, 쉬지 않고 복도를 돌았다.

무엇이 아내를 이렇게 열심히 걷게 하는 것일까? 삶에 대한 의지와 희망, 그리고 가족사랑이다. 이들과 좀더 머물고 싶어하는 열망과 의지가 절대적인 원동력이다.

8월 6일(일요일)

아내는 날이 갈수록 운동량을 늘린다. 어제는 40여 바퀴, 오늘은 최고기록인 50여 바퀴, 이렇게 복도를 돌았다. 속도가 조금씩 빨라지고, 도중에 쉬는 빈도도 줄었다. 운동량에 비례하여 가스를 배출하는 횟수 또한 늘어난다. 통증이 가시니 기분도 좋아지고 있다.

복도를 돌면 같은 병을 앓는 많은 환우와 그 보호자들을 만날 수 있고, 서로 대화하며 유익한 정보와 위로를 주고받을 수 있다. 며칠 전에 들어온 사람에서부터 4, 5년 동안 치료받고 있는 사람들도 있다. 용기를 잃지 않고 열심히 살아가는 그들이 존경스럽다.

8월 8일(화요일)

어제부터 물을 조금씩 마시다 중단하고 다시 시도했다가 포기하는 과정을 되풀이한다. 남궁 박사가 회진하면서 조금씩 물을 마셔보라고 해 겨우 입을 적시는 정도의 물을 마셨으나, 복통이 심하다.

관장을 했으나 약간의 잔변이 나왔을 뿐이다.

아내의 운동은 그칠 줄 모른다. 밤 10시 자리에 누울 때까지 병원 복도를 연달아 돌아 기록을 갱신했다. 70바퀴, 대충 따져도 1만 보는 더 될 것 같다. 건강한 사람도 이만큼 걷지 못한다.

8월 11일(금요일)

어제 저녁부터 미음을 조금씩 먹기 시작했다. 오늘 저녁에는 죽이 나왔다. 물부터 미음, 죽까지 5일이 걸렸다. 정말 느린 걸음이지만 그래도 큰 발전이다. 죽은 삼키기가 힘든가 보다. 혼신의 힘을 다해 넘긴다. 꾸준한 걷기운동으로 길고도 꾸불꾸불한 장이 조금씩 트인 것이다. 사람의 몸은 신비롭다. 직장쪽이 조금 막혀도 음식을 토하고 받아들이지 않는다.

입원한 지 24일째, 지루하고 힘든 시간이다. 이렇게 연달아 오랫동안 병원에 머문 것은 이번이 처음이다. 주치의는 내주 초쯤 퇴원할 수 있을 것이라고 예상한다.

8월 14일(월요일)

드디어 퇴원, 27일 만이다. 무더운 날씨에 숨이 막힐 지경이다.

환자나 보호자는 병원에서 나오는 날이 가장 기분 좋고 기쁜 날이다. 그러나 오늘은 그렇지 않다. 먹지 못하니 불안한 퇴원이기에 그렇다.

반포에서 오후 시간을 보내고 뜨거운 태양이 넘어간 후 수지 집으로 돌아왔다. 에어컨을 가동하고 공기청정기를 돌렸다. 최선의 환경을 만들려고 노력했으나 마음 같지 않다.

집에 오자마자 또 운동을 시작했다. 2 마일즈 워크라는 테이프를 틀어놓고 따라 걷는다. 1마일이 1.6㎞이니 2마일이면 3.2㎞를 걷는 셈이다. 아내의 보폭으로는 약 5천 보쯤 될 것 같다.

더위가 절정이다. 열대야 현상이 이어지고 있으나 집에 오니 편안한지 아내는 쉽게 잠든다.

8월 17일(목요일)

제한적이긴 해도 밥을 먹기 시작했다. 가끔 복통을 호소한다. 수술한 지 거의 한 달이 지났는데도 후유증이 완전히 가시지 않는다.

아내는 음식 만들기에 열중이다. 시래기를 삶아 무치고, 오징어를 데쳐 초고추장과 함께 내놓았다. 모두 나를 위한 반찬이다. 병원에 있을 때 사먹는 음식에 질렸을 것이라고 신경을 몹시 쓴다. 아내가 만들어준 음식이 역시 최고다.

한줄기 소나기가 퍼붓고 갔으나 여전히 후텁지근하다. 저녁을 먹은 후 공원에 나갔다. 거의 한 달 만이다. 천천히 걷는다. 덥고 힘들어도 기분은 상쾌하다.

8월 19일(토요일)

수술한 지 꼭 한 달, 퇴원한 지 5일째다. 처음으로 약간의 변을 보았다. 조금만 먹어도 배가 아프고 구토하는 것은 근원적으로 배설의 문제인 듯하다.

하루 1만 보 걷기를 목표로 설정해두고, 걷기운동에 모든 에너지를 쏟아 붓는다. 아침에 일어나면 집안을 돈다. 다음으로 아파트단지 안을 걷고, 저녁때 서늘해지면 공원을 돈다.

태풍의 영향인지 바람이 제법 시원하다.

8월 22일(화요일)

퇴원 후 처음으로 병원에 갔다. 주치의를 만났다. 모든 기능이 정상화되어 간다며 그렇게 큰 수술을 하고도 이 정도 수준을 유지한다는 것은 아주 좋은 사례라며 기뻐한다.

화장실을 수없이 드나들고 제대로 먹지 못하는 아내, 그래도 의사의 위로에 용기를 얻은 것 같다.

오늘은 4천 보 정도밖에 걷지 못했다. 아내는 1만 보를 채우지 못했다고 안달이다. 목표를 채우려고 너무 집착하면 오히려 건강에 안 좋을 수도 있다며 여유로운 마음가짐으로 살자고 했다.

8월 24일(목요일)

윤희네가 귀국했다. 저녁 9시경 윤희, 사위, 큰손자, 둘째손자 등 네 식구가 모습을 드러냈다. 지난 2월에 태어난 둘째 손자는 처음 본다. 집에 오자마자 딸은 엄마를 끌어안고 울먹인다. 아내는 "이렇게 건강한데 왜 우느냐"고 딸을 달랜다.

윤희네 식구는 두 시간가량 머물며 저녁식사를 한 뒤 그들의 본가가 있는 압구정동으로 갔다. 아내는 그들이 떠난 후에도 내내 딸을 돕지 못한 것을 안타까워한다.

윤희가 첫 아이를 낳았던 2002년 그해 여름은 무척 더웠다. 필라델피아의 인디언 썸머는 살인적이었다. 그래도 날마다 건강한 웃음을 웃을 수 있어 행복했다.

8월 29일(화요일)

퇴원한 지 15일, 수술한 지 40여 일이 지났지만 먹는 것은 제한적이고 복통은 멎지 않는다. 그러나 주치의는 좋아지고 있다고 한다. 그런데 왜 계속 아픈지 알 수 없어 미칠 노릇이다.

아내와 같은 병을 앓고 있는 이웃동네 아는 사람의 소개로 분당에 있는 대장전문병원으로 찾아갔다. 대장 전문의, ○○의대 교수, 의학박사 등 이름 앞에 많은 타이틀이 붙은 의사 앞에 앉았다. 그는 여러 가지를 묻더니 "특별한 치료법은 없다. 운동으로 적응해 나가야 한다"는 말만 되풀이했다.

대한민국 최고의 대학병원, 그 병원에서도 최고의 권위자인 우리 주치의가 명쾌한 결론을 내리지 못하고 있는 아내의 치유법을 일개 개인병원 의사에게서 기대한다는 것 자체가 무리인지 모른다. 그러나 물에 빠진 사람에겐 지푸라기라도 소중하지 않은가. 3일분의 약을 처방받고 돌아왔다.

운동만이 아내의 고통을 덜어줄 유일한 희망의 등불인가 보다. 운동효과는 진통제처럼 금방 나타나지는 않을지라도 언젠가는 서서히 그 진가를 드러낼 것이다.

9월 1일(금요일)

더위가 한풀 꺾였다. 느리긴 하지만 아내가 조금씩 좋아지고 있다. 오늘 막내아들 아파트 잔금을 모두 치렀다. 결혼준비 중 가장 비중이 큰 집을 장만했으니 무거운 짐을 내려놓은 느낌이다. 누구보다 아내가 제일 좋아한다. 아내는 아들에게 집을 마련해 주려고 병상에 누워 있으면서도 노심초사했다. 오전에 복덕방에 나가 소유권 이전절차 등 모든 것을 끝냈다.

"살아와 이 일을 마무리하게 되다니 꿈만 같네요. 이제 저승으로 떠난다 해도 그 발걸음이 조금은 가벼워질 것 같은 느낌이 드네요."

아내는 눈물을 주르르 흘린다. 너무 슬프고 충격적이다. 절망적인 상황에서도 언제나 긍정적이고 희망적이었던 아내. 이번 수술 후 오랫동안 차도가 나타나지 않아 마음에 담겨 있던 생각을 무의식 중에 말해버린 것일까? 아내도 자기가 한 말에 놀란 듯 우리를 달래려 신경을 쓴다.

집에 돌아오자마자 아내는 산에 오르자며 손을 끌어당긴다.

9월 5일(화요일)

　오전에 병원에 나가 피를 뽑고, 엑스레이를 찍었다. 1시간 후 주치의와 상담했다. 암 수치, 백혈구 혈소판 모두 정상이고, 엑스레이 촬영결과도 아무런 이상이 없다고 했다. 아내는 기분이 매우 좋아졌다.

　교보생명에서 보험금을 받았다. 아는 분의 권유에 못 이겨 아내가 마지못해 들었던 암 보험의 혜택을 받게 될 줄은 꿈에도 몰랐다. 매달 내는 보험금 액수가 적어 보상액수가 적었지만, 부은 것에 비하면 큰돈이다. 더구나 보험기간이 금년 말로 끝나는데 보험금을 타게 되다니.

　주변사람의 부탁을 거절 못하는 아내가 크고 작은 보험 여러 개를 들었다. 그러나 IMF사태 때 대부분 해약했다. 그중 가장 적은 보험금이 들어가고 계약기간이 끝나면 원금을 찾을 수 있는 이 보험을 남겨놓았다는데, 그 혜택을 받게 됐다. 선한 사람에게는 언젠가 은총이 내린다. 아내에게 그 은총이 반드시 내릴 것이다.

9월 11일(월요일)

　윤회네와 함께 울산바위가 병풍처럼 둘러쳐져 있는 설악산 기슭 한화콘도에 갔다. 기적 같은 일이다. 수술 후 계속 먹지 못하고, 복통과 순조롭지 못한 배변으로 고생 속에 살아온 아내가 이 먼 길을 달려오다니. 모두 가족을 아끼고 사랑하는 모정의 힘이다. 오랜 만에 만난 딸과 손자, 사위, 그들이 아내에겐 엔도르핀의 원천이 되었을 것이다.

　가는 길, 백담사 입구에 있는 황태집에서 황태구이와 황태국을 시켰다. 아내도 비교적 잘 먹었다. 이 집은 우리 산행친구들이 설악산에 올 때마다 들렀고, 그 후 부부동반의 동해안 새해 해맞이 여행

때 꼭 들르곤 했던 단골집이다. 조금이라도 더 잘해주려는 주인의 정성이 느껴진다.

아내는 환자란 사실을 잊은 듯 손자들의 재롱에 푹 빠져 꼬불꼬불 경사진 미시령을 넘었다. 콘도에서 좀 쉬었다가 밖으로 나갔다. 눈앞에 도열해 있는 설악의 영봉, 그리고 눈을 돌리면 보이는 동해의 푸른 바다, 언제 보아도 우리를 흥겹게 한다.

저녁엔 장사란 작은 포구로 갔다. 바닷바람은 시원하고 그 내음은 바다의 향수를 자극한다.

둥근 달이 높이 솟았다. 거대한 설악의 등걸이 시커먼 공룡처럼 누워 있고, 바다엔 은빛 파도가 반짝인다. 참 좋다. 이런 곳에서 아내와 더불어 영원히 살고 싶다.

9월 12일(화요일)

여행 이틀째, 찬란한 아침 해가 동해 끝자락에서 솟아올랐다. 눈이 부시고 장엄하다. 지치지도 않는 듯 손자들은 새벽부터 이 방 저 방 휘젓고 다니며 달콤한 잠을 깨운다.

오늘은 지난주 의뢰한 핵의학과의 피검사 결과를 전화로 확인하는 날이다. 떨리는 손으로 핸드폰 버튼을 눌렀다. 그쪽에서 들려오는 목소리. "암 지수 정상, 백혈구, 혈소판 정상."

아내의 얼굴이 환해졌다. 딸과 사위가 손뼉을 치며 기뻐했다. 손자들은 무엇인지도 모르고 뛰고 고함을 질렀다. 여행은 더욱 즐겁게 되었다.

늦은 아침을 먹고 동해의 북단 화진포로 달려갔다. 이승만, 이기붕, 김일성 별장이 있는 동해안 최고의 경승지다. 아이들은 파란 물이 맞닿은 모래밭에서 뒹굴고 뛰논다. 때로는 바닷물 속으로 뛰어

들어 놀라게 하기도 한다.

강원도의 7번국도 바닷가는 경탄과 감동, 그리고 환상적인 풍경의 연속이다. 관동팔경의 대부분이 이곳 바닷가 작은 언덕에 있다. 단아한 정자가 있고, 청정한 소나무 숲이 있고, 아름드리 고목들이 울창하다. 그 중 한 곳인 청간정, 그 위에 서면 동해의 큰 파도가 넘실대고, 눈을 서쪽으로 돌리면 백두대간의 중추인 태백의 준령이 높이 솟아 힘차게 뻗어 있다. 그 앞 학이 날개를 펴고 사뿐히 앉은 듯한 작은 산이 있는 곳이 학야리다.

그 산 뒤에는 육군 22사단 사령부가 있다. 막내아들이 1990년대 후반 그곳에서 군대생활을 했다. 아내와 몇 번 면회도 가고 휴가나온 아들과 헤어지는 것이 못내 아쉬워 아내는 먼 이곳까지 직접 차를 몰아 태워오기도 했다. 오랜 시간이 흐른 후 청간정에 다시 오르니 이곳에 얽힌 추억이 끝없이 떠오른다.

아이들은 어떤 놀이보다 물놀이가 최고다. 이곳 콘도의 워터피아는 아이들이 가장 좋아하는 곳이다. 저녁을 먹고 아내와 딸은 방에서 쉬게 하고, 사위와 나는 두 아이들 데리고 워터피아에 갔다. 걸음도 못 걷는 둘째 놈까지 물놀이에 열광한다.

9월 13일(수요일)

아침 일찍 호숫가로 난 산책길을 온 가족이 함께 걸었다. 손자들은 오리 모양의 보트를 타고 무서워하면서도 즐거워했다.

콘도에서 나와 설악산으로 갔다. 윤희네 가족들은 케이블카를 타고 권금성 정상으로 올라갔다. 아내와 나는 이제 조금씩 느껴지기 시작하는 가을 공기를 마시며 숲길을 걷고, 벤치에 앉아 옛 추억을 떠올렸다. 대학에 다닐 때부터 설악산엔 수없이 올랐다. 아내, 그

198

리고 가족들과도 가끔 찾았다.

1970년대 말 아내가 운전면허를 따고 처음으로 원거리 운전을 하며 찾아온 곳도 설악산이다. 그때는 고속도로는 물론 없었다. 꼬불꼬불하고 좁은 국도, 특히 대관령 고갯길은 아슬아슬했다. 그런 길을 왕초보 운전자 아내는 대담하게 잘 달렸다. 지금 생각하면 오금이 저릴 일이다.

낙산사, 홍련암, 의상대 등 우리가 자주 찾곤 했던 곳들에도 들렀다. 유서 깊은 동해의 명찰 낙산사는 지난해 4월 동해안을 휩쓸고 간 큰불로 잿더미가 됐다. 울창했던 소나무 숲들도 사라졌다. 절 마당에서 동해바다를 내려다보는 해수관음보살상은 시커멓게 그을린 모습이다. 홍련암은 바다 가까운 계곡에 자리 잡고 있어 불길이 피해갔다.

폐허가 된 천년 고찰, 그곳을 찾은 나그네의 심정은 처참하다. 복원의 삽질이 시작됐지만, 옛날 모습을 찾기까지는 긴 세월이 필요할 것 같다.

9월 19일(화요일)

윤희네 가족이 미국으로 돌아간 날. 지난달 24일에 귀국해 거의 한 달간 머물렀으나, 순간처럼 느껴진다. 아침 일찍 윤희네 시가에 들러 윤희네를 태우고 인천공항으로 갔다. 출국수속을 끝내고 식당가에 들렀다. 간단한 음식을 시켜놓고 모녀는 못 다한 말이 왜 그렇게 많은지 이야기가 끝이 없다.

1995년 윤희가 미국으로 유학을 떠난 후 11년의 긴 세월이 흘렀다. 박사를 따고 박사 후 과정, 그리고 연구원 생활을 하는 동안 수많은 만남과 헤어짐이 이어졌다. 그때마다 모녀는 만남과 이별의 눈물을 뿌려야만 했다. 오늘은 유난히 눈물이 많다. 아픈 엄마를 두고 가는 딸은 평소보다 더 애절하고 슬프다. 딸을 보내는 엄마 역시 그 동안 병과 싸우느라 제대로 보살펴주지 못한 회한이 솟구쳐 올라 눈물이 더 진해졌다.

출국장으로 사라진 딸과 사위, 손자들을 조금이라도 더 보겠다고 아내는 구부린 자세로 문틈에서 눈을 떼지 못한다. 아이들이 끝내 보이지 않자 눈물이 그렁그렁한 눈으로 나를 바라본다. 그리고 멋쩍은 듯 웃으며 눈물을 훔친다.

9월 23일(토요일)

벌초를 하기 위해 진주로 떠났다. 큰아들과 조카, 그리고 아내와 나, 아침 일찍 집을 나섰다. 모처럼 아들과 조카가 번갈아 운전하는 차를 타니 믿음직하고 편안하다.

아내와 나는 뒷자리에 나란히 앉았다. 아내가 힘들지 않도록 살며시 안아 내 가슴에 기대게 하거나, 때로는 무릎 위에 눕게 했다. 손을 잡아주기도 하고, 뺨을 어루만져주기도 했다. 수십 년 동안 같은 차를 타고 다니면서도 이런 기회는 좀처럼 없었다. 늘 두 사람 중 한 사람은 운전해야 했기 때문이다.

아내의 작은 소망 중 하나는 아들이나 딸이 운전하는 차를 타고 전국을 여행하는 것이었다. 아이들이 좀 시간적 여유가 있을 때에는 우리가 그렇지 못했고, 우리가 한가해지자 아이들이 너무 바빠졌다. 그래서 아내의 소망은 아직까지 이루어지지 않았다. 그러나 오늘은 비록 고향으로 가는 짧은 여정이지만, 그 작은 부분이 이루어진 셈이다.

9월 24일(일요일)

서울, 부산 등 외지에 나가 있는 사람들도 거의 다 왔다. 30여 명이나 되었다. 몇 개 조로 나누어 예초기를 짊어지거나 낫을 들고 제각기 조상님 묘소를 찾아 벌초를 시작했다. 여름내 자란 잡초가 묘역을 뒤덮었다. 이런 날이 없다면, 묘소는 수년 내로 찾지 못할 정도로 잡초와 잡목으로 꽉 차게 될 것 같다.

부지런히 벌초를 끝낸 우리들은 삼천포로 갔다. 예약해둔 식당에서 늦은 회식을 했다. 젊은 사람들은 자주 만나지 못해 서먹서먹하다. 이런 기회가 자주 있어야 하는데, 오늘 우리 사회는 전통을 이어갈 길이 점점 좁아지고 있다. 생선회 몇 점 먹고 소주 몇 잔 마시고 우리는 서울로 출발했다. 벌초를 끝낸 사람들이 한꺼번에 몰려든 탓인지 고속도로가 꽉 막혔다. 밤늦게야 집에 도착했다.

9월 30일(토요일)

아내는 깊은 잠을 자지 못한다. 걱정도 많고 시름도 많은 아내, 그런 것 모두 내던질 수 있게 할 방법은 없을까.

둘째 며느리가 될 은희를 데리고 아내와 나는 잠실 금은방으로 갔다. 아내는 정해놓은 범위 내에서 마음에 드는 패물을 고르게 했다. 어려워서 그런지 제대로 고르지 못한다. 아내는 큰딸부터 결혼식 때 마련할 패물 수준 등의 원칙을 정해놓았다. 가급적이면 그 범위 안에서 원하는 대로 해주었다. 너무 값싼 것을 고르면 그것은 안 된다며 격을 올리는 식으로 모든 아들, 딸, 며느리, 사위에게 대등한 값어치의 패물을 장만해주려고 노력했다. 고심 끝에 패물을 모두 골랐다. 시간이 많이 흘렀다.

수리를 맡겼던 안경을 찾고, 내 난시안경과 돋보기안경을 샀다.

작은아들 결혼식, 아내의 건강함이 찬란히 빛났다

10월 2일(월요일)

아내가 평생 처음으로 막걸리를 담갔다. 쌀 두 되가량을 고두밥 (매우 된밥)으로 만들어 누룩 한 개를 빻아 섞어서 독에 담갔다. 그리고 부엌방에 신주단지 모시듯 담요로 싸놓았다. 맛있는 추석 제주를 꿈꾸며. 지난번 진주갔을 때 올케한테서 대충 양조법을 배웠다. 그때 가져온 누룩으로 실험정신을 발휘한 것이다.

나는 시중에서 파는 막걸리와는 비교가 되지 않을 만큼 고품격의 술이 될 것으로 믿고 익을 날을 기다리기로 했다. 술꾼의 아내는 마침내 술을 담그는 여인이 됐다.

아내는 예단으로 받은 핸드백을 좀 값이 싼 것으로 바꾸었다.

10월 3일(화요일)

요즘엔 날마다 서울 나들이다. 막내아들의 결혼식 날이 다가오니 해야 할 자잘한 일들이 많다. 압구정동 닥스 매장에 갔다. 예단으로 받은 정장 한 벌을 사고, 아내는 내게 멋진 겨울용 콤비를 특별히 선물했다. 생일은 지났지만, 생일선물이라며. 캐시미어 양털에 색상도 따뜻한 밤색 계통이다. 큰며느리가 LG패션에 다니기 때문에 거기서 나오는 닥스 제품은 할인혜택을 많이 받는다.

술단지가 있는 방으로 달려가 뚜껑을 열고 얼마나 익었는지 살펴본다. 가스가 나오기 시작하는지 거품들이 솟아 있다. 아내는 내 행동이 재미있는지 빙긋이 웃는다.

10월 4일(수요일)

사백회에 참석했다. 같은 시절 중앙일간지 방송사, 통신사 등에서 서로 경쟁했던 사회부장 출신 백수들의 모임이다. 한 달에 한 번씩 압구정동 안동국시에서 만난다. 이제 백수가 되었지만, 지난날의 근성과 기개는 여전하다. 특히 술을 마시는 습성은 전과 다름이 없다. 모두가 말술이다. 그러나 엄한 선배 밑에서 술을 배웠기 때문에 절대로 자세를 흐트러뜨리지 않는다.

늦게 집에 들어왔다. 아내는 나를 기다리고 있다. 역사적인 술 거르기를 하기 위해서다. 3일 전에 담근 술이 익었다. 냄새가 코를 찌른다. 아내는 술을 체에 담고 약간의 물을 섞어 걸렀다. 걸쭉한 막걸리를 한 사발 쭉 들이켰다. 옛날에 마셨던 농촌의 술, 그 맛이다. 아내가 처음 시도한 술 담그기는 성공적이다. 내가 너무 좋아하니 아내는 흐뭇한 표정이다.

그 지긋지긋한 술, 질리지도 않나? 손수 빚어주기까지 하다니. 술을 사랑하는 사람과 살다 보니 아내도 어느새 마시지도 못하는 술까지 사랑하게 됐나 보다.

10월 5일(목요일)

추석 연휴가 시작됐다. 아내는 더 바빠졌다. 무리할 정도로 분주하다. 나물을 무치고, 전을 부치고, 생선을 손질해 굽고, 송편을 빚고, 과일을 씻고, 제기를 닦고, 할 일이 끝이 없다. 식구들을 챙겨 먹이고, 잠자리를 마련해주는 일까지 아내 몫이다. 환자란 사실까지 잊은 듯 일에 파묻혀 있다.

올해의 추석연휴는 일요일까지 이어져 길다. 많은 사람들이 조상을 섬기는 추석 차례는 접어둔 채 외국 여행길에 오르거나 관광지 등으로 떠나고 있다.

아내는 늦은 밤까지 무슨 일이 그리 많은지 조용히 움직이고 있다. 지성이면 감천이라 했던가. 나는 그것을 믿고 싶다.

10월 6일(금요일)

추석날이다. 해마다 맞는 추석이지만, 올해 추석은 많이 다르다. 아내가 투병 기간 중 3번째 맞는 추석이요 네 번째 큰 수술을 받은 뒤 78일째에 맞는 추석이다. 절망과 희망, 불안과 안정의 윤회 속에서 맞는 추석이다. 그래서 조금은 눈물겹고, 조금은 희망찬 명절이다. 몸을 돌보지 않는 아내의 정성에 눈물이 나고, 아내가 나날이 좋아져 웃음이 난다.

올해는 아내가 빚은 술, 우리조상님들이 생전에 드셨던 그 막걸리가 상에 올랐다. 그것도 큰 사발에 철철 넘치게 부어.

저녁 땐 아내와 함께 수리가 끝난 작은아들 아파트를 돌아보았다. 깔끔하고 아늑한 보금자리, 아내는 만족스러워한다.

10월 8일(일요일)

큰딸로부터 기쁜 소식이 왔다. 사위가 내년 새 학년부터 싱가포르 난양(南洋) 공대(NTU) 교수로 가게 됐다는 소식이다. 연봉이 매우 높고 교수 아파트도 제공하는 등 조건이 좋단다. 아내는 기쁨을 감추지 못한다. 무엇보다 우리와 가까운 곳으로 딸네들이 온다는 것이 기뻤다. 마음만 먹으면 언제든지 고향 나들이하듯 가고 올 수 있으니까.

모처럼 산에 오르고 텃밭에 나갔다. 가을이 느껴진다. 텃밭의 무와 배추는 며칠 사이 크게 자랐다.

10월 10일(화요일)

주치의를 만나는 날. 문진만 했다. 주치의의 소견은 모두가 좋다는 것이다. CT 촬영 예약을 해놓고 병원을 나섰다.

아내는 작은아들 예식장으로 잡아놓은 호텔에 가보자고 한다. 그날 하객들에게 제공할 음식 등을 미리 점검해야 안심이 된다며.

예식담당 직원을 만나 설명을 듣고 음식물 내용 등도 확인했다. 그제야 완벽주의자 아내의 직성이 풀렸다.

10월 16일(월요일)

작은아들 결혼일이 다가온다. 아내는 매우 바쁘다. 잠실의 금은방에서 반지 등 결혼 패물을 찾고, 압구정동 한복 맞춤집에서 결혼식 날 입을 아내의 한복도 찾았다. 옥색 치마에 자주색 옷고름이 달린 흰색 저고리, 멋있고 우아하다.

밝고 발랄해진 아내의 모습이 아름답다. 아들의 결혼식을 앞두고 새로운 에너지가 치솟는 듯 활기가 넘친다. 빠졌던 머리카락도 많이 자랐다. 가발을 쓰지 않아도 될 만큼 자연스럽다. 머리카락이 다시 빠지는 일이 없기를 간절히 기도한다.

10월 18일(수요일)

아내가 동네 미장원에 갔다. 미장원에 간다는 것 자체가 대단한 일, 감격적인 사건이다. 여자들의 일상적인 일이 우리에게는 아주 특별한 일, 눈물겨운 일이 된 것이다. 수북하게 자란 머리를 손질하고, 그 동안 제대로 화장하지 않아 까칠해진 얼굴에 마사지라도 하려고 몇 년 만에 미장원에 간 것이다. 두 시간 후에 돌아온 아내는 딴사람으로 변했다. 여자는 화장하고 가꾸면 경이로운 결과를 가져오는 것임을 새삼 깨달았다.

아내를 또 집에 혼자 두고 저녁때 집을 나왔다. 옛 직장의 선배를 만나 소주를 마셨다. 유명한 소프라노 가수인 그의 딸이 아들 결혼식 때 축가를 불러주겠노라고 생각지도 못했던 제의를 해왔다. 한창 잘 나가는 성악가인 그분의 딸이 노래를 불러주면 아들의 결혼식은 더욱 빛날 것이라고 답했다.

10월 21일(토요일)

작은아들 함을 보냈다. 아내는 준비한 패물이며 혼수 등을 정성껏 함에 담아, 그러나 조용히 보냈다. 병원을 수없이 드나들고, 아파 시달려온 아내, 언제 이 혼수들을 장만해 놓았을까?

늦은 가을비가 촉촉이 내린다. 목말랐던 김장용 작물들의 갈증을 덜어주게 되었다. 팔뚝만 한 무 몇 개를 솎아왔다.

아내는 종일 일에 파묻혀 있다. 일을 할 수 있다는 것, 행복하다는 또 하나의 잣대다.

10월 24일(화요일)

아내가 병원에 가는 날. 떨리고 긴장되는 날이다. 혈액을 채취하고, 검사결과가 나오기까지 1시간 남짓, 피를 말리는 시간이다. 선고를 앞두고 재판관 앞에 선 죄수처럼 떨리는 마음으로 주치의 앞에 앉았다.

"CA125(암지수) 기준 이하, 백혈구 혈소판 수치 정상."

천상의 복음인들 이렇게 기쁘게 들릴 수 있을까. 쭈그리고 들어 갔다가 가슴을 펴고 나왔다. 불안에 움츠리지 않고 작은아들 결혼식을 잘 치르게 됐다고 아내는 무엇보다 기뻐한다.

CA125(cancer antigen 125) : 고분자 당단백 성분으로 난소암 및 자궁내막암 등의 부인과계 암에서 증가한다. 그 외에도 췌장암, 폐암, 유방암 등에서도 증가할 수 있다. 선별 검사로는 가치가 떨어지나, 자궁내막암의 예후 결정 및 난소암의 크기, 병기 및 생존율과 연관이 있다.

반포 집에 머물며 장가가면 새집에서 살게 될 아들의 책, 옷가지 등을 정리해 상자에 담고 포장했다. 작은 트럭으로 1대는 될 것 같다. 오나가나 아내의 일거리는 끝없이 쌓여 있다. 그래도 아내는 기쁨과 행복에 젖어 있다.

10월 29일(일요일)

작은아들 결혼식 날. 날씨는 따뜻하고 청명했다. 아내는 아침부터 들떠 있었다. 청담동 미용실에 가서 며느리 딸들과 함께 화장하고, 곱게 단장했다. 한복을 차려 입은 아내가 우아하고 아름답다. 하객들이 모두 놀란다. 그들이 상상했던 아내와는 완전히 다른 모습으로 그들 앞에 섰기 때문이다.

누가 3년의 병고에 시달려온 사람으로 보겠는가. 모두가 감탄하며 결혼보다 아내의 건강함을 더 축하했다.

장충동에 있는 타워호텔 예식장, 주례는 내 고향친구이기도 한 강덕기 전 서울시장이었다. 부산, 진주, 광주 등 지방에서 와주신 분들을 비롯해 하객들이 정말 많았다. 아내의 안부를 궁금하게 생각하고 있었던 분들이 많이 와주었기 때문이다. 아내의 소망이던 아이들 결혼시키는 것이 또 하나 이루어졌다. 건강을 찾아가는 과정에서 이룬 소망이라 더 값지고 소중하다.

하나 둘 짝을 맞아 떠나고 큰 둥지는 비어 간다. 우리는 어느새 빈 둥지 증후군을 앓기 시작했는지 모른다. 그러나 행복한 결혼식, 축복받은 결혼식이었다. 아내의 건강함이 찬란히 빛났으니 더욱 그렇다.

10월 30일(월요일)

결혼식 뒤치다꺼리로 종일 아내는 잠시도 앉지 못한다. 아들은 파리로 신혼여행을 떠났다. 참 좋은 시절이다. 우리 때는 부산이나 제주도 정도 가면 최고였는데, 이제는 동남아는 기본이고, 멀리 미국, 유럽, 심지어 아프리카에도 간다.

사돈댁에서 보따리 보따리로 이바지 음식을 보내왔다. 이웃에 골고루 나누어주었다. 아내의 건강이 좋아보였다는 전화가 쉴 새 없이 걸려왔다. 무엇보다 듣기 좋은 이야기다.

11월 1일(수요일)

아침 일찍 병원에 갔다. CT 촬영을 위해서다. 또 긴장과 초조 속에서 기다림이 시작됐다.

아들의 짐들이 빠져나가고 나니 반포 집이 산만하고 어수선하다. 병원에서 오자마자 집안 정리에 몰두한다. 쓸고, 닦고, 책상과 책장을 옮기고, 힘에 부치는 일까지 한다. 좁은 집안이 많이 넓어졌다. 단순하게 사는 것이 최대의 미덕이라고 하지만, 한 사람이 살아도 기본적인 것을 갖추다 보면 집안은 언제나 잡다한 물건으로 넘친다. 큰 그림 액자, 큰 상 등은 이 집에 없어도 될 물건들이다.

아내는 쉽게 잠들지 못한다. 과로는 오히려 숙면을 방해한다.

11월 4일(토요일)

작은아들이 신혼여행을 마치고 돌아왔다. 긴 여정에도 피로한 기색 없이 밝고 활기차다. 본격적인 인생의 새로운 출발이다. 큰며느리는 프랑스, 이태리로 출장을 떠났다. 바야흐로 세계화시대. 젊은이들은 외국출장이 국내여행보다 더 잦다.

가족과 함께 작은아들의 신혼집을 둘러보았다. 장롱과 가구가 들어오고, 갖출 것을 갖추고 나니 아기자기하고 깔끔하다. 신혼의 단꿈을 꾸기엔 부족함이 없을 듯하다. 무엇보다 아내가 흐뭇해하니 모두가 기분이 좋다.

11월 8일(수요일)

어제부터 절이기 시작한 텃밭의 배추로 김치를 담았다. 아내는 또 삶은 콩을 발효시켜 낫토를 만들고, 우유로 요구르트도 만들었다. 아내는 병을 앓으면서도 가족들의 먹거리에 많은 신경을 쓴다. 식품가게에서 파는 음식물, 특히 가공식품은 거의 사지 않는다. 손이 많이 가고 힘들어도 직접 만들어 식탁에 올린다.

일본사람들이 즐겨 먹는 낫토가 잘 만들어졌다. 진 같은 것이 끝없이 나오고, 일식집에서 나오는 것보다 맛도 좋다. 수학을 잘해 이공계 대학에 가려했다는 아내는 실험정신 또한 뛰어나다. 색다른 음식, 발효식품 등에 대한 호기심도 대단하다. 작은 힌트만 있으면 척척 잘 만들어낸다.

11월 10일(금요일)

촬영한 CT 결과가 나오는 날. 일찍 병원에 나가 예약시간을 긴 복도를 오가며 기다렸다. 드디어 11시 50분, 우리는 남궁 박사 진료실에 들어섰다. 컴퓨터 영상을 돌려가며 판독하던 남궁 박사의 입가에 미소가 어린다. 좋은 결과가 나왔나 보다. 그러나 그가 다시 엄숙해진다. 가슴이 콩닥콩닥 뛴다. 아내도 긴장한 기색이 역력하다. 그의 무거운 입이 열린다.

"모든 것이 좋습니다. 3개월 후에 다시 오십시오."

환호의 숨이 푸 하고 터져 나온다. 희망의 파도가 밀려오는 순간이다. 3개월 후에 오라는 것은 엄청난 성과다. 일반적으로 항암치료를 받을 때는 날마다, 3일에 1번, 1주일에 1번 이런 꼴로 진료 빈도를 넓혀간다. 3개월은 눈물겹도록 놀라운 변화다. 3개월, 6개월, 1년, 3년, 그리고 5년, 이런 식으로 그 간격이 길어지면 치료 목표가 이루어지는 것이다. 드디어 우리도 그 대열에 끼인 것 아닌가.

좀처럼 흥분이 가라앉지 않는다. 희망과 환희의 뜨거운 피가 우리의 핏줄을 타고 흐르고 있음을 느꼈다. 그 결과를 아이들 모두에게 알렸다.

11월 16일(목요일)

연말이 가까워지고 있기 때문인지 모임들이 많아졌다. 날마다 모임에 참석하느라고 아내 혼자 휑한 집에 머물게 하고 있다. 검사결과가 긍정적으로 나왔다고 이렇게 돌아다녀도 되는 것인가? 문득문득 미안한 생각이 스쳐간다.

이번 주 들어 하루도 빠지지 않고 서울에 나와 점심때부터 저녁까지 밥 먹고 술 마시며 아내와 함께 보내야 할 소중한 시간을 갉아먹고 있다.

오늘은 큰마음을 먹고 점심식사 후 집으로 돌아왔다. 아내는 그사이 텃밭에서 뽑아다 놓은 배추를 절여 놓았다. 그리고 그 많은 무청을 삶고 있었다. 뜨겁고 무거운 무청을 어떻게 날라다 널려고 큰 일을 벌여 놓았는지 놀랍다. 노끈 몇 가닥을 발코니에 길게 치고 거기에 무청을 주렁주렁 매달았다. 시골 농가의 처마 밑 같은 광경이 펼쳐졌다. 구수한 냄새가 집안에 가득하다.

무청을 집안에서 말리면 이로운 점이 많다. 메마른 실내 공기에 습기를 제공해 쾌적한 환경을 만들어주고, 잊어진 사람 사는 냄새를 느끼게 해준다. 그리고 모든 것이 앙상해진 겨울날, 따뜻했던 옛 고향집 정서를 되살려준다.

아내와 식탁에 마주 앉았다. 속이 잘 찬 배추 한 포기, 다진 마늘과 참기름을 섞어 만든 쌈장, 갓 구운 간고등어 한 마리, 잡곡밥 한 공기씩, 이것이 오늘의 저녁상이다. 일을 끝내고 아내와 마주 앉은 밥상, 가장 아름답고 행복한 그림이다. 날마다 밖으로 쏘다닌 내가 부끄럽다.

11월 21일(화요일)

모처럼 아내와 먼 길에 나섰다. 충북 괴산 월악산 자락의 미륵사지. 지금은 절이 상당 부분 복원돼 세계사라 이름 지어졌다. 지난해부터 아내는 이곳에 세 번째 왔다. 미래를 관장한다는 미륵불, 영험이 있다고 하여 전국 각지에서 많은 불자들이 찾아와 불공을 드린다. 특히 투병중인 신도들의 발길이 끝없이 이어진다. 우리도 미륵불 앞에 엎드려 간곡한 기도를 드렸다.

그리고 개울 옆 계곡을 따라 작은 고개를 넘으니 새로운 세계가 펼쳐져 있다. 아득하게 전개된 산과 산, 그리고 계곡, 그 하늘 끝에 초겨울 구름이 쫓기듯 흘러간다. 그곳에 거대한 불사가 이루어지고 있다. 쌓아놓은 집채만 한 석재를 보면, 아마도 지어지고 있는 사찰의 규모가 엄청날 것 같다.

우리는 낙엽이 수북이 쌓인 숲길을 천천히 걸으며 맑은 공기를 가슴 속 깊이 들이마셨다. 절 아래 마을 작은 식당에 들러 산채비빔밥을 사 먹었다.

돌아오는 길에는 길가 과수원에서 이제 갓 딴 사과 한 상자를 샀다. 이곳에서 나는 사과는 산이 깊고 높아 일교차가 심해서 당도가 높고 맛이 좋다.

이쪽 길은 내게 너무 익숙하다. 지난 몇 년 동안 이 주변 산들을 집중적으로 올랐기 때문이다. 그래서 운전하기가 한결 쉽다. 집과 병원에만 갇혀 있었던 아내, 먼 나들이가 기분 전환에 도움이 됐으면 좋겠다.

11월 24일(금요일)

분당에 있는 백화점에 들러 대형 김치냉장고를 샀다. 집에 김치냉장고가 있는데도 그 용량이 작다며 하나 더 장만한 것이다. 식구가 적어 먹을 사람도 많지 않은데 김치냉장고를 또 사는 아내의 뜻이 무엇인지 좀처럼 이해가 되지 않는다. 혹시 비관적인 생각을 하고 있지나 않을까? 의사가 좋아지고 있다고 말했는데도 그것을 100% 신뢰하지 않는 것일까? 자기가 잘못 되더라도 세상 물정 모르는 바보 같은 남편이 만들어둔 반찬 꺼내 밥 잘 먹으라고 용량이 큰 김치냉장고를 하나 더 산 것일까? 아내는 필요하지 않은 물건은 절대로 장만하지 않는다.

이런 생각 저런 생각에 만감이 교차하고 눈물이 핑 돈다. 아니다. 좋은 방향으로 생각하자. 올해는 텃밭을 열심히 가꾸지 않았는데도 무, 배추 등 김장감 소출이 많다. 믿을 만한 무공해 식품을 절여서 모두 보관해야 한다. 우리 아이들 모두가 내년 여름까지 먹으려면 추가로 산 김치냉장고로도 모자랄지 모른다.

아내는 냉동고와 작은 김치냉장고가 있는 식당 밖 발코니에 새로 산 김치냉장고를 나란히 놓았다. 그리고 갓 버무린 배추김치, 무김치들을 컨테이너에 넣어 김치냉장고에 차곡차곡 쌓아 올렸다. 그릇마다 품명과 만든 연월일이 적힌 라벨을 붙였다. 자리가 모자라 밖에 놓아두었던 고구마, 과일 등도 용기에 담아 보관했다.

아내여, 잠시나마 엉뚱한 생각을 한 못난 남편을 용서해 주세요.

12월 1일(금요일)

이제 올해도 거의 다 저물어 간다. 유난히 긴 그림자가 세월의 뒤안길로 끌려가지 않으려고 발버둥을 치는 것 같다. 어제는 눈과 비가 섞여 휘몰아치더니 오늘 밤부터는 폭설이 한참 내리다가 다시 비가 퍼붓는다. 겨울에 그 자리를 내주는 것이 이토록 억울한가. 아무리 아우성쳐도 세월의 큰 바퀴는 아무도 멈추지 못한다.

저녁, 옛 직장의 후배들과 서울교육청 앞 일식집에서 만났다. 바깥 날씨와는 달리 분위기가 너무 좋다. 복분자술, 소주 등을 끝없이 주고받았다. 모두들 한 해를 보내는 소회도 많았다. 집안일이란 핑계로 후배들에게 해준 것이 아무것도 없다. 과분한 대접을 받으면서 말이다.

자정을 넘겨 집에 돌아왔다. 버스에서 내려 걷는 길이 흙과 눈과 빗물이 섞인 진창길이다. 신발은 더러운 물에 푹 빠진 상태고, 바짓가랑이는 흠뻑 젖었다. 이런 몰골로 집에 들어서기가 민망스러웠다. 수십 년 기다리는데 이골이 난 아내, 한번쯤 얼굴을 찌푸릴 만한데 오늘 밤에도 웃고 있다. 그 웃음이 내겐 오히려 채찍이다.

12월 9일(토요일)

아내와 함께 고속버스 편으로 고향에 간다. 내일 시제를 모시기 위해서다. 고향으로 가는 길은 황량하다. 풍요를 자랑하던 남녘의 들판은 텅텅 비어 있고, 무성했던 숲들은 그 잎을 모두 떨어뜨리고 앙상한 가지와 줄기만 남겨놓았다.

누나네 집에서 저녁 먹고, 누나, 아내, 나 이렇게 한방에 나란히 누웠다. 우리가 왔다고 보일러를 계속 가동하는지 방바닥이 따끈따끈하다. 어린 시절 생각이 난다.

12월 10일(일요일)

날씨는 약간 쌀쌀했지만, 하늘은 푸르다. 강 씨 문중 중 가장 작은 단위의 일족들이 8대조의 묘역에 모였다. 춘천, 부산, 충남, 서울 등에 사는 일족들이다. 제물을 차리고, 제문을 읽고, 돌아가며 잔을 올리고, 절을 하고. 모시는 조상님이 많아 그 과정이 두 시간 이상 걸렸다.

시제를 끝낸 후 함께 온 아내와 아이들까지 넓은 묘역에 앉아 음식을 나누어 먹고 술도 몇 잔씩 권하거니 마시거니 했다. 아내는 자주 만나지 못해 어색해 하는 이들과 가까워지려고 노력하는 자세가 뚜렷했다. 무조건 절을 하고, 손을 잡고, 말을 건네고.

서둘러 서울행 고속버스를 탔다. 너무 여유 없는 일정이다. 느릿느릿 한가롭게 살 나이가 되었는데도 쫓기듯 살아간다. 바쁜 일상, 여유 없는 생활이 우리의 몸과 마음을 병들게 하고 있는지 모른다. 아내는 누구보다 모든 일 다 접어두고 푹 쉬어야 한다. 그런 여건을 만들어 주지 못하는 남편, 그래서 더욱 바보다.

12월 14일(목요일)

진주에 갔다온 후, 가급적 점심 저녁 등의 약속은 거절하거나, 이미 약속된 것도 취소했다. 이럴 때는 휴대폰이 참 유용하다. 계속 시골에 머물고 있다고 말하면 되니까. 때로 악의 없는 거짓말이 약이 될 수도 있다는 사실을 실감한다.

아침에도 걷고, 저녁에도 걷고, 아내와 함께 더 열심히, 더 멀리 걷는다. 공원에도 가고, 산에도 오르고, 웬만한 볼 일은 다 걸어다니며 본다. 집 가까운 절에 갈 때도 산길을 오르고 돌며 먼 길을 만들어 걸어가고 걸어온다. 우거졌던 풀과 잎들이 모두 땅바닥에 쌓였으니 걷기만 하면 어디든지 길이 된다. 겨울 산은 이래서 좋다.

요즈음은 집 앞 텃밭을 지나 나지막한 능선을 넘고, 그 옆길로 빠져 몇 개의 계곡을 지나고 잡목을 헤치며 나가 긴 밭둑을 걷는다. 그리고 작은 마을길을 따라 절에 이른다. 부처님 앞에 촛불을 밝히고, 향 사르고, 수십 배 절을 한다. 가끔씩 아내는 108배도 올린다. 생수 한 잔 얻어 마시고, 또 길을 만들며 산을 돌아 집으로 온다.

아내가 좋아하는 몇 개의 피아노곡 듣고, 차 한 잔 마시면 어느새 하루가 저문다.

췌장암 진단을 받고 입원 중인 후배에게 전화했다. 막상 전화를 걸었지만 말이 잘 나오지 않는다. 이런 때 어떤 말을 해야 할까?

12월 17일(일요일)

눈을 뜨니 천지가 변해 있다. 밤새 내린 눈이 산과 마을에 수북이 쌓여 있다. 새들은 모두 떠나고, 한겨울의 고요와 적막이 몰려온다.

아내는 창밖의 흰 눈을 바라보며 환희에 젖어 있다. 소녀시절로 돌아간 듯 눈길을 걷고 싶어한다. 창문을 열어보니 공기가 쨍 하다.

꽁꽁 싸매고, 모자를 눌러 쓰고, 마스크까지 하고 밖으로 나갔다. 아직 아무도 밟지 않은 눈길을 따라 공원으로 간다.

눈이 발목까지 올라온다. 전인미답(前人未踏)의 눈밭 길을 세 바퀴 돌았다. 눈길은 보통의 길보다 에너지 소모가 훨씬 많다. 한나절 운동으로는 충분한 양이 되는 것 같다.

아내의 상기된 얼굴이 아름답다. 집에 돌아와 모자를 벗고, 마스크를 벗으니 머리에서 흰 김이 모락모락 난다.

12월 20일(수요일)

주초부터 기온이 뚝 떨어졌다. 녹은 눈이 얼어붙어 온통 빙판이다. 산에도 못 오르고, 공원에도 나가지 못한 채 며칠 동안 집안에서만 맴돌고 있다.

그러다가 오늘은 따뜻한 남쪽나라 제주도에 간다. 젊은 시절 해마다 한두 번 가족들과 함께 찾았던 제주도. 지난 몇 년 동안은 가지 못했다. 아내도, 작은딸도 설레는 모양이다. 낮 12시 40분 제주에 도착했다. 파란 바다, 하얀 한라산, 쭉쭉 뻗은 야자수, 이국적인 정서, 남쪽 나라의 풍광이 가슴을 뛰게 한다.

렌터카를 빌렸다. 용두암이 있는 바닷가 횟집에서 점심을 먹으며 넘실대는 바다내음도 맡고, 은빛으로 빛나는 한라의 영봉들을 바라본다. 제주도는 참 좋은 곳이다. 우리 강토의 찬란한 보석이다.

제주시 변두리 한라산 자락에 있는 한화콘도에 들었다. 조용하고 아늑하다. 바다는 보이지 않지만, 삼나무 등 숲의 바다가 끝없이 펼쳐져 있어 더욱 좋다.

제주시내로 나갔다. 시장에서 살아 있는 큰 전복 몇 마리를 사와 요리하느라고 한바탕 씨름을 했다. 그래도 기쁘다. 아내가 만족해

216

하니 우리는 더욱 행복하다.

환희에 찬 제주의 밤은 포근하고 아늑하다.

12월 21일(목요일)

숲을 흔들고 지나가는 바람소리가 잠을 깨운다. 사위는 캄캄하고, 하늘의 별만 반짝반짝 빛난다. 긴 여행에다 변한 환경 탓인지 아내는 아직 깊은 잠에 빠져 있다. 작은 숨소리가 고요한 방안 공기를 잔잔하게 흔든다. 아내가 이토록 만족해하는 여행을 왜 자주 다니지 못했던가.

가져온 밑반찬 등으로 대충 아침을 먹고, 콘도 입구에 있는 절물오름으로 갔다. 한라산 주변에는 작은 산, 즉 오름들이 수백 수천 개나 있다. 그중에도 절물오름이 으뜸이다. 삼나무, 측백나무 등 나쁜 균을 죽이고, 항암성분의 기체를 내뿜는 울창한 생명의 숲, 아름드리나무들이 아득히 도열해 우리들을 맞는다. 공기 맛은 달고, 경관은 환상적이다.

깊고 멋있는 숲길을 걸어 약간 경사진 길을 2, 30분 오르니 정상이다. 멀리 서남쪽으로 한라산 정상이 보이고, 크고 작은 오름과 광활한 구릉이 끝없이 펼쳐져 있다. 큰 호흡을 몇 번 하고 나니 몸속에 쌓였던 모든 오염물질들이 싹 빠져나간 듯 상쾌하다.

차를 몰아 성산포로 달린다. 기온이 떨어져 녹은 눈이 얼었나 보다. 커브 길에서 미끄러진 차들이 군데군데 처박혀 있다. 육지에서 온 사람들이 멋모르고 달리다가 사고를 낸 것이다.

성산포 쪽에도 볼 곳이 많다. 일출봉, 섭지코지 등을 돌아보고, 배를 타고 우도에 가보았다.

항상 후회하면서도 일정을 너무 여유 없이 빡빡하게 잡았다.

12월 22일(금요일)

제주여행 3일째. 천연기념물인 비자숲을 거쳐 5 · 16 도로를 넘어 서귀포로 간다. 제주도는 어디로 가나 다 명승지지만, 서귀포 일대에 좋은 곳이 더욱 많다. 이승만 대통령의 별장, 그리고 허니문 하우스가 있었던 바닷가의 천길 단애 위에 섰다. 태평양과 이어진 큰 물결이 넘실대고, 건너편 절벽에선 거대한 물기둥이 쏟아진다. 정방폭포다. 신혼여행 길에 젊은이들이 앉아 사진 찍는 벤치에 아내와 나란히 앉아 하트 모양의 장식을 배경으로 사진을 찍었다.

신혼여행 온 기분으로 아내를 살며시 안아본다. 아! 우리도 많이 늙었구나.

절벽에 부딪치는 파도소리, 낙락장송을 쓰다듬고 가는 바람소리를 들으며 오솔길을 느릿느릿 걸었다.

시장기가 느껴져 시계를 보니 3시다. 옛날에 들렀던 뚝배기집을 다시 찾았다. 오분자기 뚝배기집. 전복의 반열에 오르지 못해 제대로 대접받지 못하지만, 생김새는 전복과 같고 맛도 전복 못지않은 오분자기. 이집 오분자기 뚝배기는 오래 전부터 유명하다. 처음 먹어보는 아내와 딸은 어떻게 이런 좋은 집을 알았느냐며 잘 먹는다.

어마어마하게 큰 절 약천사를 찾았다. 1980년대 말 이곳에 왔을 때 짓기 시작한 이 절이 불과 10수 년 사이 이렇게 웅장한 사찰로 우뚝 서다니 경이롭다.

꿈같은 제주여행의 마지막 밤이 깊어간다. 언제 다시 제주에 올지 모른다. 내년에 올 수도 있고, 영영 못 올지도 모른다. 이 귀한 여행을 너무 서둘렀다. 아쉬움이 남는다.

12월 23일(토요일)

콘도에서 시행하는 4단계의 테라피에서 제주여행의 대미를 장식한다. 풀장에 들어가 물벼락을 맞고, 수압으로 전신 마사지 하고, 진흙사우나 하고, 볏짚 같은 마른 풀 속에 눕기도 하는, 피로를 푸는 코스다. 아내는 독한 항암제 찌꺼기가 모두 빠져나간 듯 몸이 개운해졌다며 기뻐한다.

렌터카를 돌려주고 김포행 비행기에 올랐다. 3박 4일간의 제주여행은 이렇게 꿈결같이 끝났다. 무슨 할 일이 그렇게 많다고 많은 것을 짧은 시간에 다 보려고 서두른 저차원의 여행을 한 것 같다. 언제나 후회하면서도 이번에도 또 어리석음을 범했다.

그러나 아내와 더불어 즐긴 제주여행, 기쁨이요 감격이요 희망이다. 생기를 되찾은 내 사랑하는 아내의 환한 얼굴, 청정한 숲과 파란 하늘, 파란 바다, 싱그러운 대기, 밤하늘에 빛나는 무수한 별, 그리고 찬란한 태양이 우리의 영혼에 드리워졌던 칙칙한 그림자를 모두 쓸어갔다.

아내여, 더 힘을 내라. 우리 더 멋진 곳으로 또 여행을 떠나자.

12월 31일(일요일)

실의와 고난으로 점철된 2006년, 질곡의 해가 저물어간다. 아내는 다섯 번(사이버 나이프 수술 포함)째의 큰 수술을 받았고, 10여 번의 항암주사, 두 달이 넘는 입원, 2~3일 간격으로 통원하며 무수히 피를 뽑고, 수많은 엑스레이와 CT 사진을 찍었다. 검사 판정을 기다리며 피를 말렸고, 의사의 말 한마디에 울기도 하고 웃기도 했다. 희망의 등불을 향해 간곡히 기도하고 열심히 걸었다.

문득문득 떠오르는 생각, 잘못되면 어떻게 하나 하는 생각에 몸

서리쳤고, 좋아지고 있다는 신호에 환희에 찼던 2006년이다. 그런 해가 저물어 간다.

지난여름 큰 수술을 받은 후 아내는 후유증으로 오랫동안 견디기 어려운 고통을 받았고, 절망스런 고비도 숱하게 넘겼다. 그래도 아내는 막내아들을 결혼시켰고 작은 집을 마련해 주었다. 그리고 언제나 희망과 용기를 잃지 않았다. 오히려 우리를 격려했다. 우리에게 힘을 주려고 열심히 걷고, 열심히 일하고, 오늘이 마지막인 것처럼 열심히 살았다.

연초에 설정하고, 일 년 내내 마음 속 깊이 담아온 우리의 기도, 우리의 소망, '아내의 건강회복'은 서서히 이루어지고 있다.

병원에 가는 빈도도 2~3일, 1주일에서 3개월로 간격이 넓어졌고, 혈색이 좋아지고 생기와 의욕이 나날이 향상되고 있음을 피부로 느끼고 있다. 먼 길 나들이도 잘 소화하고, 먹고 자는 것도 거의 정상 수준에 이르고 있다. 부처님은 분명 우리의 기도를 들으시고 우리의 염원을 이루어주신다.

이 한 해 동안 우리의 인생도 모습이 바뀌었다. 절망하지 않으리라는 우리의 약속은 더욱 굳어졌고, 이겨야 한다는 신념은 더 강해졌다. 희망과 결의의 긴 여로였으며, 또 하나의 진정한 여행이었다.

…
최고의 날들은 아직 살지 않은 날들.
가장 넓은 바다는 아직 항해되지 않았고,
가장 먼 여행은 아직 끝나지 않았다.
— 나짐 히크메트, 〈진정한 여행〉

220

제야의 종소리가 은은하게 들려온다. 맑고 고운 희망의 소리를 멀리멀리 보내기 위해 종은 저렇게 울리고 있다. 아픔이 오히려 어루만짐으로 들리는 저 고운 소리, 아내와 함께 오래오래 듣게 해주소서.

4부

인간의 길, 가족의 길, 그리고 가족의 힘

39송이의 빨간 장미

2007년 1월 18일(목요일)

낮 12시 압구정동에서의 모임에 아내는 한사코 혼자 버스를 타고 가겠다고 우긴다. 불안하기는 하지만 한편으로는 그만큼 건강해져 자신이 생겼다는 뜻이 담겨 있어 기분이 좋았다.

버스정류장까지 바래다주고 아내가 떠날 때까지 함께 머물다 손을 흔들어주었다. 1시간 후쯤 잘 도착했다는 전화가 왔다. 불안감이 가셨다. 아내는 친구들과 어울려 즐거운 시간을 보내고 4시가 넘어 버스를 타고 돌아왔다. 이번에는 버스정류장에서 내려 1㎞가량이나 걷기까지 했다.

혼자 버스 타고 서울에 갔다 온 것을 자랑스러워하는 표정이다. 마치 어린아이가 새로운 재주를 부리고 으스대듯이.

1월 23일(화요일)

비교적 오랜만에 병원에 갔다. 굶고 검사하고, 먹고 검사하고, 또 사진 찍고 채혈하는 무려 6시간에 걸친 고통스런 과정을 거쳤다. 인공요관도 새것으로 바꾸어 끼웠다. 초주검이 되었다.

그 동안 좋아지는 것이 눈에 띌 정도였으나 며칠 사이 몸 상태가 많이 나빠졌다. 아내의 이런 모습에 힘이 쭉 빠진다.

늦게 집에 돌아온 아내는 지친 몸으로 국 끓이고, 뚝딱 뚝딱 음식을 장만하여 저녁상을 차렸다.

식사 후 피아노를 열정적으로 쳤다. 약해지려고 하는 마음과 몸을 추스르려고 노력하는 모습이 역력하다.

1월 30일(화요일)

1주일 만에 병원에 다시 갔다. 주치의는 결정적인 이야기를 해주지 않고 괜찮다고만 한다. 그리고 여러 가지 검사일정을 잡아주었다. 엑스레이와 혈액검사는 병원을 나오면서 바로 해버렸다. 이런 검사를 하게 되면 그 결과가 나올 때까지 잠 못 이루는 밤이 계속된다. 눈이 많이 올 것이라고 방송들이 겁을 주었으나 날씨가 좋아 편하게 병원을 다녀왔다.

올 들어 가장 추운 날이 온단다. 아내의 간청에 못 이겨 추위에 약한 선인장들은 모두 거실 안으로 들여놓고, 무거워서 옮길 수 없는 것은 헌 담요 등으로 싸주었다. 나무도 인정 많은 안주인을 만나 혹한이 몰아닥쳐도 따뜻하게 지낼 수 있게 되었다.

2월 3일(토요일)

내일이 입춘이니 절기상으로는 봄이 문턱에까지 와 있으나 날씨는 몹시 춥다. 집 근처 보현사에 들러 부처님께 기도를 올리고, 스님을 만나 입춘 기도를 부탁했다.

우리집은 2월에 기념할 일들이 줄줄이 이어져 있다. 아내의 생일, 두 딸의 생일, 사위의 생일, 그리고 외손자의 생일이 모두 2월이다. 음력 설날도 2월, 2월은 축복의 달이다.

2월 6일(화요일)

CT 촬영을 하는 날. 예약시간이 아침에 잡혀 있어 반포 집에서 잤다. CT 촬영은 그 직전에 조영주사를 맞는다. 병원 측은 시간을 절약하기 위해 대기실에서 촬영대상자들의 팔 정맥에 주사기를 꽂고 조영제를 넣을 주입구를 만들어 놓는다. 아내의 주사자리를 찾느라고 간호사가 땀을 삘삘 흘렸다. 아내는 촬영도 하기 전에 기진맥진한 상태가 됐다. 어렵게 촬영을 끝내고 좋은 결과가 나오기를 빌며 집으로 돌아왔다.

2월 15일(목요일)

아내는 요즈음 매우 바쁘다. 동창모임도 많고, 아이들의 중고등학교 시절 자모들과의 만남도 잦다. 설날을 앞두고 그 준비에도 신경을 많이 쓴다. 은행에 들러 세뱃돈으로 쓸 신권을 확보하는 등의 일도 아내 몫이다. 슈퍼마켓에 들러 제사에 올릴 음식재료 등도 부지런히 사다 나르고, 인사할 곳에 보낼 물건을 고르고 구입하는 것도 모두 아내 손을 거치지 않으면 안 된다.

슬프고 충격적인 연락을 받았다. 내가 아끼는 옛 직장의 후배 김재만이 암 투병 중 살날이 창창한 나이에 세상을 떠났다. 건강하고 언제나 웃음을 잃지 않았던 그는 몇 년 전부터 후두암을 앓아왔다. 그러나 치료가 잘되어 우리와 함께 산에도 다니고 술도 마시곤 했다. 나은 줄 알았던 암이 얼마 전에 재발해 끝내 생명을 앗아갔다.

급히 병원으로 달려갔다. 좋아하던 술, 이제 마음껏 마시라고 잔이 철철 넘치게 따르고 꾸벅꾸벅 절 두 번 했다.

"자네가 나한테 이렇게 술을 올리고 절을 하는 것이 순서이고 순리가 아닌가?"

어처구니없어 이렇게 중얼거렸다.

늦게 집에 오니 아내는 현관에서 내게 소금을 한 주먹 뿌려주었

다. 문상하고 돌아오면 아내는 언제나 이렇게 했다. 시어머니한테
배운 것이다.

아내는 그분이 왜 돌아가셨느냐고 물었다. 심장이 나빠서 그런가
보다고 얼버무리며 암이란 말은 입도 뻥긋하지 않았다.

2월 18일(화요일)

설날이다. 아내가 암 선고를 받고 네 번째 맞은 설이다. 조용했던
집안이 어제부터 왁자지껄하다. 딸, 아들, 며느리, 손녀들이 모두
오고, 조카네 식구들도 다 모였다. 정성을 다해 차례 상을 차렸다.

아이들의 세배를 받았다. 초등학생 이하는 3천 원, 중학생은 5천
원, 고등학생 이상은 1만 원씩 주었다. 어느새 머리가 커진 녀석들
은 세뱃돈을 현실화하라고 성화다.

즐거운 설, 축복받은 설, 아내가 기뻐해 더욱 행복한 설날이다.

2월 20일(화요일)

불안하고 초조하다. 아내의 CT 촬영결과를 전화로 문의하는 시
간이 째깍째깍 다가온다. TV를 보아도 보이지 않고, 음악을 들어도
들리지 않는다. 가만히 앉아 있을 수 없어 이 방 저 방 돌아다니며
서성거리는데, 전화버튼을 눌러야 할 11시 40분이 도래했다. 아내
가 조심스럽게 숫자를 하나하나 눌러나간다.

"잠깐 기다리세요."

진료실 간호사의 목소리가 들린다. 드디어 굵직한 주치의 음성.

"CT 상으로는 아무 이상 없고, 혈액검사 결과도 정상입니다."

아내는 고맙다며 수화기에 대고 몇 번씩 절을 한다. 나는 달려가
아내를 꼭 껴안아주었다. 지난 1주일 동안 가슴을 짓누르던 불길한

생각과 불안, 초조가 한순간에 모두 날아갔다.

부처님께 감사드리기 위해 이제부터 하루 108배를 하기로 했다. 그 동안 몇 번 시도했다가 흐지부지했던 108배. 이번엔 꼭 실천하자고 약속했다. 나는 20배까지, 아내는 40배까지 3일간 계속하다가 그 다음부터 단계적으로 늘려나가기로 했다.

아내는 참 잘하지만, 나는 무척 힘이 든다. 20배를 하고 나니 이마에 땀이 조금 배는 것 같다. 신심이 깊은 사람들은 하루 3천 배도 한다는데.

10여 년 전 나는 해인사 템플 스테이 프로그램에 참여하여 반나절에 1천 80배까지 해본 경험이 있다. 1천 80배를 끝낸 후의 성취감과 환희를 생각하면 지금도 영혼을 풍성하게 해주는 듯한 기분이 든다.

2월 23일(금요일)

아내와 다짐한 108배를 계속하고 있다. 나는 아직 20배를 하는데도 쩔쩔매고 있는데, 아내는 이틀째부터 108배를 하고 있다. 매트를 깔고 그 위에 방석과 땀수건을 놓고 백팔염주를 굴리며 본격적으로 해나가고 있다.

오늘 또 하나의 감격적인 일이 내 앞에 다가왔다. 아내가 파마를 한 것이다. 여자가 파마하는 것은 밥을 먹는 것과 같은 지극히 평범한 일상사다. 그러나 아내의 파마는 우리에겐 큰 기쁨이요 환희요 기록할 만한 사건이다.

첫 번째 항암제를 맞고 2~3일 후 윤기 나고 숱 많던 아내의 머리카락이 뭉텅뭉텅 빠져나가 맨머리가 되었을 때 아내는 거울 앞에서 눈물을 삼켰다. 우리 모두는 참담함을 주체할 수 없어 병실 밖으로 나가 엉엉 울었다. 자라고 빠지고, 또 빠지고 자라고, 피눈물 나는 이런 과정을 수없이 겪으며 오늘처럼 파마를 할 수 있는 날을 기다려 왔다. 머리가 빠질 때마다 우리가 안절부절못하면 아내는 늘 이렇게 말하곤 했다.

"요까짓 머리카락이 뭐 그리 대순가요. 다시 자라면 되지 뭐."

우리를 안심시키려 말은 그렇게 했지만, 마음속으로는 통한의 눈물을 흘리고 있다는 것을 우리는 잘 안다. 그런 머리가 이제 15㎝ 정도 자라 파마를 하는 단계에까지 이르렀다. 파마한 짧은 머리가 잘 어울린다. 날씨가 심하게 춥지만 않다면 가발을 벗어 던져도 좋을 것 같다.

2월 28일(수요일)

작심삼일의 한계는 넘어선 듯하다. 9일째 108배를 하고 있다. 아내는 처음 하루를 빼고는 108배를 날마다 한다. 그러나 나는 30배 정도하고 기권한다. 그만큼 신심도 얕고 지구력이 없기 때문이다.

아내의 컨디션은 날마다 조금씩 좋아지고 있다. 앞산에 오르면서 정해진 길보다 훨씬 긴 코스를 택한다. 그런데도 걸리는 시간은 오히려 줄어든다. 그만큼 쉬는 시간이 짧고 걷는 속도는 빨라졌다. 요즈음 같으면 살맛나는 인생이다.

3월 5일(월요일)

우수는 2주 전에 지났고, 내일이 경칩이다. 그런데 폭설과 혹한이 찾아왔다. 세월이 가끔은 거꾸로 흐른다.

동국대 앞에서 점심 약속이 있어 나갔다가 귀가하면서 안국동에 있는 인산가란 곳에 들렀다. 이른바 웰빙식품과 대체 의약품을 파는 곳이다. 죽염과 마늘을 섞어 만든 죽마고우 3병과 쑥뜸용 쑥, 쑥뜸에 필요한 기구를 샀다.

아내는 오래 전부터 죽염 애호가가 됐다. 천일염을 대나무 통에 넣어 고열로 아홉 번 구워 만든 것이 죽염이다. 신기한 것은 이 소금은 일반소금과는 달리 아무리 많이 먹어도 몸에 해롭지 않다는 것이다. 물론 인산가 측의 일방적 주장이고, 과학적으로 검증된 것은 아니다. 환으로 된 죽마고우는 비타민처럼 장복을 하고, 결정체나 가루로 된 죽염은 소화가 잘 안 되거나 목감기 등에 걸렸을 때 먹으면 잘 듣는다. 값이 좀 싼 3번 구운 생활죽염은 요리할 때나 양치질할 때 쓰면 좋다.

인산가 사람들은 죽염과 뜸은 암 등 난치병도 고칠 수 있다고 장담했다. 그대로 믿을 것은 못되지만, 그들이 발행한 책을 보면 죽염요법과 쑥뜸으로 어려운 병을 고쳤다는 체험기 등이 많이 수록돼 있다. 병원치료와 병행하면 시너지효과가 있을 것이란 믿음을 갖고 죽염(주로 죽마고우)을 먹고 쑥뜸도 한다. 다만 쑥뜸은 냄새가 지독하고 번거로워 자주하지는 못한다.

죽염과 쑥뜸 애용자들이 엄청나게 많다는데 놀랐다. 특히 경남 함양에 있는 인산가 수련원에는 전국에서 수많은 사람들이 몰려오고, 암환자들이 기숙하며 죽염과 쑥뜸 요법으로 치료받고 있다. 지푸라기라도 잡아야겠다는 절박한 처지가 이런 상황을 만들 수 있지만, 어느 정도 효과가 있다고 믿기 때문에 많은 사람들이 지속적으로 죽염을 애용하는 것 같다는 생각도 든다.

암에 좋다는 대체 의약품은 왜 그리 많은지. 수백 수천 가지다. 대부분이 1개월분에 1~3백만 원이고, 어떤 것은 5백만 원이 넘는 것도 있다. 비싼 만큼 효과가 있을 것이라는 환자나 가족의 약한 마음을 거꾸로 이용한 것들이다.

병원에서도 많은 환자들이 이런 대체 의약품을 쓰고 있다는 사실을 알면서도 딱 부러지는 결론을 내려주지 않는다. 환자들의 작은 기대나 희망이라도 꺾을 수 없다는 배려일까? 아니면 자신이 없기 때문일까? 정부도 마찬가지다. 이러는 사이 날마다 새로운 신약과 묘약이 나와 환자들을 혼란에 빠뜨리고 있다.

오늘 아내 음력 생일(1월 16일)이다. 장미 한 송이도 못 꽂아줬다. 눈이 많이 쌓이고 날씨는 몹시 춥다. 내일 월악산 세계사(미륵사지)로 가기로 했던 계획은 아무래도 늦추어야겠다.

3월 15일(목요일)

오늘 우리와 후배 부부가 특별한 곳에 다녀왔다. 충남 청양의 칠갑산과 칠갑댐. 나는 산에 다니면서 칠갑산에 몇 번 가본 적이 있지만, 아내는 처음이다. 점심 무렵 칠갑댐이 내려다보이는 야트막한 야산 기슭에 당도했다. 이 야산과 야산 뒤로 멀리 솟아 있는 정상을 포함한 넓은 임야가 후배의 땅이다.

계곡 입구에 댐이 만들어져 작년부터 담수가 시작됐고, 이제는 야산 밑까지 물이 찼다. 만수가 되면 지금 우리가 서 있는 이곳 1m 아래까지 푸른 호수의 물결이 찰랑거리게 된단다.

후배는 이 땅 300여 평에 전원주택을 한 채씩 지어 함께 살면 좋을 것 같다고 했다. 참 솔깃한 제안이다. 그렇지 않아도 아내가 나으면 공기 좋고 경치 좋은 곳에서 살고 싶어 산에 갈 때마다 그런 곳을 찾고 있던 참이다. 아내도 호숫가의 그림 같은 집을 상상하며 즐거워한다. 그러나 문제는 이 땅이 도립공원이라 주택 건축허가가 나오겠느냐는 점이다. 후배는 큰소리친다. 이 넓은 땅이 공원용지로 편입됐는데 겨우 3백 평에 집 두 채 짓는 것도 허용하지 않겠느냐며 자기를 믿으라고 말한다. 건축허가 문제는 두고 볼 일이지만 어쨌든 기분은 좋았다.

유서 깊은 장곡사 앞 개울가 매운탕 집에서 잡어탕 한 냄비를 시켜 점심을 먹었다. 그리고 밤으로 유명한 정암 장터에서 밤 한 되, 고구마 한 상자씩 들고 집으로 돌아왔다. 호반의 집 꿈이 실현되면 좋지만, 안 되어도 즐거운 여행이었다.

3월 20일(화요일)

아내는 요즈음 운동을 꾸준히 많이 한다. 108배는 기본이고, 소실봉에 오를 때에는 가장 긴 코스를 택해 중간에 쉬지 않고 계속 걷는다. 그만큼 다리에 힘이 붙었고, 몸의 기능도 정상으로 돌아가고 있다는 증거다. 수면제를 먹지 않고도 숙면을 취한다. 이 모두가 감격스런 변화다.

오늘은 돈을 많이 지출했다. 서울대 약학대 교수팀이 개발했다는 선삼과 동구의 어느 나라에서 수입했다는 아베마루란 약을 샀다. 모두 면역력 증강과 암 치료에 효과가 있다는 대체 의약품이다. 선삼은 6년근 인삼에서 추출해서 만든 것으로 산삼보다 더 효과가 있다며 산삼을 먹듯이 몸을 정갈하게 하고 경건한 마음으로 복용해야 한다고 약방주인은 강조했다. 아베마루는 일반 약국이 아닌 대체 의약품 전문점에서 취급한다.

값은 비싸지만, 이들은 모두 약이 아닌 보조식품으로 분류돼 있다. 의학적인 검증이 안 됐기 때문이다. 밥이 보약이듯이 이런 대체 의약품도 그런 개념으로 먹는다. 정신적으로 위안을 받으면 치료효과를 높일 수 있다는 희망을 가져본다.

아내는 돈이 너무 많이 나간다고 가슴앓이를 하고 있다. 이렇게 써버리면 가족들은 무엇으로 살아갈 것이냐고 걱정이 태산이다.

3월 26일(월요일)

장인의 제삿날. 그 동안 장인 제사에 거의 참석하지 못했다. 처가가 멀고 그때마다 일들이 생겨 불효를 한 것이다. 이번엔 아내가 유난히 챙긴다. 둘째 처남이 이사한 후 처음으로 처남 집에 갔다. 대전의 외곽지대 판암동. 마당이 널찍한 단독주택이다. 오랜만에 처가 식구들을 만나 함께 장인 제사를 모셨다.

아내는 친정 식구들과 시간을 보내니 기분이 매우 좋은 듯 이야기 많이 하고 먹기도 잘한다. 그리고 깊은 잠을 잤다.

3월 27일(화요일)

새벽에 잠을 깼다. 새벽 공기는 찼지만 맑고 상쾌하고 하늘의 별들이 총총하다. 덜 오염된 탓이다. 병원 가는 일만 없으면 우리도 이런 곳에서 살면 좋겠다.

여기까지 왔으니 내친 김에 진주까지 가기로 했다. 아내는 고속도로에 접어들자 운전을 하고 싶어한다. 금산 인삼랜드 휴게소에서 아내에게 핸들을 넘겼다.

고향에서의 바쁜 일정이 시작됐다. 아버지, 어머니 산소를 돌아보고, 청곡사에 들렀다. 누나네 감나무 밭에서 마늘을 뽑고, 시금치, 쑥, 민들레도 캤다. 아내는 무공해 푸성귀에 욕심을 낸다.

우리가 고향 땅에 갖고 있는 유일한 재산인 밭은 잡초가 무성하게 자라 황무지가 돼 있다. 장비를 동원해 땅을 갈아엎어 경작 가능하게 만들고, 일부에는 매화나무 30여 그루를 심기로 했다.

이제 농토는 농촌에서 천대를 받고 있다. 젊은이들은 모두 도시

234

로 떠나고 농사지을 사람이 없기 때문이다. 생산성 없는 토지, 그것을 관리하는 데 생돈만 들게 됐다.

3월 28일(수요일)

아내, 누나, 조카 손자, 나, 이렇게 4명이 남해로 갔다. 봄은 이미 그곳에 와 있었다. 진달래는 벌써 시들하고 벚꽃이 한창이다. 서울은 아직 한겨울인데, 남쪽나라 바닷가는 바야흐로 찬란한 봄의 향연이 펼쳐지고 있다. 먼저 십수 년 전 아이들과 함께 왔던 상주 바닷가로 갔다. 푸른 바다, 하얀 모래밭, 청정한 소나무 숲, 꿈속의 고향 같다.

아내는 신발을 벗어 들고 잔잔한 파도가 핥고 간 모래밭을 걷는다. 신혼 초 해운대 바닷가를 거닐던 그 모습이다. 치맛자락이 바람에 휘날린다. 머리카락이 물결치지 않는 것만 그때와 다르다. 어느새 40년 가까운 세월이 훌쩍 흘렀다.

고개를 돌려 북쪽을 보니 남해의 명산 금산이 우뚝 솟아 있다. 그 위에 남해바다를 지키는 보리암이 안겨져 있다. 그 절에 몇 차례 다녀왔으나 이번에는 아무래도 못 갈 것 같다. 나의 운전실력으로는 꼬불꼬불한 가파른 산길이 겁난다.

따사로운 봄볕이 노곤한 춘곤증을 몰고 온다. 아무래도 이런 상태로 운전을 못할 것 같아 근처의 찜질방이란 곳을 찾았다. 이런 한적한 바닷가에 이렇듯 크고 깨끗한 찜질방이 있다니 놀랍다. 한참 자고 나니 피로가 풀렸고 아내도 생기를 다시 찾았다.

우리는 거기서 나와 바닷가의 깨끗한 민박집에 들었다. 방은 넓고 깔끔했고 주인아주머니는 상냥하고 친절했다. 일부러 아내와 누나와 함께 따끈한 온돌방에 나란히 누우니 어린 시절이 생각난다.

밀려온 물결은 방파제에 부딪치고 달빛은 파도에 출렁거린다.

3월 29일(목요일)

바닷가의 새벽은 파도 소리, 갈매기 울음소리로 시작된다. 그리고 장엄한 빛으로 찬란한 아침을 연다. 금산이 꼭대기부터 황금색으로 물들어 내려오더니 먼 바다 속에서 눈부신 태양이 솟아오른다. 바다에서 떠오르는 해, 정말 오랜만에 본다.

아내와 누나는 두 손을 모우고 태양을 향해 서서 간곡히 소원을 빈다. 그 경건한 분위기에 빨려 들어 나도 손을 모았다. 아내의 건강회복을 마음속으로 절규했다.

태양이 높이 떠오르자 우리는 차를 몰아 가천이란 작은 마을로 갔다. 손바닥만 한 논들이 층층이 쌓여 있다. 이름하여 다랭이논.

평지가 귀한 섬. 섬사람들은 경사가 심한 산을 깎아내고 둑을 쌓아 작은 논들을 차곡차곡 만들어 지금의 걸작을 남겨놓았다. 그 사람들은 물을 가두어 벼를 심고 거기서 나오는 적은 소출로 인고의 세월을 살아왔다. 어쩌면 배고픔과 가난의 상징일지도 모르는 다랭이논. 이제는 환상적인 볼거리라며 배부른 사람들의 호사거리가 되었다.

무턱대고 들어가긴 했으나 차를 못 돌려 쩔쩔매자 아내는 능숙한 솜씨로 후진해 큰길까지 빼주었다.

3월 30일(금요일)

남강을 따라 진양호까지 갔다. 양지 바른 곳의 벚꽃은 어느 새 작은 바람에도 꽃잎을 떨어뜨리기 시작했다. 긴 겨울 지리산의 찬바람을 견뎌내고 겨우 피어나기 시작한 이 벚꽃들, 한순간에 우수수

흩날리니 가슴이 휑하고 찡하다. 우리들 인생도 함께 왔다 어느 날 벚꽃처럼 함께 떠나면 얼마나 좋을까. 이별의 슬픔이 없을 터이니 말이다. 내가 왜 이런 엉뚱한 생각을 하고 있지?

진양호는 몇 년 전보다 더 넓고 더 깊어졌다. 댐 높이를 더했기 때문이다. 담수량이 많아지니 그 물빛은 강낭콩보다 푸르다는 촉석루 앞 남강보다 더 푸르다.

서쪽으로 기우는 황금색 햇빛, 모락모락 피어오르는 엷은 물안개, 그리고 천천히 날고 있는 물새들, 환상적이다. 호숫가 숲길을 아내와 한참 걸었다. 우리는 몇 차례 이곳에 와본 적이 있다.

그러나 그때의 풍경과 느낌은 오늘과는 매우 달랐다. 끝없이 피어오르는 우수가 넓은 수면 위에 자욱하게 깔려있다. '엉뚱한 생각'을 한 까닭이다. 그래도 행복은 봄과 더불어 조용히 찾아오고 있음을 느끼고 믿는다.

3월 31일(토요일)

잔뜩 흐린 날씨에 비까지 뿌린다. 특히 산청에서 무주까지 고산 준령 사이로 달리는 동안은 바람까지 세차게 불어 교량구간에선 차가 날아갈 듯 심하게 흔들린다. 금산을 지나니 바람은 봄바람이 아니다. 작은 땅덩어리가 덕유산을 경계로 그 남쪽과 북쪽이 이렇게 다르다니. 12시 40분에 집에 도착했다. 차가 막히지 않아 4시간도 채 걸리지 않았다. 즐거운 봄나들이, 이런 날들이 오래오래 계속 되길 빌고 또 빈다.

4월 2일(월요일)

아무래도 아내에게 무리한 여행이었나 보다. 지난밤부터 계속 미열이 나 병원에 가보았더니 몸살감기란다. 약 먹고 쉬면 곧 괜찮아지겠다는 의사의 말에 놀란 가슴을 가라앉혔다. 아무 일 하지 않고 가만히 누워 있겠다는 아내의 다짐을 몇 번씩 받고 불가피한 모임이 있어 나갔다.

집에 돌아오니 아내는 열도 내리고 많이 좋아졌다. 며칠간 극심했던 황사는 지나갔다. 황사를 뒤집어쓰고도 봄풀은 돋아나고 꽃들은 피기 시작한다.

4월 11일(수요일)

허리를 다쳐 운신을 제대로 못하겠다. 아내와 함께 산에 오르고 108배하고 멀리 월악산 미륵사에도 가기로 했는데, 큰일이다. 50kg 정도 되는 큰 관음죽 화분을 무리하게 옮기다 허리를 삐끗했다. 허리를 펼 수가 없다. 아내 혼자 산에 오르게 하고 집에 누워 있으려니 답답하고 불안하다. 아내는 소실봉 정상을 거쳐 긴 능선길을 걸어 슈퍼마켓과 은행 일까지 모두 마치고 돌아왔다. 혼자서도 무엇이든 할 수 있다고 나를 안심시켰다. 그래도 안 된다. 빨리 허리가 정상으로 돌아와야 한다.

4월 17일(화요일)

허리 다친 지 6일째, 물리치료를 받고 약을 먹고 있으나, 아직 정상으로 돌아오지 않는다. 엑스레이상으로는 아무런 이상이 없으니 며칠 더 물리치료를 받아보자는 의사의 말이다.

아이들의 충격이 큰 모양이다. 엄마를 돌보아야 하는 나까지 허리를 다쳤으니. 윤희는 하루에도 네댓 번 국제전화를 걸어 온갖 것을 다 물어본다.

아내는 내일 아침 CT를 찍는다. 시간을 맞추기 위해 오후 늦게 반포 집으로 갔다. 허리가 불편하지만, 운전하는 데는 큰 무리가 없다. 아내는 내 걱정으로 제대로 잠을 이루지 못한다. 근육이 약간 늘어났을 뿐 시간이 지나면 정상화된다고 몇 번씩 말했으나, 내가 다친 것도 자기 탓이라며 괴로워한다.

"허리 다친 것이 어째서 당신 탓이오?"

화분을 옮기는 데 도와주었더라면 이런 일은 생기지 않았을 것 아니냐고, 글썽해진 눈으로 나를 쳐다본다. 가슴이 찡해온다.

4월 18일(수요일)

아침에 병원에 가 CT 촬영을 끝냈다. 조영제 주사액이 새어 손등이 통통 부어올랐다. 주사를 놓은 간호사는 미안한 생각이 조금도 없는 듯 "괜찮아요, 찬 수건으로 마사지 좀 해주세요" 그 말이 전부다. 수건을 얼음물에 담갔다가 손등에 계속 얹어주었는데도 부은 손은 저녁 늦게까지 가라앉지 않았고 시퍼렇게 멍까지 들었다.

4월 21일(토요일)

아내와 결혼한 지 39년이 되는 날. 우리 가정을 위해 아내가 자신을 고스란히 바쳐온 헌신의 세월이었다. 암 선고를 받은 후 이날을 네 번째 맞는다. 아이들은 39송이의 빨간 장미 한 다발을 아내 가슴에 안겨주었다.

수명이 크게 늘어나 대부분의 사람들은 금혼식을 맞는다. 앞으로 11년이면 우리도 금혼식을 갖게 된다. 오늘 나의 소원은 그때까지 우리가 건강하게 살아갈 수 있게 해달라는 것이다. 지나친 욕심일까? 그때에 이르러야 아내의 나이는 75살. 평균 수명에도 훨씬 못

미친다. 이 좋은 날 이런 생각을 한다는 그 자체가 불경스럽다.

큰아들 지훈의 장인께서 우리를 근사한 곳으로 초대했다. 〈일몰〉이란 노래로 유명한 일본의 대중가수 나가이 시나트라의 디너쇼가 열리는 롯데호텔 36층 연회장. 무대 앞 가장 좋은 자리에 앉았다. 귀에 익은 노래들이어서 너무 좋았고 아내는 내내 손뼉을 치며 매우 기뻐했다. 약간은 심란했던 결혼기념일, 전혀 예상치 못했던 음악회에 초대받아 행복한 그날이 되었다.

4월 24일(화요일)

초조, 긴장, 불안 속에 병원을 찾았다. 오전 11시 주치의 진료실에 들어갔다. 컴퓨터 모니터를 열심히 살피던 주치의가 암 지수 (CA125)가 47까지 올랐다며 더 정확한 양성자 단층촬영(PET-CT)을 한 번 더 찍어보자고 했다. 30 이하는 정상이고 47도 그렇게 높은 것은 아니다. 문제는 계속 줄어들다가 갑자기 증가한 점이다. 그 동안 이런 경험을 숱하게 해왔으나, 아내는 실망하는 기색이 뚜렷하다. 기쁜 소식의 연속이 되길 기대했던 우리는 또 한 번 실망의 나락에 빠졌다. 그러나 나는 좌절하거나 약한 기미를 아내에게 보여서는 안 된다.

4월 28일(토요일)

본격적인 봄날, 햇볕이 따갑다. 산에 오르면 땀이 난다. 아내는 모든 것을 다 잊은 듯 평상으로 돌아왔다. 나는 108배를 하다 말다 하고 있으나 아내는 꾸준히 하고 있다. 산에 오르고, 공원을 걷고, 시장에도 혼자 잘 다닌다.

허리 아프다는 핑계로 집안에서만 맴돌다가 오랜만에 아내와 함께 텃밭에 나왔다. 고추와 가지, 오이 모종을 심었다. 고추는 50포기, 가지는 8포기, 오이는 10포기다. 아내는 열심히 모종을 날라주고, 음료수도 따라준다. 지난 4월 초 뿌렸던 상추와 열무, 쑥갓은 연약한 잎과 줄기를 수북하게 내밀었다. 아내는 순을 솎아내며 혼잣말을 중얼거린다.

"이것들 자란 후 제대로 먹게나 될는지…."

못 들은 척하려고 애썼으나, 눈물이 핑 돈다.

아내의 마음속 한구석에는 절망과 비관의 영혼이 숨어 있구나. 웃음을 잃지 않은 아내의 초연한 자세는 결국 우리를 안심시키기 위한 배려에 불과한 것인지도 모른다.

아내가 무의식중에 중얼거린 말이 밤이 되어도 내 귓전을 계속 맴돈다. 태연하려 해도 가슴을 찌른다. 불을 끄고 자리에 누워도 좀처럼 잠이 오지 않는다.

"다시 오지 마세요" ── 병원의 아픈 인사법

5월 3일(목요일)

양성자 단층촬영(PET-CT)을 위해 아침 일찍 촬영장에 나갔다. CT보다 훨씬 정확하고 정밀하다는 PET-CT 비용이 만만치 않은 데도 찍는 사람이 크게 늘어나는 추세다. 찍는 과정도 CT보다 복잡한지 끝나기까지 무려 두 시간이 걸렸다. 지친 모습의 아내, 그래도 환히 웃으며 걸어 나온다. 그런데 나는 왜 눈물이 날까?

좋은 결과가 나오기를 빌며 삼계탕집에 갔다. 아침을 제대로 못 먹은 상태인데도 아내는 거의 먹지 못한다. 영양보충을 시켜주려 했던 나의 작은 배려는 이루어지지 않았다.

집에 돌아오자마자 요가와 108배를 한다. 암과 싸워서 이기려는 처절한 몸부림이다. 너무 열심이어서 때로는 눈물겹다.

5월 5일(토요일)

어린이날이다. 아내는 며칠 전 사다 놓은 학용품세트를 올해 초등학생이 된 이웃 신화에게 약간 늦기는 했지만 입학 축하 겸 어린이날 선물로 주었다. 당사자는 물론, 아이의 어머니도 기뻐했다.

우리 동네에는 초등학교 다니는 어린이가 귀하다. 대부분의 주민들이 장년기를 넘어섰기 때문이다. 어린이를 좋아하는 아내는 오래전부터 우리 동네 유일의 초등학생인 신화에게 어린이날 선물을 주어야겠다고 마음먹고 있었다.

아이들이 모두 왔다. 어린이날이 어버이날 모임으로 변했다. 아내는 아이들처럼 즐거워한다.

5월 8일(화요일)

그제가 입하(立夏), 이미 여름이 시작됐다. 우리에게 주어졌던 행복한 봄날들이 여름따라 떠나려는지 암 지수가 87로 급격히 올랐다. 지난 3일의 검사결과보다 30이나 껑충 뛴 것이다. 아내의 눈에 눈물이 고인다.

이 지수가 올랐다 내렸다 하는 것은 자주 있는 일이다. 그러나 이렇게 연속적으로 치솟는 것은 충격적이다. 아픔과 슬픔의 고리는 도대체 언제쯤 끊어질 것인가.

의사는 항암치료를 다시 시작해야겠다는 말을 한다. 지난 가을부터 비록 아슬아슬한 행복이었지만 신나고 즐거운 날들의 연속이었다. 막내아들 장가보내고, 여러 곳 여행 다녀오고, 날마다 산을 오르내리고, 친구들과의 정겨운 모임도 많이 가졌다. 그 사이 아내의 머리카락은 수북하게 자라 간단한 파마까지 했다.

아! 이제 이 소중한 행복들이 우리 곁에서 떠나려 하는구나. 슬픔과 분노가 끓어오른다.

점심도 굶은 채 늦게 집에 돌아왔다. 소박한 저녁상을 차려 놓고 서로 마주보며 앉았다. 아내는 "저 때문에 고생 너무 하신다." 낮은 목소리로 말문을 연다.

"그 동안 이런 일 한두 번 겪었느냐. 실망하지 말고 더 힘을 내자. 절망이 암 지수보다 더 큰 적이다. 이때까지 당신이 해온 것처럼 긍정적으로 씩씩하게 살자. 좋은 날은 반드시 온다."

아내를 달래고 나 스스로를 추슬러 보려 했으나 영혼은 슬픔의 늪에서 계속 맴돈다.

5월 11일(금요일)

우리는 충격을 딛고 다시 일어서려는 의지를 다진다. 그 실행 목표의 하나로 외국여행을 떠나는 것으로 잡았다.

먼저 유효기간이 거의 끝나가는 여권을 새 여권으로 바꾸는 일을 서둘렀다. 여권용 사진과 필요한 서류를 갖추어 곧 여행사에 맡기기로 했다.

산에 오르고, 공원을 걷고, 108배도 다시 시작하고 모임에 빠짐없이 나갔다. 이렇게 아무 일도 없다는 듯이 일상으로 돌아왔다.

깜깜하고 절망적인 고비가 올 때마다 마음속으로 중얼거렸던 이 말을 또 꺼낸다.

"산다는 것, 어디인지 모르는 종착점을 향해 뚜벅뚜벅 걸어가는 것. 언제 그곳에 이를지 아무도 모른다. 그러나 분명한 것은 인생은 반드시 그곳에 이른다는 점이다. 그곳에 도달하는 순간까지 더 사랑하고, 더 의지하고, 더 위로하고, 더 아끼고, 더 열심히 살자."

5월 13일(일요일)

단비가 내렸다. 메말랐던 대지와 산은 생기로 가득 찼다. 들꽃들은 꽃망울을 활짝 터뜨렸고, 신록은 그 푸름에 윤기를 더했다. 온 세상이 생명의 환희로 빛나는 이 좋은 날, 우리는 소독냄새 진동하는 병실에 들어왔다. 그 동안 몇 번 머물렀던 방이다. 다시는 들어오지 않게 해달라고 빌고 빌며 나갔던 그 방이다. 눈물이 핑 돈다.

낯익은 얼굴들이 우리를 알아보고 인사한다. 간호사, 간병인, 청소하는 아줌마들, 이들에겐 아내가 작은 천사다. 언제나 미소 짓고,

244

관심과 배려를 아끼지 않았기 때문이다. 그래서 병실을 나설 때 그들의 인사는 "다시 만나자"가 아니라 "다시 오지 마세요"였다. 그런데 우리는 오늘 다시 그들을 만났다. 만남은 언제나 반갑고 기쁜 것, 그러나 오늘 이 만남은 슬픔과 아픔이다.

본격적인 항암주사를 맞기 전에 언제나 맞는 링거주사가 시작됐다. 피도 몇 차례 뽑아가고, 엑스레이 찍고, 심전도 검사도 했다.

아이들이 병실에 모두 들렀다. 아내는 언제나 그랬듯이 명랑하고 환하게 그들을 맞았다. 수심에 찬 얼굴로 병실에 들어섰던 아이들은 어느새 불안한 마음을 가라앉히고 웃으면서 병실을 나섰다.

아내는 잠들지 못하고 보조침대에 누워 있는 나를 측은하다는 눈빛으로 내려다보고 있다.

5월 14일(월요일)

길고 지루한 밤은 지나갔다. 주치의는 각종 검사결과가 모두 좋게 나와 항암주사를 맞을 수 있는 조건들은 충족됐으나 그 동안 모든 항암제를 거의 다 써 보았기 때문에 선택의 폭이 좁아져 고민이라고 했다.

고심 끝에 두 종류의 항암제를 처방, 4시간에 걸쳐 맞았다. 내일 퇴원할 수 있을 것이라는 반가운 소식과 함께 두 번째 항암주사부터는 통원치료가 가능할 것 같다는 더 반가운 소식도 알려주었다.

통원주사란 아침 일찍 주사실에 들어와 항암제와 그 독소를 제거하는 수액을 맞고 저녁에 나가는 방식이다. 병실에서 며칠씩 보내지 않아도 되니 얼마나 좋은가.

5월 17일(목요일)

초여름 비가 촉촉이 내린다. 문을 여니 싱그러운 초여름 내음이 물씬하다. 아내는 계속 먹지 못하고 잠도 깊이 자지 못한다. 게다가 변비에 근육통까지 겹쳤다. 아픈 기색을 보이지 않으려고 애쓰는 아내가 가엽다.

생각 없이 솎아온 열무를 아내는 가리고 씻고 절여 김치를 담았다. 이런 날 왜 눈치 없이 열무를 뽑아왔지? 아내의 성격과 지금의 상태를 잘 알면서 멍청한 짓을 했다.

밤에 기쁜 소식이 날아왔다. 큰딸 윤희가 싱가포르 난양 공과대학교(NTU) 조교수로 임용됐다. 아내는 모든 고통을 잊고 기쁨과 흥분을 감추지 못한다.

5월 27일(일요일)

항암주사 맞은 지 14일. 또 머리카락이 거의 다 빠졌다. 30㎝ 가까이 자란 머리카락, 그 어느 때보다 애착이 컸던 그 머리카락이다. 가슴이 무너져 내리듯 쓰리다. 아내는 수십 배, 수백 배 더 아프고 괴로울 것이다.

치렁치렁한 머릿결은 아름다움의 상징이다. 이런 머리카락이 하나하나 망가져 가는 비참한 날들을 우리는 그 동안 수없이 겪었다. 더구나 이번은 항암주사를 맞는 간격이 길어 그만큼 머리카락이 더 길게 자랐고, 그래서 파마까지 하고 더 애지중지했다. 서둘러 여권 사진을 찍은 이유 중 하나도 이 이런 일이 일어날 것이라는 예상을 했기 때문이다.

암을 앓는 사람이나 그 가족들은 언제나 불안하고 긴장된 상태에서 살아간다. 5년 이상 재발이 없어 치유가 된 것으로 선언을 받은

246

사람도, 그 이상의 사람도 다시 항암치료를 받고, 또 머리가 빠지는 사례들을 얼마든지 볼 수 있다. 암은 지긋지긋하게 끈질기고 예측할 수 없는 질병이다.

아픔을 딛고 일어서는 일은 아픔을 압도할 만한 그 무엇에 몰두하는 것이다. 아내의 그 무엇은 날마다 일거리를 만들어 쉴 새 없이 일하고, 걷고, 절하고, 기도하는 것이다.

6월 1일(금요일)

녹음이 싱그러운 아파트 옆 숲길을 걸어 병원에 갔다. 두 번째 항암주사를 맞기에 앞서 몸 상태를 알아보기 위해서다. 모든 것이 항암주사를 맞아도 좋을 만큼 정상으로 돌아와 있었다. 특히 고무적인 것은 암 지수(CA125)가 22로 크게 낮아졌다는 점이다. 항암주사를 맞기 전 87에서 무려 65나 낮아진 획기적인 치료효과다. 우리는 환호했다.

아내의 머리카락이 이제 뭉텅뭉텅 빠진다. 만질 때마다 우수수 빠져나가 이제 얼마 남지 않았다. 그러나 우리는 절망하지 않는다. 아침이 오면 태양이 떠오르듯 머리카락 또한 돋아날 것이란 믿음과 희망이 있다.

6월 4일(월요일)

기억할 수 없을 만큼 많은 항암주사를 맞았다. 그때마다 2박 3일, 3박 4일, 때로는 1주일 가까이 병원에 입원한다.

항암주사 그 자체를 맞는 시간은 길면 5~7시간, 대부분은 두세 시간 걸린다. 그러나 주사를 맞기 전에, 그리고 맞은 후에 치러야 하는 과정이 길기 때문이다.

그런데 이번부터 입원하지 않고 항암주사를 맞아보자는 주치의의 결정에 따라 주사실에서 하루 낮 동안에 맞기로 했다. 조용한 구석자리를 차지하기 위해 아침 일찍 주사실에 도착했다. 수액주사부터 시작했다. 며칠씩 걸리던 항암주사 과정을 불과 10여 시간으로 압축하다 보니 단위시간에 들어가는 수액 량은 평소의 2배 이상이고, 모든 조치가 집중적이다. 그것 때문인지 주사 중 쇼크가 일어나 혈압은 급격히 떨어지고 호흡곤란 증세까지 왔다. 급기야 의식을 잃었다. 주치의가 달려와 응급조치를 취해 위기를 넘겼다.

통원주사를 무척 기뻐했으나, 그 대가가 너무 크다. 의사는 다음부터 약제도 바꾸고, 새로운 방법을 강구해 보겠노라고 했다.

죽음과 삶은 경각에 달려 있다. 한 사람의 명의를 탄생시키기 위해 수천, 수만의 환자들이 실험의 대상이 될지도 모른다는 생각이 들어 불쾌하다.

주사실은 오후 7시 문을 닫는다. 수액병 등을 주렁주렁 달고 1층 응급실로 옮겨 가 주사를 마무리했다. 여름의 긴 해가 저물었다.

아내를 부축해 넘었던 그 숲길을 다시 넘어 집으로 돌아왔다. 낮에 일어난 주사쇼크 잔영이 사라지지 않아 가슴이 뛰고 아내를 놓칠 뻔했던 아찔한 충격에 잠을 이룰 수 없게 한다.

6월 12일(화요일)

처음으로 시도한 통원 항암주사로 심한 부작용을 겪은 뒤라 혈액검사 결과에 유난히 신경이 쓰인다. 염려했던 것과는 달리 비교적 좋은 결과가 나왔다. 떨리던 가슴이 가라앉는다.

며칠 후면 큰아들 지훈이 MBA를 하기 위해 미국으로 유학을 떠난다. 그 집 짐들을 우리 집으로 옮겨와야 하기에 방 하나와 다용도

실을 비우는 과정에서 쓰지 않는 가구들을 많이 버렸다. 아내는 버리는 물건 하나하나마다 사연과 추억이 얽혀 있다며 정든 친구를 떠나보내는 것처럼 서운해 한다.

"모두를 다 비우고 버려야 평온이 온다는데 쓰지 않는 물건 몇 개 버리는데 왜 이렇게 심란할까? 정말 소중한 것들을 버려야 하는 날이 오면 얼마나 슬플까?"

눈이 마주치자 비밀이 들킨 것처럼 미소 띤 얼굴이 빨개진다.

6월 17일(일요일)

항암의 후유증인가? 점점 힘들어 한다. 열심히 하던 걷기운동과 요가, 108배도 점점 줄어들고, 자리에 눕는 시간이 길어진다. 기침도 심하게 한다. 무엇을 해야 아내의 기력을 돋우어 줄 수 있을까? 불안하고 초조한 일요일. 그래도 하늘은 푸르고 녹음이 싱그럽다.

나는 아내 앞에 앉아 "아내여, 일어서라. 일어서라. 《걸으면 살고 누우면 죽는다》는 책, 당신도 읽지 않았느냐"고 처절한 독백을 하고 있다.

6월 22일(금요일)

검사결과 모든 것이 좋아져 25일 항암주사를 맞을 수 있다는 의사의 진단이 나왔다. 빈혈, 백혈구 지수는 정상이고, 특히 암 지수는 37로 떨어졌다.

힘든 상태에서 벗어나 하루하루 조금씩 좋아지고 있다. 감기는 깨끗이 나았고, 음식물도 비교적 잘 받아들인다. 이제 겨우 회복의 길에 들어섰다. 그러나 며칠 후 또 항암주사를 맞게 되니 아내에게 주어진 봄날은 너무 짧다.

6월 25일(월요일)

주사실의 좋은 자리를 선점하기 위해 오전 7시경 병원에 나갔다. 아내는 병원에 들어서자마자 토하기 시작한다.

1천cc의 수액을 정오까지 맞고, 검은 커버를 씌운 첫 번째 항암제를 오후 3시까지, 그리고 두 번째 항암제와 수액 등을 잇따라 맞았다. 통원 주사는 짧은 시간에 집중 투여하기 때문에 부작용과 무리가 따른다. 그러나 병원에 조금이라도 덜 머무는 것, 아내에겐 무엇보다 큰 위안이요 축복이다.

6월 29일(금요일)

큰아들 지훈이네 짐이 들어왔다. 2톤 트럭 1대분이다. 이제야 지훈이 유학길에 오른다는 사실이 실감난다.

"너희들 돌아올 때까지 내가 살아서 너희들을 반갑게 맞을 수 있을까?"

언제나 희망적이고 긍정적인 아내가 오늘따라 왜 이런 심약한 말을 하는 것일까? 너무 충격적이다.

항암주사 맞은 지 5일째, 밥 한 톨, 물 한 모금 제대로 삼키지 못한다. 이런 어려움이 비관적인 생각을 갖게 하는지 모른다.

무의식중에 말을 하고는 '아차' 하는 느낌이 드는지 "나아서 너희들이 그곳에 사는 동안 꼭 가서 큰누나 유학시절처럼 행복한 시간 꼭 갖겠다"고 아이들을 위로했으나 아들은 엄마 가슴에 얼굴을 파묻고 한없이 오열한다.

7월 1일(일요일)

윤희네가 12년간의 미국 유학시절을 마감하고 두 아이의 엄마가 되어 돌아왔다. 사위와 함께 8월부터 싱가포르의 NTU 교수로 취임하기 위해 그곳으로 가면서 먼저 한국에 들른 것이다.

싼 항공료로 오기 위해 도중 여러 곳에서 갈아타는 싱가포르항공을 이용하느라고 무려 20여 시간이 걸렸다. 아내는 반포 집에서 쉬고, 나는 작은딸 윤정이와 함께 인천공항으로 마중을 갔다. 윤희는 공항대합실로 나오자마자 엄마 안부부터 묻는다. 날마다 전화했어도 제일 궁금한 것이 엄마인가 보다.

반포 집으로 달려온 윤희는 엄마를 끌어안고 한동안 떨어지지 않는다. 딸의 눈에도, 엄마의 눈에도 눈물이 흥건하다.

7월 2일(월요일)

지난 1주일 동안 거의 먹지 못해 예고 없이 주치의를 찾아갔다. 검사결과 백혈구 수치가 많이 떨어져 있다. 저녁 8시까지 무려 7시간에 걸쳐 백혈구 상승제, 식욕촉진제 등 여러 가지 주사를 맞았다. 좀 서둘러야 했는데, 하루하루 미루다 아내를 이 지경으로 만들어 놓았다고 생각하니 눈시울이 뜨거워진다.

떠나기 전에 엄마 옆에서 자고 싶어 큰아들 지훈이가 왔다. 아들은 성인이 돼도 엄마 품속에선 어린아이가 된다. 헬쑥해진 얼굴, 앙상한 손을 비비고 쓰다듬으며 응석을 부린다.

"엄마 빨리 나아 저희들 보러 오세요. 좋은 구경 시켜드리고 그 동안 못한 효도 잘 할게요."

"2년은 참 긴 시간이다. 그 사이 어떤 일이 일어날지 아무도 모른다. 더구나 엄마는 어려운 병을 앓고 있다. 너는 우리 집 종손이다. 아버지 잘 챙겨드리고 형제간 우애와 화목에 소홀함이 없게 하여라. 더 열심히 일하고, 성실하고 정직하게 살아라. 무엇보다 건강이 가장 중요하니 그 관리에 최선을 다하거라."

어머니와 아들의 이불 속 대화는 끝이 없다. 때로는 흐느끼고 때로는 격려하고 위로하며 한없이 이어간다.

7월 3일(화요일)

모레 미국으로 떠나는 지훈이네를 위해 집 근처 한 식당에서 조촐한 송별모임을 가졌다. 며느리, 사위, 손자, 손녀까지 우리 식구가 모두 모였다.

불과 몇 년 사이 12명의 대가족으로 번창해진 뜻 깊은 가족모임. 그러나 분위기는 좀 무겁고 착 가라앉았다. 장도를 빌기에 앞서 엄마의 쾌유를 비는 마음들이 더 엄숙하게 다가오기 때문이다. 분위기를 띄우려고 아내는 잘 웃고 음식들을 맛있게 먹으려고 애 쓰는 모습이다.

언제 준비해두었는지 핸드백 속에서 봉투 하나를 꺼내 며느리에게 건네준다. 여비에 보태 쓰라며. 아프지 않았으면 학비까지 도와주어야 하는데 안타깝다고 했다.

아내는 모레 공항에 못 나갈 것이라며 아들, 며느리를 껴안고 한동안 놓지 않았다. 손녀에게 뽀뽀해 주었다. 모두 눈물이 글썽하다. 잠깐의 헤어짐도 헤어짐은 언제나 슬프다.

7월 5일(목요일)

지훈이네가 떠나는 날. 윤희네 가족과 함께 인천공항에 나갔다. 지훈이는 이미 나와 짐을 부치느라 분주하다. 짐 가방을 너무 무겁게 싼 탓에 그 무게를 줄여야 한단다. 그 무게를 조정하느라 한바탕 전쟁을 치러야 했다. 그러느라 제대로 대화 한 번 하지 못한 채 떠나

보냈다. 아내가 나오지 않았기에 다행이다.

"아들이 잘 떠났느냐?", "손녀는 좋아하더냐?", "짐이 많지 않더냐?", "누구누구 나왔더냐?" 아내의 궁금증은 많기도 하다.

7월 10일(화요일)

병원 가는 날. 윤희네 등 온 가족이 함께 갔다. 오늘따라 유난히 환자가 많아 12시가 넘어서야 의사를 볼 수 있었다. 빈혈상태이고 백혈구는 표준 이하지만 수혈하거나 촉진제는 맞지 않아도 괜찮다는 의사의 진단이다. 무엇보다 피 주사 맞는 것을 가장 싫어하는 아내는 기쁜 표정을 감추지 못한다.

의사가 1팩(400cc)의 피 주사만 맞으면 좋겠다고 말하면 언제나 "잘 먹을게요. 피 주사는 안 맞을래요" 한다. 의사의 말이라면 철저히 따르고 지키는 아내이지만, 피 주사 권유는 잘 듣지 않는다. 심각한 경우가 아니면 의사도 아내의 요구를 대부분 들어준다.

작은아들 정훈은 형이 타다 물려준 자동차 명의를 제 이름으로 변경한 후 새 번호판을 달고 집에 왔다. 한번 시승하시라며 엄마와 가까운 곳을 드라이브했다. 엄마도 아들도 행복에 젖은 얼굴이다.

7월 16일(월요일)

윤희네가 싱가포르로 떠나는 날. 교수가 되어 외국대학의 강단에 선다는 것, 보람 있고 자랑스러운 일이다.

윤희네 가족들을 태우고 쏟아지는 비를 헤치며 인천공항에 갔다. 아내와는 압구정동 아파트단지 안 공원에서 헤어져야만 했다. 몸이 건강하다면 싱가포르에 함께 가 아이들이 정착할 때까지 도와주어야 직성이 풀릴 아내다. 그러나 지금은 공항에조차 못 가니 얼마나 마음이 쓰리랴.

"엄마, 이제 가요. 잘할게요. 빨리 나아 아빠와 함께 오세요."

윤희는 휴대폰으로 엄마께 작별을 고하고 울먹이며 출국장 안으로 사라졌다. 이들 모녀는 유난히 눈물이 많다. 어쩌면 오늘의 눈물은 더 진했을지도 모른다.

원래 오늘은 아내가 항암주사를 맞는 날이다. 그러나 빈혈과 백혈구 부족 등으로 1주일을 미뤘다. 항암주사를 되풀이해 맞다 보면 체력이 소모돼 그 주기를 맞추지 못하는 경우가 허다하다. 아내는 그 동안 잘 버텨줘 대부분 제때 주사를 맞았다. 아내의 강한 의지가 있기에 가능했다.

암과의 싸움은 고통과 인고의 머나먼 길이다. 그래서 암 치료에서 완치란 말을 의사들은 잘 쓰지 않는다. 혈액이나 영상검사에서 사라졌던 암세포가 어느 날 불쑥불쑥 나타나기 때문이다. 치료 후 5년이 경과할 때까지 암이 나타나지 않으면 대체로 극복한 것으로 간주하지만, 이때도 완치라고 단정하지는 않는다.

혼자 집을 지키던 아내. 그 표정이 한없이 쓸쓸해 보인다. 딸은 떠나갔고, 밖에는 비가 끝없이 쏟아지고 있으니 외로움과 서러움이 강물처럼 밀려오기 때문이리라.

7월 21일(토요일)

종일 아내는 집안에 머물렀다. 허리가 몹시 아프다고 호소한다. 왜 그럴까? 누워 있는 시간이 길어지고 운동하는 시간이 짧아져 그런 것일까? 아니면 자세가 나빠져 그런 것일까?

그러나 입맛은 많이 돌아왔다. 무엇이든 먹고 싶어한다. 안타까운 것은 겨우 음식을 먹기 시작하자마자 모레부터 또 항암치료를 받

254

아야 한다는 사실이다.

7월 23일(월요일)

3주 만에 맞는 항암주사를 이번엔 4주 만에 맞는다. 역시 통원주사 방법이다. 검사결과 주사를 맞을 수 있는 조건이 되어 항암제 처방이 나왔다. 지금까지의 약제 그대로다. 2가지 항암제와 3가지 영양제를 맞은 후 수액주사로 마무리했다.

아침에 들어와 긴 여름 해가 완전히 넘어간 뒤 병원 문을 나섰다. 하루에 끝내기엔 벅차고 무리인 것 같으나 아내는 병원에 오래 머물러 있지 않는 것을 무엇보다 좋아한다.

7월 24일(화요일)

당일로 끝내는 무리한 항암주사 탓인가. 먹지 못해 토할 것도 없는데 위액까지 토하고 얼굴이 퉁퉁 부었다. 기진맥진한 상태로 병원으로 데려가 오전 9시부터 오후 7시까지 무려 10시간에 걸쳐 링거와 영양제 등 여러 가지 주사를 맞았다.

해질 무렵 반포 집에 돌아왔다. 아내를 누이고 냉면 한 그릇 사와 갈증을 호소하는 아내에게 권했다. 몇 젓가락 먹고, 약간의 국물을 마셨다. 3일 만에 먹은 음식, 그러나 곧 토한다.

2007년 8월 4일(토요일)

항암주사 후유증은 점점 줄어든다. 그런대로 입맛이 돌아와 아귀집, 장어집, 삼계탕집을 순례하듯 찾아다닌다. 먹을 수 있을 때 골고루 먹어 두어야 하기 때문이다. 그리하여 암과 항암제가 빼앗아간 영양분과 기력을 되찾아야 한다.

또 CT를 찍고 혈액검사. 빈혈상태는 많이 호전됐으나 백혈구가 모자라 촉진제를 맞았다.

작은딸 윤정이 싱가포르로 떠났다. 방학기간 중 언니를 도와주기 위해서다. 폭우 속에 모녀를 차에 태우고 인천공항으로 갔다. 아내에게는 모처럼의 공항 나들이다. 기분전환이 되었으면 좋겠다.

아내의 창백한 얼굴에 홍조가 돈다. 쉬지 않고 퍼붓는 폭우가 무덥고 끈적끈적한 불쾌지수를 날려버린다. 싱가포르에 잘 도착했다는 딸의 전화를 받고서야 자리에 누웠다.

8월 7일(화요일)

지난번 찍은 CT상으로 가슴에 이상한 영상이 보인다. 또 가슴이 철렁 내려앉는다. 더러는 그런 음영이 나타날 수 있다며 그 부위를 한 번 더 CT 촬영을 해보자고 해 또 찍었다. 이렇게 CT를 연달아 찍어도 괜찮을까? 병을 고치기 위해 시행하는 각종 검사들이 또 다른 병을 유발하지는 않을까 두렵다.

아내는 어떤 음식이라도 먹으려고 애를 쓴다. 예전에 기름지다고 잘 먹지 않던 양곱창을 먹고, 징그러워하던 선짓국도 먹는다. 암이란 끈질긴 적과 싸워서 이기려면 체력이 뒷받침해 주어야 한다.

8월 13일(월요일)

항암주사를 맞는 날. 올 들어 지난 5월 15일에 시작한 약물투여는 오늘로 다섯 번째다. 오전 7시 30분부터 수액주사와 영양제 그리고 부작용 방지제를 맞고, 두 개의 항암제를 4시간에 걸쳐 맞았다. 이어서 수액주사, 긴 여름 해가 지고 어둠이 깃들 무렵 끝났다.

도중에 주치의가 주사실로 찾아왔다. 지난번에 찍은 CT에 나타난 가슴의 음영은 이번의 CT에는 나타나지 않았다고 알려주었다. 기쁘고 반가운 소식이다.

그 동안 먹었던 것 다 토한다. 짧은 평온의 시간은 끝나고, 긴 고난의 시간이 또 시작됐다.

8월 16일(목요일)

아내는 아직도 먹지 못한다. 영양제 주사와 수액 주사로 버티고 있다. 큰딸 윤희가 NTU에서의 첫 강의를 했다는 소식을 전해 줬다. NTU는 우리나라의 카이스트와 유사한 성격의 대학이다. 영국의 〈타임〉(The Times) 지의 세계 대학평가에서 26위에 오를 정도로 명문이다.

양곱창 집에 갔으나, 아내는 거의 먹지 못한다.

8월 18일(토요일)

여전히 먹지 못해 병원으로 달려가 구토방지제와 식욕을 촉진하는 주사를 맞았다. 윤정과 함께 수지 집으로 돌아오는 길에 순대를 사와 저녁식사를 대신했다.

암환자의 경우 동물성 음식을 피하고 채식 위주의 식생활을 해야 한다고 주장하는 사람들이 많다. 그러나 의사는 술 등을 제외하고는 무엇이든 가리지 말고 먹어야 한다고 말한다. 우리는 의사의 말을 따르기로 했다. 입맛이 돌아올 수 있는 음식을 필두로 장어, 오리고기, 닭고기, 양곱창, 생선 등도 가리지 않고 먹는다. 약이라고 생각하고 먹는다.

8월 28일(화요일)

처서가 지났는데도 더위는 우리를 괴롭힌다. 혈액검사 결과 약간의 빈혈기가 있으나 예정대로 9월 3일 항암주사를 맞는 데는 문제가 없을 것 같다는 주치의의 말이다.

병원에 가는 날은 피 뽑는 날이다. 의사를 만나기 1시간 이전에 반드시 피를 뽑아야 한다. 검사항목에 따라 그 양이 다르나 30cc는 넘는 것 같다.

그 동안 참석하지 못했던 동네모임에 모처럼 나갔다. 네 쌍의 부부가 불고기집에 모였다. 아내에게 영양보충을 시켜주려고 작심한 듯하다. 맛있게 먹고 웃고 떠들고, 적어도 이 순간만은 모든 것을 잊는다.

8월 31일(금요일)

약물치료 전에 하는 혈액검사와 가슴 엑스레이, 심전도 검사 등을 받았다. 빈혈 증세는 여전하고, 백혈구가 더 떨어진 상태다.

검사 상으로는 빈혈이지만, 아내의 컨디션은 어느 때보다 좋은 편이다. 문득문득 3일 후에 약물주사를 맞아야 한다는 생각이 떠오르는 것을 제외하고는 살맛 나는 요즈음이다.

아내는 빵 한 조각, 귤 한 개, 토마토 한 개, 멜론 한 조각, 낫토 한 접시, 이런 것들로 아침을 대신했다. 점심엔 추어탕, 저녁엔 된장찌개와 나물, 그리고 밥 한 공기를 먹었다. 약물치료를 앞둔 환자로선 빈약한 식사다.

어제까지 무덥던 날씨가 하루 사이 서늘해져 밤에는 창문을 닫아야 할 정도다. 세월이 빠르게 스쳐가는 소리가 들려온다.

9월 3일(월요일)

가을이 왔다. 길고 지루했던 여름과 함께 고통과 질곡의 시간은
가고, 치유와 건강의 계절이여, 어서 오라.

아침 일찍 병원에 나와 혈액검사 등을 또 했다. 약물을 투여해도
괜찮은 수준의 결과가 나왔다. 여섯 번째 항암제를 맞기 위해 수액
주사를 맞기 시작하자, 아내는 토했다. 언제나 병실이나 주사실에
만 들어오면 매스꺼운 증상이 조건반사적으로 일어난다. 약물의 고
통이 뇌리에 깊이 박혀 있기 때문이리라. 내내 구역질을 계속하며
그 지긋지긋한 약물주사를 끝냈다.

일단 4개월에 걸친 고난의 순간들은 끝났다. 이 끝이 영원한 끝으
로 이어지길 빌며 어둑어둑해진 언덕길을 넘어 반포 집으로 돌아왔
다. 아내는 계속 토하고 괴로워한다. 이럴 때 어떻게 하여야 하는
가? 이번으로 이 고통의 행군을 끝내게 해주소서.

9월 4일(화요일)

어제에 이어 또 병원에 갔다. 먹지 못하니 영양제도 맞고, 항암제
의 독소를 씻어내기 위한 수액을 더 주사하기 위해서다.

구토가 너무 심해 아내는 화장실에 드나들며 지난밤을 거의 뜬눈
으로 지새웠다. 약물투여 횟수가 늘어날수록 고통과 구토 증세는
더욱 심해지고 있다.

9월 11일(화요일)

1주일 사이 몸 상태는 조금씩 좋아져 음식물을 약간씩 먹는다. 세
끼 사이사이 과일도 먹고 차도 마신다. 집안에 밝은 기운이 돌기 시
작했다. 혈액검사 결과 약간의 빈혈 증세가 있으나, 다른 지수는 모

두 좋았다.

9월 15일(토요일)

나의 양력 생일. 양력과 음력 두 번 생일축하를 받는다. 양력은 아이들로부터, 음력은 아내로부터 마치 이중과세하듯 생일축하를 받는다. 약간은 겸연쩍지만, 축하할 날이 많으면 그만큼 기쁘고 좋은 일이다.

아이들이 축하 자리를 마련했다.

"어머니 간병하시느라고 너무 고생이 많으셨습니다."

아내도 한마디 거든다.

"너희 아버지 고생하시는 것 너희들은 속속들이 잘 모른다. 언제나 내 곁에서 작은 움직임이나 신음에도 깜짝 깜짝 놀라 일어나신다."

"나 나으면 천 배 만 배 갚아 드릴게요."

태풍이 몰려온다기에 텃밭을 돌아보았다. 그 동안 거의 돌보지 못했더니 달팽이와 벌레들이 여린 잎들을 파먹어 그물처럼 만들어 놓았다. 농약을 치지 않은 이 작은 공간, 벌레들의 천국이다.

9월 18일(화요일)

태풍이 남해안을 휩쓸어 수확을 앞둔 황금들판을 쑥대밭으로 만들어 놓았다. 최대의 명절, 추석이 코앞인데, 하늘이 너무 잔인하다. 병원에 가는 길, 퍼 붓는 비 때문에 체증이 심해 평소 30~40분 거리가 2시간 가까이 걸렸다.

조마조마한 마음으로 주치의의 표정을 살폈다.

"모두 좋군요. 2주 후에 오세요."

아내의 얼굴이 환하게 밝아졌다.

항암주사를 맞고 나면 1주일에 두세 번은 기본이고, 어떤 때는 네댓 번씩 병원에 드나든다. "2주 후에 오세요"는 더없는 복음이요 기쁨이다.

9월 25일(화요일)

하늘은 더 높아가고, 스치는 바람은 상쾌하다. 너른 들녘에서는 황금물결이 일렁거린다. 투병 중 네 번째 맞는 추석이다. 아내는 며칠 전부터 추석준비를 하느라 제대로 자리에 앉지 못했다. 조촐하지만 조상님의 차례를 정성껏 모셨다.

9월 30일(일요일)

가을비가 주룩주룩 하루 종일 내린다. 비 온 후 싸늘한 바람이 불어오면 나뭇잎들은 흙으로 돌아갈 것이다. 계절 탓인가? 집안이 좀 쓸쓸하다.

지난 나흘 동안 우리는 아무 데도 가지 않고 집에서 보냈다. 아내는 손자들의 털모자와, 딸과 며느리에게 줄 목도리를 뜨고 가끔 피아노를 쳤다. 잠자는 시간을 제외하고는 열심히 움직인다.

퇴원, 기적, 그리고 싱가포르 여행까지

10월 2일(화요일)

2주 만에 병원에 갔다. 검사결과 모두 좋게 나왔다. 1주 후에 전화로 상담하고, 3주 후에 오라고 한다. 병원 문을 나서는 발걸음이 어느 때보다 가볍다.

기력이 없어 중단했던 산 오르기를 다시 시작했다. 산 중턱 벤치에 앉아 맑고 시원한 공기를 뼛속까지 스며들도록 깊게 마시고, 바야흐로 붉게 물들어 가는 가을을 가슴에 담았다.

달빛이 은은하다. 아내의 잠든 모습이 아름답고 평화롭다. 눈물이 핑 돈다. 지난여름 숱한 고비를 넘나들었던 아내, 지금 내 앞에 편하게 잠들어 있으니 감격과 희열의 눈물이 가슴을 적신다.

10월 6일(토요일)

10월이 오니 결혼식이 하루에 두세 건씩 겹칠 정도로 많아졌다. 몇 년 전 세상을 떠난 친구 딸 결혼식에 아내와 함께 갔다.

아내 친구이기도 한 그의 부인이 아내 손을 붙잡고 눈물을 흘린다. 가슴이 찡하다. 이런 좋은 날에는 부부가 함께 기쁨과 행복을 누려야 한다. 그렇지 못하면 경사스런 날이 눈물의 날이 된다.

아내는 운전면허 갱신기간이 지났다고 날마다 걱정이다. 투병하느라 미처 챙기지 못해 그 기간을 놓쳤다. 아내처럼 특별한 사유가

262

있으면 기간이 지나도 면허를 살리는 길이 있을 것이라고 아내를 안심시켰다. 다음 주에는 어떤 일이 있어도 아내의 새 면허증을 받도록 해야겠다.

10월 9일(화요일)

전화로 아내의 검사결과를 확인하고 상담하는 날이다. 그 시간이 가까워 오자 또 가슴은 뛰고 불안감이 몰려왔다. 전화가 연결되고, 주치의의 음성이 들려왔다.

"모두 좋습니다. 암 지수는 37, 정상으로 떨어졌고요…."

아내의 얼굴이 환하게 밝아지고 행복의 물결이 잔잔하게 밀려온다. 아내를 혼자 두고도 가볍게 집을 나설 수 있어 행복한 날. 혈압을 체크하기 위해 메디컬센터에 나갔다. 점심에 반주로 마신 술냄새를 풍기며 의사 앞에 앉았다. 마음씨 좋은 유 박사가 빙그레 웃는다. "80에 130, 아주 좋습니다."

기분이 좋으면 모든 것이 좋은 것이다. 하늘은 더없이 푸르고 바람은 감미롭다.

10월 23일(화요일)

지난 9일 전화로 상담한 후 2주 만에 병원에 갔다.

"약간의 빈혈(9.5) 증세는 있으나 다른 수치는 모두 좋습니다. 잘 드셔야 빈혈을 극복할 수 있으니 골고루 많이 잡수세요. 11월 13일에 CT 촬영하고, 11월 20일 내게로 오세요."

4주 후에 의사를 만나게 되다니 기적 같은 일이다. 고통과 절망의 긴 터널을 서서히 빠져 나오고 있는 듯한 기분이다.

한 달에 한 번씩 만나는 멤버 중 한 사람인 류선호, 그분은 지금 일본에서 인기 절정인 탤런트 류시원의 아버지다. 건강하고 아직 갈 나이가 아닌데 밤사이 갑자기 타계했다. 아무도 없는 집에서 외롭게 먼 나라로 떠났다. 그래서 그의 운명날짜나 시간도 정확히 모른다. 죽음은 어느 날 갑자기 찾아온다. 인생은 덧없고 허무한 것이다. 문상을 다녀왔다.

가을이 깊어간다. 희망이 있어 우리는 모진 세월을 견디며 열심히 살아간다.

지난해 겨울 고구마를 다듬으며 잘라버린 것들을 거름이 될 것 같아 고무나무 화분 흙 속에 파묻었더니 거기서 몇 줄기 고구마 순이 돋아났다. 지난봄 그것을 잘라 텃밭에 아무렇게나 꽂았다. 거기서 뿌리가 나와 줄기와 잎이 여름을 거치며 무성해졌다. 넝쿨을 걷어내고 호미로 조심스럽게 흙을 파냈다. 놀랍게도 주먹보다 큰 것에서부터 엄지손가락만 한 것 등 고구마가 수없이 쏟아져 나왔다. 쇼핑백 하나를 그득 채웠다.

자연은 버린 껍질에서도 생명의 씨를 찾아내 이렇듯 풍성한 생명들을 만들어냈다. 아내의 몸속에서도 이런 기적이 반드시 일어날 것이다.

10월 27일(토요일)

아내는 하루 종일 분주하다. 고향에서 보내준 햇고춧가루로 고추장을 담그고, 텃밭에서 뽑아온 무를 썰어 깍두기도 담갔다. 종일 잠시도 앉지 않았으나 지친 기색이 조금도 없다. 희망은 힘을 치솟게 하고 기적을 낳게 한다.

햇볕은 날마다 조금씩 집안 깊숙한 곳에까지 들어와 구석구석을 비추어 준다. 그래서 집안은 더욱 환하고 생동감이 넘친다.

밤이 되니 티 하나 없이 환한 보름달빛이 또 방안에 가득하다. 더 없이 밝고 평온한 오늘이다.

11월 1일(목요일)

아침저녁으로 서늘하고 서리도 내린다. 어딘가 떠나고 싶은 생각이 나는 오늘, 이웃들과 함께 서해안 소래포구로 달려갔다.

평일인데도 사람들이 붐비고, 차량이 꽉 차 주차하느라고 애를 먹었다. 펄펄 뛰는 광어 큰 놈 하나 사고, 덤으로 주는 해삼, 멍게와 새우를 들고 회를 떠주는 2층으로 올라갔다. 포식하고 소주 몇 잔 마셨다.

바다는 언제나 우리에게 가슴을 활짝 열게 한다. 아내가 더없이 기뻐하니 더욱 그렇다.

요즈음은 날마다 아내 손을 잡고 소실봉에 오른다. 오르내리는 코스가 조금씩 길어지고, 걷는 속도는 점점 빨라진다. 중간에 한두 번 쉴 뿐 쉬는 빈도도 많이 줄었다. 아내의 회복속도가 빨라지는 만큼 우리의 행복지수도 위로, 위로 올라간다.

11월 5일(월요일)

오후 내내 텃밭에 마늘을 심었다. 이웃 신아 어머니가 양파 모종 백 개를 주어 부랴부랴 그것도 심었다. 아내는 커피를 끓여 보온병에 담고 케이크와 과일을 갖고 나왔다. 마늘을 덮을 비닐을 밭이랑에 깔고 앉아 아내 신아 엄마와 함께 커피를 마시고 과일을 먹었다.

가을 햇볕을 받아 따뜻해진 흙내음과 함께 진한 행복의 기운이 솟아올랐다. 장엄한 노을을 남기고 태양이 광교산 너머로 사라져 갈 때까지 우리는 마늘과 양파를 심었다. 그리고 지천으로 쌓여 있는 낙엽을 날라다 이랑에 깔고, 그 위에 검은색 비닐을 씌웠다.

오늘 우리가 심은 이 양파와 마늘은 칼바람 몰아치는 혹한의 계절을 견뎌내고 봄이 오면 가냘픈 머리를 내밀 것이다. 그리고 아내는 손뼉을 치며 환하게 웃을 것이다.

'밀레의 만종' 그 은은한 종소리가 깊은 영혼의 계곡에 울려 퍼진다.

11월 10일(토요일)

산에 오르는 사람들은 계절을 가리지 않는다. 계절마다 특색이 있고, 매력이 있기 때문이다. 그러나 나는 가을산이 더욱 좋다. 활엽수들이 벌거벗은 상태라 더 먼 곳을 바라볼 수 있어 좋고, 낙엽 밟는 소리가 좋다. 잎을 떨군 나무 사이로 윙윙거리며 스쳐가는 바람이 좋고, 더욱 파래진 하늘이 좋다. 때로는 애잔한 풀벌레들의 노래도 좋다.

바람이 모아준 가랑잎 위에 배낭을 베고 누워보라. 지난날들을 돌아보게 하고, 남은 날들을 생각게 한다. 모든 것 털어버리고, 살면서 받아온 빚들을 돌려주어야 한다는 마음의 소리도 들린다. 우수에 영혼을 젖게 하는 가을산은 종교보다 위대하다. 그래서 나는 가을산을 좋아한다.

경북 문경에 있는 대미산에 올랐다. 능선이 깊고, 이름처럼 크고 아름다운 산이다. 가을산에 오르니 아내 생각이 더 나 전화를 걸었다. 아내의 낭랑한 목소리가 들려왔다. "오늘은 아이들 모두 왔고, 자고 간다니 서둘지 마시고 여유 있게 산행 잘하세요."

걷고 걸어도 끝없이 펼쳐진 능선이 이어졌다. 좀 빠른 걸음으로 걷다 보니 각각 다른 능선으로 두 팀으로 나누어졌다. 공교롭게도 우리는 술만 짊어지고 올라왔고, 음식은 다른 팀이 챙겼다. 다시 합류할 수 없을 만큼 멀리 떨어졌기에 우리는 술로 허기진 배를 채웠다. 빈속에 소주를 마시니 모두 취했다.

헛소리들을 하며 서로 만나기로 한 산속의 사과농장 쪽으로 달려갔다. 잠시 후 그들도 왔다. 술 취해 해롱해롱하는 우리를 보고 그들은 왜 술을 다 마셔버렸느냐고 난리였다. 우리는 우리대로 왜 우리몫 음식까지 먹어 치웠느냐고 고래고래 소리를 질렀다. 그리고는 한바탕 웃어댔다.

사과농장에는 빨간 사과가 주렁주렁 달려 있다. 때마침 주말이라 출타한 가족들이 돌아와 탐스런 사과를 수확하고 있었다. 인심 좋은 농부는 맛보라고 사과를 하나씩 따주었다. 옷에 쓱쓱 문질러 깨문 사과, 그 맛을 표현할 말이 생각나지 않는다. 이럴 때 환상적이란 말을 쓰는가.

한 상자씩 배낭에 담아오기 힘들 것 같아 다섯 상자를 사서 8명이 나누었다. 농부는 덤으로 사과를 더 주어 배낭이 넘쳤다. 맛있고 싱싱한 사과를 시장의 절반 값에 샀다. 아내가 맛있게 먹을 것이란 생각을 하니 그 즐거움은 더 크고 설렌다.

밤늦게 집에 돌아왔다. 아내와 아이들이 그때까지 자리에 들지 않고 나를 기다리고 있다. 배낭에서 꺼낸 사과가 바구니에 그득하다. 한밤중에 사과파티가 벌어졌다.

11월 13일(화요일)

CT 찍는 날, 일찍 병원에 갔다. 먼저 혈액을 채취하고, 일반적인 가슴 사진을 찍었다. 그리고 조영제 주사를 맞고 육중한 기계 위에 올랐다.

이런 과정을 헤아릴 수 없이 많이 거쳤지만, 가슴은 뛰고 긴장된다. 암세포가 모두 소멸된 결과가 나오기를 빌며 CT실 밖 로비를 끝없이 맴돌았다. 지루한 시간이 지난 후 아내는 지친 모습으로 내 앞에 다가왔다.

공기는 상큼하지만, 썰렁해 온도를 좀 올리고 아내와 마주보고 앉았다. 아내가 좋아하는 쇼팽의 피아노 협주곡 선율이 잔잔하게 흐르고 때마침 초승달이 앞산 위로 떠오른다. 아내의 얼굴은 달빛을 닮았다. 파리하고 창백하다. 가을의 우수가 밀려오는 까닭이다.

"CT 찍는 일이 오늘로 마지막이 되게 하소서."

11월 17일(토요일)

가을을 제대로 느끼기도 전에 가을은 떠나려 한다. 무성했던 나무들은 잎들을 모두 털어버리고 쌀쌀한 바람을 맞고 있다.

영하의 추위가 몰려온다기에 아내와 함께 텃밭에 나갔다. 수시로 뽑아다 먹고 이웃에 나누어 주었는데도 아직 무가 많이 남아 있다. 이들을 얼기 전에 거두어야 한다. 밭 한쪽에 깊이 1m가 넘게 구덩이를 파고 70여 개를 묻었다. 필요할 때마다 꺼내면 제철처럼 싱싱한 무를 먹을 수 있다.

아내 일거리가 또 많아졌다. 무청을 두 개의 솥에 연달아 삶아 베란다에 길게 늘어놓은 줄에 주렁주렁 널었다. 구수한 냄새가 온 집 안에 가득하다. 그 옛날 시골집에선 큰 가마솥에 쇠죽을 날마다 끓였다. 그 냄새의 추억이 오늘 되살아난다.

아내는 밤늦게까지 잠시도 앉지 않고 시래기 너는 일을 계속했다. 그래도 즐거운가 보다. 불과 얼마 전까지 항암제를 맞던 그 아내가 말이다.

268

11월 20일(화요일)

오전 11시 드디어 주치의의 입이 열렸다.

"아! 좋군요. 두 달 후에 오세요. 그리고 해외여행을 하셔도 좋고요."

오! 부처님, 조상님, 고맙습니다. 희망과 행복과 환희의 순간이 이렇게 찾아왔다. 아내의 손을 꼭 잡고 병원을 나섰다. 쌀쌀한 바람이 몰아쳐도 가슴과 영혼은 훈훈하게 달아오른다. 이제 딸과 손자들을 보러 싱가포르에 갈 수 있게 됐고, 당장 고향길에 오를 수 있게 됐다. 아내의 표정은 밝고 생기가 넘친다.

아이들에게 이 기쁜 소식을 전했다. 그리고 당장 싱가포르에 갈 비행기표를 예약하라고 작은딸에게 부탁했다.

11월 24일(토요일)

이상한 초겨울 날이다. 종일 번개가 번쩍거리고 천둥소리가 요란하다. 찬비도 세차게 내린다. 몇 개 남겨두었던 나뭇잎들도 모두 쓸어가 버렸다. 그래도 우리 집안은 아늑하고 온기가 넘친다. 아내는 딸을 보러 가게 되어 무엇보다 기뻐한다. 한 달 후 떠날 예정이지만, 벌써부터 들떠 있다. 딸에게 가지고 갈 전기밥솥을 사오고, 손자들에게 줄 색종이와 동화책들도 사놓았다.

요즘 며칠 동안은 비 오고 가끔 눈도 뿌려 산에 오르고 공원을 도는 바깥 운동을 하지 못하고 있다. 그러나 아내는 집안에서 하루 종일 바쁘게 움직이고 있다. 한파가 몰려온다기에 뽑아다 놓은 그 많은 배추를 씻고 절여 김치를 담갔다. 연중행사 중 가장 힘들고 큰일인 김장을 이렇게 해서 모두 끝냈다. 병원에 드나드느라 못했던 일을 불과 며칠 사이에 다 해치운 것이다.

과로하지 말라고 아무리 말해도 소용이 없다. 계속 일을 찾아낸다. 내일부터는 커튼을 빨겠다며 거실 것부터 걷어달란다. 먼지와 때 모두 털어내고 씻어내고 새해를 맞아야 한다며.

활기찬 아내, 즐거운 아내에게 행복이 빠른 걸음으로 달려오고 있다.

11월 29일(목요일)

고향 가는 날. 봄날처럼 따사로운 햇볕이 누리에 가득하다. 10시에 집을 나섰다. 고속도로를 지날 때 9년째 타고 다니는 아내의 승용차가 8만 km를 넘어섰다. 중국 사람들은 8자를 가장 좋아한다는데, 우리도 8만이란 숫자에 의미를 부여하며 앞으로의 행로가 행복의 길이 될 것이라고 기대한다.

금산 인삼랜드 휴게소에 들러 인삼차를 한 잔씩 마셨다. 높은 산 위쪽에는 흰 눈이 덮여 있고, 쪽빛 하늘 위로 한 덩어리의 흰 구름이 떠간다. 아내의 머리카락도 숏커트한 정도로 보기 좋게 자랐다. 불그스름하게 상기된 얼굴이 아름답다.

진주에 도착하니 오후 2시가 조금 넘었다. 부모님 산소에 갔다. 아내가 마련해간 음식을 차리고, 술을 올리고, 인사를 드렸다. 아내는 무릎을 꿇고 앉아 빌었다. 표정이 너무 진지하고 경건했다.

한줄기 서늘한 바람이 대나무 숲을 스치며 지나간다. 댓잎의 작은 속삭임들이 인자하신 어머니의 목소리 같다.

12월 1일(토요일)

고향 나들이 3일째. 그 동안 못 갔던 곳, 못 보았던 곳을 모두 둘러보려는지 아내는 열심히 이곳저곳 들렀다. 먼 친척들도 찾아보고, 절에도 가고, 내가 태어났던 곳에도 갔다. 진주 중앙시장 안에 있는 유명한 비빔밥집에도 들러 오래 전부터 먹어보고 싶어했던 비빔밥도 먹어보았다. 강낭콩보다 푸르다는 남강 물, 이제는 그 상류에 댐이 생기고 그 주변에 높은 아파트들이 줄줄이 들어서 그 정취는 옛 같지 않지만, 그 물길을 따라 걷기도 했다.

지난봄에 와보았던 진양댐에 또 들렀다. 남강을 막아 지리산, 덕유산 등에서 흘러온 물들을 가두어놓은 거대한 댐. 강낭콩보다 푸른 물은 그곳에 있었다. 가을날 고요가 담긴 호수의 푸른 물이 태양의 각도에 따라 수십 가지 수백 가지 색깔로 변한다. 눈이 시리도록 파란 물이 어느 순간 은빛으로 반짝이더니 황금빛으로, 또 장엄한 붉은빛으로 변했다. 태양이 지리산 자락으로 모습을 감추자 빛의 향연은 끝나고 적막이 넓은 호수를 덮는다. 물새들도 제집으로 날아가고, 불쑥불쑥 수면 위로 솟구쳐 오르던 물고기들도 깊은 물속에 잠긴 듯 자맥질을 멈추었다.

인생도 이렇듯 빠른 속도로 시시각각 변할 것이다. 생명의 잔고가 쑥쑥 빠져 나가고 있을 것이다. 오늘이 마지막 날이라 생각하고 착하게 열심히 살라고 가르친 성현들의 말씀들을 되새기게 하는 호숫가의 해거름이다.

언제나 고요한 이 호숫가에 오면 나는 운명론자가 되고 허무주의자가 된다. 때로는 숙연해지고 끝없는 멜랑콜리가 밀려온다. 오늘은 그 지수가 더 높아졌다. 그래서 가슴이 저며 오고 눈시울이 뜨거워진다.

아내의 손이 차다. 살며시 잡아 점퍼 호주머니에 넣고 벤치에서 일어나 가로등이 밝아진 호숫가 오솔길을 천천히 걸어 내려왔다.

많이 걷고, 신선한 공기를 한없이 들이마셨으니 오늘밤 아내는 깊은 잠을 이룰 수 있을 것이다.

12월 3일(월요일)

4박 5일간의 고향 나들이가 꿈결같이 지나갔다. 아내는 깊은 잠을 못 자는 것을 빼고는 모든 생활이 거의 정상 수준에 올랐다. 잘 먹고, 잘 걷고, 잘 웃고 주변 사람들을 즐겁게 해주고, 편하게 해준다.

누나는 우리가 떠난다고 진주중앙시장에 가서 온갖 것을 다 사왔다. 낙지, 문어, 가오리, 대구, 톳…. 그리고 직접 농사지은 배추, 감, 석류, 콩, 조, 갓, 현미 등을 승용차 트렁크가 넘쳐 뒷자리에까지 실었다. 누나는 친정에 갔다가 돌아가는 딸에게 무엇이든 싸주지 못해 안달하는 친정어머니 같다. 고속도로는 텅텅 비어 3시간 반 만에 집에 돌아왔다. 많이 느끼고, 많은 것을 생각게 한 고향 나들이였다.

싱가포르 딸한테서 기쁜 소식이 왔다. 정식으로 조교수 발령이 났고, 연봉은 싱가포르 달러로 10만 달러 정도라고 했다. 아담한 연구실도 있고, 연구비도 청구하는 대로 나온단다. 연구환경이나 조건도 우리나라와는 비교가 되지 않을 정도로 좋단다. 아내의 오랜 꿈이 드디어 이루어진 것이다. 이제 딸을 만날 행복의 날이 우리를 기다리고 있다.

그런데 이미 2주 전에 예약해 놓은 티켓이 나오지 않고 있다. 연말연시를 끼고 있어 싱가포르로 가는 모든 항공사의 표가 오래 전에 매진되어서 취소하는 사람이 있는지 더 기다려 보아야 한단다. 항공사 친구들을 통해 사정도 해보았으나, 좀더 기다려 보라는 연락뿐이다. 마지막으로 옛 직장후배에게 부탁했다. 아내를 실망시켜서는 안 된다. 어떤 일이 있어도 싱가포르행 티켓을 확보해야 한다.

12월 7일(금요일)

제법 많은 눈이 내려 집 앞 소실봉에 하얗게 쌓였다. 아내는 점심에, 나는 저녁에 각각 모임이 있다. 길 위의 눈이 모두 녹아 진흙탕으로 변했다. 아내 모임장소인 대치동까지 태워주고, 나는 딸을 만나 점심을 함께 했다. "엄마 돌보시느라 고생하신다"며 한사코 점심값을 내겠단다.

어찌 내 뿐이랴, 아이들은 엄마를 위해 모든 것을 다 바친다. 사랑과 정성으로 엄마를 돌보고 눈물겹도록 헌신적이다. 엄마가 암 선고를 받았을 때 작은딸은 직장까지 그만두고 24시간 엄마 곁을 떠나지 않았다. 작은아들은 엄마가 병실에 있을 때면 출근 전에 문안을 드리고, 퇴근할 때에는 엄마가 먹을 만한 음식을 사 들고 들렀다. 외국에 나가 있는 큰딸은 하루에도 서너 번 전화를 걸어 엄마 목소리를 듣는다. 큰아들도 한두 번은 꼭 전화를 한다. 전화값 많이 나온다고 1주일에 한 번씩만 하라고 해도 듣지 않는다.

암과의 싸움은 당사자만의 싸움이 아니다. 온 가족이 함께 아파하고 함께 싸워야 한다. 똘똘 뭉쳐 애정과 사랑을 쏟아 부어야 한다. 자칫 심약해지기 쉬운 당사자에게 희망과 용기를 잃지 않도록 버팀목이 되어주어야 한다. 애정 어린 눈빛, 따뜻한 손길, 의지와 신념의 몸짓을 보내주어야 한다. 우울해지거나 좌절의 틈새를 주어서는 결코 안 된다.

우리는 암과의 싸움에서 반드시 이길 것이다. 그리하여 사랑하는 아내, 인자한 엄마와 함께 행복의 행진을 오래오래 이어갈 것이다.

12월 14일(금요일)

드디어 비행기 티켓이 손에 들어왔다. 없다던 비행기 좌석이 생긴 것이다. 역시 신문사 힘이 세구나. 후배에게 큰 신세를 졌다.

가는 것은 이코노미 클래스, 오는 것은 프레스티지 클래스다. 그동안 쌓아 놓았던 마일리지를 써먹었다.

금년 내로 가지 못할까봐 마음 졸였던 아내가 무엇보다 좋아한다. 딸이 싱가포르로 가자마자 무척이나 가고 싶어했던 아내, 이제야 그 뜻을 이루게 됐다.

각각 점심과 저녁 약속이 있어 아내와 함께 서울로 나왔다. 연말이 되니 모임이 많아졌다. 아내가 많이 좋아져 이런 모임에도 참석할 수 있게 된 것, 기쁘고 행복하다. 모임에서 은근한 자랑과 함께 싱가포르에 간다고 했더니 모두들 부러워한다. 특히 아내가 좋아져 해외나들이까지 하게 됐다고 모두들 손을 내밀어 진심이 담긴 축하를 해주었다. 기분 좋은 날이다.

12월 19일(수요일)

대통령 선거 날이다. 선거는 초저녁에 이미 결판이 났다. 생각이 비슷한 동네사람들끼리 술판을 벌였다. 술판의 한 몫은 내일 우리 내외가 딸을 보러 싱가포르로 떠나는 '축 장도'(祝 壯途)의 뜻도 포함돼 있었다. 마시고 떠들고 유쾌한 밤이었다. 우리는 보고 싶었던 딸과 사위 손자들을 내일 만날 수 있다는 설렘까지 상승작용을 하여 기쁨의 밀도는 더 높았다.

밤늦게 집에 돌아왔다. TV에선 시시각각 개표결과를 보여주고 있다. 결과를 알고 보는 것이지만, 손에 땀은 쥐게 할 정도로 흥미진진하다. TV에서 눈을 뗄 수가 없다.

대충대충 짐을 챙기고 자리에 누웠으나 아내도 나도 잠들지 못한다. 내일 떠난다는 것이 기적 같고 꿈만 같다.

12월 20일(목요일)

　아내와 함께 외국으로 떠나는 여행은 5년 만이다. 큰딸 윤희가 학위를 받은 후 필라델피아에 있는 펜실베이니아대학(U-Penn)에서 연구원으로 있을 때였다. 외손자 출산을 앞둔 2002년 7월 첫손자를 보게 되는 설렘으로 태평양을 건넜다. 그 뒤 청천벽력 같은 암 선고, 그리고 힘들고 고통스런 긴 투병생활, 해외여행은 꿈도 꾸지 못했다. 그래서 오늘 나들이는 기적 같은 일이다.

　인천공항에서 오후 4시에 떠나는 대한항공에 올랐다. 연말이기 때문인지 비행기 좌석이 꽉 찼다. 하늘은 더 없이 푸르고 더 높았다. 오늘 아내 손을 잡고 이제 교수가 된 딸과 사위, 손자들을 보러 가는 감회는 과거 어느 해외나들이보다 진하고 깊은 것이다.

　어느새 우주는 캄캄해져 별들이 더욱 빛난다. 1만여m 아래 남지나해, 작은 등불 같은 배들이 떠간다. 아내는 눈을 감고 상념에 잠겼다. 죽을 고비를 몇 번씩 넘기고 딸을 찾아가는 길이기에 어찌 깊은 소회가 없으랴.

　여섯 시간의 비행 끝에 싱가포르 창이국제공항에 도착했다. 남국의 열기가 물씬하다. 마침내 보고 싶었던 얼굴들 딸, 사위, 손자들을 얼싸 안았다. 아내는 딸을 부둥켜안고 감격과 기쁨의 눈물을 흘린다. 사위가 운전하는 승용차를 타고 가로수 우거진 고속도로를 1시간 정도 달려 야자나무 숲속의 하얀 집, 딸네가 사는 교수아파트에 도착했다.

　밤늦게까지 손자들의 재롱을 보며 만남의 기쁨을 누렸다. 자정을 훨씬 넘기고서야 잠자리에 들었다.

　하늘이 맑은 탓인가. 남국의 별이 유난히 크고 밝다.

12월 21일(금요일)

끼룩 끼룩 끼이이익 끼이이익, 이상한 새소리에 잠을 깨었다. 싱그러운 야자나무 긴 가지가 바람에 흔들리고, 한바탕 스콜이 퍼붓고 지나간다. 와자지껄 손자놈들도 모두 깨었다. 큰손자는 싱가포르 미국학교(SAS)의 예비과정(유치원)에 스쿨버스를 태워 보내고, 작은손자는 NTU 교직원을 위한 유치원(일종의 탁아소)에 갔다.

아내와 나는 딸과 사위를 따라 그들이 근무하는 NTU에 갔다. 먼저 딸의 연구실에 들렀다. 연구실 문에는 'Dr. Yoonhee KANG'이란 팻말과 딸의 사진이 붙어 있다. 아내는 손으로 명패를 쓰다듬으며 감격해 한다. 그의 오랜 소원이 마침내 이루어져 손끝에 와 닿은 순간이었다.

그곳에서 약간 떨어져 있는 사위의 연구실에도 들렀다. 거기도 명패와 사진이 붙어 있다. 부부가 같은 대학에서 연구하고 강의한다는 것은 축복이다.

대학캠퍼스, 4~5층 나지막한 건물들이 출렁거리는 열대의 밀림 속에 도열해 있다. 거대한 숲이요, 정원이다. 싱가포르가 비록 작은 나라지만, 교육이라는 면에서는 큰 나라다. 두 개의 국립대학이 세계대학 랭킹 30위 안에 든다. 우리나라 서울대가 50위권에 들 뿐, 그 많은 대학들은 600위권 밖이다.

오후엔 오키드 가든(난 식물원)에 갔다. 이 세상의 모든 난들이 다 모아져 아름다운 자태를 뽐내고 있다. 천국에 정원이 있다면 아마도 이럴 것이다.

공원에서 나와 말레이반도와 이어지는 다리가 놓여 있는 바닷가 음식점의 전망 좋은 방에서 바다가재 등 요리를 즐겼다. 아내는 몸이 다 나으면 저 다리를 건너 말레이시아를 거쳐 태국, 미얀마, 방

글라데시, 네팔, 히말라야 언저리까지 고행의 순례길 같은 긴 여행을 한번 해보고 싶다고 했다.

비행기 타고, 배 타고, 기차 타고, 자동차 타고, 때로는 걷기도 하는 길고 어려운 구도자의 여행, 반드시 떠나자고 약속했다.

12월 22일(토요일)

열대의 새벽은 신비롭고 환상적이다. 출렁거리는 밀림의 바다에 비단결 같은 안개가 자욱하게 깔려 있다. 새소리, 벌레소리, 바람소리, 싱싱한 수풀의 내음, 은은한 꽃들의 향기, 모락모락 솟아나는 땅의 열기가 이방인의 오감을 흠뻑 적신다. 아내와 나는 살그머니 밖으로 나와 여명의 밀림 속 오솔길을 걷는다.

야자수와 바나나나무 큰 잎이 보석 같은 물방울을 굴린다. 이제 막 잠을 깨어 어슬렁어슬렁 기어 나온 도마뱀, 도롱뇽이 후다닥 풀 속으로 도망친다. 일찍 일어난 새가 벌레를 잡는다고 했던가. 새들이 떼를 지어 숲속을 누비고 있다. 원시의 청정이 그대로 간직돼 있는 오솔길을 오랫동안 걸었다.

장엄한 태양이 아득한 밀림의 끝자락에서 솟아오른다. 우리 언제 다시 이곳에 오랴. 주사자국으로 퍼렇게 멍이 든 아내의 야윈 손, 그러나 따뜻한 손, 꼭 쥐고 더 멀리 더 오래 걷고 싶다.

오늘도 NTU 캠퍼스 구경에 나섰다. 가장 높은 언덕에 자리 잡은 대학 행정동에서 내려다본 캠퍼스는 밀림 속에 묻혀 있는 작은 도시다. 국토가 서울보다 조금 넓은 작은 나라가 이토록 넓은 대학의 영토를 할애하다니. 딸의 연구실에서 몇 시간 머물다 대학 구내의 일본식당에서 생선초밥으로 점심을 해결했다.

싱가포르의 모든 것을 며칠 사이에 다 보고야 말듯이 분주하게 돌아다닌다. 색다른 음식을 저마다 독특한 분위기 속에서 즐기고, 정글 속에도 가고, 바닷가에도 가고, 거대한 쇼핑몰에도 가고.

아내의 처지는 생각하지 않고 너무 욕심을 부리는 것이 아닐까? 피곤한 기색이 역력한데도 아내는 나다니는 것을 원한다. 염려스러운 것은 아직도 깊은 잠을 자지 못한다는 점이다. 과로하고, 잠도 못 자면 안 된다. 이제 아내를 좀 쉬게 해야 한다.

12월 24일(월요일)

싱가포르의 크리스마스는 유난하다. 11월부터 크리스마스 기분으로 서서히 젖어 간다. 그러다 오늘밤 그 절정에 이른다. 크리스마스 캐럴이 울려 퍼지고 번화가의 장식 조명이 현란하고 눈부시다. 하늘에선 인공눈이 쏟아지고, 수만, 수십만의 사람들이 거리로 몰려나온다.

손자들을 데리고 가장 번화한 오키드 로드에 나갔다. 화려한 거리가 잘 내려다보이는 한 호텔의 식당에서 포도주도 몇 잔 마시고, 이국의 크리스마스 축제 분위기에 빠져들었다.

늦게 집에 들어왔다. 아무래도 아내가 과로한 것 같다. 잠 잘 오게 하는 약 메라토닌 한 알 먹고 자리에 누웠다. 야자나무 그늘이 창밖에 어른거린다.

12월 25일(화요일)~12월 31일(월요일)

싱가포르는 쇼핑과 음식의 천국이라고 말한다. 우리는 딸의 연구실이나 도서관에 머무를 때를 제외하고는 대부분의 시간을 쇼핑몰이나 백화점, 그리고 먹자 거리를 오가며 시간을 보냈다. 필요한 물건이 눈에 띄면 사고, 먹고 싶은 음식을 보면 맛을 즐겼다. 이색적인 분위기, 온갖 사람들이 다 모인 인간시장의 독특한 내음, 세상은 우리가 더 오래 살며 보아야 할 것이 너무 많다.

우리는 성탄절에서부터 올해의 마지막 날인 31일까지 싱가포르에 있는 유명한 곳은 거의 다 들렀다. 멀라이언(싱가포르의 상징물)이 있는 센토사 해변의 뜨거운 모래를 밟아보기도 했고, 수백 가지 수만 마리의 동물들이 반자연상태에서 살고 있는 동물원, 남국의 식물들이 총 집합한 식물원, 작은 중국이라는 차이나타운, 네덜란드 사람들이 정착했던 네덜란드타운에도 들러 저마다 다른 분위기와 문화를 호흡했다.

십수 년 전 큰딸은 미국 예일대에서 박사과정을 밟을 때 인도네시아 수마트라 섬 오지에서 2년 가까이 원주민을 대상으로 한 현지조사를 했다. 딸이 가장 힘들었던 시절이다. 그때 아내는 1년에 몇 번씩 싱가포르에 들러 딸을 만나고 격려하며 며칠씩 함께 머문 적이 있다. 그때 딸과 즐겨 찾던 곳들을 다시 찾아보기도 했다.

밀림의 끝자락, 넘실대는 인도양의 물결 속으로 사라지는 2007년의 마지막 태양의 장엄한 최후도 지켜보았다. 아내의 손을 꼭 잡고 병마, 고통, 시련 등 모든 악연을 시뻘건 저 태양 속에 던져버리고 밝고 빛나는 내일의 태양을 맞자고 다짐했다. 그리고 아내와 함께 10번만 더 이런 섣달 그믐날을 맞을 수 있게 해달라고 간구했다.

"이 기도가 과도한 욕심이라면 저에게 먼저 벌을 내리소서."

2007년이 저문 섣달 그믐날, 간절한 나의 기도이자 절규다.

년

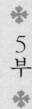

5부

삶과 죽음의 경계에 서서

기분 나쁜 그림자

2008년 1월 1일(화요일)

붉은 태양이 정글의 바다 속에서 솟아올랐다. 어제 저녁 인도양 속으로 사라진 그 태양이 아니다. 2008년 1월 1일 아침에 떠오른 새로운 태양이다. 우리는 교수촌에서 가장 높은 언덕 위에 자리 잡은 둘째손자의 유치원 정원에서 새해를 맞는다.

열대림이 우거진 먼 남쪽 나라에서 새 태양을 맞는 감회는 더욱 벅차다. 아내는 두 손을 모으고 떠오르는 태양을 향해 섰다. 우리가 좀더 함께 머물기를 바라는 간절한 소원을 빌었다. 나와 딸들, 손자들, 사위도 함께 빌었다.

딸과 사위는 우리를 좀더 재미있고 색다른 곳으로 안내하지 못해 안달이다. 오늘은 오키드 거리에 있는 일식집에 들러 생선초밥을 먹고, 스웨덴의 유명한 가구백화점인 이케아(IKEA)에 가 그림이나 사진을 넣을 수 있는 액자와 깔판 몇 개를 샀다.

큰딸이 인도네시아에서 필드윅(*field works*: 현장조사)을 하던 시절 아내가 싱가포르에서 딸을 만날 때마다 들르곤 했다는 클락퀴(Clarke Quay)를 돌아보았다. 도심으로 흐르는 작은 강에서 정크 보트가 관광객을 태우고 오르내린다. 강가에는 저마다 특색 있는 카페들이 즐비하다. 우리는 한 카페에서 맥주를 마시고, 아이스크림도 먹으며 적도의 열기를 식혔다.

새해 첫날은 이렇게 끝없이 떠돌았다. 많이 보고 많은 것을 느껴 영원한 추억거리를 우리들 가슴속에 담아 두려는 의도일지도 모른다.

"우리 함께 언제 이곳에 다시 오리."

색다른 것을 보거나 특별한 경험을 할 때마다 문뜩 문뜩 떠오르는 불길한 예감, 새해 첫날에 또 뇌리를 스쳐간다.

"내가 왜 이러지 내가 왜 이러지."

스스로 소스라쳐 부르르 떨었다.

1월 2일(수요일)

어느새 여행의 막이 내려지고 있다. 딸과 사위가 내일 우리들이 떠난다고 신경을 써서 만찬을 마련했다. 싱가포르 최고의 번화가에 자리 잡은 팬 패시픽(Pan Pacific) 호텔 37층 스카이라운지의 중국음식점. 동서남북의 아름다운 야경을 한눈으로 볼 수 있는 곳이다. 불도장 등 맛있는 음식과 포도주까지 곁들인 약간은 사치스런 만찬이다.

오랜 시간 깊은 맛과 화려한 야경을 즐기며 많은 이야기를 나눴다. 그리고 4층 바로 내려와 나는 독한 스카치위스키 한잔 마시고, 아내와 딸, 사위, 손자들은 음료수를 들었다.

딸과 사위 덕에 넘치는 호사를 누렸다. 무엇보다 아내가 흐뭇해하고 기뻐해 우리는 행복했고 잊을 수 없는 추억을 하나 더 추가했다.

팬 패시픽 호텔은 10여 년 전 아내가 딸과 이곳에서 만날 때마다 하루 이틀 함께 묵었던 곳이기도 하다. 그때는 이 호텔이 싱가포르에서 가장 좋은 호텔 중 하나였다. 이곳에서 사업하는 우리나라 큰 기업의 친구가 소개해줘 변두리 호텔보다 더 싸게 투숙할 수 있어 아내와 딸은 이 호텔 단골이 된 것이다. 그래서 아내와 딸에게는 이 호텔과 주변 거리에 많은 추억이 깃들어 있다. 아내는 이 거리를 오가면서 "윤희야, 여기가 우리 처음 왔을 때 사진 찍었던 곳이지?"라

284

며 감개에 젖기도 했다.

야자나무 그늘이 일렁이는 밤, 아내와 나란히 누웠다. 헤어져야 할 시간이 다가오고 있기 때문인가. 마음의 바다에 우수의 파도가 안개처럼 밀려온다.

1월 3일(목요일)

오전에 짐을 다 쌌다. 그래도 미련이 남아 대학캠퍼스에 나가 숲속으로 난 오솔길을 다시 한 번 천천히 걸었다. 관음죽이 우리나라 강가의 갈대보다 더 많이 자라고 있다. 빨간 꽃, 노란 꽃, 화려한 꽃들이 지천으로 피어 있고 축축한 풀밭은 도롱뇽과 달팽이 천지다. 새들은 푸드덕 푸드덕 떼지어 날아오른다.

이른 저녁을 먹고 윤희네 식구들과 함께 공항으로 떠났다. 멈추었던 비가 또 내린다.

언젠가 아내와 함께 딸을 만나고 인도네시아의 남쪽섬 바탐에서 배를 타고 싱가포르에 도착해 택시 편으로 창이공항으로 가던 날 저녁 분위기와 너무 닮았다. 거목의 가로수 잎에 맺힌 빗방울이 가로등 불빛을 받아 하늘의 별처럼 반짝이던 밤. 딸을 원시의 정글로 보내고 아내와 나는 얼마나 슬프고 불안했던가. 그 딸이 이제 교수가 됐고 그 엄마는 암이란 병마와 싸우고 있다.

밤 9시경 공항에 도착, 딸 사위 손자들과 뜨거운 포옹을 나눈 뒤 우리는 출국장으로 나왔다. 문틈으로 그들을 내다보니 그들도 우리가 들어간 쪽을 바라보며 계속 머물러 있다. 아내의 눈에는 어느새 이슬이 맺혀 있다. 10시 50분, 대한항공 여객기는 활주로를 달리기 시작했다. 프레스티지 클래스라 좌석이 넓고 편하다.

비행기가 1만 m 이상 고도를 잡자 새로운 천지가 펼쳐진다. 가까워진 별들이 더욱 찬란하다. 아내는 내 가슴에 머리를 파묻고 먼 하늘에 흐르는 은하수를 바라보며 깊은 생각에 잠겨 있다.

"저 너머에 극락세계가 있고 천국이 있겠지요? 그런데 너무 멀다."

동화 속 환상 같은 이야기를 소곤거린다. 그리고 멋쩍은 듯 웃는다.

1월 4일(금요일)

새벽 6시 인천공항에 도착했다. 공항 밖으로 나오니 찬 공기가 옷 속을 파고든다. 비행기 안에서 옷을 겹겹이 껴입었는데도 몹시 춥다. 영상 30℃의 나라에서 영하 7, 8℃의 나라로 왔으니 온도 차가 무려 40도에 가깝다. 아내가 감기 들까봐 겁난다.

한겨울 오랫동안 비워둔 탓에 집안이 매우 썰렁하다. 난방보일러를 최대로 올리고 전기장판을 깔아 아내가 춥지 않게 했다.

서둘러 아침을 지어 먹고 따끈한 차를 마시는 사이 집안 온도는 22도까지 올랐다. 모두 깊은 잠에 빠졌다. 특히 아내가 오랜만에 단잠을 잔다.

채 여독도 풀리기 전에 아내는 또 바빠졌다. 집안 곳곳을 누비며 일거리를 찾는다. 간장독, 된장독 뚜껑을 열어 햇볕을 쪼이게 하고, 김치냉장고 속의 김장들을 점검한다. 먼지를 털어내고, 옷장과 서가를 정리하고, 쉬라고 해도 멈추지 않는다. 딸네집에 가 있는 동안 저렇게 일을 못해 어떻게 참았을까.

작은딸은 서울로 가고, 넓은 집에 아내와 둘만 남았다. 딸들, 사위, 손자들 사이에서 북적대던 나날이 한순간에 고요하고 적적한 세상으로 바뀌었다.

1월 5일(토요일)

옛 직장 후배 딸이 결혼하는 날. 아내와 함께 올림픽공원 근처에 있는 한 호텔로 갔다. 지난해 12월 새 차를 산 작은아들 정훈이 우리들에게 시승의 기회를 준다며 예식장까지 태워주고, 또 집에 데려다주었다. 본격적인 운전을 시작한 지는 얼마 되지 않았지만, 차분하고 조심성 있게 운전을 곧잘 했다. 형이 미국 가며 물려준 차는 몇 번 큰 수리를 했으나, 고장이 연달아 나 초보자에겐 공포의 대상이었던가 보다. 몹시 미안해하면서 그 차를 처분했다.

우리가 싱가포르에서 서둘러 온 이유 중에는 오늘 결혼식 참석도 포함돼 있다. 후배의 외동딸은 나를 할아버지라고 불러준 최초의 귀염둥이다. 하객은 옛 직장 친구들이 대부분, 그리웠던 얼굴들을 오랜만에 보니 반갑고 감회가 새로웠다. 때마침 정초라 새해인사를 하는 기회도 되었다. 아내는 투병 중의 모습을 보이기가 부담스러운지 차 안에 계속 머물렀다.

오랜 시간 떠들다가 아내가 밖에서 기다린다는 생각이 번쩍 들어 슬그머니 자리에서 일어났다. 먼 여행의 피로까지 겹쳐 아내는 몹시 힘들어한다. 몸살이 나면 어떻게 하나 걱정이 밀려온다.

1월 6일(일요일)

모처럼 등산길에 나섰다. 기가 세다는 강화도 마니산. 새해 첫 산행을 마니산으로 정한 것은 이 산이 오랜 인연을 맺어왔기 때문이다. 1970년대 초 이 산을 자주 오르다 알게 된 주민의 소개로 이 산기슭의 임야 얼마를 샀다. 아이들이 다 크고 은퇴하면 이곳에 작은 집을 짓고, 정원과 텃밭 가꾸고 살겠다는 꿈을 꾸며 시간 날 때마다 아내와 함께 이곳에 사과나무 몇 그루 느티나무 잣나무 등을 심어왔다. 그러나 이 땅은 아내의 암 선고를 받은 후 아내를 살리는 것이 최우선이었고, 그러려면 현금을 확보해두어야 했기에 부랴부랴 처분했다.

그 후 어쩐지 이곳에 오기 싫어 4년 가까운 세월이 흐른 오늘 이 산에 올랐다. 북동쪽 산 아래 그 땅이 아스라이 엷은 안개에 가려 있다. 아내와 가꾸었던 그 땅. 추억과 그리움이 되어 다가온다.

마니산에 갔다 왔노라고 했더니 아내는 궁금해 하는 것이 많다.

"강화도가 많이 변했지요? 그곳에도 가보셨어요? 그 주변에 집들이 들어서지는 않았던가요?"

아쉬움이 짙게 깔려있는 듯한 표정이다. 날씨가 따뜻해지면 아내가 좋아하는 절 보문사에 들를 겸 함께 가보자고 했다.

1월 11일(금요일)

아내는 배가 몹시 아프다고 호소한다. 감기 증세까지 있어 가까운 동네 병원에 갔다. 장 유착의 후유증 같다며 약을 처방해주었다. 그러나 효과는 나타나지 않는다. 다니는 큰 병원으로 가야 하는데 눈이 너무 내려 도로가 마비상태다.

심한 복통은 진통제를 먹어도 멈추지 않는다. 변을 보면 나을까 해서 평소 잘 마시지 않던 우유를 여러 잔 마셨다. 그래도 소용이 없다. 여전히 눈은 그치지 않고 퍼붓는다. 발만 동동 구르며 하늘만 쳐다보고 있을 뿐이다.

전원도시생활, 모두들 한 번씩은 꿈꿔보는 은퇴 후의 바람이다. 그러나 나이 들어 살 곳은 오히려 종합병원에 언제든지 접근이 쉬운 큰 도시, 그 중에서도 서울이다. 서울을 떠난 것이 몹시 후회스런 오늘이다.

1월 18일(금요일)

우리의 봄날은 이렇듯 짧게 그리고 허무하게 끝나는 것인가. 지난 며칠 동안 병원을 오가며 의사를 만나고 약을 지어 먹어도 아내의 복통은 멈추지 않는다.

아침 일찍 병원에 갔다. 남궁 박사를 만나 지난번 찍은 엑스레이, CT, 그리고 혈액검사 결과 등을 확인했다. 그의 표정이 심각하다. 지난번에 수술해 암 덩어리를 제거했던 그 부위에 또 좋지 않은 음영이 나타났단다. 그의 표현을 빌리면 '아주 기분 나쁜 그림자'라 했다. 가슴이 철렁 내려앉는다. 아내도 큰 쇼크를 받았음이 분명하다. 그러나 언제나 그랬듯 내색은 하지 않는다.

남궁 박사는 PET-CT와 MRI를 다시 한 번 더 찍어보고 정확한 결론을 내자며 그 촬영날짜를 예약해주었다.

우리는 이런 참담한 경험을 수없이 했기에 마음을 추스르며 병원을 나섰다. 그렇게 지독했던 복통의 원인이 '기분 나쁜 그림자' 탓이었나 보다. 이제 그 '기분 나쁜 그림자'를 찾아내고 박살내야 하는 '고난의 행군'을 또 해야 한다. 실망하지 말자. 좌절하지 말자.

일찍 자리에 누웠으나 좀처럼 잠이 오지 않는다. 창밖의 달빛이 푸르다. 찬바람이 세차게 부는 듯 벌거벗은 나무들이 흔들린다.

어제는 나의 친한 친구가 암으로 고생하다 영원한 나라로 떠났다. 그의 얼굴이 눈앞에 어른거린다.

암이란 도대체 무엇인가? 죽여도 죽여도 또 살아나고 살아나고…. 결국 그 숙주가 죽어야 죽는 것, 그것이 암인가.

1월 20일(일요일)

아내에게 떠밀리다시피 해 올 들어 두 번째 산에 오르는 호사를 누린다. 의기소침하여 집에 있지 말고 친구들과 어울려 그동안 쌓인 시름을 날려버리란다. 아내는 뜨거운 보리차를 보온병에 넣고 그 병을 겹겹이 타월로 싸 식지 않게 했다. 그리고 배와 사과를 깎아 나누어 먹기 좋게 가지런히 담아 배낭 속에 넣어주었다. 오늘따라 아내의 정성이 유난히 눈물겹다.

며칠 전 '기분 나쁜' 검사결과를 통고받았기에 더욱 그렇다. 절망적인 상황에서도 오히려 남편의 건강만을 챙겨주는 아내. 그래서 가슴이 저리고 더 아프다.

가평에 있는 가덕산은 흰 눈이 수북하게 쌓여 있었다. 정상에 오르니 멀리 북녘 땅이 보이는 듯 아련하다. 북쪽 끝자락이라 그런지 날씨는 춥고, 등산객은 가끔 눈에 띌 뿐이다. 고요와 한기가 가득 찬 정상에서 아내가 싸 준 따끈한 차를 마시니, 아내의 사랑이 뼈 속에까지 스며든다.

지금은 무슨 생각을 하며 눈물짓고 있지나 않을까. 이 아까운 시간, 아내를 집에 홀로 두고 한가하게 산에 올라도 되는 처지인가.

1월 22일(화요일)

종일 많은 눈이 내린다. 눈이 소복소복 쌓이는 날은 언제나 즐거웠다. 그러나 오늘은 울적하고 스산하다. PET-CT와 MRI를 찍는 날은 하루하루 다가오고, 그 결과가 어떻게 나올지 '기분 나쁜' 예감이 불쑥불쑥 떠오른다. 언제나 긍정적이고 희망적이던 아내도 이번엔 나약한 모습을 자꾸 보인다. 순간순간 눈물을 흘리고 좀처럼 입 밖에 내지 않던 말들도 아이들에게 한다.

"너희 아버지를 잘 돌봐드려라."

앞으로 집을 오랫동안 비울 것 같은 생각이 들어 진공청소기로 집안 구석구석 먼지를 빨아들이고 걸레질하는 등 대청소를 했다. 베란다의 관상수며 난에도 물을 흠뻑 주었다.

하늘이 무너져도 솟아날 구멍은 있다. 미리 의기소침할 필요는 없다. 용기와 희망을 갖고 우리 앞에 다가올 어떤 시련도 이겨내자. 지금까지 해온 것처럼 말이다.

1월 24일(목요일)

PET-CT와 MRI를 찍는 날. 아침 일찍 병원에 갔다. 물을 많이 마시라고 하여 1.5 L 정도 마셨다. 드디어 PET-CT 촬영이 시작됐다. 오후 1시 20분부터 3시까지 1시간 40분 동안 찍었다. MRI는 저녁 6시쯤에나 가능하다고 하여 구내식당에서 늦은 점심을 먹었다. 아내는 싸가지고 온 군고구마 한 조각을 겨우 먹었고, 나는 순두부찌개로 허기진 배를 채웠다.

아내는 CT를 찍느라고 기력이 다 빠진 상태에서 또 3시간을 더 대기실에서 기다려야 했다. 1시간 정도 걸린 MRI 촬영은 그 소음마저 요란해 아내를 더욱 지치게 했다. 자기공명을 이용한 진단장비이기 때문에 그 소음이 이만저만이 아니다.

7시가 넘어 병원을 나섰다. 찬바람이 세차다. 둥근달이 서래풀공원 위에 떠 있다. 아내의 얼굴, 달빛 탓인가 창백하고 파리하다. 가여운 내 아내, 새해 벽두부터 가혹한 시련을 또 겪고 있구나.

1월 25일(금요일)

어제 찍은 PET-CT와 MRI 결과를 보고 상담하기 위해 남궁 박사를 만났다. 사형장에 들어서는 죄수의 마음이 이럴까? 떨리는 가슴을 진정시키며 그의 책상 앞에 앉았다. 그도 괴로운 듯 심각한 표정으로 모니터에 나타난 영상을 보며 무거운 입을 열었다.

"골반 쪽에 캔서(암)로 의심되는 병소가 또 생겼군요."

어느 정도 예상은 했지만, 가슴이 철렁 내려앉는다. 아내의 얼굴도 창백해진다. 우리에게 주어진 봄날은 눈 깜짝할 사이에 지나가고 또 길고 모진 겨울이 오는구나.

남궁 박사는 서둘러 입원하란다. 대장, 직장 등 내시경을 찍어보고 추후 치료방법을 찾아보자고 했다.

집에 돌아와 누웠으나 세상이 온통 새까맣다. 밤새도록 악몽만 꾸었다.

1월 27일(일요일)

입원했다. 지난해 9월 퇴원한 후 다섯 달 만이다. 다시 입원하는 일이 없기를 간절히 빌었던 그 소원은 짧은 꿈으로 끝났다. 또 지겨운 검사와 수액주사가 시작됐다.

아이들은 밤늦게까지 머물다 돌아가고, 외국에 있는 큰아들, 큰딸이 몇 번씩 전화를 걸어 엄마를 위로했다.

해가 바뀌어도 환자들은 넘쳐난다. 낯익은 얼굴들도 많다. 대부분 머리카락이 빠진 암환자들이다. 통증을 못 이겨 울부짖는 환자의 절규가 한밤중 병실의 무거운 공기를 흔든다.

1월 28일(월요일)

입원 이틀째. 오늘부터 본격적인 진료가 시작됐다. 주치의는 지금까지와는 다른 방법으로 항암주사를 맞자고 했다. 그 기간을 5일로 평소보다 훨씬 길게 잡았다. 첫날은 두 가지 항암제를 맞고, 두 번째 날 한 개, 세 번째 날 한 개, 네 번째 날 한 개, 다섯 번째 날 또

한 개, 이렇게 모두 여섯 개의 항암제를 맞는다는 것이다.

두 개의 항암제를 맞은 아내는 장내시경실로 옮겨져 내시경 검사를 받았다. 주치의가 직접 내시경실까지 찾아와 검사과정을 지켜보았다. 대단한 성의와 관심을 보여준 것이어서 참 고맙다. 주치의는 이번 치료는 과거의 그것보다 훨씬 어렵지만, 최선을 다하자며 우리를 위로한다.

저녁에 복도에서 또 주치의를 만났다. 그는 나의 손을 끌고 간호사실로 들어갔다. 컴퓨터 모니터를 켜고 내시경 사진을 보여주며 매우 심각한 상태라고 설명했다. 조직검사 결과는 5, 6일 후에 나오지만, 암이 장에까지 전이된 것은 분명하다고 했다. 한 가닥 희망은 산산이 부서졌다.

그 자리에 주저앉을 뻔했다. 눈물이 또 쏟아진다. 내가 이렇게 약해져서는 안 되지. 아내를 꼭 붙잡아야 하니까.

아내는 긴 시간 어디 갔다 오시느냐고 묻는다. 휴게실에서 다른 환자 보호자들과 만나 이야기하고 정보도 들었노라고 얼버무렸다.

아내는 계속 토하고 물 한 모금 마시지 못한다.

신이시여! 너무 가혹한 것 아닌가요.

2월 1일(금요일)

입원 6일째. 5일간에 걸친 여섯 번의 항암주사는 모두 끝났다. 못 먹고, 토하고, 통증에 시달리고, 잠 못 이루고.

"한계에 온 것 같아요. 치료를 더 받지 않을래요."

아내를 달랠 말이 더 없다. 아내에게 용기와 희망을 불어넣어줄 지혜가 없다. 가슴을 치고 발을 구를 뿐이다.

오늘은 주치의의 배려로 정신과 의사까지 병실로 찾아와 여러 가지 조언을 해주었다. 그러나 아내의 반응은 '희망이 없어요'라는 한마디 말뿐이었다.

내일 퇴원해도 좋다는데 조금이라도 먹을 수 있어야 할 게 아닌가. 병원에 있으면 영양제라도 맞지만, 집에서는 어떻게 하라는 것인가? 전과 달리 퇴원이 기쁘지 않고 불안과 걱정이 더 무겁게 다가온다.

아내의 가냘픈 숨소리와 신음소리가 마음을 흔든다. 핏기 하나 없는 그 창백한 얼굴에 순간순간 통증의 그림자가 스쳐간다. 주체할 수 없이 눈물이 흐른다. 슬프고 괴로운 긴 밤이다.

2월 2일(토요일)

기력이 떨어진 아내를 딸과 아들이 부축해 병실을 나섰다. 불안한 퇴원이다. 주치의는 몸에 조금만 이상이 있으면 속히 병원으로 달려오라고 당부했다. 오는 길 일식집에서 전복죽 한 그릇을 시켰다. 1주일 만에 처음의 음식이었으나 몇 숟갈 겨우 먹었을 뿐이다.

반포 집에 계속 머물기로 했다. 설날을 앞두고 교통체증이 심한데 병원에 급히 가야 하는 상황이 올까봐 불안해서다.

2월 5일(화요일)

주치의를 만났다. 검사결과 백혈구가 1이었다. 주치의는 위급한 상태라며 바로 입원하라고 독촉했다. 퇴원한 지 겨우 3일 만이다.

불안했던 퇴원이 무리였음이 현실로 나타났다. 수혈하고, 백혈구 촉진제 주사와 열이 올라 항생제를 맞고, 영양제, 진통제 등도 연달아 맞았다.

모레면 설날. 벌써 민족 대이동이 시작되고 설렘과 기쁨에 찬 명절 분위기에 젖어 있다. 그러나 우리는 신음과 한숨소리 가득한 병실에서 설날을 보내게 되었다.

아내는 설날 차례를 어떻게 모실 것인가로 걱정이 태산이다. 아이들이 간단히 지낼 것이고, 조상님이 우리의 사정을 누구보다 잘 아실 테니 우리는 마음속으로 차례를 모시자고 했다.

해열제와 안정제의 효과인지 열은 내리고 잠에 빠졌다. 자신의 위급상태보다 조상님의 차례를 먼저 생각하는 착한 며느리, 조상님은 그 며느리를 반드시 지켜주실 것이란 희망을 품고 아내 곁에 엎드려 잠을 청한다.

2월 7일(목요일)

설날이다. 헤어졌던 가족과 친척들을 만나 온정과 기쁨이 넘치는 날. 그러나 병원은 오히려 더 쓸쓸하고 심란한 날이다. 새벽부터 또 열이 올라 해열제와 항생제를 맞았다. 피가 모자라 수혈도 했다. 먹은 것이 없는데 몇 차례 설사까지 한다.

설날이라고 외국에 나가 있는 큰아들, 큰딸, 그리고 많은 친지들의 전화가 연달아 걸려온다. 아내는 새해 들어 의지가 눈에 띄게 약해졌다.

"살아서 너희들 다시 볼 수 있을까?"라며 흐느꼈다.

병실은 한순간 눈물바다로 변했다.

2월 11일(월요일)

긴 연휴가 끝났다. 의사들이 무리지어 병실을 돈다. 병원에서 의사를 볼 수 없었던 지난 며칠이었다.

입원한 지 7일째지만 별 차도가 없다. 백혈구와 혈소판은 바닥권이고, 빈혈이 심해 연달아 수혈을 하고 있다. 열은 37도, 39도 사이를 오르락내리락하고, 먹지 못하고 토하기만 한다. '최악'의 연속이다. 지난번 맞은 항암제 부작용이 이렇듯 심할 줄이야. 암을 없애기 전에 환자를 죽음으로 몰아넣지나 않을지 걱정스럽다.

날마다 아침, 저녁으로 피를 몇 번씩 뽑아간다. 손등, 팔, 발목에 이르기까지 피를 뽑을 수 있는 혈관은 성한 곳이 없다. 모두 멍들고, 딱딱하게 굳어 있다. 채혈의 고통 또한 그만큼 더해 간다.

2월 14일(목요일)

혈소판 등이 어느 한순간에 급격히 상승했다. 지옥에서 천당으로 올라간 기분이다. 주치의는 이런 상태가 유지되면 주말쯤 퇴원이 가능하겠다고 했다. 그러나 가슴 통증이 심해 새벽에 심전도를 찍었다.

우수가 다가오니 날씨는 하루가 다르게 따뜻해지고 있다. 병실밖 세상이 간절한 계절이다. 아내는 바깥에 나가 따사로운 햇볕 한번 받아보고 바람 한번 쏘였으면 하는 표정을 지어 보인다. 그러나 지금은 저항력이 바닥으로 떨어져 있는 상태. 밖에 나가는 것은 무리다. 이제 곧 퇴원할 수 있다니 조금만 더 참자고 설득했다.

점심부터 미음 몇 순갈 먹었다. 서광이 조금씩 보인다.

2월 16일(토요일)

어제 오후 퇴원했다. 백혈구, 혈소판, 빈혈 등 모든 지수가 정상에 가까워졌기 때문이다. 반포 집에 들러 하룻밤을 보내고 오늘 수지 집으로 돌아왔다. 13일 만의 귀가다. 음력 섣달그믐에 집을 떠나 병원에서 새해를 맞고, 해가 바뀌어 집으로 돌아온 것이다.

고향의 누나는 점 본 이야기를 전해왔다. "아까운 것을 어떻게 보내느냐"는 참담한 생각이 들어 용하다는 점쟁이한테 또 점을 보았단다. "올케는 이제 어려운 고비는 모두 넘겼고, 90살까지 잘 산다고 하더라."

점쟁이 말이라도 때로는 위로가 되고 지푸라기가 된다.

2월 19일(화요일)

작년 9월 항암주사 끝난 후 6개월 가까이 지났다. 그 사이 자라 보기 좋았던 머리카락이 지난번의 항암주사로 다시 빠지기 시작하더니 이제 뭉텅뭉텅 빠져 나간다. 빠지고 자라고, 자라고 또 빠지고, 벌써 몇 번째인가.

맨송맨송해진 머리를 바라보며 어처구니없다는 미소를 짓자, 아내도 따라 웃는다.

"이까짓 머리카락 없으면 어때요. 곧 다시 날 텐데 뭐."

오히려 피맺힌 절규로 들리는 이 말, 그 동안 숱하게 들었다. 이 슬픈 악순환, 이제 제발 좀 멈추게 하소서.

아침 일찍 병원에 나가 피를 뽑고, 검사결과를 기다렸다. 주치의는 모든 지수가 정상에 가깝게 나왔다며 치료 효과가 기대 이상이라고 했다. 우리가 가장 듣기를 원했던 말들이다. 그리고 그는 외과의 최고 권위자란 오 모 교수에게 협진을 요청해 놓았으니 그를 만나보라고 했다.

우리는 암센터 안에 있는 그의 진료실을 찾았다. 젊고 패기에 찬 그는 외과의사의 속성인 듯 거친 태도로 아내의 장내시경 사진들을 이리저리 훑어보더니 조금 전 주치의가 설명했던 내용과는 180도 다른 말을 거침없이 내뱉었다.

"아주머니는 아무리 치료해도 완치는 불가능하고요. 장 안의 암 덩어리가 장을 막아가고 있어요. 당장 수술을 해야 하고, 경우에 따라서는 장루(인공항문)을 달아야 할지도 몰라요."

이래서 병원을 약주고 병 준다고 하는 것인가? 억장이 무너진다. 누구 말을 믿어야 하는 것인가. 어쩌면 이 사람의 막말 같은 설명이 진실에 가까울지도 모른다.

펑펑 울고 싶다. 다리에 힘이 빠진 아내를 부축하며 병원을 나섰다. 그래도 더 부드러워진 바람, 더 진해진 햇볕이 우리에게도 불어오고 또 내리쬐이고 있다.

2월 21일(목요일)

암 투병 중 다섯 번째 맞는 아내의 양력생일. 하지만 생일 이야기는 입 밖에도 내지 말란다. 꽃 한 송이 안겨주지 못하고 이날을 보낸다. 그러나 외국에 나가 있는 아이들은 꽃바구니 배달을 해왔고, 서울에 있는 아이들은 작은 케이크를 하나 사왔다. 촛불을 밝히고 아내의 쾌유를 빌었다.

절망적인 외과의사의 선언에도 아내는 흔들림 없이 평상심을 잃지 않는다. 장을 담가야 한다며 며칠 전부터 그 준비를 착실히 하고 있다. 천일염을 사오고, 숯을 사왔다. 유리로 된 장독덮개도 준비했다. 고향에서 보내온 메주는 깨끗이 씻어 말리고, 장독도 씻어 햇볕이 잘 쪼이는 곳에 내놓았다.

아내는 배가 몹시 아프다고 호소한다. 변이 제대로 나오지 않아 계속 화장실에 들락거린다. 오 교수 말대로 암 덩어리가 장을 막아가고 있는 것인가?

2월 24일(일요일)

아내는 오늘이 말날이라며 며칠 동안 준비했던 간장을 담갔다. 장맛이 그 집안의 음식 맛을 좌우하는 기본이라며 정성을 다했다.

우리집엔 수년 동안 묵어온 간장과 된장이 해마다 연륜을 더해 가고 있다. 아내의 자랑거리이며 우리 가족 건강의 원천이다. 그러나 정작 본인은 병마에 시달리며 제대로 먹지 못하고 있다.

장 담기를 끝내고 흐뭇해진 아내는 장독을 물끄러미 들여다보며 "내가 몇 번이나 더 장을 담그게 될지…".

들릴 듯 말 듯 혼잣말을 한다. 내가 뒤에 서 있었다는 것을 알고는 움찔하며 어린 아이 같은 웃음을 지어 보인다.

아내는 최근 들어 문뜩문뜩 이런 비관적인 말을 하곤 한다. 애써 태연한 척하지만 가슴에 꽉 차 있는 절망적인 생각이 불식간에 튀어나오는 것인가?

절망보다 더 큰 적은 없다는데, 이를 어떻게 극복할 것인가?

2월 26일(화요일)

눈이 수북이 쌓였다. 눈길을 달려 병원에 갔다. 주치의는 또 수술해야 한다고 한다. 수술 이외는 대안이 없단다. 그리고 이번은 어느 때보다 어려운 수술이 될 것이라고 겁도 준다. 기가 막힌다. 좋아지고 있다고 말한 지 불과 1주일, 전혀 다른 소리를 한다. 환자가 실험 대상인가. 분노와 배신감이 끓어오른다.

이른바 빅 파이브(Big 5), 우리나라에서 가장 큰 5개의 대학병원을 말한다. 이들은 오만과 독선으로 가득 차 있는 듯하다. 의사들은 환자들의 호소와 울부짖음에 귀를 기울이려 하지 않는다. 명의란 자들은 더욱 그렇다. 며칠을 기다려 찾아간 환자를 몇 개의 방에 각각 앉혀 놓고, 이 방 저 방 스쳐가며 자료를 보고 몇 마디 던지고, 그것이 전부다.

입원해 있을 때도 그렇다. 어떤 때는 1주일 또는 열흘이 지나도 담당의사 얼굴 한번 못 보는 경우도 허다하다. 회진 때는 많은 인턴, 레지던트, 간호사 등을 거느리고 병실의 환자 앞에 나타난다.

"안녕하세요? 많이 좋아졌군요."

몇 마디 던지고 쫓기듯 다른 환자에게로 가버린다.

자신의 병은 자신이 더 잘 안다. 그런 환자가 자신의 상태를 말하고 궁금한 점, 어려운 점을 호소할 기회를 주지 않는다. 마치 청문회에서 국회의원이 묻는 말에 '예' 또는 '아니오'로만 답하라는 것과 다를 바 없다. 어처구니가 없다.

주치의는 3월 15일에 입원하고, 17일에 수술하자고 치료일정을 잡아주었다. 말없이 고개만 끄덕이고 병원 문을 나섰다. 다시는 드나드는 일이 없기를 간절히 빌었던 우리의 소원과 희망은 또 무너졌다.

저녁땐 마을모임에 나갔다. 아내는 여전히 밝고 명랑하다. 큰 수술을 앞둔 환자의 모습은 어디서도 찾을 수 없다.

3월 4일(화요일)

내일이 경칩인데 함박눈이 펄펄 내린다. 운명의 수술날은 하루하루 다가오고, 아내는 심한 복통으로 제대로 먹지도 자지도 못한다. 웬만하면 고통을 참고 항상 걷고 움직이던 아내가 요즈음엔 계속 자리에 눕는다. 의욕도 의지도 몸이 쇠해지니 줄어들고 있음이 확연하다. 수술했던 자리가 시리기도 하다는 아내는 "아무래도 이번 수술은 배를 열었다 닫을 것 같은 생각이 든다"고 비관적인 이야기를 하곤 한다.

"아주머니는 결코 완치되지 않습니다."

지난번 협진 때 내뱉은 외과전문의의 말이 계속 뇌리에 박혀 있는 모양이다.

미국에 있는 큰아들과 처음으로 영상통화를 하면서도 눈물을 글썽이며 약한 모습을 보였다. 아내를 위해 내가 해줄 수 있는 것이 무엇인가?

3월 9일(일요일)

바람이 세차고 눈발이 휘날려도 봄은 느린 걸음으로 우리 앞에 다가오고 있구나. 지난가을 아내와 함께 심었던 텃밭의 마늘이 파란 잎을 내밀기 시작했다. 그 모진 겨울, 얼어붙은 땅 밑에서도 생명은 오늘을 기다리며 싹을 틔우고 있었구나.

종일 아내 곁에서 맴돌며 화분도 옮기고, 화분에 거름도 주었다. 집안 구석구석을 점검하고 청소도 했다. 아내가 입원하면 얼마 동안 집을 비워놓아야 된다는 생각 때문이다.

3월 10일(월요일)

수술 전 검사를 받기 위해 병원에 갔다. 피를 뽑고, 소변을 받고, 또 엑스레이를 찍었다.

아내의 얼굴이 어둡다. 언제나 밝았던 아내가 요즈음엔 흐린 날이 많아졌다. 수술날짜가 가까워지면서 지난번과는 달리 더 예민해졌고 의지가 약해진 듯한 말들을 자주 한다.

"이제 조금씩 준비를 해야 해요. 나이는 더 들었고, 체력도 떨어지고, 그래서 당신과 함께 머물 날들이 뭉텅뭉텅 빠져 나가는 것 같은 느낌이 들기도 하고요."

피눈물 나는 말들이다. 나 역시 약해진 것인가. 눈물이 자꾸 난다.

3월 13일(목요일)

비가 뿌리기 시작했다. 아내 수술 전에 주치의를 만나보아야 마음이 편하겠다 싶어 사전 약속도 하지 않고 그의 연구실로 찾아갔다.

그는 이번 수술이 가장 어려울 것 같다고 했다. 골반 쪽에 있는 암 조직이 장과 방광 쪽에 전이된 것은 분명하고, 뼛속까지 파고든 듯해 그렇다는 설명이다. 그러나 이 병원 최고의 수술팀과 함께 최선을 다하겠노라고 자신에 넘친 약속을 했다. 고맙다는 인사를 하고 그의 연구실에서 나왔다. 비는 여전히 부슬부슬 내린다.

버스를 타고 집으로 황급히 달려왔다. 아내에게 주치의와 상담한 내용 중 희망적이고 긍정적인 이야기만 들려주었다. 아내는 내가 좋은 내용만 골라 말해주고 있다는 사실을 눈치 채고서도 고개를 끄덕이고 미소를 지어 보인다.

비 온 후 봄기운이 물씬하다. 베란다의 군자란은 앞 다투며 피기 시작했고, 앙상했던 느티나무 분재 가지마다 잎을 피우기 위한 망울이 볼록 볼록 부풀어 오른다. 분명, 아내의 마음속에도 우리들 가슴속에도 봄은 오고 희망의 꽃은 피고 있다.

3월 15일(토요일)

잠이 오지 않는다. 눈을 뜨니 새벽 3시. 아내도 깊은 잠을 못 자는지 뒤척인다. 배가 아픈 듯 얼굴을 찡그리고 가끔 신음소리도 낸다. 입원하는 날이어서 초조하고 불안하다.

아내와 마주보고 앉아 간단한 아침을 먹었다. 아내는 예금통장을 보관해둔 장소와 예금을 찾을 때 쓰는 도장을 둔 곳, 그리고 비밀번호 등을 기록한 쪽지를 내 손에 쥐어준다. 그리고 아이들의 생일과 우리가 모시는 조상님의 제삿날이 기록된 메모지도 전해준다.

"사람 일이란 아무도 모르잖아요."

또 슬프고 가슴 울리는 말을 한다. 나는 멍하니 아내 얼굴을 쳐다보며 눈시울을 붉혔고 아내의 눈에도 눈물이 맺혔다.

오후 4시 반에 입원했다. 먹는 것은 일체 금지되고, 영양제를 넣은 수액만 주사하고 있다.

병상 옆 간이침대에 누워 아내의 마른 손목을 쥐어 본다. 팔딱팔딱 맥박이 뛰고, 온기가 전류처럼 흐른다. 살아 있음에 감사하고 이 생명 나와 함께 하기를 빌고 또 빈다.

3월 17일(월요일)

네 번째 큰 수술을 하는 운명의 날이 밝았다. 수술을 위한 모든 절차를 끝내고, 오후 1시 35분 아내는 침대에 실려 수술실 안으로 들어갔다. 불안에 떠는 우리들을 향해 아내는 담담한 미소를 지어 보인다.

기도하며, 애원하며 수술 대기실과 병실을 오르내린다. 4시 10분, 집도의로부터 전화가 왔다. 수술실 안으로 들어오란다. 멸균 소독된 옷을 입고, 덧신을 신고, 두건을 쓰고, 마스크를 하고 아내 수술대 앞에 섰다. 아내의 얼굴은 핏기 하나 없이 창백하다. 절개된 복부를 보여주며 피 묻은 덩어리가 암 조직이라고 했다. 정신이 아찔하여 제대로 보이지 않고 설명도 들리지 않는다. 이제부터 외과팀이 잘 마무리할 것이란 말만 듣고 수술실 밖으로 나왔다.

아이들은 내 표정을 살핀다. 수술이 잘 되었고, 이제 마무리 작업이 진행 중이라고 말해줬다. 오후 6시 10분 수술이 모두 끝났다. 4

시간 35분에 걸친 긴 수술이었다. 아내는 회복실을 거쳐 병실로 올라왔다.

수많은 줄들을 주렁주렁 몸에 단 아내가 너무 애처롭고 불쌍하다. 마취가 깨자 고통을 호소한다. 그때마다 링거줄과 연결된 진통제 캡슐을 누른다.

주치의는 이번에도 수술이 성공적으로 잘 되었다고 했다. 그리고 장의 일부는 잘라냈지만, 장루(인공항문)는 달지 않아도 되어 다행이라고 했다. 주치의의 희망적 설명에 안도의 긴 한숨을 내쉬었다.

가장 긴 하루, 가장 고통스런 하루, 그러나 희망을 다시 찾은 하루였다.

3월 18일(화요일)

수액만 연달아 맞고 있다. 아내는 참을 수 없을 정도로 통증이 심하고, 속이 쓰리다고 들릴락 말락 한 목소리로 호소한다. 먹은 것은 없는데 자꾸 토한다.

아내는 "치료를 더 받지 않겠다. 이렇게 사는 것이 무슨 의미가 있느냐"고 절규한다.

이렇게 큰 수술을 한 것이 벌써 몇 번째인가. 일생에 한 번도 하지 말아야 할 끔찍한 수술을 지난 5년 사이 4번이나 했으니 오죽하랴.

저녁때 주치의가 병실로 왔다. '80%의 성공적 수술'이라고 했다. 100%가 아닌 80%. 나머지 20%는 무엇인가? 또 불안한 여운을 남긴다. 민감해진 아내가 이 말을 듣지 못한 것이 다행이다.

외과 병실에서 산부인과 병실로 옮겼다.

3월 20일(목요일)

봄날의 햇빛이 눈부시다. 따뜻한 햇살이 동쪽으로 난 병실 창문을 통해 쏟아져 들어온다. 아내의 파리한 얼굴에 생기가 도는 듯 볼그스레하다.

오후 3시 20분, 그렇게도 기다려왔던 가스가 나왔다. 장이 어느 정도 제자리를 찾아 운동을 하기 시작했다는 신호다. 이젠 미음 등 가벼운 음식을 먹어도 된다. 희망과 절망, 행복과 불행은 백지장 하나 차이다. 작은 변화에 우리의 가슴은 뛰고 얼굴엔 생기가 돈다.

아내는 안간힘을 다해 병상에서 일어섰다. 그리고 방안에서 조금씩 걸었다. 인간이 달에서 뗀 첫걸음보다 아내의 이 걸음이 우리에겐 더 소중하고 위대하다. 엑스레이를 찍고, 심장 초음파검사를 하고, 수혈(800cc)을 했다. 알부민 등 영양제도 맞았다.

3월 21일(금요일)

아내의 기분이 많이 좋아졌다. 복도를 열 바퀴 돌 정도로 발전했다. 외과팀은 수술부위에 꽂아놓았던 핏줄(드레인)을 뽑아냈다. 내일은 소변줄도 제거할 수 있을 것이라고 했다. 이제부터 물을 조금씩 마시고, 내일 아침부터는 미음을 먹어도 된다고 했다.

아내는 우리들의 거울이다. 아내의 표정, 기분, 그리고 영혼상태에 따라 우리도 변한다. 오늘은 힘이 솟는다.

아내를 부축하여 병실 밖 복도를 천천히 걸었다. 많은 환자들이 열심히 복도를 개미 쳇바퀴 돌 듯 돌고 있다. 생존을 향한 끝없는 행군이다. 걸어야 산다. 움직여야 산다. 감격스럽고, 처절하고, 눈물겹다.

아내는 수술후유증으로 장이 유착되어 무척 고생한 적이 있다.

이번에는 이런 일이 없어야 한다. 그래서 더 열심히 걸어야 한다.

딸들이 너무 헌신적이다. 큰딸은 하루에도 두 번 이상 전화를 걸어 엄마를 위로하고 기쁨을 주려고 정성을 다 쏟는다. 작은딸은 퇴근하기가 무섭게 엄마 곁으로 달려온다. 따뜻한 물수건으로 얼굴을 닦아주고, 손발도 닦아준다. 엄마의 표정과 몸짓만으로도 엄마가 무엇이 필요한가를 파악하고, 스스로 손발이 되어준다. 밤늦도록 엄마를 돌보고, 새벽에 잠깐 눈을 붙인 후 서둘러 직장에 나간다. 아내는 아이들의 이런 정성에 때때로 눈물을 흘린다.

3월 23일(일요일)

아내가 물을 마시기 시작하니 소변을 많이 본다. 미음도 먹기 시작했다.

아이들이 모두 왔기에 수지 집에 다녀왔다. 일주일 사이 겨울에서 봄으로 계절이 바뀌었다. 앞산의 진달래와 산수유가 꽃망울을 모두 터뜨렸다. 베란다의 군자란은 화사한 꽃잔치를 펼치고 있었다. 아내가 사온 한 포기의 군자란이 30여 년의 긴 세월을 살면서 그 자손들을 무수히 퍼뜨렸다. 상당량을 원하는 사람들에게 나누어주었는데도 지금 베란다의 상당부분을 차지하고 있다. 이 꽃들이 시들기 전에 아내는 집으로 돌아와야 한다.

가는 봄을 묶어둘 수는 없어도, 꽃을 좀더 오래 피어 있게 할 수는 있지 않을까. 화분들을 햇볕이 가려진 곳으로 옮겨놓았다.

저녁때 수녀님이 부활절이라며 계란 3개를 가져오셨다. 예쁘게 칠해진 계란이다. 그리고 쾌유를 비는 간곡한 기도를 해주셨다. 우리는 가톨릭 신자는 아니지만, 그 기도가 가슴에 와 닿았다.

3월 24일(월요일)

아침엔 미음에서 죽으로, 점심엔 밥으로, 먹는 것을 빠른 속도로 격상시켰다. 너무 서두른 탓인가? 심한 복통을 호소하고 먹은 것보다 훨씬 많은 양을 토했다. 이번엔 금식을 선언했다. 미음에서 밥까지 단숨에 치닫게 하더니 또 금식이라니. 그리고 배 사진을 찍느라고 한바탕 난리를 치렀다.

병원의 처사가 가볍고 무책임한 것 같아 기분이 언짢다. 의사는 엑스레이 검사결과 배에는 아무런 이상이 없단다. 그렇다면 배 아프고 토하는 것은 무엇 때문인가? 환자의 상태를 제대로 파악이나 하고 진료하는 것인가? 해보고 안 되면 말고 하는 식이다. 울화가 끓어올랐지만, 참는 수밖에는 도리가 없다.

3월 28일(금요일)

차도가 없다. 아내는 배가 계속 아프고 쓰리다고 신음한다. 위내시경 시술을 했다. 위벽이 헐었는지 벌겋다. 염증이 심하단다. 관장도 하고 처음으로 알약을 복용했다. 주치의는 곧 좋아질 것이라고 했다. 수술을 한 외과팀도 병실에 들렀다.

최악의 상태인데도 아내는 열심히 걷는다. 걷다 쉬고, 쉬다가 또 걷고, 오늘은 4천여 보를 걸었다. 4천 보면 대단한 것이다. 의지와 희망이 기적을 만들고 있다.

3월 31일(월요일)

수술한 지 2주가 됐다. 하루 7천 보 정도까지 걷는 등 필사적인 노력을 하고 있는데도 호전의 기미가 느껴지지 않는다.

주치의는 유동식인 그린비아 같은 것을 조금씩 먹어보란다. 180

cc짜리 1캔을 4번에 나누어 마셨다. 그러나 위가 그것을 받아들이지 않는다. 심한 복통이 오고 모두 토했다. 또 사진을 찍었다. 상태가 나빠졌단다. 최악의 경우 배를 다시 열어야 할지도 모른다며 수술 후 곧 뽑아버렸던 콧줄을 다시 삽입했다.

아내는 기대가 꺾이자 의지를 잃었다. 그토록 열심히 걷던 운동도 하지 않겠다며 포기했다. 모두 힘이 쭉 빠졌다.

의료진에 대한 신뢰는 떨어져가고, 그들의 무책임한 행태가 분노를 자아낸다. 깊은 관심과 애정을 갖고 환자를 보살피는 진지한 모습을 보고 싶다. 미음에서 밥으로 일사천리로 달리더니 또 금식, 뽑아냈던 줄들을 또 집어넣었다. 그리고 다시 배를 열어야 할지도 모른다고 했다. 한 사람의 생명이 달린 문제를 이렇듯 쉽게 쉽게, 적당히 적당히 해도 되는 것인가?

어제는 고향의 누나와 조카네 가족들이 먼 길 문병을 다녀갔다. 좀더 좋아진 모습을 보여주지 못해 안타깝다.

쿼바디스 도미네

4월 3일(목요일)

비가 그친 뒤의 봄날은 더욱 눈부시다. 바야흐로 세상은 생명의 기운으로 채워지고 있는데, 우리는 우울하고 신음소리 가득 찬 병실에서 시행착오의 악순환을 겪고 있다.

장 특수촬영을 했다. 역겨운 조영제를 마시고 긴 시간 수없이 사진을 찍어댔다. 조영제가 장 속에서 어느 정도의 속도로 어떻게 움직이나를 관찰하는 작업이다. 오전 한나절을 특수촬영실 이 방 저 방을 드나드느라 쓰러질 듯 지쳐 있다. 애처롭고 눈물겹다.

콧줄을 통해 위 속의 불순물들이 뭉클뭉클 쏟아져 나왔다. 이런 상태인데 콧줄을 뽑다니.

콧줄을 넣고, 뽑아버리는 등 우리 눈으로 직접 볼 수 있는 일련의 시술들은 지엽적이고 사소한 진료행위일 것이다. 우리가 보아도 모르는 수술, 그리고 진단하고 약을 처방하고 투여하는 전문적 영역의 진료행위도 이런 식으로 이루어지고 있다면 큰 불행이다. 치료효과는 절대적 신뢰가 바탕이 되어야 한다는데 최근의 일들로 해서 믿음이 점점 엷어져 가니 서글프다. 어처구니없는 일들을 당하고 있기 때문인가? 정신이 흐릿해지고 있다.

아내가 맡긴 통장과 도장을 못 찾아 한바탕 난리를 치렀다. 책갈피 속에 잘 넣어둔 것을 이렇게 찾지 못해 부산을 떨다니. 아내는 딱하다는 듯 말한다.

"저래서 내가 죽지 못하잖아요."

이때까지 들어보지 못했던 거칠고 강한 말투다. 깜짝 놀랐다. 뒤통수를 얻어맞은 것처럼 띵하다. 아내는 사려 깊지 못한 말을 했다며 눈시울을 붉힌다. 무엇이 여리디 여린 아내의 마음을 순간적으로나마 거칠게 했을까?

4월 6일(일요일)

영양제에 의존하고 먹지 못하는 상태인데도 아내는 운동을 다시 시작했다. 열심히 복도를 돈다. 휠체어를 타기도 하고 의자에 앉아 잠깐 잠깐 쉬기도 하면서 계속 움직인다. 이온음료 몇 모금 마셨으나 바로 토한다. 변을 보지 못해 무척 고생했는데, 새벽에 약간의 숙변을 보았다.

미국에 있는 큰아들 지훈이 방학 동안 인턴사원으로 5월 16일 한국에 온다는 소식을 전해왔다. 보스턴컨설팅그룹(BCG) 한국지사에서 방학 동안 일하며 학비도 벌고, 어머니를 보기 위해서다.

콧줄을 통해 나오던 위액 등이 거의 나오지 않는다. 그래서 저녁에 콧줄을 또 뽑아냈다. 시행착오는 이것으로 끝내기를 바라는 마음 간절하다.

4월 9일(수요일)

월요일부터 대여섯 순갈씩 미음을 먹기 시작하는 등, 아주 느리게 조금씩 나아져가던 아내의 상태가 오늘 나빠졌다. 열나고, 기침하고, 두드러기까지 돋았다. 열심이던 운동도 멈췄다. 내가 얼마 동안 함께 있지 못했기 때문일까?

국회의원을 뽑는 투표를 하는 날이라서 대부분의 의료진이 나오지 않았다. 고통을 호소해도 의사는 보이지 않는다.

4월 10일(목요일)

아침 일찍 의사들이 병실에 잇따라 들어왔다. 주치의도 아내의 호소를 긴 시간 할애하여 경청했다. 때로는 의사의 따뜻한 말 한마디가 환자의 고통을 덜어준다.

39도까지 오르던 체온이 정상으로 돌아왔다. 처방도 아내가 말한 대로 바뀌었다. 또 미음이 죽으로 발전했다. 환자의 변화는 때로는 극적이다. 최악의 상황에서 최상의 상태로.

병원에 들어온 지 거의 한 달이 되어간다. 아내는 몹시 지겨워하고 답답해 한다. 잘 먹지 못하니 언제쯤 퇴원할 수 있을까?

4월 14일(월요일)

마침내 오늘 퇴원해도 된다는 주치의의 선언이 내려졌다. 입원한 지 30일, 수술한 지 28일 만이다. 그 동안 힘든 고비를 숱하게 넘겼다. 잘 참고 견뎌준 아내가 고맙고 존경스럽다. 제대로 먹지 못해 불안한 퇴원이지만, 퇴원은 즐거운 것, 아내의 표정이 밝다.

입원할 때 입고 온 옷이 무겁게 느껴지는 화창한 봄날, 아내를 부축해 병원을 나섰다. 낯익은 얼굴의 환자들이 제 일처럼 기뻐한다.

"축하해요. 조심해 가세요. 다시는 이곳에서 만나는 일이 없기를 기도할게요."

"빨리 나으셔서 밖에서 만나요."

동병상련이라고 했던가. 가슴이 뭉클하다.

한 달 만에 다시 온 집이 낯설다. 아내를 침대에 눕게 하고 잔잔한 음악을 들려줬다. 이제부터 내가 해야 할 일이 많아졌다. 아내의 작은 변화도 빠뜨림 없이 관찰해야 하고, 약들도 시간 맞추어 먹게 해야 한다. 그리고 먹는 것들을 잘 챙겨줘야 한다.

아! 이를 어쩌나. 저녁때 소변에서 피가 섞여 나온다. 병원에 연락했다.

"심각한 상황은 아니니 내일 와보세요."

불안한 퇴원 첫밤을 잠들다 깨었다 되풀이하며 보낸다.

4월 15일(화요일)

혈뇨가 멎지 않는다. 아침 일찍 병원으로 달려가 주치의를 만났다. 또 소변검사하고 엑스레이 찍었다. 그리고 주치의 소개로 비뇨기과 황 교수와 상담했다. 혈뇨는 곧 진정될 것이고, 수술 때 삽입해놓은 요관도 3개월 후면 뽑아버려도 될 것 같다는 희망적인 말을 해주었다.

집에 돌아와 우유 한 잔 마셨다. 그러나 잠시 후 모두 토했다. 복통이 너무 심해 진땀을 흘린다. 그런 가운데서도 기다려왔던 변을 보게 되어 시름 하나 덜었다.

딸기, 토마토, 귤 등 과일과 누룽지, 엿 등을 사왔으나 아내는 먹지 못한다. 일식집에서 주문한 전복죽 역시 몇 숟갈 떴을 뿐이다.

4월 18일(금요일)

좀 넓고 공기가 좋은 곳에 머물면 기분도 전환되고, 잠 잘자고, 좀 먹지 않을까 하여 무리지만 수지 집으로 돌아왔다. 집 떠난 지 34일 만이다.

앞산의 연녹색 나뭇잎들이 싱그럽고 눈부시다. 햇빛 쏟아지는 베란다에 앉아 모처럼 풋풋한 신록의 기운을 호흡하고, 따끈따끈한 햇볕을 쏘였다. 창백한 아내의 얼굴에 핏기가 돈다.

4월 20일(일요일)

아내가 밖에 나가보고 싶어한다. 아내의 허리를 부축하며 공원을 걷는다. 꽃보다 더 아름다운 신록, 싱그러운 봄내음을 맡으며 한 걸음 한 걸음 내딛는다. 걷는 것보다 더 긴 시간을 벤치에 앉아 따가운 햇볕을 쪼였다. 두 바퀴 도는 데 1시간이 걸렸다. 공원 한 바퀴는 아내의 보폭으로 630보 정도, 1,200여 보를 걷는 데 이만한 시간이 소요됐으니 거북이 걸음이다. 그러나 이것도 큰 발전이다.

산책의 효과인지, 아이들의 간절한 권유 덕택인지 아내는 갈비국물에 밥을 말아 약간 먹었다. 그리고 변도 보았다.

모처럼 텃밭에 나가 지난가을 수확해 땅속 깊이 묻어놓았던 무를 파냈다. 제철처럼 싱싱하다. 때는 지났지만, 봄채소를 심기 위해 텃밭을 골랐다. 한 뼘 정도 자란 마늘 열 개 정도를 뽑아왔다. 생명의 향기가 물씬하다.

4월 22일(화요일)

병원에 갔다. 주치의는 항암주사를 또 맞아야 한다고 했다. 일종의 방사선 치료인 토모테라피까지 곁들여 해야 한단다. 아내는 펄쩍 뛴다. 이제 주사는 더 이상 맞지 않겠다고 완강하게 거부한다. "단 며칠을 살더라도 고통받지 않고 살겠다"고 단호하다. 주치의는 난감한 듯 나를 손짓으로 부른다.

"시간과의 전쟁이니 잘 설득하세요."

의사의 의견을 받아들여 아내에게 이렇게 말했다.

"이제까지 많은 고생하며 여기까지 왔는데, 시간을 놓쳐 이 고생을 헛되게 하면 어떻게 하느냐. 의사의 결정에 따르자."

나의 애원에도 아내는 고개를 젓는다.

내과의사는 배가 심하게 아프다는 아내의 호소에도 별 이상이 없다며 진통제 처방만 해준다. 납득이 되지 않는다. 울적한 마음으로 병원을 나섰다.

또 고통스럽고 긴 과정의 항암주사를 맞아야 하는가? 이제 4, 5cm가량 자란 머리카락이 다시 빠지고 지독한 식욕부진과 구토, 끝없는 아픔과 불면증이 찾아올 것이다. 생각만 해도 아찔하다. 너무 심하지 않으십니까? 가혹한 시련을 거두소서.

어제는 결혼 40주년 되는 날. 착잡했다. 아내는 더했을 것이다. 그런 날임을 떠올리는 것조차 우리에겐 사치다.

토모테라피(*Tomo Therapy*) : 치료시 CT(*Computed Tomography*)를 이용하여 종양의 위치를 확인한 후 방사선치료(*radiation therapy*) 장비를 360도 연속으로 회전시켜 정해진 암 부위에만 많은 양의 방사선을 조사하도록 고안된 방사선치료 장비이다. 우리말로 번역하면 '단층치료기'이다.

4월 24일(목요일)
봄비가 내린 후의 신록은 더욱 싱그럽다. 텃밭을 일구고, 베란다의 나무들을 씻어주고, 거름도 주었다.

아내는 몸이 안 좋은 상태에서도 거실 커튼을 걷어달라더니 빨았다. 그리고 장을 달였다. 모두 힘든 일들이다. 아내는 너무 열심이다. 마치 오늘이 마지막 날인 듯이.

항암치료 문제가 가슴을 짓누른다. 기회가 있을 때마다 항암치료를 받아야 한다고 아내를 설득했으나 여전히 고개를 내저을 뿐이다. 지난해 말까지 무려 39번의 항암주사를 맞았다. 그때마다 아내는

314

당연한 것처럼 받아들였다. 그러나 이번엔 그 태도가 완전히 달라졌다. 아마도 의료진이 내뱉은 가혹한 말이 가슴에 비수가 되어 꽂혀 있기 때문인지도 모른다.

"아주머니는 아무리 수술해도 낫지 않습니다."

외과의사가 했던 말이다. 이 한마디가 아내의 희망과 의지를 꺾어버렸다. 이제 더 항암제를 맞는 것은 의미가 없다는 생각을 갖게 한 것 같다.

비록 진실일지라도 환자들의 마음에 상처를 주는 정제되지 않은 말을 함부로 하는 의사는 문제가 있다. 선진국 의과대학에서는 의사가 환자에게 어떻게 말해야 하는지를 가르치는 교육과정이 있다고 들었다. 의사의 말 한마디가 묘약이 되고 때로는 그 반대인 독약이 되기 때문일 것이다.

4월 28일(월요일)

주말은 잘 넘겼다. 먹는 것이 조금씩 늘어났다. 걷기, 요가 등 운동을 열심히 했고, 변도 그런대로 잘 보았다. 그러나 오늘은 그 상황이 많이 달라졌다. 배가 너무 아파 배를 움켜쥐고 진땀을 흘리며 화장실에 대여섯 번이나 드나들었다. 그리고 변에서 피가 섞여 나왔다.

그래도 항암치료는 죽어도 받기 싫단다. 아무리 설득해도 들으려 하지 않는다. 하루를 살아도 고통 없이 살고 싶다고 절규한다. 더 많은 대화와 시간이 필요할 것 같다.

4월 29일(화요일)

주치의와 만났다.

"한시가 급하니 빨리 항암치료를 계속합시다."

며칠 전에 한 말을 되풀이해 강조한다. 그래도 아내는 완강하다.

"더 이상 항암치료는 받지 않겠어요."

주치의는 5월 6일 오전 나 혼자 병원에 나오란다. 아내를 더 이상 설득할 수 없다고 판단했기 때문인가. 나한테 무슨 말을 할 것인지 궁금하고 불안하다.

저녁엔 마을사람들과 어울려 술 마시고 떠들며 잠시나마 괴롭고 캄캄한 처지를 달랬다.

4월 30일(수요일)

환경이라도 조금 바꾸면 돌파구를 찾을 수 있을 것 같다. 공기 좋고, 물 좋고, 산 좋은 먼 곳으로 떠나자. 지리산 자락의 경남 함양, 죽염제품으로 불치병을 고칠 수 있다고 알려진 인산죽염 수련원.

일찍 집을 나섰다. 산과 계곡 그리고 들녘에는 바야흐로 연초록의 향연이 그 절정을 향해 치닫고 있다. 파란 보리가 파도처럼 물결치고, 싱그러운 잎들은 보석처럼 반짝거린다. 이 찬란한 계절, 이 아름다운 세상, 생명력이 넘치는 자연으로 우리는 소풍을 간다.

금산인삼랜드 휴게소에 들러 아내가 마련해 온 도시락을 잔디밭에 펼쳐 놓았다. 밥 한 숟갈 떠먹고, 서로 얼굴 한번 쳐다보고, 그리고 싱긋 웃고. 작은 변화가 이렇듯 큰 기쁨을 안겨주는구나. 바보처럼 살아온 지난날들이 너무 아깝다.

아내는 수북이 자란 클로버 군락지에서 네잎 클로버를 찾아냈다. 소녀처럼 손뼉을 치며 기뻐한다. 이번 여행이 우리에게 행운을 안겨줄 것 같은 느낌이 가슴에 짜르르 흐른다.

오후 3시. 깊은 산속에 자리 잡은 수련원에 도착해 여장을 풀었

316

다. 속세에서 멀리 떠나온 듯 깊은 고요가 영혼을 맑게 하는 이곳, 철저히 자연주의를 추구한다. 먹거리가 그렇고, 잠자는 방이 그렇다. 음식은 산채나물과 된장국이고 잠자는 숙소는 황토방이다.

우리가 묵는 방은 호텔의 그것과 비슷하나, 이곳에 오래 머무는 대부분의 사람들은 시골의 오두막과 같은 흙집에서 숙식을 해결한다. 그곳에서 쑥뜸과 침, 그리고 죽염 등을 복용하며 암 등 난치병과 싸우고 있다. 일종의 대체요법, 대안치료다. 이곳에 며칠 묵으며 그들의 이야기를 들어보고 체험도 하면서 많은 정보와 도움을 받을 요량이다.

산속엔 밤이 빨리 찾아온다. 그리고 기온이 급격히 떨어진다. 산채비빔밥으로 저녁을 때우고 일찍 자리에 들었다. 구들이 따끈따끈하다. 적막감이 흐르고 창밖엔 무수히 많은 별들이 빛난다.

환경이 바뀐 탓일까? 깊은 잠을 이룰 수 없다. 절대의 고요는 절대의 혼돈을 안겨준다. 끝없이 밀려오는 번뇌와 상상, 혼란스런 오늘, 불안한 미래, 아내에 대한 연민, 이런 것들이 가련한 이 영혼을 흔들어댄다.

5월 1일(목요일)

여명은 산꼭대기에서부터 서서히 내려온다. 자리에서 일어나 두꺼운 옷을 걸치고 아내의 팔짱을 끼고 밖으로 나왔다. 차고 맑은 공기를 뱃속 깊이까지 들이마시며 숙소 주변 산책길을 걸었다. 많은 사람들(대부분 요양하는 환자들)이 완만한 산길을 열심히 오른다. 생명줄을 놓치지 않으려는 절실한 걸음이다.

아침밥을 먹고 황토방에서 요양하고 있는 사람들을 만났다. 모두들 친절했다. 처음부터 이곳에 들어온 사람, 병원치료를 받다가 포기하고 들어온 사람, 이곳에 머물면서 병원치료를 병행하는 사람, 다양하다. 자연요법, 침과 쑥뜸, 죽염요법이 효험 있다는 사람, 뾰족한 대안이 없어 이곳에 머문다는 사람, 궁극적으로는 병원치료를 받아야 한다는 사람들의 이야기를 경청했다. 지푸라기라도 잡아보려는 애절한 사연들이 눈물겹다.

신라시대 최치원 선생이 조성했다는 함양읍내 상림에 들렀다. 6만여 평의 거대한 숲에 몇백 년 묵은 거목들이 빽빽이 들어서 있고, 그 한가운데로 개울이 흐른다. 아름답고 유서 깊은 공원이다. 아내가 너무 힘들어해 다 돌아보지 못했다.

지리산의 고찰 위암사에 들르기 위해 차를 몰았으나 아무래도 무리인 것 같아 단념했다. 계곡 입구 민물매운탕 집에서 메기매운탕으로 점심을 먹었다. 아내는 이곳에서 볼 수 있는 모든 곳을 다 가보고 싶어했으나, 피곤한 기색이 역력해 다음 기회로 미루기로 했다.

돌아오는 길에 오도재에 올랐다. 천왕봉을 중심으로 장엄하게 펼쳐진 지리산을 한눈에 볼 수 있는 곳이다. 그 동안 지리산을 여러 번 올랐으나, 정작 지리산은 보지 못했다. 멀리 지리산이 거느린 영봉들과 그 줄기, 그리고 계곡들, 남해와 이어진 구름의 바다를 보았을 뿐이다. 3개 도를 포용하는 우리나라 최고 최대의 명산 지리산, 과연 웅장하고 아름답다.

아내가 건강을 회복하는 날, 저 길고 아득한 능선을 서로 손 잡고 몇 날 며칠이고 끝없이 걷고 싶다.

숙소로 돌아와 2시간 정도 쉬었다. 5월의 햇빛이 이렇게 찬란한 날 방 안에서 보내기가 아깝다. 또 밖으로 나왔다. 황토집 앞 풀밭에 클로버가 무성하게 자라 있다. 아내는 또 네잎 클로버를 찾느라 열중했다. 불과 한 시간 사이 8개를 찾았다. 아내는 또 소녀가 되어 환한 얼굴에 홍조까지 띠웠다.

이렇듯 좋은 곳에서도 아내의 컨디션은 좋아지지 않는다. 혈변을 몇 번 보고, 복통이 심하다. 기력이 떨어져 자주 앉거나 누우려 한다. 산채비빔밥 겨우 몇 숟갈 뜨고 일찍 자리에 누웠다.

아내는 비관적인 이야기를 자주 하려 한다. 그런 소리 듣기 싫다며 목소리를 높이고 나니 가슴이 메어진다.

아내에게 힘을 주소서. 희망을 주소서.

그리고 오늘밤 깊은 잠을 자게 하소서.

5월 2일(금요일)

아침 식사 후 숙소에서 나왔다. 마침 함양 장날이다. 깊은 산속의 장답게 산나물이 곳곳에 쌓여 있다. 이것들을 너무 좋아하는 아내는 쑥과 고사리, 취나물, 두릅 등을 샀다. 그리고 텃밭에 심을 오이, 가지, 토마토 모종과 다육식물인 산세베리아도 샀다. 우리 사는 곳보다 훨씬 싸다.

고향은 이곳에서 채 1시간 거리도 되지 않는다. 여기까지 온 김에 들르고 싶었으나, 아내가 버틸 여력이 없는 것 같아 집으로 바로 가기로 했다.

2박 3일의 지리산여행. 아내에겐 약간 무리한 나들이이었지만, 자연을 숨 쉴 수 있는 좋은 기회였고 영원한 추억이 될 수 있는 사색과 명상의 여로였다.

아내는 언제나 집에 오면 힘이 솟는 것 같다. 채 앉기도 전에 사온 쑥을 씻고, 쌀을 씻어 물에 담갔다. 쑥떡을 만들어 애들에게 주고, 이웃과도 나누어 먹자며.

산세베리아를 큰 화분에 심었다. 거실은 작은 산세베리아 화단이

됐다. 그 동안 심었던 것들이 허리 높이로 자랐다. 한 달에 한번 정도 약간의 물을 줄 뿐인데 이렇게 숲을 이루다니 참 신기하다. 화분 속의 제한된 모래흙에서 이처럼 싱싱하게 뻗어 올라간 산세베리아. 자연은 못하는 일이 없다.

자연의 신비가 아내에게도 넘쳐 들게 하소서.

5월 3일(토요일)

함양 장에서 사온 오이, 가지, 토마토 모종을 텃밭에 옮겨 심었다. 오이를 심은 곳에는 지주도 세웠다. 쑥과 쌀(8kg)을 떡집에 맡겨 쑥떡을 만들었다. 설탕 등 일체의 첨가물을 넣지 않은 순수한 건강식이다. 아내가 두고두고 잘 먹었으면 좋겠다.

과로한 탓인지 아내의 몸 상태가 안 좋다. 혈변이 멎지 않고, 복통은 여전하다. 그래도 아내는 그 동안 밀린 빨래며 집안일을 하느라고 잠시도 앉지 않는다.

주말이라고 아이들이 모두 왔다. 어버이날(8일) 선물도 내놓았다. 엄마가 만든 쑥떡이 맛있다고 잘 먹는다. 아내는 흐뭇한 표정이다. 큰아들이 오는 16일 귀국한다는 전화를 했다.

5월 6일(화요일)

주치의를 만났다. 그는 항암주사와 함께 토모테라피도 해야 한다고 거듭 강조했다. 그리고 방사선종양과 김 모 교수를 소개해 주었다. 김 교수는 토모테라피를 수원에 있는 성빈센트 병원에서 받을 수 있게 소견서를 써주고, 9일과 13일로 예약을 잡아주었다.

토모테라피 시술을 할 수 있는 장비는 우리나라에서 5개 병원에만 설치돼 있고, 가톨릭계 병원으로는 성빈센트 병원이 유일하단다

소견서 내용이 나를 슬프게 한다. 아내에게는 보여줄 수 없는 내용, 이렇게 쓰여 있다.

"교수님, 상태가 아주 좋지 않은 클라이언트(client: 환자)를 소개해 드려 죄송합니다. 난소암 3기말, 그 동안 4번의 수술과 40차례에 가까운 약물치료를 받았습니다. 골반 주변에, 그리고 장에 암 의심 조직이 번져 있어 시리어스(Serious: 심각한)한 상태입니다. 잘 부탁드립니다."

아내는 여전히 치료를 받지 않겠다는 뜻을 굽히지 않는다. 수술과 항암치료 후의 지독한 고통과 혈변, 혈뇨 등 심각한 후유증, "아주머니는 아무리 수술해도 낫지 않습니다"라고 말한 의사의 경박한 언행, 주변 환자들의 비극적인 결말 등을 조목조목 언급하며 치료거부 의지를 분명히 한다. 고통뿐인 생명의 연장은 무슨 의미가 있느냐고 울먹인다. "나를 두고 떠나겠다는 말이냐"며 함께 울었다.

이런 상황에도 아내는 강남면허시험장에 가서 적성검사를 받고 운전면허 유효기간을 갱신했다.

5월 9일(금요일)

치료를 받느냐, 포기하느냐, 심한 갈등으로 지난밤 잠을 설쳤다. 어떻게 해서라도 아내를 치료받게 해야 한다. 또 주치의를 만나러 병원에 갔다. 성빈센트 병원에 가서 일단 토모테라피 전문의사와 이야기를 나누어 보란다.

수원으로 갔다. 희망적인 설명을 기대하며 담당 여자의사를 만나 소견서를 전달했다. 여의사는 소견서를 읽더니 시큰둥한 표정이다. 이런 의사한테는 진료를 받을 기분이 나지 않는다. 아내의 진료거부 이유가 또 하나 추가됐다.

우리는 주치의에게 이 병원에서 치료받지 않겠다고 통보했다. 토모테라피 시술을 받더라도 서울의 큰 병원에서 하겠다고 했다. 주치의는 그럼 그렇게 하라며 그 동안의 진료기록, 영상자료, 소견서 등을 만들어두겠다고 했다.

우리는 이제 지난 4년 4개월 동안 수술과 약물치료 등을 받아온 이 병원을 떠나기로 했다. 의사와 간호사 등 많은 의료진들과 끈끈한 인간관계를 이어왔던 이 병원, 막상 떠나겠다고 결심하고 나니 지난날 걸어온 길고 험하고 힘들었던 여정이 파노라마처럼 떠오른다. 그리고 병원을 바꾸는 데 따르는 고민과 망설임도 무겁게 다가온다.

그러나 다른 병원으로 옮겨 치료받는다는 것은 새로운 가능성의 추구다. 새로운 의사, 더 나은 치료성과, 더 질 좋은 의료서비스 등 기대지수가 한결 높아진다. 새로운 시도는 모험이다. 좋은 성과와 새로운 돌파구를 찾으려면 모험이란 장벽을 넘어야 한다.

5월 12일(월요일)

부처님 오신 날. 집 가까운 곳에 있는 절에 가 연등을 달고, 대형 양초 두 개에 불을 밝혔다. 새로 세워진 절이기 때문인지 불교 최대 명절인데도 한산하다. 절에서 제공하는 비빔밥 한 그릇씩 받아 비닐하우스 같은 간이식당에서 맛있게 먹었다. 초파일에 이렇게 공양하는 것은 처음이다. 이 절의 비구니 스님을 만났다. 여러 가지 희망적인 이야기를 많이 해줘 기분이 좋았다.

주치의로부터 전화가 왔다. 소견서, 진료기록 등을 수간호사에게 맡겨두었으니 찾아가라는 내용이다. 너무 사무적이고 공식적인 목소리다. 4년이 넘도록 치료하고 치료받은 의사와 환자의 관계라면 직접 만나 따뜻한 말 한마디라도 해줄 것으로 기대했는데 약간은 섭섭했다. 다른 병원으로 가겠다고 했으니 어쩌면 그쪽이 더 섭섭하고 자존심이 상했을지도 모른다.

갈등과 고민을 풀기 위해 텃밭에 나가 일했다. 거름을 뿌리고, 흙을 파헤치고 고르고, 그 위에 비닐을 덮었다. 일정한 간격으로 비닐을 뚫고 구덩이를 파 50포기의 고추 모종을 심었다. 또 계곡의 옹달샘에서 물을 길어와 포기마다 듬뿍 주었다.

아내가 커피와 케이크를 갖고 나왔다. 커피 향이 너무 좋다. 아내의 환한 미소는 더욱 좋다. 모든 시름 날려버리고 열심히 살고 열심히 사랑하자.

5월 13일(화요일)

혈뇨가 계속 나와 병원으로 갔다. 어제 주치의의 딱딱한 전화를 받았지만, 그래도 한번 만나고 싶기도 했다. 어려운 상황을 맞으면 인간은 더욱 약해지고 작은 바람에도 흔들린다.

주치의의 간곡한 설득에 일단 토모테라피 시술을 받아보겠다고 아내는 치료거부의 뜻을 접었다. 주치의도 안도하는 듯 표정이 밝아졌다. 그리고 성빈센트 병원에 연락하여 진료일정을 잡아주었다.

비뇨기과에 들렀다. 의사는 혈뇨는 별로 신경도 쓰지 않았다. 수술 후유증으로 올 수 있는 현상 쪽으로 가볍게 생각하는 것 같다.

오히려 수술할 때 설치해 놓은 인공요도관을 이제 제거해도 되겠다면서 뽑아버렸다. 우리는 기뻤다. 이 세상 그 어떤 훌륭한 인공장기라 하더라도 태어날 때부터 갖고 있는 것을 대신할 만큼 좋은 것은 없다.

그러나 기쁨도 한순간. 점심 먹은 후 병원에서 처방해준 약을 삼키자마자 심한 구토를 하기 시작했다. 먹은 것의 몇 배를 토해냈다. 인공요도관을 제거했기 때문에 일어나는 현상임에 틀림없다. 혈뇨도 더 많이 나오고, 허리통증도 심해졌다. 안정을 취하면 좋아질 것으로 기대했으나, 점점 모든 상태가 나빠졌다. 비뇨기과 의사에게 전화했더니 그의 대답은 너무 간단하고 한심하다.

"내일 와보세요. 요관을 다시 끼울 수도 있고, 특수촬영을 한번 해봅시다."

환자가 실험용 쥐인가. 이렇게 했다 안 되면 저렇게 하고, 그래도 안 되면 환자 탓이다. 분노가 끓어올랐지만, 꾹 참았다. 아내의 생명과 관계된 일이니 섣불리 항의할 용기가 나지 않는다.

봄비가 부슬부슬 내리는 밤, 아내를 태우고 다시 서울로 나왔다. 더 나빠지면 병원으로 빨리 가기 위해서다.

5월 15일(목요일)

하루를 버티다 아침 일찍 병원에 갔다. 비뇨기과 의사는 요관을 다시 넣으란다. 기가 차다.

요관 시술은 수련의들이 한다. 단순하고 쉬운, 수술이 아닌 시술이기 때문이란다. 그런데 이들 젊은 의사들은 보고 느낀 대로 숨김없이 말하는 특성이 있다. 젊은 의사는 이렇게 말했다.

"방광 쪽에 혹 같은 것이 있어 요관을 삽입하는 데 애를 먹었어요."

방광까지 암이 번졌다는 말인가. 또 가슴이 철렁 내려앉는다. 주치의나 비뇨기과 의사, 그 누구도 이런 말은 해주지 않았다. 경험없는 철부지 의사가 한 말이라 믿을 것이 못된다고 애써 무시했다. 그러나 불안의 앙금은 없어지지 않는다.

인체 구조는 참 오묘하고 신비롭다. 요관을 다시 넣은 후 구토증이 씻은 듯 없어졌다. 물을 많이 마시고, 수박 등을 먹어도 토하지 않는다.

5월 16일(금요일)

큰아들 지훈이 MBA하러 미국으로 떠난 지 거의 1년 만에 돌아왔다. 엄마를 보기 위해 인턴사원으로 입사한 컨설팅회사의 서울지사를 선택해 들어온 것이다. 여름방학 동안 일하며 실무도 배우고, 학비도 벌고, 엄마도 보고. 좀처럼 얻기 어려운 기회다.

아들은 엄마에게로 달려왔다. 아내는 눈물을 글썽이며 아들은 안았다.

"살아서 못 볼 줄 알았는데… ."

서울에 있는 가족들이 모두 모여 저녁을 먹으며 만남의 기쁨을 나누었다. 아들은 영원한 행복의 냄새, '엄마 냄새'를 맡겠다며 엄마 곁에 누워 엄마 가슴에 얼굴을 파묻고 단잠을 잔다.

아들이 와 더없이 기쁜 날, 아내는 비교적 잘 먹고 종일 얼굴에 미소가 가득하다. 그러나 혈뇨가 멈추지 않아 가슴이 아프다. 어떻게 해서라도 근본적인 치료를 서둘러야 한다.

5월 19일(월요일)

결코 다시 오지 않겠다고 했던 성빈센트 병원을 다시 찾았다. 그리고 그 여의사를 또 만났다. 이번엔 좀 상냥해졌다. 토모테라피는 도입된 지 얼마 되지 않은 최신의 시술법이기 때문에 임상결과에 대한 평가가 제대로 나와 있지 않은 것 같다. 보험 적용이 안 되기 때문에 그 비용 또한 엄청나다. 그러나 이 방법이 최선이면 따를 수밖에 없다. 일단 MRI를 찍어야 한다며 그 일정을 잡아준다.

아내는 사이버 나이프라는 시술을 받은 경험이 있다. 3년 전이다. 그때도 최신의 방법이라고 병원 측이 권유하여 그 시술을 받았다. 그러나 채 1년도 되지 않아 그 자리에 또 암이 크게 자라 큰 수술을 받아야만 했다. 아내는 두고두고 사이버 나이프 시술한 것이 후회스럽다고 하소연했다. 그때 의사가 한 말은 "1년 잘 살았잖아요"였다. 어처구니없어 할 말을 잊었었다.

토모테라피도 사이버 나이프와 비슷한 시술법이다. 그때 기억이 자꾸 떠올라 심한 갈등을 느꼈다. 그래도 해야 한다. 0.001%의 가능성만 있다면 거기에도 매달려야 한다. 선택의 기회가 있다는 것만으로도 축복이다.

아들과 함께 차를 타고 오며 많은 이야기를 나누었다. 아들은 한 병원에서 계속 진료를 받을 것이 아니라 이 기회에 다른 병원으로 옮겨보는 것이 어떠시냐는 의견을 내놓았다. 아들에게 더 좋은 병원, 더 좋은 의사를 물색해 보라고 했다. 절대적인 신뢰가 밑받침이 되어야 좋은 치료효과를 기대할 수 있기 때문이다.

5월 23일(금요일)

MRI를 찍기 위해 아침 식사 후 계속 금식을 했다. 지친 상태로 병원에서 한참 동안 기다리다 오후 4시 반부터 촬영이 시작됐다. 자기공명으로 병소를 찾아내는 기법이다. 1시간 이상 걸렸다. 결과는 27일 주치의를 통해 알아보란다. 우선 생수 몇 모금 마시게 하고, 아들과 함께 부축하여 차에 태우고 집으로 돌아왔다.

점심 겸 이른 저녁을 먹었다. 종일 굶었는데도 아내는 제대로 먹지 못한다. 더욱 속상한 것은 혈뇨의 농도가 점점 짙어진다는 점이다. 근본적인 원인을 밝혀내지 못한 채 요관만 끼었다 뺐다 하는 의

326

료진들이 실망스럽다.

당장의 소원은 MRI 결과가 좋게 나오는 것이다.

5월 27일(화요일)

MRI 결과를 보기 위해 성빈센트 병원에 갔다. 결과는 캄캄했다. 골반 쪽의 암 덩어리가 5㎝ 정도 자라 있었다. 생명을 넘나든 큰 수술과 그 지독한 항암치료, 모두가 원점으로 돌아갔다. 참담하다. 애써 태연하려 해도 자꾸 눈물이 난다. 아내가 너무 측은하고 가엽다. MRI 영상자료를 달라고 했다. 주치의와 상담한 후 토모테라피 시술 여부를 결정하겠노라고 했다.

그러나 이 병원에서 치료받고 싶은 생각은 싹 가셨다. 집으로 돌아오는 길에 아들에게 의사인 친구들을 통해 어느 병원에서 엄마치료를 받게 했으면 좋겠는지 잘 알아보라고 거듭 당부했다.

술에라도 취해 있어야 이 암담한 오늘을 잊을 것 같아 가까운 친구들을 불러내어 술을 마셨다.

새 병원에 새 의사, 아내여 힘내라

5월 28일(수요일)

다른 병원으로 옮기는 문제가 예상보다 빠르게 진행됐다. 아들 친구가 역할을 해줘 삼성의료원 산부인과 김 교수의 특진을 받을 수 있게 됐다. 지금까지 치료받던 병원의 모든 기록과 소견서들은 이미 받아놓은 상태다. 내일 아침 9시 김 교수의 특진을 받게 돼 오후 늦게 반포 집으로 나왔다.

새 병원에 새 의사, 아내의 치료가 획기적으로 이루어질 것 같은 기분이다. 아내도 기대와 희망에 차 있는 듯한 표정이다.

아내의 상태는 매우 좋지 않다. 체중도 크게 줄었고, 기력도 점점 떨어져간다. 혈뇨도 그치지 않는다. 불안하고 걱정스러워 누워도 잠은 오지 않고 온갖 망상이 끝없이 떠오른다. 다만 내일부터 병원을 바꾸고 우리나라 최고의 의사를 만나 최선의 치료를 받게 된다는 것이 큰 위안이다.

아내여, 힘내라! 우리에겐 새로운 기회, 새로운 희망이 달려오는 소리가 들린다.

5월 29일(목요일)

거의 1시간을 기다려 김 교수 앞에 앉았다. 젊고 시원시원한 경상도 사나이. 우선 믿음이 간다. 갖고 간 기록들을 검토하더니 오늘 당장 입원부터 하란다. 집에 가서 입원해 있을 동안 필요한 물건들을 챙겨 병원에 다시 왔다. 처음에는 2인실로 정하고 병실로 올라갔더니 이미 입원해 있는 환자의 상태가 좋지 않고 고통으로 울부짖고 있어 바로 1인실로 옮겼다.

아내는 입원할 때 언제나 나의 입장을 먼저 생각한다. 여자 병실에서 남자가 얼마나 불편할까, 잠자리는 또 어떨까, 이런 문제들을 더 고려한다. 내가 편해야 아내가 편하다. 그러다 보니 대부분 1인실에 들게 된다. 이 병원의 1인실은 먼저 병원의 1인실보다 약간 더 넓고 훨씬 쾌적하다. 지은 지 얼마 되지 않았기 때문이다.

오후 7시 김 교수가 병실에 들렀다. MRI 등 모든 기록을 검토한 후 치료방법 등을 정하겠다고 말했다. 불안과 기대가 교차하는 새 병원에서 새 치료의 길에 올랐다. 동서 병동으로 나누어져 있는 7층의 수백 개의 병상이 거의 암환자로 가득 차 있다. 대부분의 환자들이 머리카락이 없다. 가련하고 눈물겹다.

5월 30일(금요일)

새벽부터 혈액과 소변을 계속 채취해갔다. 심전도도 찍고 엑스레이도 찍었다. 주치의는 오늘 어떤 선고를 내릴 것인가? 가슴은 계속 뛰고 잠시도 자리에 가만히 앉아 있을 수 없어 병실을 들락날락하고, 복도에서 서성거렸다.

드디어 저녁 8시. 김 교수가 회진을 왔다. 머뭇거리다가 어렵게 말을 꺼냈다.

"최악의 상태입니다. 살 수 있는 확률은 20% 정도입니다."

그동안 좋지 않은 말을 하도 많이 들어왔기에 면역이 되었나? 아내는 표정하나 변하지 않고 담담하다.

의사는 약간씩 과장하는 습성이 있다. 최악의 경우 말에 대한 책

임을 면하고, 성공했을 경우 어려운 치료를 해냈다는 과시의 법칙
이 존재하기 때문이다. 생존율이 20%면 결코 절망적인 것이 아니
다. 단 1%의 가능성만 있어도 그것은 우리의 것이라고 믿고 싶다.
우리 모두 이렇게 사랑하고, 기도하고, 성원하고 있는데, 그 기적
은 우리 것이 아닐 수 없다.

아이들이 모두 오고, 아내 친구들도 많이 찾아와 병실은 온기와
사랑으로 가득 찼다. 늦게 잠이 들었다. 아내도 그 동안 제대로 자
지 못했던 탓인지 숨소리가 고르고 잔잔하다.

6월 1일(일요일)

요즈음엔 시간관념이 없어져 세월이 어떻게 흘러가는지도 모르
고 사는 것 같다. 그래도 5월은 가고 6월이 왔다. 병실 창밖 대모산
의 신록이 싱그럽다. 바람에 여린 잎들이 물고기 비늘처럼 반짝거
린다.

이 병원도 주말인 어제 오늘은 회진도 없고, 의사도 보이지 않는
다. 새 병원 효과인지 별다른 처치를 하지 않았는데도 어제부터 혈
뇨가 멈추었다. 신기한 일, 아내는 기뻐한다.

아이들을 엄마 곁에 있게 하고, 큰아들과 함께 수지 집에 들렀다.
급히 병원으로 달려오느라고 어질러놓은 집안을 정리하고, 나무들
에 물도 주었다.

내일 주치의는 어떤 결론을 내릴 것인가? 어떤 약제를 쓸 것이며,
전 병원에서 하기를 원했던 토모테라피 시술도 하게 될 것인가? 이
런저런 생각으로 머리가 어지럽다.

6월 2일(월요일)

병원을 옮겨 입원한 지 5일째. 이제까지 치료를 받아온 병원처럼 피 뽑고, 사진 찍고, 각종 검사만 되풀이할 뿐이다. 그만큼 선택의 여지가 좁고, 진료방법을 찾아내기 힘들기 때문일지 모른다.

밤 8시에 주치의가 병실에 왔다. 임상실험용인 신약을 써보는 방법도 고려해 보았으나 맞지 않는 부분이 많아 모험이란다. 그래서 가장 부작용이 덜한 약제로 내일부터 투여하겠다는 말을 했다. 토모테라피 시술은 하지 않겠다는 뜻도 전했다. 아내는 치료방법이 정해지고, 토모테라피를 하지 않는다는 말에 매우 만족해 한다.

번개와 천둥을 동반한 소나기가 퍼붓는다. 세찬 비바람에 모진 겨울을 견뎌낸 여린 나무들이 또 시련을 겪고 있다. 가지는 꺾어지고, 잎들은 찢어져 떨어진다.

지금 아내가 아프고 병마에 시달리는 것도 어쩌면 자연이 부리는 심술의 일종인지 모른다. 아무리 자연의 심술이 잔혹해도 저 생명들은 곧 더 푸르러지고 더 무성해질 것이다. 아내 또한 그럴 것이다. 핏기 없는 아내 얼굴 위에 저 푸른 잎들의 영상이 어른거린다.

저녁때부터 항암주사의 전 단계 조치로 링거주사 등을 주입하기 시작했다.

6월 3일(화요일)

먼저 병원에서 난소암에 쓸 수 있는 항암제는 거의 다 써버려서 쓸 수 있는 것이 거의 남아 있지 않단다. 중복해 쓸 경우 국민보험공단의 제재를 받고, 보험적용도 되지 않는다. 고심에 고심을 거듭하여 택솔 계통의 항암제 500cc짜리 2개를 맞기로 했다. 11시에 시작하여 오후 3시 30분에 모두 끝났다. 전 병원과는 달리 항암주사 후 독소를 씻어내기 위해 1, 2일 동안 입원상태에서 맞았던 링거(식염수) 주사를 맞지 않고 바로 퇴원을 시켰다. 독소를 빼내지 않은 채 병원에서 나와도 괜찮을까? 약간은 불안했지만 퇴원한다는 것은 즐거운 것이다. 아내가 무척 좋아한다.

그래서인지 집에 돌아와 근래 드물게 저녁을 잘 먹었다. 그리고 구토 등 부작용도 없다. 병원을 바꾼 것이 효과를 보는 것 같다.

병은 약물이나 수술만으로 고치는 것은 아니고, 심리적, 정신적인 요인도 큰 역할을 한다고 하지 않는가. 계속 부작용 없이 약물의 효과가 지속되어 아내가 건강한 몸으로 다시 태어나길 빌면서 자리에 누웠다.

6월 5일(목요일)

떠난 지 8일 만에 수지 집에 돌아왔다. 그 사이 신록은 검푸른 녹음으로 변했고, 꽃들은 떨어지고 아카시아만이 그 진한 향기를 내뿜고 있다.

굵은 빗줄기가 주룩주룩 내리는 나른한 초여름 날의 해거름, 산기슭엔 엷은 안개가 깔려 있다. 아내와 나는 발코니의 간이의자에 앉아 빗속에 묻어오는 흙과 숲의 내음을 맡으며 집에 돌아온 기쁨을 누린다.

우리에게 남은 이런 날들이 얼마일까? 떠올리지 않으려고 가슴 깊이 꼭꼭 눌러 놓은 생각이 문뜩문뜩 떠오른다. 의사가 한 말 '생존율 20%'가 순간순간 머리를 스쳐간다. 그리고 소스라친다.

"안 돼, 안 돼." 악몽을 꾸고 있구나.

6월 7일(토요일)

수지 집에 돌아온 지 3일째, 아무리 순한 항암제라도 그냥 넘어갈 리가 없다. 오늘부터 부작용이 나타나기 시작한다. 토하고 먹지 못 하고 기력이 떨어져 누워 있는 시간이 길어지고 있다. 더욱 놀라고 가슴 아프게 하는 것은 멎었던 혈뇨가 어제부터 조금씩 비치더니 오 늘은 뭉클뭉클 그 양이 많아지고 진해진 점이다. 병원이 진료하지 않는 주말을 어떻게 넘겨야 할지 불안하고 답답하다. 이런 날 주저 앉아 있으면 안 된다. 무엇이든 일을 만들어 시름과 불안을 떨어버 리자.

오래 전 선물로 받은 관음죽, 30여 년의 긴 세월이 지나는 동안 몇 차례 분갈이를 했으나 최근 몇 년 병원을 드나드는 사이 어른 키보 다 훨씬 크게 자라버렸다. 지금의 화분으로는 그 큰 덩치를 유지할 수 없어 장독만 한 대형화분을 사와 낑낑대며 겨우 옮겨 심었다. 배 양토와 퇴비도 듬뿍 담았다. 제 몸에 맞는 화분에 심겨진 관음죽, 품격이 한결 높아져 보인다.

꽃집에 간 길에 제법 큰 황금 편백나무 한 그루 사왔다. 햇볕이 잘 드는 거실에 놓으니 소나무 향이 은은하다. 아내의 기분전환에 도 움이 되었으면 좋겠다.

6월 10일(화요일)

촛불시위가 온 나라를 흔들고 있다. 백만 명이 넘는 군중들이 손 에 손에 촛불을 들고 거리고 쏟아져 나왔다. 그러나 우리는 이런 정 치적 상황에 관심을 가질 여유가 없다. 다만 떼지어 다니는 이들로 인해 병원 가는 길이 막힐까 걱정스러울 뿐이다.

보일러 탱크가 터져 뒷베란다가 물바다가 됐다. 설치한 지 8년.

그 사이 녹슬고 부식돼 균열이 가고 물이 조금씩 샜으나, 집을 비우는 바람에 오늘에야 발견했다. 물이 샌 줄도 모르고 보일러를 가동하였더라면 어떻게 됐을까?

아내는 어려운 고비를 조금씩 넘기고 있다. 혈뇨가 어느 정도 진정됐고, 먹는 것도 점차 늘려가고 있다. 더욱 고무적인 변화는 체중이 48.5kg에서 50kg으로 불어난 것이다.

건강이란 희망의 등불을 향해 걸어가는 한 걸음 한 걸음, 어느 날 드디어 우리를 그 등불에 이르게 할 것이다. 그리하여 우리가 걸어온 멀고 험난했던 그 길을 뒤돌아보며 감격의 포옹을 하게 할 것이다.

6월 14일(토요일)

모처럼 공원에 나갔다. 걷는 시간보다 벤치에 앉아 있는 시간이 더 길지만, 그래도 초여름 따끈한 햇볕을 받고 산들바람을 쏘이니 얼마나 좋은가. 풀밭의 클로버가 무성하게 자라 있다. 아내는 또 네 잎 클로버를 찾지만 눈에 띄지 않는다. 걸으며 쉬며 한 시간 정도 공원에 머물다 집으로 돌아왔다. 아내의 얼굴엔 생기가 돈다.

병원에서 만나 알게 된 아주머니, 같은 병을 앓고 있다는 이유만으로도 친해질 수 있었다. 그 아주머니가 공원을 사이에 둔 이웃 아파트단지에 살고 있어 그들 부부와 가까이 지낸다. 오늘은 그들 부부가 집으로 찾아왔다. 친정에서 보내왔다는 산나물과 아주까리 잎 말린 것 등을 가지고.

차 마시며 그들의 고통스럽고 눈물겨운 7년의 긴 투병 이야기를 들었다. 우리보다 더 오랜 기간 병과 싸우느라 모든 것을 다 버렸다. 집도 버리고 생업도 버리고. 50kg에 가깝던 몸무게는 30kg 아래로 줄었고, 강한 방사능 치료로 장이 유착돼 고통을 받고 있다. 그러나 암세포는 일단 몰아내 이제 섭생만 잘하면 곧 옛날로 돌아갈 것이라고 기대에 차 있다.

우리도 이번 과정만 넘기면 암을 극복할 것이란 희망과 힘을 얻었다. 내일엔 더 밝은 태양이 떠오를 것이란 믿음을 얻었다.

6월 18일(수요일)

장마의 시작인지 아침부터 비가 계속 내린다. 시국도 어수선하고 온 세상이 암울하다. 아내의 머리카락이 또 빠지기 시작하니 더욱 참담하다. 6개월 가까이 자란 머리카락, 이 귀한 머리카락이 우수수 빠져나간다. 벌써 몇 번째인가. 잔혹한 고문 끈질긴 악순환이다.

고향에서 청매실 한 자루를 보내왔다. 아내는 두건으로 머리를 싸매고 매실을 씻고 설탕에 절여 큰 유리항아리에 담았다. 머리카락이 뭉텅뭉텅 빠져나가고 항암치료를 받는 최악의 순간에도 아내는 좋은 음식을 마련하는 데 모든 정성을 다 쏟고 있다. 이 또한 내 가슴을 찡하게 한다.

6월 21일(금요일)

아내가 중국음식을 먹고 싶어한다. 깜짝 놀랄 만한 발전이요 축복이다. 수지에서 가장 큰 중국집으로 달려가 잡탕밥과 탕수육을 시켰다. 아내는 잡탕밥 반 그릇 정도, 탕수육 몇 점을 먹었다. 때때로 색다른 음식을 알아서 공급하여야 하는데 너무 둔감했구나.

오후엔 아내와 함께 텃밭에 나갔다. 지난해 초겨울에 심었던 마늘과 양파가 크게 자랐다. 심기만 했을 뿐 제대로 가꾸지 못했으나, 수확의 기쁨을 안겨준다. 나온 김에 소실봉에 도전했다. 천천히 걸어 중턱의 쉬는 곳까지 올랐다. 울창한 녹음, 산들산들 불어오는 시원한 바람, 은은하게 스쳐가는 소나무 향기가 아내의 기력을 돋우는 것 같다.

내일이 주말이라 아들, 딸 모두 왔다. 텃밭에서 뜯어온 상추와 쑥갓, 풋마늘 등으로 풍성한 저녁상을 차렸다. 모처럼 가족이 함께한 행복한 만찬이었다.

6월 23일(월요일)

삼성의료원으로 옮긴 후 2번째 항암주사를 맞기 위해 오후 3시 30분에 입원했다. 혈액검사 결과 빈혈기가 있고, 혈압이 56~88로 낮아 400cc짜리 두 팩의 피 주사를 맞았다.

주치의는 수혈로 빈혈이 해결됐고, 그 밖의 수치들은 정상에 가까우니 내일부터 항암주사를 맞을 수 있다고 한다.

그러나 초저녁부터 문제가 생겼다. 찬 피가 들어갔기 때문인지 심한 한기로 담요를 몇 겹씩 덮었는데도 계속 떨고 구토 또한 멈춰지지 않는다. 당직의사와 연달아 전화로 연락하고, 간호사들이 수없이 드나들며 주사를 놓았다. 자정이 넘어서야 오한이 가시고 구토도 멈추었다. 그리고 수면제 주사를 맞고서야 겨우 잠이 들었다. 악몽 같은 긴 밤이다.

큰딸이 여름방학을 맞아 아이들과 함께 내일 귀국한다. 아내는 오랜만에 오는 손자를 제대로 맞이할 수 없게 됐다며 안타까워한다. 병상에 누워 있으면서도 온갖 걱정을 다한다. 집안일, 세상사는 모두 접어두라고 언제나 말했으나, 소용이 없다.

6월 24일(화요일)

지난번 맞은 것과 같은 항암주사를 맞았다. 지난번의 방식대로라면 이 주사를 맞고 나면 바로 퇴원이다. 그런데 이 주사가 이름만 다를 뿐 먼젓번 병원에서 맞은 많은 항암제 중 한 가지와 같은 것이라는 사실이 확인됐다. 주치의는 약을 바꾸어 투여해야 한단다. 고생고생하며 두 번 맞은 항암제, 어떻게 반응했는지는 모르지만, 일단은 원점으로 돌아간 것이다. 약을 바꾸고 며칠 더 입원해야 한다는 주치의 설명에 아내는 어이가 없다는 표정이다.

이렇게 약을 정하고 바꾸고 하는 일, 엄청난 고통이요 충격이다. 삼성병원은 더 신중하고 더 치밀할 줄 알았는데 전 병원과 다를 바 없으니 실망스럽다.

6월 25일(수요일)

새로운 처방에 의해 항암제를 두 가지 투여했다. 네 차례에 걸친 방광보호제도 맞았다. 주치의는 최선의 선택을 했노라고 말한다. 선택의 폭이 제한된 상태에서 효과는 높이고 부작용은 최소화한 약제를 4일에 걸쳐 투여한다는 설명에 실의에 빠졌던 아내가 조금씩 안정을 되찾아 간다.

오후엔 새벽에 귀국한 딸네 가족들이 찾아왔다. 아내는 손자들을 한 놈씩 안아주며 "이런 곳에서 너희들을 보게 되다니. 이런 모습을 보여 괴롭다"며 눈물을 글썽거렸다. 딸도 울었다. 반갑고 기뻐야 할 상봉이 눈물로 얼룩졌다.

6월 27일(금요일)

어제에 이어 3번째 항암주사를 맞았다. 이제까지의 그것과 동일한 약제다. 주치의가 말한 대로 부작용을 최소화한 것인가 보다. 보기만 해도 구토를 참지 못했던 병원 식사였지만, 아내는 오늘 저녁

엔 몇 숟갈 들었다. 그리고 내 팔에 의지하여 쉬며 걸으며 병원복도
를 세 바퀴나 돌았다.

이 모습을 먼발치에서 보았던지 주치의는 저녁때 회진하면서 '정
말 보기 좋은 광경'이었다고 몇 번씩 되풀이해 칭찬을 해주었다. 아
내의 얼굴에 미소가 어린다.

미국에 가 있는 큰며느리로부터 밤늦게 전화가 왔다. 임신 중인
태아의 검사결과 딸이라고 울먹이며 말을 잇지 못했다. 첫딸을 낳
은 며느리가 이번엔 아들을 몹시 기대한 모양이다. 아내는 며느리
를 위로하고 설득하느라고 긴 시간 전화에 매달려 있었다.

6월 29일(일요일)

어제 오후부터 비가 내린다. 본격적인 장마의 시작인가 보다. 어
제에 이어 오늘 한 가지의 항암제 주사만 맞았다. 잘 버티어온 아내
가 오늘은 토한다. 소변에 피가 섞여 나와 긴장했으나 곧 좋아졌다.

윤희네가 왔으나 첫날 병실에서 잠시 만났을 뿐이다. 아내는 손
자들을 보고 싶어하나 큰손자가 갑작스런 기후변화 탓인지 심한 감
기에 걸렸다. 감기환자가 병실에 오면 저항력이 약한 환자에게 감
염시킬 가능성이 높다. 그래서 오지 못하게 했다.

어제는 부산의 강 사장을 인터콘티넨탈 호텔에서 만났다. 따뜻한
위로의 말과 함께 큰 도움도 주었다. 아내 투병생활 이후 격려와 성
원을 아끼지 않는 강 사장이다.

6월 30일(월요일)

퇴원했다. 입원한 지 8일 만이다. 단순히 항암제 주사를 맞기 위
해 이렇듯 오랜 기간 입원한 것은 이번이 처음인 것 같다. 그리고 6

일 연달아 항암제를 맞은 것도 유례가 없었던 일이다. 그래도 부작용이 덜한 때문인지 아내는 잘 넘겼고, 비록 적은 양이지만 음식을 조금씩 먹는다. 가벼운 기분으로 병원을 나섰다.

아이들이 모두 반포 집으로 왔다. 작은 공간이 꽉 찼다. 아내의 얼굴엔 생기가 돈다. 아내는 딸의 부축을 받으며 집 근처 서래풀공원 길을 걸었다. 갑자기 생활이 제 길로 들어선 느낌이다. 점심, 저녁 모두 윤희네 가족들과 어울려 화려한 외식을 했다. 아내는 비교적 잘 먹고, 잘 잔다.

7월 6일(일요일)

금요일(4일)부터 윤희네 가족과 아들, 딸들이 모두 다 와서 텅 비었던 집안을 가득 채웠다. 손자놈들은 떠들고 싸우고 뛰고 뒹굴고, 템포 빠른 음악소리도 들리고, 오죽했으면 아래층 이웃이 웬일이냐고 전화했을까?

아내는 환자라는 사실도 잊은 듯 매 끼니마다 맛있는 음식을 만들어 공급하느라 잠시도 쉬지 않는다. 텃밭의 상추며 고추, 오이, 호박 등이 우리의 밥상을 더욱 풍성하게 해주고 있다.

윤희네는 오늘 서울로 갔다. 사실상 엄마와의 긴 이별이다. 모레 싱가포르로 떠나기에 함께한 시간은 단 3일이다.

다시 일상으로 돌아왔다. 아이들이 있을 때 늘 쓰고 있었던 두건을 벗었다. 남은 머리카락은 거의 없다. 숱하게 겪은 일이지만, 슬프고 참담하다.

7월 8일(화요일)

윤희네 가족이 떠나는 날. 배웅하기 위해 인천공항으로 나갔다.

공항에서 윤희네와 윤희네 시가 가족들과 만나 그곳 식당에서 점심을 먹고, 윤희 시아버님과 생맥주도 한 잔씩 마셨다.

아이들이 출국장 밖으로 나간 뒤 사돈네와 헤어져 해질 무렵 돌아왔다. 아내는 혼자서 울었는지 눈이 부석부석하다. 그것을 감추려는 듯 웃음이 가득 담긴 얼굴로 나를 맞는다.

퇴원한 지 9일째. 도중에 한 번도 병원에 가지 않고 비교적 잘 넘기고 있다. 날마다 산에 오르고, 공원 산책도 열심히 한다. 오랜만에 딸을 만나고, 손자들의 재롱을 보면서 엔도르핀이 많이 분출되었기 때문인지 모른다.

밖에는 한바탕 소나기가 쏟아지고 있다. 딸을 보내고 울적해진 아내의 마음까지 씻어 주었으면 좋겠다.

7월 12일(토요일)

요란한 빗소리가 어렵게 잠든 아내의 새벽잠을 깨웠다. 항암주사 맞을 날이 가까워 올수록 걱정이 많아져 신경안정제 없인 좀처럼 잠들지 못한다. 이 귀한 잠을 깨우다니 하늘도 무심하여라.

아내는 그 동안 제때 항암주사를 맞기 위해 눈물겨운 노력을 해왔다. 열심히 걷고, 요가 등 실내운동도 하고, 평소 징그러워하고 좋아하지 않았던 선짓국도 먹고, 장어구이, 추어탕도 먹는다. 철분이 많은 음식을 섭취해야 빈혈을 막고, 기름진 음식을 먹어야 체력을 유지해 항암제 투여를 가능케 하기 때문이다.

그런데 어제부터 몸에 이상이 생겼다. 변을 못 보아 고생을 해온 아내, 이번엔 화장실 가는 빈도가 높아졌다. 더운 날씨인데도 추워한다. 일시적인 현상이길 바라며 불안한 날을 보내고 있다.

큰며느리가 손녀와 함께 미국에서 귀국했다. 아내는 며느리를 만

340

나고, 손녀의 재롱을 보면서 어려운 순간들을 극복하고 있다.

7월 15일(화요일)

삼성의료원으로 옮긴 이후 3번째 항암치료를 받기 위해 입원했다. 혈액검사 결과 빈혈이 심해 800cc의 피를 수혈했다. 백혈구도 크게 떨어져 있어 촉진제를 맞았다. 그러나 내일부터의 약물 투여는 불가능하단다. 제때 항암주사를 못한다는 진단에 아내는 실의에 빠졌다. 병원에 하루라도 더 머무는 것이 무엇보다 싫었고, 더구나 병실요금이 만만치 않다며 실망스러워한다.

사전에 검사도 하지 않고 입원부터 시키는 병원의 처사가 못마땅하다는 말이다. 나는 편안한 마음으로 병원에서 시키는 대로 치료를 받자고 아내를 설득하고 위로했다.

그 전의 병원은 항암 치료기간 중 1주일에 2, 3번은 병원에서 엑스레이, 피 검사 등을 받고 주치의를 만나게 했다. 삼성의료원으로 옮긴 이후 잦은 병원 출입이 없어져 아내는 무엇보다 기뻐했다. 그러나 이 병원에선 일정기간 지난 후 일단 입원부터 시킨 후 항암주사 절차를 밟는 점이 불만스럽다.

하나가 좋으면 하나가 나쁘고, 이런 것이 세상 사는 것 아닌가. 모두 긍정적으로 생각하고 치료에 임하자. 그러다 보면 좋은 날이 올 것이다.

7월 16일(수요일)

빈혈 증세는 수혈로 없어졌고, 백혈구는 조혈제 주사 효과인지 정상수준에 가까워졌다. 그런데 이번엔 또 혈소판이 문제다. 혈소판도 부족할 경우 혈소판 수혈로 보충한다. 그러나 아내의 경우 혈소판이 줄어드는 추세이기 때문에 인위적으로 혈소판을 보충해서 해결될 문제가 아니란다. 좀더 시간을 갖고 혈소판을 올려야 한다며 집에서 며칠 더 잘 먹고 체력을 길러 다시 입원하란다. 하룻밤을 더 병원에서 보내고 퇴원했다. 비록 치료를 받지 못한 퇴원이지만, 아내는 즐거워한다.

아내는 잘 먹어야 한다. 그리고 충분한 잠을 자야 한다. 그리하여 혈소판을 올려야 한다.

7월 19일(토요일)

새벽부터 내리기 시작한 비가 그치지 않고 퍼붓는다. 빗길을 달려 다시 입원했다. 지난 3일 동안 아내는 체력을 올리기 위한 힘든 일들을 꾸준히 해왔다. 선짓국, 돼지삼겹살, 장어구이 등 평소 좋아하지 않는 음식도 먹었고, 산에 오르고 공원에 나가 걸었다. 가끔은 뜨거운 햇빛도 쐬었다. 그 노력 덕분인지 혈액검사 결과 모두 정상에 가까운 수준까지 이르렀다. 특히 기분 좋은 것은 암 지수가 28로 떨어졌다는 점이다.

모처럼의 기분 좋은 변화다. 새로운 처방에 의한 지난번의 항암주사가 효과를 나타내고 있다는 뜻도 되어 기쁘다.

7월 20일(일요일)

비는 계속 퍼붓는다. 일요일인데도 항암주사는 진행됐다. 500cc짜리 항암제 두 병을 연달아 맞고, 방광보호제도 지난번과 마찬가지로 4개를 맞았다. 메스꺼움 방지제와 수액도 계속 주입했다. 좋은 결과에 아내는 고무된 듯 잘 견딘다.

약물 투입기간 중 거의 먹지 못했는데, 이번에는 아이들이 갖고 온 전복죽을 그런대로 잘 먹는다. 텃밭에서 수확한 상추와 풋고추도 입에 당긴단다.

음식을 병실에 풀어놓고 가족들이 빙 둘러앉아 마치 나들이나 온 것처럼 함께 먹은 것은 이때까지 없었던 일, 그만큼 여유가 생겼다는 뜻도 된다.

번개는 불을 끈 병실을 환하게 밝히고, 천둥은 창문을 흔든다. 어렵게 잠든 아내가 깨어나 집 걱정을 한다. "창문을 열어놓고 온 것 같다"고.

7월 22일(화요일)

어제와 오늘 첫날처럼 500cc짜리 항암제를 2병씩 맞고, 부작용 방지제 등도 맞았다. 어제까지는 잘 버텨왔으나, 오늘 아침 먹은 직후부터 많은 양을 토한다.

모처럼 주치의가 병실에 왔다. 그동안 아내가 잘 견디며 복도를 많이 걸었다고 칭찬을 아끼지 않는다. 그리고 하루에 10번 이상 토할 경우 치료를 중단할 수 있다고 했다.

치료 중단은 아내에겐 일종의 벌이다. 아내는 긴장한다. 토하고 토하지 않은 것, 의지대로 되는 것이 아니지만 아내는 토하지 않으려고 무척 애를 쓰는 표정이 역력하다.

7월 25일(금요일)

어제와 오늘은 500cc짜리 항암제 1병씩만 주사했다. 2+2+2, 그리고 1+1의 항암제 투여는 5일에 걸쳐 모두 끝났다. 잘 견딘 아내가 고맙고 대견하다. 수액과 방광보호제, 그리고 부작용 방지제 등의 주사도 다 맞았다.

6일간의 입원 치료는 24일 밤늦게 끝났다. 그러나 마무리작업이 오늘 오전까지 계속됐다. 한 계절이 지난 것처럼 길게 느껴진다.

퇴원은 언제나 즐거운 것. 그러나 오늘은 개운하지 않은 구석이 남아 있다. 아내는 며칠 전부터 아랫배 부분이 '기분 나쁘게' 뻐근하고 골반 쪽과 옆구리가 몹시 아프다고 호소한다. 암 지수가 낮아졌다고는 해도 암 덩어리가 커져서 그 부위를 누르기 때문에 통증이 오는 것이라고 아내는 스스로 진단했다. 아내의 생각이 사실일까 봐 두렵다.

아내의 거듭된 복통 호소에 마약성분이 함유된 약을 지어준다. 퇴원의 발걸음을 무겁게 한 또 다른 하나의 이유다.

병원 문을 나섰다. 비는 여전히 주룩주룩 내린다. 점심으로 메기 매운탕을 시켰으나 아내는 탕 속에 들어있는 수제비 몇 개만 건져 먹었을 뿐이다.

7월 26일(토요일)

어머니 가신 지 25년. 아내는 지극한 정성으로 시어머니를 돌보았고, 돌아가신 후에도 살아계실 때나 마찬가지로 섬겼다. 5년의 투병기간 생사를 넘나들면서도 어머니 기일을 챙기고 정성을 다하여 제사를 모셨다. 아픈 사람은 제사를 모시지 않는 것이라고 주위에서 말해도 소용이 없다. 부모를 모시는데 아픈 것이 무슨 이유가 되느냐고 그들의 충고를 듣지 않았다.

오늘밤 제대로 구색을 갖춘 제사를 올렸다. 그제까지 항암주사를 맞은 사람이 어디서 저런 저력이 나오는 것일까?

344

7월 29일(화요일)

더위가 절정에 이르렀다. 후텁지근하여 잠을 이룰 수 없다. 날씨 탓인지, 항암제 부작용이 뒤늦게 나타나는 것인지 여러 차례 심하게 토하고 소변에 피가 섞여 나온다. 가슴이 철렁철렁한다. 병원에 연락해 보았더니 때에 따라 그럴 수도 있으니 안정을 취하란다. 그래도 멎지 않으면 병원에 와보란다.

항암주사를 끝낸 지 5일째. 백혈구, 혈소판 등이 뚝뚝 떨어지는 기간이다. 체중은 48kg에서 47.5kg으로 불과 며칠 사이 0.5kg이 줄었다. 괴롭고 안타깝다.

8월 2일(토요일)

새벽에 폭우가 쏟아지더니 날씨가 서늘해졌다. 열어놓았던 창문을 닫았다. 아내는 한기가 든다고 했다. 몸의 기능이 떨어지니 체온조절이 잘되지 않는 것 같다. 그러나 혈뇨는 멎었고, 복통도 조금 완화됐다. 먹는 것은 조금씩 늘려가고, 걷는 거리는 길어지고, 그 속도도 좀 빨라졌다. 그리고 무엇이든 먹으려고 애를 쓴다.

암과의 싸움은 모든 것을 걸고 치르는 총력전이다. 우선 잘 먹는 것이 기본이다.

8월 9일(토요일)

입원 절차를 마치고 병실을 잡았다. 각종 검사결과 심한 빈혈이다. 백혈구는 없는 상태다. 병실 문에 '면회제한'이란 팻말이 걸렸다. 지금 상태에서는 백혈구를 올리는 주사를 맞을 수 없다는 의사의 말이다. 긴장과 불안의 시간이 시작됐다. 식사는 멸균식, 병원 음식을 먹지 못하는 아내, 멸균식은 더 질색이다.

수혈을 했으니 자고 나면 백혈구는 올라갈 것이다. 아내 옆 보조 침대에 누웠으나 언제나 잡아주던 손은 잡지 않았다. 나쁜 바이러스가 옮겨질까 봐 두려워서다.

8월 10일(일요일)

불안에 떨며 밤을 지새웠다. 새벽에 혈액검사 팀에서 피를 뽑아갔다. 바라던 대로 백혈구가 약간 올랐지만 백혈구 촉진제를 맞았다.

몇 시간 후 또 피를 뽑아갔다. 빈혈은 물론 백혈구도 급격히 올라 내일부터 항암주사가 가능하다고 한다. 병실 문에 붙어 있던 '면회 제한'이란 팻말을 떼어냈다. 마스크 등을 착용하지 않아도 된단다. 일단 불안한 상태에서 벗어났다.

큰아들과 며느리, 손녀가 제일 먼저 달려왔다. 이제 여름방학도 거의 끝나 미국으로 돌아간다는 작별인사를 하기 위해서다. 아내는 이들의 손을 놓지 못한다. 그리고 또 눈물 나는 말을 한다.

"너희들 왔는데 아무것도 못해주고 보내니 마음이 쓰리다. 몸조심하고 내년에 학위받아 오너라. 무엇보다 너희들을 다시 만날 수 있을지 자신이 없다."

병실은 눈물바다가 됐다. 아내는 최근 들어 이런 말들을 순간순간 꺼낸다. 끝없는 병과의 싸움, 참을 수 없는 고통들이 아내의 의지와 희망을 잃어가게 하고 있는 것 같아 가슴 아프다.

8월 11일(월요일)

입원 후 처음으로 주치의가 병실에 왔다. 지수는 지난번 검사 때의 28에서 30으로 약간 올라갔다. 미미한 상승이지만, 기분이 찜찜하다. 의사는 백혈구 혈소판 모두 기준 이상이고, 빈혈현상도 해소

346

됐다며 오늘부터 항암주사를 맞자고 한다. 그리고 다음 번 입원 때 CT 등을 찍어 그 동안의 치료효과 등을 검토해 보자는 뜻을 전한다.

항암제를 맞기 시작했다. 32번째의 항암주사다. 생각만 해도 끔찍하다. 지난번과 같은 약제, 500cc짜리 2개를 4시간마다 맞았다. 쇼크를 방지하기 위해 느린 속도로. 아직까지는 부작용이 없어 아이들이 가져온 전복죽을 조금 먹었다.

베이징 올림픽에서 금메달 잔치가 연일 이어져 온 나라가 열광 속에 빠져 있다. 그러나 이 순간, 검은 커버에 싸여진 병에서 방울방울 떨어져 긴 호스를 타고 아내의 몸 속으로 흘러 들어가는 약제를 물끄러미 들여다보며 아내 손을 꼭 쥐고 있다. 그리고 우리에게도 축제의 날, 환희의 날이 오게 해달라고 빌고 있다.

8월 12일(화요일)

항암주사 이틀째. 요관을 교체하느라고 늦게 시작했다. 아내는 4번째 수술을 하고 난 직후부터 콩팥과 방광 사이에 인공요관을 삽입했다. 원활한 배뇨를 위해서다.

지난번의 병원에선 병동 시술실에서 간단하게 교체했는데, 이곳에선 일반수술과 마찬가지로 수술복을 입고 중앙수술실에 실려가 약 1시간의 시술과정을 거쳤다. 비록 간단한 시술이라 할지라도 수술실로 들어가는 것만으로도 무섭다.

시술이 끝나자마자 항암주사가 시작됐다. 이렇게 한꺼번에 여러 가지 치료를 해도 괜찮은 것일까? 연약한 신체조직들이 무자비하게 가해지는 치료란 이름의 의료행위를 소화해 낼 수 있을지 불안하다.

부작용은 갑자기, 그리고 심하게 나타났다. 물 한 모금만 마셔도 계속 토한다. 구토방지제를 투여해도 구역질은 밤새도록 끊이지 않는다. 그러나 주치의는 이런 말을 했다.

"아주머니는 항암제가 보약인 것 같네요."

수십 번의 항암제 투여에도 웃음을 잃지 않는 표정, 중증환자의 모습은 어디에서도 찾아볼 수 없을 정도로 흐트러지지 않는 자세, 굳은 의지와 희망에 찬 행동, 아내의 이런 장점을 칭찬한 말이다. 정말 그렇다. 병원 밖에선 누구도 아내를 환자로 보지 않는다. 날마다 최선을 다하고 긍정적으로 살아가기 때문이다.

8월 12일(수요일)

한바탕 폭우가 휩쓸고 간 하늘은 더욱 푸르고, 떠가는 흰 구름은 한가롭다. 대모산의 나무들은 그 풍성한 가지들을 출렁거리고 있다. 두 병씩 맞는 항암주사 세 차례, 오늘로써 끝났다. 너무 고통스런 과정이었다.

저녁때 병실에 온 3년차 인턴이 우리를 또 깊은 실의에 빠지게 한다. 어제 요관 교체시술을 한 의사다. 그는 영상을 보면서 요관을 넣는 과정에서 5㎝ 크기의 종양을 확인했다고 말했다. 그 종양이 방광을 누르고 있어 시술시간이 오래 걸리고 힘들었다는 말도 했다. 이런 종양이 있다는 사실을 이미 지난번 병원의 MRI 촬영 후 알고 있었다. 그것을 없애기 위해 병원을 옮겨가며 힘겨운 치료를 받고 있지 않는가. 그래도 큰 충격이요 슬픔이다.

8월 14일(목요일)

항암주사 4일째. 오늘부터는 500cc짜리 항암제 1병만 맞았다. 방광보호제는 4번이나 맞았다. 입원기간이 길어 아내가 몹시 지루해한다.

지훈네가 내일 떠난다고 또 작별인사를 하러 왔다. 아내는 섭섭해 하면서도 지난번처럼 우리를 울리는 이야기는 하지 않는다. 손녀를 몇 번씩 안아보고, 아들과 며느리의 손을 잡아보곤 했다. 그들이 머무는 동안 아내는 병원을 옮기고 본격적인 치료를 받느라고 그들과 함께할 기회가 적었다. 밥 한 끼 제대로 해먹이지 못했다고 아내는 아쉬워한다. 엘리베이터 앞까지 그들을 배웅했다. 그들의 눈에는 눈물이 그렁그렁하다.

아내 곁에는 작은딸이 있기로 하고 밤늦게 반포 집으로 갔다. 내일 새벽에 인천공항에 나가야 하기 때문이다.

8월 15일(금요일)

반포 집에 홀로 누웠으나 아내가 옆에 없어 허전하고 좀처럼 잠이 오지 않는다. 새벽에 일어나 큰아들네를 배웅하기 위해 인천공항으로 갔다. 기약이 있는 헤어짐이라도 이별은 언제나 마음 아프다. 아내가 앓고 있으니 더욱 그렇다.

오늘로서 5번의 항암주사가 모두 끝났다. 길고 지루한 주사과정이었다. 아내는 캄캄한 터널을 빠져 나온 듯 홀가분한 표정이다.

느닷없이 순대를 먹고 싶어한다. 딸이 급히 병원 밖에서 순대를 사서 식지 않게 여러 겹 포장해 병실로 가져왔다. 그러나 아내는 한 조각 먹고 포기했다. 토할 것같이 속이 울렁거려 먹고 싶은 마음을 접어야 했다. 무엇이건 먹고 기력을 되찾으려고 눈물겨운 몸부림을 치고 있으나 몸이 받아주지 않는다. 애처로워 눈물이 핑 돈다.

8월 16일(토요일)

아침 일찍 아내 몸에 연결되어 있는 여러 가닥의 줄들을 모두 걷어냈다. 퇴원하기 위해서다. 8일은 금방 흘러가는 짧은 시간. 그러나 병원에서의 8일은 길고 아득한 세월이다. 특히 고통스런 항암주사를 맞는 환자나 보호자는 더더욱 머나먼 시간이다.

병원문을 나섰다. 비가 주룩주룩 내리고 있어선지 들어올 때보다 많이 시원해졌다. 집으로 오는 길, 강남에서 제법 이름이 알려진 양식집으로 차를 몰았다. 분위기 있는 음식점에서의 색다른 점심, 맛있는 고기면 아내의 입맛이 돌아오지 않을까 싶어서다.

아내는 겨우 몇 점의 스테이크를 먹은 후 그 이상 받지 않는다고 접시를 물린다. 항암치료를 받는 사람에겐 좋은 분위기 색다른 음식이 무슨 의미가 있으랴.

8월 19일(화요일)

퇴원한 지 4일째. 아내는 설사와 복통으로 참을 수 없는 괴로움을 겪고 있다. 오랫동안 누워 있었기 때문인지 뒤통수에 종기까지 나 제대로 눕지도 못한다. 온몸이 성한 곳이 없다. 몸무게도 47kg으로 줄었다. 더 좋아지려고 몸부림쳐도 오히려 나빠져 가고 있다.

기세등등하던 더위도 점점 그 기력을 잃어간다. 제법 시원한 바람이 불어온다. 주렁주렁 매달린 텃밭의 고추는 붉은 빛을 띠어가고, 오이는 누렇게 늙어간다.

8월 20일(수요일)

설사는 어느 정도 멎었으나, 뒤통수의 종기는 여전히 아내를 괴롭힌다. 죽염을 녹인 증류수로 소독하고 연고를 발라도 소용이 없다. 백혈구가 떨어져 치유기능이 약해진 모양이다. 제대로 먹지도 못하고, 반듯이 누울 수도 없으니 너무 딱하다.

병원에 전화해 보았으나, 조금 더 참아보란다. 항암 후유증이니 시간이 지나면 좋아질 것이란다. 발만 동동 구를 뿐, 해줄 수 있는 것이 아무것도 없으니 이를 어찌할까, 어찌할까?

8월 22일(금요일)

머리의 종기가 어느 정도 가라앉았다. 그러나 체온이 37.8도까지 올랐다. 한 곳이 좋아지면 또 다른 문제가 생긴다. 이번에는 회복속도가 너무 느리다.

치료란 이름으로 인체의 질서를 마구 허물어 놓았다는 의구심이 문 뜩 문뜩 떠오른다. 독한 항암제를 끝없이 쏟아 붓고, 무자비한 칼질로 여러 곳의 장기를 잘라내고, 시도 때도 없이 방사능을 쏘아대고, 무쇠 인들 성할 수 있겠는가. 변을 며칠째 못 보는 것도 문제다.

때 이른 가을비가 내린다. 울적한 마음이 끝없이 밀려온다. 작은 딸이 내일이 주말이라 집에 왔다. 얼음 팩을 만들어 엄마의 머리 위에 얹어주는 등 밤새도록 열을 떨어뜨리는 데 혼신의 힘을 쏟고 있으나 열은 떨어지지 않는다.

8월 23일(토요일)

너무 높은 열에 탈진상태, 응급실로 데려갔다. 혈소판과 백혈구는 바닥이다. 기다리라는 말만 믿다가 아내를 이 지경으로 만들어 놓았다. 병실이 없어 응급실 복도에서 해열제와 백혈구 촉진제 주사를 맞고 혈소판 등을 수혈했다.

응급실은 지옥이다. 특히 주말은 더욱 그렇다. 일반적인 병원기능이 멈춘 상태이기에 모든 환자가 응급실로 몰려오기 때문이다. 우리는 살아서 지옥을 체험하고 있다.

자정을 넘기자 열이 내리고 눈을 떴다. 2인실에 자리가 생겨 병실로 올라왔다. 며칠씩 응급실에서 대기하는 경우가 많은데, 그나마 행운이다.

8월 24일(일요일)

악몽과 지옥의 밤이 지나고 아침 해가 솟아오른다. 옆 병상의 환자가 구토를 하고 기침을 심하게 해 눈을 붙일 수 없다.

혈소판은 조금 올랐으나, 백혈구는 더 떨어졌다. 주사 한 대 맞고 집으로 돌아올 것으로 생각했으나, 상태가 예사롭지 않다. 아무래도 병원에 며칠 더 머물러야 될 것 같다. 작은아들을 엄마 곁에 있게 하고 딸과 함께 집에 가 속옷과 세면도구를 갖고 왔다. 일요일이라 의사는 보이지 않는다.

8월 25일(월요일)

기다리던 주치의가 병실에 왔다. 백혈구가 제로(0) 상태면 패혈증 등 치명적인 상태가 올 수 있다며 병원에 오기를 잘했다고 말했다. 피 800cc, 혈소판 8팩을 순식간에 투여했다.

어디서나 좋은 이웃을 만나는 것은 축복이다. 병원에서도 다인실의 경우 옆 환자를 잘 만나야 안정된 상태에서 진료받을 수 있다. 밤새도록 기침과 구토를 하며 화장실에 끊임없이 드나들던 옆 환자는 6인실로 옮겨갔다.

2인실을 1인실같이 쓸 수 있기를 기대했으나, 저녁때 새로운 환자가 들어왔다. 이 환자는 병상에 눕기만 하면 심하게 코를 골아댄다. 고요한 밤에는 천정이 무너질 정도로 더욱 요란하다. 그렇지 아도 신경이 예민해 작은 소리에도 깜짝깜짝 놀라는 아내는 어젯밤

352

에 이어 잠시도 눈을 붙이지 못한다. 괴로운 밤의 연속이다.

큰 병원의 2인실은 정거장과 같은 곳이다. 2인실에 좀 오래 입원하다 보면 특색 있는 환자들을 많이 접하게 된다. 또 다른 이웃을 만나기 전에 우리가 떠나야 하는데.

아들과 딸, 그리고 가족의 힘

8월 26일(화요일)

백혈구가 크게 올라 오후 3시 퇴원했다. 다음 입원날짜를 조정했다. 9월 1일에서 7일로 늦추고, MRI는 4일 오후 8시에 촬영하기로 정했다. 병원을 나서니 언제 아팠느냐는 듯 아내는 생기가 돈다.

동네모임에 참석했다. 그 사이 아이들끼리 한바탕 난리가 난 모양이다. 몇 시간 동안 전화연락이 안 됐기 때문이다. 아내의 핸드폰은 집에 두었고, 나는 술 마시고 떠드느라 벨소리를 듣지 못했다. 외국에 있는 아들, 딸까지 불안에 떨며 엄마와 아빠의 행방을 애타게 찾은 것이다.

밤 11시경 집에 들어서자마자 전화벨이 울렸다. 싱가포르에 있는 큰딸의 목소리였다. "어디에 계셨기에 전화를 못 받으셨느냐?"며 울먹인다. 다른 아이들의 전화도 잇따랐다.

끈끈한 가족애를 확인하는 순간, 우리는 미안했지만 행복했다.

8월 29일(금요일)

퇴원 후 며칠간은 행복의 연속이다. 무엇보다 아내의 통증이 없어지고, 적은 양이지만 먹으며 기력을 찾아가고 있다. 큰아들로부터 좋은 소식도 왔다. 지난 여름방학 동안 인턴사원으로 일했던 보스턴컨설팅그룹(BCG)에 내년 5월 MBA 획득과 함께 정규사원으로 임용된다는 것이다. 처우가 괜찮은 세계적인 회사란다.

아내와 함께 텃밭에 나가니 어느새 가을이 와 있었다. 오이와 토마토 줄기는 누렇게 물들어 열매 맺는 것을 멈추었다. 고추밭에는 붉은 고추가 아름다운 빛깔을 뽐낸다.

새로 조성된 풍덕천 갓길, 분당의 탄천과 이어지고, 멀리는 한강의 둔치길과도 연결되는 이 산책로를 걸었다. 아직도 한낮의 햇볕은 따갑다. 쉬어가며 3㎞ 정도 걸었다. 아내에겐 무리인 것 같다. 많이 걷고 움직인 것에 비해 아내의 식사량이 너무 적다.

9월 5일(금요일)

어제 MRI를 찍었다. 저녁도 굶은 채 밤늦게까지 아내는 촬영대 위에서 시달렸다.

아내가 복부가 무척 아프다며 허리를 제대로 펴지 못한다. 지난 3월 4번째 큰 수술을 받기 직전과 비슷한 증세라며 불안해 한다.

이런 형편인데도 아내는 가스레인지를 걷어내고 전기 조리기구인 인덕스를 설치했다. 가스레인지가 집안의 공기를 오염시킨다며 과감하게 바꾸었다. 그리고 갈등을 느끼는지 자문자답한다.

"내가 미쳤지, 얼마나 더 살겠다고 이 청승을 떨고 있지?"

"아니야, 가족의 건강도 생각해야지."

"내 아니면 누구도 이런 일은 결코 못한다."

또 나를 슬픔 속에 빠지게 한다.

9월 6일(토요일)

수원 아주대에서 암환자를 위한 걷기행사가 열렸다. 아내를 차에 태워 아주대 캠퍼스로 찾아갔다. 깜짝 놀랐다. 그 넓은 캠퍼스가 암

환자들과 그 가족들로 가득 찼다.

여러 조로 나누어 추색이 짙어가는 캠퍼스 길을 걸었다. 끝이 보이지 않는 긴 행렬이다. 두 시간 정도 천천히 걸어 출발했던 지점에 다시 모였다. 환자들에겐 대장정, 희망의 행군이었다. 깔끔하게 마련한 음식과 음료수를 받아 길가 나무 밑에 마주 보고 앉았다. 아내는 근래 드물게 잘 먹는다.

그 뒤 대형강당에 들어가 아주대 병원 암전문의사의 암 극복에 관한 강연과 투병중인 환자 몇 명의 눈물겨운 투병체험을 들었다. 특히 중증환자의 이야기가 처절해 가슴에 와 닿았다. 암을 물리칠 수 있다는 희망의 끈을 놓지 않는 환자들의 굳은 결의가 큰 위안이 되었다. 희망과 용기를 안고 집으로 돌아왔다.

9월 7일(일요일)

음력 8월 8일, 나의 음력생일. 아내는 새벽부터 분주했다. 미역국을 끓이고, 평소와 다른 반찬을 마련하여 그럴 듯한 생일상을 차렸다. 아내는 또 한마디 한다.

"내가 몇 번이나 당신 생일상을 차려줄 수 있을지… ."

"왜 이런 말을 불쑥불쑥 하느냐"고 화를 벌컥 내며 서재로 들어가 눈물을 훔쳤다.

참 이상하다. 아내는 최근 들어 이런 말들을 혼잣말처럼 자주 중얼거린다. 남의 마음을 상하게 하는 언행을 절대로 하지 않는 아내에게 무엇이 이런 변화를 일으키게 하고 있는 것일까?

울적한 마음으로 3시경 입원했다. 혈액검사 결과 모든 수치가 정상으로 나와 항암주사를 맞을 수 있는 조건은 갖추어졌다. 그러나 MRI 결과는 나오지 않았다. 4일에 찍은 것인데 아직 나오지 않았다니. 오늘 항암 스케줄에 맞추어 촬영날짜를 정한 것 아니던가? 모두 저희들 마음대로다. 환자가 넘쳐나니 오만과 독선도 넘쳐난다.

9월 8일(월요일)

MRI 결과는 오늘도 나오지 않고, 병실에 갇혀 무료하게 시간을 보내는 것이 지겹다. 또 몇몇 환자들도 문제다. 떠들고, 들락날락하고, 다른 사람을 배려하지 않는다. 문병 온 사람들은 찬송가를 부르고, 큰 소리로 기도하고. 절이 싫으면 중이 떠나야 한다. 방을 옮겼다.

9월 9일(화요일)

오후 늦게 병실에 온 주치의는 MRI 결과가 나왔으나 그 MRI상으로는 그 동안의 치료 효과가 거의 없었다고 설명했다. 더 쇼킹한 것은 간에 1.5㎝ 크기의 악성종양 의심 영상이 나타났다는 것.

지난 몇 달 동안 고생고생하며 항암주사 맞고 수없이 각종 치료 받은 것이 모두 헛수고였다는 말인가. 더구나 암이 간에까지 전이됐다는 말이 아닌가. 억장이 무너지고 분노가 치솟는다. 아내는 오히려 차분하다.

"이런 일이 한두 번 있었어요. 지난번 병원에서도 CT 결과 폐에 암 의심 영상이 나타났다고 했으나, 그후 없어진 경우가 있었잖아요."

잘못된 진단이기를 빌었으나, 가슴은 계속 뛴다.

9월 10일(수요일)

주치의 김 교수가 병실에 왔다. 기대했던 희망적인 말은 나오지 않았다.

"이제 쓸 약이 없어요. 그러나 포기하기엔 너무 아까워요. 아주머니, 항상 명랑하시고, 외관상 매우 건강해 보이잖아요."

포기하기 아깝다는 의사의 말이 가슴을 찌른다. '포기'라니 절대안 된다. 기적도 있고, 의사 말대로 20%의 가능성이 남아 있지 않는가.

아내는 표정 하나 변화 없이 잔잔하다. 의사는 설명을 이어갔다. "오늘 항암주사 한 번 맞고 퇴원하셨다가 1주일 후에 또 맞고, 이런식으로 치료를 해보겠습니다."

고민 끝에 이런 방법을 찾아냈다는 이야기다. 그리고 3시간에 걸쳐 33번째 항암주사를 맞았다.

1주일 이상 입원하며 5일에 걸쳐 맞았던 항암주사가 모두 무위로끝나고, 1주일에 한 번씩 맞는 주사로 바뀌었다. 입원기간이나 주사 횟수만으로 보면 하늘과 땅 차이다. 또 실험적인 치료가 되질 않기를 빌며 퇴원했다.

아내는 하루에 끝나는 항암주사가 좋고, 더구나 빨리 퇴원하여추석을 쉴 수 있어 더욱 좋단다. 마음이야 오죽하랴.

아무런 일도 없었던 듯 추석 준비에 분주하다.

9월 12일(금요일)

혈변이 나오고, 배가 아파 허리를 제대로 펴지 못한다. 암 덩어리때문인가? 불안감을 떨쳐버릴 수 없다.

딸이 인터넷 검색을 해보았다. 항암 부작용으로 변비와 혈변이있을 수 있다는 내용이 있다고 했다. 약간의 위안이 됐다.

아내는 운동을 해야 한다며 밖에 나가자고 나를 이끈다. 천천히걸어 소실봉 중턱까지 올랐다. 솔밭 속 쓰러진 나무 등걸에 앉아 햇볕도 쏘이고 선들선들 불어오는 가을바람도 맞는다. 단풍나무, 상수리나무, 아카시아 나뭇잎들은 그 싱싱하고 청정했던 윤기와 빛을 잃어간다. 벌레소리는 한결 애잔하고 애처롭게 들린다.

누려야 할 날들이 얼마일지 그들은 모른다. 사람들이 그것을 예단하고, 느끼고, 우수에 젖는 것은 오만이다.

내일을 모르기에 희망과 기대를 갖고 산다. "포기하기엔 아깝다"는 말이 문득문득 떠오를 때마다 가슴이 저며 온다.

텃밭의 무는 싹이 잘 터 어느새 3㎝가량 자랐고, 모종으로 옮겨 심은 배추는 제대로 뿌리를 내려 잎이 한두 개 더 돋아났다.

그들이 자라는 것은 아무리 지켜보아도 보이지 않는다. 그러나 자고 나서 다시 보면 한마디씩 자라 있다. 아내의 치유과정도 그럴 것이다. 어느 날 건강해진 아내를 보게 될 것이다.

9월 17일(수요일)

항암주사를 맞기 위해 낮 12시 40분에 병원으로 갔다. 혈액검사 결과 주사를 맞아도 되는 조건들이 모두 갖추어져 주치의 김 교수는 지난번과 같은 약제를 처방했다. 주사실에서 2시간에 걸쳐 500㏄짜리 항암제 1병을 맞았다. 해독을 위한 주사는 맞지 않았다.

수면제와 진통제 등 처방을 받아 병원을 나섰다. 병원에 머문 시간은 4시간 남짓. 1주일 내지 10일에서 몇 시간으로 엄청나게 그 시간이 줄었다. 아내는 무엇보다 병원에 머무는 시간이 짧아진 것을 기뻐한다.

병원에서 누나의 아들인 조카를 만났다. 그도 대장암 진단을 받고 이 병원에서 치료받고 있다. 며칠 후 어머니 생일에 간다니까 아내는 어머니 용돈하시게 전해드리라고 조카의 손에 얼마의 돈을 쥐어주었다.

아내는 여러 가지로 기분이 좋다고 했다. 집에 빨리 돌아와 좋고, 우연한 기회에 잊고 있던 시누이 생일을 기억하게 돼 더욱 좋단다.

9월 19일(금요일)

아내를 괴롭혀온 복통은 어느 정도 진정됐다. 무청 삶은 물이 좋다는 경험자들의 증언이 떠올랐다. 작년 겨울 텃밭의 무를 수확하며 보관했던 무청을 달여 마시고 있다. 그 효과인지 아내는 항암주사 직후인데도 정상적인 날을 보내고 있다. 저녁땐 군것질까지 하고 싶어해 얼려놓은 물오징어 두 마리를 삶아서 초고추장에 찍어 먹었다. 아내의 입맛이 이렇게 돌아오다니 기적 같다. 수면제 도움 없이 쉽게 잠들었다.

잡다한 집안일, 자동차 점검을 하고, 엔진오일과 부동액을 갈았다. 그리고 공원에서 햇볕을 쪼이고, 하천 길을 걸었다. 행복은 이렇게 조용히, 그리고 조심스럽게 우리에게 다가오고 있다.

9월 22일(월요일)

행복한 것, 아름다운 것, 좋은 것들은 잠깐 머물다 떠나는 것일까? 아름다운 봄꽃, 장엄한 황혼, 잔잔한 물결, 찬란한 무지개, 고요한 아침, 그윽한 눈길, 은은한 미소, 이런 것들은 나타났다가 어느새 사라진다. 우리의 좋은 날도 이런 것일까?

아내 복통이 또 시작되고 혈변도 나온다. 무엇인가 먹고 싶어했던 입맛이 한순간에 떨어져 음식 냄새조차 싫어한다. 너무 속상하다. 그래도 아내는 열심히 움직인다. 은행에 가 세금이며 각종 공과금을 내고 우체국에 가서 축의금을 보냈다. 새로 들여놓은 사우나도 하고, 안마와 찜질기능을 가진 기구인 세라젬도 한다. 그리고 피아노 건반을 힘껏 두드린다. 모두 우리를 위한 처절한 몸짓이다.

9월 26일(금요일)

전기조리대 인덕스를 설치하느라 한바탕 종종걸음을 친 후 아내는 심한 열로 자리에 푹 쓰러졌다. 열은 38.7도. 혈뇨도 계속되어 황급히 삼성의료원 응급실로 달려갔다. 각종 검사를 끝내고 응급처치를 하고 나니 자정이 넘었다. 겨우 병실을 구해 입원했다.

작은아들이 회식 도중 병원으로 달려왔다. 아들은 엄마 손을 잡더니 눈물을 주르륵 쏟는다. 피가 많이 모자라 800cc를 수혈하고, 혈소판도 8팩이나 맞았다. 열이 계속 떨어지지 않아 해열제와 항생제를 계속 주사했다. 혈뇨도 여전하다.

요로감염 때문에 열이 나는 것이라며 원인을 찾아냈으니 곧 좋아질 것이라고 의사는 우리를 안심시킨다.

9월 28일(일요일)

열은 계속 오르락내리락하고 혈뇨도 멎지 않는다. 입원한 날 수혈했으나 계속 피가 모자라 두 팩(800cc)의 피 주사를 더 맞았다.

먹지 못해 영양제 주사에 의지해 겨우 숨을 쉬고 있는 아내, 지치고 기운이 빠져 병상에 누운 채 눈을 뜨지 못하고 있다.

청명한 가을날, 창밖의 하늘은 푸르르다. 하얀 구름을 타고 아내와 함께 떠나고 싶다. 아이들은 금요일부터 제대로 먹지도 자지도 못한 채 엄마를 지키고 있다.

아내여, 눈을 떠라! 힘을 내라! 집으로 돌아가 창문을 모두 열어젖히고 찬란한 가을을 불러들이자!

9월 29일(월요일)

아내는 여전히 먹지 못하고, 혈뇨도 계속 나온다. 8팩의 혈소판을 맞았다. 이런 상황인데도 병원 측은 퇴원하라고 권한다. 병원에서 할 일을 모두 끝냈으니 집에서 안정을 취하면 모든 것이 정상으로 돌아올 것이란 설명을 곁들였다. 퇴원은 언제나 좋은 것이지만, 오늘은 어쩐지 불안한 퇴원을 한다.

집안이 썰렁하다. 며칠 동안 비워둔 탓도 있지만, 가을이 깊어졌기 때문이다. 난방을 가동하고 누룽지를 끓인다. 내가 아내에게 해줄 수 있는 유일한 음식이다. 칭찬의 표현인지 밝은 미소를 지으며 누룽지 몇 숟가락을 떠먹는다.

10월 1일(수요일)

아내는 며칠 사이 많이 좋아졌다. 혈뇨는 멈추고, 변은 순조롭다. 잠도 비교적 잘 잔다. 시래기, 무, 우엉 등을 달인 물을 계속 마신 효과가 있는 듯하다. 조용히 찾아온 작은 기적이다.

10월 3일(금요일)

오늘부터 산에 다시 오르기 시작했다. 조금만 걸어도 아내는 힘들어 한다. 가다 쉬다 반복하며 겨우 소실봉 중턱까지 올랐다. 솔밭 속 벤치에 앉아 싸가지고 온 토마토, 오이를 나누어 먹고 물을 마셨다. 시원한 바람에 솔향기가 실려와 상쾌함을 한결 더해준다.

바야흐로 가을이 깊어간다. 떨어진 잎들은 바람에 쓸려 굴러가고, 풀벌레 소리도 한결 구슬프고 애절하다. 한참을 머무니 아내가 춥단다. 점퍼를 벗어 걸쳐주고 느린 걸음으로 산을 내려왔다.

텃밭의 배추는 제법 속이 차기 시작했다. 무는 몸통의 상당부분을 흙 밖으로 드러냈다. 풀 속에 숨어 있던 호박은 항아리만 한 몸집을 드러냈다. 제대로 가꾸거나 관심을 가져주지 못했는데 이토록 풍성한 수확을 안겨주다니. 아내는 감탄한다.

10월 6일(월요일)

도우미 아주머니가 오는 날. 아주머니가 씻어줄 것으로 기대하고 열무 한 아름을 뽑아왔다. 그런데 아주머니가 집안에 급한 일이 생겨 못 온다고 한다. 그 많은 열무를 결국 아내가 씻고 절였다. 아내에게 힘겨운 일을 하게 해 민망하고 안쓰럽다. 제대로 먹지도, 자지도 못하는 아내가 반나절을 잠시도 쉬지 않고 일했다.

환한 곳에서 아내를 자세히 보니 너무 말랐다. 팽팽했던 모습은 찾을 길이 없다. 앙상한 몸, 팔과 다리는 뼈만 남았다. 보면 볼수록 가슴이 저며 온다.

10월 10일(금요일)

오전 10시가 넘어 항암주사를 맞기 시작했다. 10분 정도 주입됐을 때 쇼크가 왔다. 맥박이 120을 넘었고, 호흡이 곤란해졌다. 가슴이 찢어질 듯 통증이 심하다고 호소한다. 숨이 끊어질 듯한 위기상황에서 의료진이 달려왔다. 주사를 중단하고 산소호흡기를 댔다. 안정제 등 여러 가지 주사를 놓았다. 잠시 후 긴 숨을 내쉬고 맥박수가 점점 줄어들었다. 위기의 순간을 넘겼다. 그러나 철렁 내려앉은 내 가슴은 계속 뛰고 있다.

두 시간 정도 안정을 취한 후 항암주사를 계속했다. 주입속도를 시간당 250cc로 낮추었다. 죽음의 고개를 숱하게 넘으며 헤쳐온 4년 10개월, 오늘 35번째 항암주사를 맞는다. 의지와 희망이 없으면 감당하기 힘든 고통의 연속이었다.

삶과 죽음의 경계를 넘나든 듯한 악몽의 24시간을 보내고 병원을 나선다. 꿈을 꾼 것만 같이 멍멍하다.

10월 15일(수요일)

항암주사를 맞은 지 6일째. 잘 극복하며 아내는 많은 일을 하고 있다. 은행 일을 보고, 얼마 안 되는 주식을 정리하고, 같은 병을 앓는 동네 아주머니를 찾아가 말벗이 되어주고.

운동도 열심히 한다. 산 오르기를 다시 시작하고, 날마다 공원을 세 바퀴 정도 걷는다. 시원한 대기, 따가운 햇살이 가득한 가을날, 밖에 나와 심호흡을 할 수 있는 것만으로도 큰 축복이다.

10월 17일(금요일)

오늘은 입원하지 않고 주사실에서 항암주사를 맞기로 했다. 혈액검사 결과 백혈구가 약간 낮았으나 주사를 맞아도 무리는 없겠다는 의사의 진단이다.

주사실에서 항암주사를 맞는 사람이 예상 외로 많다. 암과 싸우는 사람들, 모두 선하고 무구한 얼굴을 하고 있다. 무엇이 왜 선한 이들에게 이토록 지독한 병을 주어 끝없는 고통을 겪게 하고 있는 것일까?

아내의 병상 곁에 작은 의자를 끌어다 놓고 쭈그리고 앉았다. 커튼으로 가려져 아내와 나의 작은 둥지와도 같은 공간. 아내 얼굴 한번 쳐다보고, 방울방울 떨어지는 약물 한번 쳐다보고, 미소지으며, 눈물지으며, 그리고 신을 찾으며 침묵과 기구의 순간들을 보냈다.

해질 무렵 병원을 나섰다. 빌딩숲 속으로 넘어가는 태양이 황홀

한 빛의 잔치를 펼치고 있다.

저녁을 대충 해결하고 자리에 누웠다. 부작용 없이 깊은 잠을 잘 수 있게 해달라는 바람, 오늘밤 우리 부부의 소망이다.

10월 22일(수요일)

항암주사의 부작용이 없는 날, 소망했던 날들을 보내고 있다. 아내를 괴롭혀온 복통, 혈뇨, 변비, 불면, 이런 것들이 없어지거나 그 정도가 줄어들고 있다. 아내의 운동량도 나날이 향상되고 있다. 공원을 돌고, 산에 오르고, 집에선 요가를 하고. 면역력을 높여준다는 선삼 등 보조약품들도 열심히 챙겨먹는다.

오랜 가뭄 끝에 가을비가 촉촉이 내린다. 이번에는 좀 욕심을 부려 500여 개나 심은 마늘이 뿌리를 잘 내려 모진 겨울을 잘 넘길 수 있을 것 같다.

내일로 잡혀 있던 진료일정을 하루 늦추었다.

10월 24일(금요일)

1주일마다 맞던 항암주사 일정을 바꾸었다. 혈액검사 결과 백혈구 혈소판이 모두 낮았다. 백혈구 촉진제는 맞았으나, 혈소판은 며칠 더 두고 보잔다.

이제 짧은 가을의 끝자락이다. 바람이 제법 쌀쌀하다. 그래도 공원을 다섯 바퀴나 돌았다. 운동하고 잘 먹고 잘 자야 혈소판이 올라간다. 그런 노력의 효과가 나타났다. 수면제 도움 없이 깊은 잠에 빠졌다.

10월 27일(월요일)

혈소판이 더 떨어지지나 않았는지 불안해 해 병원으로 달려갔다. 백혈구는 많이 올라갔고, 혈소판은 2만 6천에서 2만 7천으로 조금 올랐을 뿐이다. 그러나 30일 입원하여 약물치료를 하는 것은 무리여서 입원날짜를 11월 6일로 늦추었다. 아내는 좋아한다. 염려했던 백혈구 등 부족현상은 그런대로 괜찮은 수준이고, 입원날을 늦추었기 때문이다.

약물 투여는 일정한 간격을 유지하는 것이 효과적이라고 의사들은 강조하고 있다. 그래서 그것을 지키려고 많은 노력을 한다. 그래도 입원 시기가 조금이라도 늦어지면 일단은 즐거운 일이다.

10월 30일(목요일)

지난 며칠 아내는 비교적 잘 먹고, 잘 자고, 산에 오르고, 공원을 돌고 일상으로 돌아온 듯 행복했다.

그러나 그런 날들은 흘러가고 근심의 먹구름이 몰려오려는 징후가 나타나기 시작했다. 혈뇨가 또 쏟아지니. 아내는 어느새 생기를 잃었다. 부랴부랴 병원으로 달려갔다. 빈혈상태지만 수혈은 하지 않았다. 마시는 빈혈치료제를 처방해줘 밤부터 복용하기 시작했다. 백혈구도 많이 떨어져 촉진제를 맞았다.

11월 3일(월요일)

겨울의 문이 서서히 열리고 있다. 아침에 눈을 뜨니 텃밭에 서리가 하얗게 내려 있다.

겨울이 아무리 창문을 두드려도 아내가 좋아지면 우리집은 언제나 봄날이다. 아내의 컨디션이 며칠 사이 많이 향상됐다. 산에 오르

366

고, 공원에서 걷고, 108배 하고, 요가도 하고, 무엇보다 먹는 양이 조금씩 늘어나고, 수면제 도움 없이 잠을 잘 수 있다는 것, 우리에겐 큰 경사다.

오늘 또 하나의 좋은 소식이 전해져 왔다. 큰딸 윤희가 인류학자에게 주는 상인 '제1회 임석재상 수상자'로 선정됐다는 것이다. 활발한 연구활동을 하는 젊은 학자에게 주어지는 상, 그 상의 첫 번째 수상자가 됐다는 것은 분명 영광이요 자랑이다. 14일에 있을 시상식에 딸이 온다는 소식을 전해들은 아내는 기뻐서 어쩔 줄을 모른다. 그래서 컨디션이 더 좋아진 것이 아닐까?

걱정거리도 하나 생겼다. 시상식에 꼭 가야 하는데, 이런 상태로 갈 수 있을는지. 더구나 7일 항암주사를 맞게 되면, 14일쯤엔 그 부작용이 가장 심하게 나타날 때다. 근심하는 아내를 달랠 방법이 없어 괴롭다.

11월 6일(목요일)

내일 항암주사를 맞기 위해 입원했다. 혈액검사 결과 빈혈이 심해 400cc짜리 2팩의 피를 보충했다. 백혈구 수치도 낮아 올리는 주사를 맞았다. 그래도 인위적으로 수치를 올린 상태에서 항암주사를 맞는 것은 무리라며 아무래도 내일은 주사를 못 맞을 것이라고 의료진은 말했다.

그러나 수혈한 후 바로 항암 약물을 투여한 경우를 숱하게 보았다. 어떤 때는 되고 어떤 때는 안 되고, 어리둥절할 뿐이다. 의료진들이 확고한 원칙 없이 그때 그때 치료방법을 즉흥적으로 결정하는 것 같아 신뢰가 가지 않는다. 사람의 생명이 걸린 일인데 깊은 연구와 고민 없이 환자를 실험대상으로 보고 있지나 않는지 의구심을 떨칠 수가 없다.

옆 병상의 경주에서 왔다는 젊은 환자는 주사 부작용으로 밤새 토한다. 그리고 "아직 아이들이 어린데 이런 병이 왜 내게 왔느냐"고 울부짖는다.

암은 선한 사람만 골라 공격한다는 생각이 자꾸 든다. 이 병동에 입원하고 있는 수많은 암환자들, 하나같이 착하고 선량한 눈빛을 갖고 있다. 분노와 슬픔의 밤을 보내는 까닭이다.

11월 7일(금요일)

빈혈 백혈구는 모두 정상 가까이 올랐으나, 항암주사를 맞지 못했다. 수액만 연달아 맞으며 하루를 보낸다.

다인실에 입원 중이던 암환자가 지난밤 먼 나라로 떠났다. 같은 병을 앓고 있는 많은 환자들이 슬픔을 못 이겨 눈물을 흘리거나 술렁댄다. 아내가 눈치 채면 안 된다. 복도를 도는 걷기운동도 다른 사람들과 간격을 두고 조심스럽게 했다. 다른 환자들의 표정만 보아도 무슨 일이 일어났는지 금방 안다. 서로 마주치지 않으려고 안간힘을 쏟았다.

11월 8일(토요일)

오전 10시 30분부터 항암주사가 시작됐다. 지난번 항암주사 부작용의 악몽이 떠올라 조심성 있게 약물을 투여한다. 첫 번째 약물은 투여 매뉴얼대로 맞고, 두 번째 약물은 규정시간 1시간의 4배가 넘는 4시간 3분에 걸쳐 느리게 맞았다. 이토록 느리게 맞아도 효과가 있는지 염려스럽다. 약물의 투여시간은 약물의 종류에 따라 다소 차이는 있지만, 대부분 1시간 내지 2시간이다.

해질 무렵 병원을 나섰다. 구토증세는 아직 나타나지 않으나 제대로 먹지 못한다. 그래도 집에 돌아오니 기운이 난다며 빨래거리를 세탁기에 넣어 돌리고, 설거지를 하고, 반찬을 장만하고, 밤이 깊도록 자리에 들 생각을 안 한다. 움직여야 잘 자고, 잘 먹을 수 있다며 이곳 저곳 다니며 일거리를 찾아낸다.

11월 11일(화요일)

모임이 있어 아내 혼자 두고 서울에 다녀왔다. 내가 없는 사이에도 아내는 산에 가고, 공원에서 걷기도 했다. 넘어지기라도 하면 어떻게 하려고 혼자 걸을 엄두를 냈는지. 그리고 도우미 아주머니와 함께 많은 일을 해놓았다. 이불 홑청과 방의 커튼을 빨았다. 해가 바뀌기 전에 미뤄놓았던 일들을 마무리 지어야겠다는 생각을 실천한 것이다. 과로는 절대 금물이다. 주변의 충고가 제대로 먹히지 않는다.

11월 13일(목요일)

어제 오후 서울로 나와 반포 집에서 잤다.

큰딸 윤희가 오는 날. 인천공항에 가기 위해 새벽 4시 반에 일어나 아내가 챙겨준 군고구마와 계란, 우유를 먹었다. 다녀와서 먹겠다는 데도 그때까진 너무 배고프다며 나보다 더 일찍 일어나 이 음식들을 장만했다.

윤희와 함께 집으로 달려왔다. 불과 4개월 만의 만남이었지만 딸과 엄마의 상봉은 감격과 눈물이었다.

저녁땐 가족들이 모두 모였다. 윤희는 자정까지 머물며 엄마를 즐겁게 해주려고 재미있었던 이야기들을 들려주었다.

모두 함께 한집에서 살았던 10여 년 전으로 돌아간 듯 단란한 초겨울 밤이 어느새 자정을 넘긴다.

11월 14일(금요일)

오늘은 두 가지 경사가 겹쳤다. 미국에 유학중인 큰아들 지훈이 둘째딸을 맞았고, 큰딸 윤희가 제1회 임석재상을 받았다.

며느리 정강은이 새벽에 딸을 순산했다고 알려왔다. 아내는 아들을 기대했던 며느리를 위로하고 산후조리를 잘하라고 당부했다. 그곳에 가 도와주지 못해 안타깝다고 말하기도 했다.

우리는 이제 4명의 손자 손녀를 가졌다. 친손녀 둘, 외손자 둘. 작은아들도 머지않아 아기를 갖게 될 것이다. 손자 손녀 속에 둘러싸인 할머니 할아버지가 된 것이다.

큰딸 윤희의 시상식은 서울대 교수회관에서 열렸다. 관악산 기슭이기 때문인지 기온이 뚝 떨어져 쌀쌀했다. 한국문화인류학회가 주는 임석재상, 그 시상식장에는 윤희 시가의 어른들, 교수들, 학생들이 큰 강당을 메웠다. 낯익은 교수님들의 모습도 보였다. 한상복 교수, 전경수 교수, 왕한석 교수 등.

딸은 한국인류학계가 제정한 이 상의 첫 수상자가 된 것이다. 아내가 이곳에 왔더라면 얼마나 기뻐할까? 집에 앉아서 이 광경을 상상하며 눈물을 흘리고 있을지도 모른다. 자식을 위해 무한의 헌신을 해온 아내, 꼭 이 자리에 있어야 할 사람이다. 병은 아내에게서 영광도 기쁨도, 모든 것을 앗아가 버렸다.

11월 15일(토요일)

윤희는 바쁜 일정 때문에 오늘 떠났다. 이틀 밤을 엄마 곁에 머물렸을 뿐이다. 모녀는 집에서 작별했다. 그렁그렁한 눈물을 서로 훔치며 헤어졌다. 아내는 딸을 보낸 슬픔 때문인지 복통이 도졌다. 진통제를 먹어도 제대로 듣지 않는다. 허전하고 괴롭고 시린 밤이다.

11월 17일(월요일)

약물을 투여하기 위해 병원에 갔다. 토요일 같았으면 항암은 불가능한 상태였다. 그러나 일요일을 지내면서 심했던 복통도 가시고 변비도 많이 완화됐다. 혈액검사 결과 빈혈, 백혈구, 혈소판이 모두 좋게 나왔다.

입원하지 않고 주사실에서 지난번과 같은 두 종류의 항암제를 4시간에 걸쳐 맞았다. 불과 반나절에 항암절차를 끝내게 된 것을 아내는 무엇보다 좋아한다.

병원식당에서 알탕으로 늦은 점심을 먹었다. 병원음식은 냄새만 맡아도 속이 뒤집혀 구토를 하곤 했던 아내가 병원식당에서 식사를 하다니 놀라운 일이다.

대부분 큰 병원 구내식당은 재벌급 식품회사에서 운영한다. 환자 보호자나 방문객들은 병원식당을 이용하지 않을 수 없게 돼 있다. 일반음식점들이 대부분 멀리 떨어져 있어 환자를 병실에 남겨 두고 한가롭게 식사할 처지가 못 된다.

해거름에 집에 돌아왔다. 기온이 크게 떨어져 난방을 올리고, 군고구마와 누룽지 끓인 것으로 저녁을 해결했다.

11월 20일(목요일)

첫눈이 내렸다. 날씨가 따뜻해 쌓일 틈도 없이 녹아 없어졌지만, 꽤 많은 양이 조용히 내려앉았다. 눈은 흩날리고. 겨울이 빠른 걸음으로 우리 앞에 다가서고 있다.

아내의 컨디션이 많이 좋아졌다. 어느 정도 먹고, 비교적 잘 자고, 변비도 완화됐다.

1주일 전에 태어난 손녀(혜준)의 사진을 받았다. 강보에 싸인 손녀가 예쁘고 귀엽다. 당장에라도 날아가 안아주고 싶다. 아내는 이리 보고 저리 보고 눈을 떼지 못한다.

11월 24일(월요일)

아내는 새벽부터 김장 준비에 분주하다. 텃밭에서 거두어온 김장거리와 함께 괴산에서 절인 배추 20 kg을 주문해 왔으니 그 양이 엄청 많다.

절인 배추를 씻어 물을 빼고 김장 속을 만들었다. 아내는 바로 먹을 것, 오래 저장했다 먹을 것 등 저마다 다르게 담근 김치들을 용기에 차곡차곡 넣고, 김치의 종류, 담근 연월일을 기록한 라벨을 붙여 두 개의 김치냉장고에 가득 가득 채웠다. 그리고 만족스러운 듯 한없이 흐뭇해 한다.

김장을 끝낸 아내는 또 가슴을 찌르는 말 한마디를 던진다.

"혹시 내가 잘못 되더라도 아이들과 잘 챙겨 드세요."

남은 시간이 길지 않다는 불길한 생각이 문득문득 떠오르는 것일까? 우리들에게 충격을 줄이고 면역력을 길러주기 위한 계산된 표현일까? 아내는 이런 말들을 어떤 계기가 있을 때마다 자주 되풀이한다.

11월 29일(토요일)

멎었던 혈뇨가 또 나온다. 의사는 신경 쓰지 말라고 했으나, 가만히 앉아 있을 수가 없다. 응급실로 달려갔다. 응급환자들이 복도까지 꽉 찼다. 두 시간을 기다려 혈액검사를 했다. 모든 지수가 정상이거나 정상에 가까운 수준이다. 신기하게도 혈뇨도 멎었다. 불안에 떨지 않고 주말을 보내게 됐다.

12월 1일(월요일)

아침에 또 혈변이 나와 아내는 실의에 빠져 있다. 병원에 전화해 보았더니 빈혈치료제 부작용 같다며 일단 빈혈치료제를 끊어보란다. 약간 안심은 되었으나, 어제는 그 약을 먹으라고 했다가 오늘은 먹지 말라고 하니 황당하다.

넘치는 환자를 짧은 시간에 보아야 하는 의사, 환자 개개인의 절박한 상황을 속속들이 파악하기는 거의 불가능한 일이다. 그래도 의사의 한마디 한마디 말은 환자들에게 천금처럼 다가온다. 신뢰가 가지 않고 의심스럽지만 의사 말을 따르자.

12월 7일(일요일)

날씨가 많이 추워졌다. 함박눈도 펑펑 쏟아진다. 아내는 복통으로 어젯밤을 뜬눈으로 지새우고, 항암주사를 맞기 위해 병원으로 갔다. 약물을 투여할 수 있는 조건은 됐으나 MRI를 찍어 보고 주사를 맞자고 한다. 장을 비우기 위한 금식이 시작됐다. 오늘밤 중으로 촬영이 가능할 것이라고 했다. 그런데 소식이 없다. 일요일이라 의사가 없는 모양이다.

12월 9일(화요일)

어제 찍은 MRI 결과가 나왔다. 종양의 크기가 오히려 커졌다. 이것을 줄이거나 없애기 위해 온갖 희생과 큰 고통을 참아왔다. 그러나 그 동안의 치료가 무위로 끝난 것 같아 또 큰 충격을 받았다.

이번에는 처방을 바꾸어 두 가지의 항암제를 맞던 것을 한 가지만 투여하겠단다. 이해가 되지 않는다. 쓰던 약 두 가지 중 한 가지만 쓴다면 효과가 더욱 덜할 것이 아닌가. 그렇지 않다면 쓰지 않아도 될 약을 과잉으로 투여했다는 말인가?

미루어 오던 요관시술을 점심시간에 서둘러 했다. 수술실에서 돌아오자마자 또 약물을 투여했다. 이렇게 잠시의 휴식시간도 주지 않고 여러 가지 조치를 거의 동시에 연달아 취해도 되는 것일까?

약물 투여는 시간당 110cc씩 아주 느린 속도로 진행됐다. 지난번 쇼크로 어려운 고비를 넘긴 경험이 있었기에 규정시간보다 훨씬 느리게 주입했다. 밤 8시경 주사가 끝났다. 퇴원해도 좋다고 했으나, 환자가 너무 지쳐 있다. 하루 더 머물며 부작용을 막는 조치와 영양제 등을 추가로 맞기로 했다.

12월 10일(수요일)

약제를 덜 썼는데도 부작용은 너무 심하다. 구토와 복통이 멎지 않아 거의 잠을 자지 못한다. 그래도 아내는 집으로 가면 좋아질 것 같다며 빨리 퇴원하자고 조른다.

퇴원 후 저녁 무렵 또 혈변이 시작되고 복통이 심해졌다. 퇴원하지 말 걸 하는 후회가 밀려온다. 병원에 전화를 걸었더니 하루 이틀 안정을 취하면 좋아질 수 있으니 조금만 더 참아보란다. 참고 기다리는 방법밖에 없단다.

언제나 즐거움이었던 퇴원. 그러나 이 등식이 서서히 깨져가고 있다. 너무 많은 약물투여와 큰 수술이 쌓이고 쌓여 퇴원은 불안으로 바뀌어 가고 있다.

12월 12일(금요일)

12월 12일은 우리가 이 세상에 태어나서 처음으로 만난 날.

운명적인 만남이 사랑의 시작이요 행복의 출발점이 되어 43년의 세월이 훌쩍 흘렀다. 해마다 이날들은 늘 더 행복하고 더 발전하고 더 사랑하는 모습으로 아내와 내 앞에 나타나곤 했다.

그러나 지금 그 사랑의 원천, 행복의 근원인 아내가 누워 있다. 앞으로 이날을 얼마나 더 맞을 수 있을까? 암담하다.

그 겨울 12월의 일요일, 처음 만난 날의 기억이 뇌리를 스쳐간다. 그날의 추억이 생생하게 떠오른다.

아내의 손을 잡아본다. 맥박이 바쁘게 뛰고 있다. 피부는 까칠 까칠 말라 있다. 수많은 주사 자국으로 멍들고 굳어져 있다.

"오늘이 그날이지요?"라고 말하며 아내는 눈을 감는다.

창백한 얼굴, 머리카락 없는 머리…. 뜨거운 눈물이 핑 돈다. 이 지독한 병마가 아내에게서 너무 많은 것을 빼앗아갔구나.

부처님이시여, 행복한 이날을 50번 정도라도 누리게 해주소서.

이 선한 여인을 우리 곁에 더 머물게 해주소서.

12월 17일(수요일)

작은딸이 며칠 전 핸드폰을 선물했다. 이제까지 쓰던 것과는 아주 다른 최신형이다. 기능도 다양하고 모양도 멋지다. 아내는 "당신은 좋겠수. 좋은 핸드폰을 선물받으셔서"라고 말하고 웃는다.

심한 복통과 혈변이 멎지 않아 병원에 갔다. 의사는 대수롭지 않은 듯 약물의 부작용이라고 쉽게 결론 내린다. 가슴 엑스레이를 찍고 집으로 돌아왔다. 일단 불안감은 가셨다.

같은 직장에서 함께 일했던 후배가 농사지은 콩과 더덕, 배추뿌리 등을 잔뜩 보내왔다. "농약과 화학비료를 일체 쓰지 않아 사모님이 드시면 도움이 될 것 같아 보낸다"는 편지와 함께.

아내는 매우 기뻐한다. 특히 어른 팔뚝만 한 배추뿌리는 처음 본다며 놀라워한다. 배추뿌리를 깎아 먹으며 옛 이야기를 한다. 어린 시절 먹었던 배추뿌리를 수십 년을 뛰어넘어 그 맛을 다시 보게 되니 감격스러운 모양이다.

새삼 후배의 고마움에 가슴이 따뜻해온다.

12월 18일(목요일)

우리의 하루하루는 롤러코스터와도 같다. 행복한 하루가 가면 고통의 하루가 오고, 절망의 하루가 가면 희망의 하루가 온다.

방학이라 날마다 엄마 곁에 붙어 있는 작은딸을 데리고 아내는 거래은행에 갔다. 우리가 집을 자주 비우기 때문에 은행에 대여금고 하나를 갖고 있다. 우리의 결혼반지, 아이들 돌반지, 근속기념메달, 행운의 열쇠, 친정어머니와 시어머니가 물려주신 패물과 문서 등이 거기에 들어 있다. 아내는 작은딸에게 대여금고의 비밀번호와 여는 방법을 가르쳐주고, 딸의 지문도 입력시켰다.

"세상일은 아무도 모른다. 어느 날 무슨 일이 닥쳐도 당황하지 말고 네가 알아서 잘 챙겨라. 너희 아버지는 지금 정신이 나가 있으시다. 세상물정도 모르시고, 집안일은 거의 모르신다. 너희들이 붙들어드리지 않으면 한 걸음도 나가지 못하신다."

아내는 내 표정을 슬금슬금 살피면서 조용조용 딸에게 일렀다. 딸은 눈물이 글썽글썽해진다. 밀려오는 슬픔을 억제할 수 없어 대여금고실 밖으로 나와 먼 산 바라보며 눈물을 삼켰다.

12월 19일(금요일)

아내의 컨디션이 많이 좋아졌다. 한동안 거의 듣지 않던 음악을 듣고 피아노도 쳤다. 어느새 온 집안에 아늑하고 따스한 온기가 넘쳤다. 풀이 죽어 있던 딸도 기운을 차린 듯 곧 귀국하게 되는 조카들의 선물을 마련하겠다고 서울로 나갔다. 나는 동네에 사는 옛 직장 동료를 불러내 술잔을 나누고 세상 돌아가는 이야기를 들었다.

아내가 웃으니 모두가 환해진 오늘이다.

12월 24일(수요일)

크리스마스이브다. 추억이 켜켜이 쌓여 있는 밤이다. 우리는 기독교인은 아니지만, 이날은 언제나 의미 있게 보냈다. 아이들이 어렸을 땐 머리맡에 선물을 놓아주고, 트리에 색색의 불도 밝혔었다.

그러나 올해의 이날은 우울한 분위기에 젖어 있다. 무엇보다 아내의 의지가 약해져 가는 것 같아 가슴이 아프다.

"너무 힘들다."

"이렇게 사는 게 사는 것인가."

"왜 내가 배추뿌리 욕심을 부리는지, 얼마나 더 살겠다고."

순간순간 이런 말을 혼잣말로 중얼거린다. 그때마다 내 가슴이 철렁철렁 내려앉는다. 심약해지는 아내에게 무엇으로 힘을 내게 할 수 있을까?

12월 30일(화요일)

날씨가 여전히 춥고 바람이 드셌으나, 어제처럼 눈비는 오지 않았다. 싱가포르에서 온 손자들을 데리고 어제에 이어 또 용인 에버랜드에 갔다. 아이들과 눈썰매를 타며 한나절을 보냈다. 추워도 아이들은 환호했다. 여름만 있는 나라에서 살아온 아이들이 불과 며칠 사이 온도 차가 무려 40도가 넘는 겨울 추위에 잘 적응하고 있다.

동네모임의 저녁 망년회. 대부분의 멤버들이 다 모였다. 모두가 아내를 격려하고 내년에는 건강을 완전히 회복하여 옛날처럼 먼 길 여행을 떠나자고 했다. 아내가 즐거워하는 자리여서 기뻤다. 2차 노래방에서 아내는 이런 모임에서 곧잘 부르는 〈창밖의 여자〉를 열창했다. 이런 모습을 보면 누가 아내를 환자라 할 것인가?

늦게 돌아와 보니 아이들은 깊은 잠에 빠져 있다. 아내는 잠든 손자들을 쓰다듬으며 잠들지 못한다.

12월 31일(수요일)

올해도 우리가 간절히 빌었던 소원을 이루지 못하고 섣달 그믐날을 맞았다. 오전에 아이들은 모두 서울로 떠났다.

아내와 딸은 부둥켜안고 계속 울먹였다.

"살아서 다시 만날 수 있겠느냐? 내가 바라는 대로 잘 커줘서 고맙다. 너는 물론 너의 동생들 모두 좋은 대학 쑥쑥 잘 들어가고, 남부럽지 않은 직장에서 일하고 있어 나는 언제나 보람과 자랑으로 살고 있으니 얼마나 행복하냐. 내 병이 나아 너희들이 더 커진 모습을 보고 싶은데, 지나친 욕심 같다. 내가 혹시 잘못 된다고 해도 엄마의 소망이 무엇인지 가슴에 새기고 언제나 베풀고, 양보하고, 너그러운 처신을 해라. 너는 우리집의 맏이니 동생들 잘 챙기고 우애를 더욱 두텁게 하는 데 최선을 다해라."

평소 조용조용했던 아내, 작심한 듯 많은 말을 쏟아낸다.

한 해를 마감하는 오늘, 딸까지 떠나니 아내는 유난히 소회가 많은 가보다.

"엄마는 반드시 나으실 거예요. 우리는 내년에도 자주 엄마 만나러 올 것인데, 왜 심약한 말씀을 자꾸 하세요."

딸은 또 울먹인다.

엄청난 고통을 수없이 되풀이해온 아내, 그렇게도 잘 견뎌내고 언제나 희망에 차 있던 아내, 오늘은 비관적이고 나약한 모습을 보이고 있다. 유언 같은 아내의 슬픈 당부가 제야의 종소리에 실려 우리들 가슴에 깊고 아프게 울려온다.

아! 그래도 새해 새 아침의 태양은 떠오를 것이다.

신이여, 우리의 절규를 들으소서.

6부

會者定離
회자정리, 님의 침묵

우리는 살아서 지옥을 체험한다

2009년 1월 1일(목요일)

기축년 새해가 밝았다. 하지만 별다른 감흥을 느끼지 못한다. 하다못해 마을 앞 작은 동산 소실봉에 올라 맞던 해맞이도 하지 않았다. 아내의 상태가 좋지 않아 산에 오를 형편이 되지 못했기 때문이다. 대신 우리는 발코니에서 한참 솟아오른 태양을 맞았다. 거기서 간절한 소원을 빌었다. 아내의 건강 이외의 소원은 우리에게 없다.

"아내를 살려주소서."

기도가 아니라 오히려 절규였다.

그 동안 격려와 용기, 희망을 주었던 주변의 많은 사람들에게 간단한 문자메시지로 새해인사를 전했다. 그러나 반응은 놀라웠다. 작은 배려가 이렇듯 큰 물결이 돼 돌아오는구나. 더 따뜻한 가슴, 더 부드러운 손길을 가져야겠다고 다짐했다.

양력설을 쇠지는 않지만, 떡국을 끓여 온 가족이 나누어 먹었다. 아내는 거의 먹지 못했다. 우울하고 가라앉은 설날, 2009년은 잿빛으로 그 문을 열었다.

1월 2일(금요일)

아내는 혈변이 심하고 기력이 떨어져 잠시도 앉아 있지 못하고 누워 있기만 한다. 평소 열심히 움직였던 아내,《누우면 죽고 걸으면 산다》는 책을 읽고 공감하며 거기에 나오는 내용대로 실천하려고 무척 노력한 아내가 아닌가.

자주 눕기만 하니 불길한 생각이 불쑥불쑥 떠오른다. 내가 왜 이런 생각을 하지? 스스로 소스라친다.

오후에 병원에 갔다. 혈액검사 결과 약간의 빈혈상태이고, 백혈구는 정상치는 아니지만 조혈제를 맞을 정도는 아니었다. 혈소판은 1주일 전보다 많이 올라 있었다. 혈변은 곧 멈추게 될 것이란 희망적인 설명을 들었다.

작은아들네가 병원까지 찾아와 우리를 중국음식점으로 안내했다. 아내가 먹을 만한 음식들을 이것저것 시켰으나 상어지느러미와 전복요리를 조금 먹었을 뿐 거의 먹지 못했다.

아내와 나란히 누웠다. 핏기 없는 얼굴, 그래도 미소가 잔잔하다.

1월 3일(토요일)

윤희는 사위와 함께 아침 일찍 전화로 엄마와 작별인사를 나누었다. 아내는 또 눈물을 글썽였다. 나 혼자 인천공항으로 갔다. 윤희는 떠나기 직전 또 핸드폰으로 엄마께 당부한다.

"이제 가요. 곧 또 올게요. 치료 잘 받으시고, 긍정적인 생각만 하세요."

윤희의 눈에는 눈물이 가득하다. 필경 아내는 비관적인 말을 했을 테고, 그래서 윤희가 목이 더 메었을 것이다.

집에 돌아오니 아내의 눈이 벌겋게 충혈돼 있다. 혼자서 딸을 보낸 허전함과 슬픔으로 눈물지은 것 같다.

1월 5일(월요일)

금년 들어 첫 입원이다. 일요일 오후 3시경 병원에 도착해 입원수

속을 끝내고 병실로 올라갔다. 빈혈이라 800cc의 피를 수혈했다.

병실에 온 김 교수가 혈변의 원인은 여러 가지 있을 수 있으나, 그렇게 심각한 것은 아닌 것 같다고 한다.

원래 이번 입원기간 중 장 내시경을 찍어 혈변 등의 원인을 찾아내자고 했었다. 그러나 오늘은 다른 말을 한다. 내시경을 찍을 경우 상황이 좋지 않은 조직을 손상시켜 큰 수술을 해야 할 정도로 심각한 결과를 초래할 수 있다는 설명이다.

장 내부가 정상적이 아니라는 뜻 아닌가? 내시경을 못할 정도로 장에 이상이 생긴 것인가? 궁금한 것이 많았지만, 질문하지 못했다. 비관적인 대답이 나올까 봐 두려웠기 때문이다.

공기 탓인지 아내는 심한 두통으로 잠을 이루지 못한다. 이런 상태로 내일 항암주사를 맞아도 되는 것인지 몹시 불안하다.

1월 6일(화요일)

새벽까지 수혈이 계속되었다. 수혈 후 곧 바로 이어서 항암주사를 시작했다. 올 들어 처음이고, 통틀어 40번째의 항암주사다. 오후 1시 15분에 시작하여 6시 30분에 끝났다. 5시간 이상 걸린 셈이다.

지난 2004년 2월 2일 첫 번째 항암주사를 맞은 후 거의 5년의 긴 세월이 흘렀다. 이렇듯 많은 항암주사를 맞은 사람은 그렇게 흔하지 않을 것이다. 기록적인 항암주사를 맞으며 상상할 수 없는 아픔과 좌절을 겪어온 아내, 그래도 좀처럼 내색하지 않고 굳건하게 버텨왔다. 희망이 있고 의지가 강했기 때문이다. 그러나 지금은 모든 것들이 서서히 허물어져 내리는 것 같아 눈앞이 캄캄하다.

1월 9일(금요일)

조금씩 컨디션이 좋아지고 있어 기분 좋은 하루가 시작됐다. 어제까지의 고통은 모두 잊은 듯 아침부터 분주하다. 시골 누나가 보내주신 대구 한 마리와 문어, 해조류 손질에 열중하고 있다. 40번의 항암주사와 4번(사이버 나이프 수술까지 합치면 5번)의 큰 수술을 받은 환자가 저렇게 일 속에 파묻혀 있어도 괜찮은가? 주어진 이 순간순간을 철저하게 살아야겠다는 시간과의 처절한 싸움으로 느껴져 가슴이 찡하고 아리다.

오래 전부터 복용하고 있는 아베마루라는 보조의약품을 또 구입했다. 면역력을 길러준다고 알려져 많은 암 환자들이 먹고 있는 약이다. 의사들은 먹으라는 말도, 먹지 말라는 말도 하지 않는다.

과학적으로 검증이 되지 않은 이런 약들이 수없이 많다. 지푸라기라도 잡아야 하는 절박한 환자들에게 피해가 돌아가지 않게 하는 것, 국가가 할 일인 것 같다.

1월 15일(목요일)

악몽을 꾸었다. 아내의 고통을 직접 겪어본다며 항암주사를 맞고 몹시 괴로워한 꿈이다. 깨었더니 속옷이 홍건히 젖어 있고, 배가 부글거렸다. 기운이 쭉 빠져 일어설 수가 없다. 꿈을 꾸고도 이렇듯 휘청거리는데. 아내의 고통이 뼈저리게 느껴진다.

작은딸 윤정은 요즘 강남성모병원에서 열리는 비타민C 요법이란 강의를 들으려 열심히 나간다. 엄마를 살릴 수 있는 길이 있지는 않을까 해서다. 비타민 C로 암을 극복하거나 완화한다는 내용이다.

386

1월 21일(수요일)

혈변이 자주 나오고, 복통이 심해 병원으로 달려갔다. 피 검사결과 백혈구 등은 비교적 괜찮은 수준이었으나, 혈소판이 낮다.

주치의 김 교수를 만났다. 그는 비관적인 설명을 한다. 또 가슴이 철렁 내려앉는다. 난소암 지수인 CA125가 37에서 42로 높아졌다며, 이는 암이 진행 중임을 뜻하는 것이라는 설명이다.

장 내시경을 하지 않은 이유에 대해서도 "결과가 뻔한데 구태여 할 필요가 없고, 내시경을 보게 되면 더 기분이 나쁠 것 아니냐"고 했다. 말을 아끼던 주치의가 오늘은 마구 쏟아낸다.

"치유는 불가능하고 손을 쓸 단계는 이미 지났다. 부작용이 적은 항암제를 맞으며 생명을 연장하는 길밖에 없다."

아내는 이미 다 알고 있다는 듯 담담하다. 그러나 내게는 청천벽력이다. 너무 참담하고 처절한 형벌이다.

말 한마디 없이 차를 몰아 집으로 돌아왔다.

어찌 할꼬? 어찌 할꼬? 아까운 내 아내를 어찌 할꼬?

1월 22일(목요일)

주치의의 비극적인 선언에 세상은 온통 잿빛으로 가득 찬 듯한데, 아내는 여전히 차분하고 여유로웠다. 음력설이 다가오고 있다며 종일 그 준비에 잠시도 쉬지 않는다. 제기를 닦고, 냉동고에 보관중인 생선을 꺼내 녹이고, 씻어 말리고, 이 방 저 방 다니며 정리하고…. 그 동안 미뤄 두었던 자동차 정기점검까지 서둘러 끝냈다.

마치 1년 살 것을 하루로 압축해 살기라도 하듯.

1월 25일(일요일)

음력 섣달그믐이다. 아무리 한파가 몰아쳐도 고향으로 가는 행렬
은 멈추지 않는다. 모두들 상기된 얼굴에 행복이 넘친다. 우리도 언
제나 그랬다. 아내가 이토록 나빠지기 전까지는.

아내는 친척들을 오지 못하게 했다. 초췌해진 모습을 보이기 싫
다고 했다. 딸과 둘이서 꽤 많은 설날 음식을 장만했다.

너무 과로한 탓인지 오후 늦게부터 혈변을 보기 시작했다. 다른
때의 혈변과는 달리 피의 양이 더욱 많고 짙다. 병원으로 달려갔다.
혈소판이 바닥으로 떨어졌고, 맥박, 혈압도 정상이 아니다.

병원에서는 입원하란다. 그러나 아내는 설날 차례를 모셔야 한다
며 집으로 가겠다고 우겼다. 응급실 의사들은 혈소판 12팩을 주사
한 후 마지못해 귀가를 허용했다.

1월 26일(월요일)

응급실에서 설날을 맞았다. 새벽 4시. 캄캄한 설날 새벽, 우리는
병원 응급실에서 나와 분당-수서 간 도로를 달려 집으로 돌아왔다.

아내는 조금 전 병원 응급실에서 치료받고 나온 환자란 기색을 조
금도 보이지 않은 채 차례 상을 훌륭히 차렸다. 작은아들과 둘이서
제상에 음식을 올리고 절하고, 그리고 아내를 살려달라고 빌었다.

정말 착잡한 설날이다. 눈물이 자꾸 흐른다. 왜 내가 이렇게 정초
부터 청승을 떨고 있지.

아내의 몸이 펄펄 끓는다. 체온을 재어보니 열이 38.5도나 올랐
다. 그리고 춥다며 오들오들 떨었다. 이불을 몇 겹씩 덮어도 오한은
멈추지 않는다. 병원에서 나온 지 16시간 만에 다시 병원 응급실로
달려갔다.

설날 저녁이라 응급실은 지옥이다. 어렵고 고통스런 각종 검사가 시작됐다. 핏줄이 잘 나오지 않아 양팔과 심지어 발목까지 찔러댔다. 이어서 소변검사와 여러 가지 촬영으로 아내는 초주검이 됐다.

고열의 원인은 요로감염. 새벽에 운 좋게 병실이 나와 입원했다.

아내가 가엽고, 우리가 처한 현실이 참담하다. 그러나 의지와 희망은 접지 말자. 좋은 날은 우리 앞에 반드시 다가올 것이니.

1월 28일(수요일)

설날 새벽에 퇴원했다가 설날 밤에 입원한 아내. 설날 연휴를 보내는 동안 검사와 주사, 투약이 되풀이됐다. 항생제를 투여했기 때문인지 열은 내리고, 맥박, 혈압 등도 정상으로 돌아왔다. 영양제의 집중 투여로 기력도 어느 정도 회복돼 가고 있다.

우리는 날짜 개념이 없어졌다. 오늘이 몇 일이고, 무슨 요일인지 감이 잡히지 않는다. 한밤중에 병원으로 달려오고, 반쯤 정신이 나간 상태에서 치료받고, 또 새벽에 병원을 나서니 꿈속에서 살고 있는 듯하다.

연휴가 지나니 병원이 제대로 돌아가는 느낌이다. 주치의도 나타났다. 그는 또 지난주에 했던 말을 되풀이한다.

"이제 더 쓸 약이 없다. 치유가 아니라 암과 공생하며 생명을 연장하는 길밖에 없다. 며칠 안으로 최악의 사태를 맞을 수도 있고, 운이 좋으면 몇 년도 더 버틸 수도 있다. 그때가 되면 획기적인 치료방법과 약이 개발되어 천수를 누리게 될지도 모른다."

부정적인 이야기는 흘려버리고 긍정적인 설명만 담아 두자고 아무리 다짐해도 가슴은 뛰고 슬픔은 끝없이 밀려온다.

1월 31일(토요일)

입원한 지 6일째, 집중적인 치료와 수혈, 영양제 주사 등으로 아내는 어느 정도 기력을 되찾았다. 이제 또 항암주사가 시작됐다. 정신을 차리기가 무섭게 약물 투여의 엄청난 고통이 찾아왔다.

41번째의 항암주사는 정오부터 시작되었으나 쇼크가 와 즉시 중단했다. 1시간 동안 안정을 취한 후 다시 시작했다. 속도를 크게 낮추어 2시간 소요시간을 9시간으로 늦추어 한 방울 또 한 방울 느리게 느리게 혈관 속으로 들어가게 했다. 밤 10시 넘어 끝났다.

병원에서 하룻밤을 더 보내고 내일 퇴원하자고 권유했으나, 아내는 병원을 떠나야 살 것 같다며 퇴원하자고 조른다. 의사도 항암주사 후 퇴원하기로 돼 있었다며 퇴원해도 좋다는 의견이다.

정신없이 차를 몰아 집에 도착하니 자정이 훌쩍 넘었다. 또 구토가 시작되고, 잠 못 이루는 긴 겨울밤이 이어졌다.

매서운 바람이 창문을 흔들고 지나간다. 아내의 얼굴은 창백하고, 숨소리는 들릴락 말락, 맥박은 겨우 느껴질 정도로 약하고 느리게 뛰고 있다.

2월 3일(화요일)

퇴원한 지 4일째. 구토증세도 서서히 가시고 죽과 과일 등을 조금씩 먹기 시작했다. 깊이 가라앉았던 집안의 분위기도 어느 정도 생기를 찾아가고 있다.

옛 직장의 후배가 차를 갖고 찾아와 남한산성 부근에 나가 훈제오리를 먹었다. 아내 생각이 나 1마리를 사서 식지 않게 싸고 또 싸서 급히 가져와 아내에게 권했다. 아내는 정성에 감동이라도 한 듯 고기 몇 점을 먹었다.

지난 며칠 사이 미국에 있는 큰아들은 엄마 치료에 도움이 될 거라며 최근 미국에서 잘 팔리고 있다는 암 대체약품 암브로토스(Ambrotose) 3통을 부쳐 왔고, 큰딸은 치료비에 보태라고 꽤 많은 돈을 보내왔다. 아내는 아이들에게 부담만 주는 엄마가 되었다고 한탄하며 괴로워한다.

2월 5일(목요일)

아내는 내일이 말날이라며 장을 담가야 한다고 아침부터 메주와 장독을 씻어 말리고, 소금이 얼마나 남아 있는지 점검했다.

소금이 좀 모자란다며 나더러 신안 천일염을 사오라고 부탁한다. 하나로 마트에서 천일염 20kg 한 포와 장독에 띄울 참숯 한 묶음, 그리고 간 김에 아내가 먹을 수 있을까 하여 꼬막과 대게, 해조류 등을 샀다.

이제껏 살아오는 동안 나 홀로 시장에 나가 이런 것들을 구입한 것은 처음이다. 이런 일은 주부몫이라며 아내가 철저하게 기회를 주지 않았기 때문이다. 그러나 오늘 장보기를 시켰다. 몸 상태가 좋지 않기도 하지만, 홀로서기 연습을 시키는 것이나 아닌가 하는 데에 생각이 미치니 가슴이 아리다.

아내는 정수기를 거친 깨끗한 물에 소금을 녹이는 등 내일 장 담글 준비를 모두 끝냈다. 과로한 탓인지 피가 섞인 소변이 그치지 않는다. 병원에 연락을 했다. 변비 완화제의 부작용일 수도 있으니 내일까지 계속 멎지 않으면 그때 오란다.

컨디션이 좋아지는 듯하다. 혈뇨가 나오니 아내는 당황하고 실의에 빠졌다. 한 군데가 좋아지면 또 다른 곳에 문제가 생기고 ….

2월 6일(금요일)

벼르고 벼르던 장 담그는 일을 혈뇨 등으로 심신이 최악의 상태인데도 아침부터 서둘러 시작했다. 먼저 장독을 햇볕이 잘 드는 발코니에 옮겨놓게 한 뒤 정성을 다해 만든 소금물을 그곳에 붓게 했다. 그리고 메주를 넣고, 그 위에 숯과 고추를 띄웠다. 장 담그기를 끝낸 것이다.

장맛이 그 집안 음식 맛의 근원이 될 뿐 아니라 가통의 한 몫을 차지하는 것이라며 아내는 언제나 장 담그는 일에는 정성을 다하고 몸가짐을 단정히 한다. 장 담기를 끝낸 뒤 아내는 또 피맺힌 한마디를 혼잣말로 중얼거린다.

"이 장이 익으면 그 맛을 보게나 될지⋯. 가족들이 두고두고 잘 먹으면 됐지 또 무엇을 더 바래. 화분에 물 줄 때 장독에 물이 튀지 않도록 조심하세요."

나를 쳐다보며 환하게 웃는다.

2월 9일(월요일)

바깥 날씨는 쌀쌀해도 햇볕이 쏟아져 들어오는 발코니는 봄날의 한복판이다. 오랫동안 제대로 씻어내지 못해 곰팡이가 끼어 있는 발코니의 물청소를 시작했다. 장독에 물이 튈까 봐 비닐로 씌우고, 겨우내 쌓인 나뭇잎 위의 먼지도 씻어냈다.

신기한 일이 또 생겼다. 지난가을 옥수수를 다듬은 후 그 껍질을 거름이 될 것 같아 대형 화분의 흙 속에 파묻었다. 긴 겨울을 지나는 사이 거기서 두세 그루의 옥수숫대가 돋아나 거의 1m 가까이 자라 푸른 잎을 뽑내고 있었다. 더구나 손가락 굵기의 옥수수까지 달려 있지 않은가. 좋은 징조임이 분명하다.

혈뇨는 어느 정도 진정됐으나, 혈소판이 떨어진 것 같아 오후 늦게 병원으로 달려갔다. 혈액검사 결과 혈소판이 8만 3천으로 항암주사 직전의 6만 2천보다 훨씬 높았고, 빈혈지수와 백혈구도 거의 정상 수준이었다. 불안을 떨쳐 버릴 수 있어 기분이 좋아졌다.

면역력을 키워준다는 게라늄과 키토산 등 보조약품을 구입해 오늘부터 복용하기 시작했다. 암을 낫게 하지는 못해도 치료하는 데 0.01%의 도움이라도 된다면 행운이다.

2월 10일(화요일)

음력 1월 16일, 아내의 66번째 생일이다. 가족들이 챙겨주지 않으면 자신의 생일을 잊고 지내온 아내. 오늘은 아침 일찍부터 미역국을 끓이고, 무엇인가 간곡히 빌고 있다. 무엇이 아내를 이날 기도를 올리게 하는 것일까? 마음이 아리고 가슴이 저려온다. 괴롭고 우울한 오늘이다.

아내는 그 미역국을 먹지 못했다. 복통이 심하고 혈변이 잦아졌다. 그리고 자리에 누워있는 시간이 점점 길어진다.

아내여 일어나라! 아내여 일어나라!

처절한 절규와 함께 불길하고 방정스러운 생각이 자꾸 뇌리를 스친다.

2월 13일(금요일)

대낮인데도 밤처럼 캄캄하다. 세찬 바람을 타고 한바탕 소나기가 마른 땅을 흥건히 적시고 지나갔다.

날씨처럼 어둡고 참담한 오늘, 아내는 너무 심한 복통으로 온 방을 헤매고 있다. 혈뇨도 멎지 않아 병원으로 달려갔다. 언제나 하는 것처럼 혈액검사를 받았으나 결과는 그렇게 나쁘지 않았다.

복통과 혈뇨, 혈액검사로 처방이 나오는 것일까? 집에 가서 안정을 취하라고만 한다. 하지만 심한 통증과 혈뇨가 안정을 취할 수 있게 환자를 가만히 놓아두지 않는다. 의사는 지금 환자가 어떤 상태에 있는지 제대로 알고나 있는가?

고통 속에서도 아내는 나를 위한 저녁상을 마련했다. 생선찌개도 끓이고, 얼려놓았던 취나물도 무치고. 눈물겨워 음식이 제대로 넘어가지 않는다.

2월 16일(월요일)

영하 10도의 한파가 몰아치는 날. 김수환 추기경께서 선종하셨다. 훌륭한 종교지도자를 잃은 이날, 옛 직장 선배 김은구 사장의 어머님도 돌아가셨다. 삼성의료원으로 옆집 김문진 사장과 함께 문상을 다녀왔다.

아내는 이제 방광까지 심한 아픔이 오고, 혈변과 혈뇨의 양이 더 많아졌다. 그리고 그 빈도가 높아진 최악의 상황이다. 찬바람이 세차게 몰아치고 있다. 복통은 밤이 깊어갈수록 더 심해지고, 변의가 있어 화장실을 수없이 드나들고 있으나 변은 거의 나오지 않는다.

"탈이 나도 크게 난 것이로구나."

아내의 긴 독백이 가슴을 찌른다.

2월 21일(토요일)

아내의 양력 생일. 아이들이 축하카드와 꽃을 보내왔다. 외국에서도 당일에 꽃과 선물들을 보낼 수 있는 세상이 되었으니 놀랍다.

"살아서 아이들(큰딸네와 큰아들네)을 만날 수 있어야 할 텐데…."

아내는 또 비수 같은 말 한마디를 던졌다. 최근 들어 이런 비관적인 말을 자주 한다. 먼 길을 떠나기 위한 마음의 준비를 하고 있는 것인가? 그리하여 우리에게 슬픔을 이길 수 있는 면역력을 조금씩 길러주기 위한 배려인가?

아내가 큰 병을 선고받고 나서 다섯 번째 이런 생일을 보낸다. 언제나 다음 생일에는 건강을 되찾는 행복한 날이 될 것이라는 희망과 의지가 가득 차 있었다. 그러나 오늘은 그 자신에 찼던 모습은 보이지 않는다. 다만 오늘이 마지막 하루인 것처럼 우리들을 위해 무엇인가 해주려고 처절하게 몸부림치고 있다.

저녁때 작은딸과 작은아들네가 왔다. 작은 케이크에 큰 촛불 여섯 개, 작은 촛불 여섯 개를 밝히고 생일 축하노래를 불렀다. 노래가 아니라 소리 없는 통곡이었다.

2월 23일(월요일)

불안하고 긴장된 상태에서 입원했다. 혈액검사 결과 약간의 빈혈 (9.9) 상태였으나 염려할 수준은 아니었다.

주치의 김 교수가 병실에 왔다. 혈변, 혈뇨, 복통과 방광통, 잦은 변비의 연속 등 그 동안 겪었던 아픔과 괴로움을 호소했다. 그러나 그는 그렇게 심각하게 받아들이지 않는 듯 별다른 반응이 없다. 대수롭지 않은 상태라면 얼마나 좋을까? 위안을 삼으며 의료진의 조치를 기다렸다.

자정이 지나 MRI를 찍었다. 이 결과에 따라 치료방법이 결정되는 것이어서 어느 때보다 떨리고 긴장이 됐다.

통증 때문에 계속 잠을 설쳐온 아내가 잠을 자야 하는데, 여전히 잠들지 못한다. 육체적인 고통이 가시면 이번에는 수천, 수만 가지의 상념들이 몰려 와 또 잠들지 못하게 하는가 보다.

아내는 깊은 우수가 서려 있는 눈빛으로 나를 측은하다는 듯 바라보며 무슨 말을 하려다 말고 긴 숨을 내쉰다.

이제 모든 병실의 불은 꺼지고, 가끔 멀리서 울부짖는 신음소리가 들릴 뿐이다. 수백 수천의 환자들과 그 가족들이 잠 못 이루고 있는 '백색의 거탑' ― 병원은 침울한 고요 속에 잠겨간다.

2월 24일(화요일)

MRI 결과가 나왔다. 희망적인 기대는 한갓 꿈이었다. 희망이 절망으로 곤두박질하는 순간, 눈앞이 캄캄하고 가슴은 철렁 내려앉았다.

"암 덩어리는 좀더 커졌어요. 그리고 CA125도 지난번 22에서 47로 급격히 올랐고요."

김 교수는 절망적인 말만 계속한다. 온갖 고통을 겪으며 맞아온 항암주사의 효과가 없었을 뿐 아니라 오히려 그 덩어리를 더 키워놓았다니 억장이 무너진다.

그런데도 김 교수는 지금까지 쓰던 항암제를 그대로 쓰자고 했다. 단위를 높이거나 다른 약제를 쓸 경우 더 어려운 결과가 올 수도 있다며 암 덩어리를 없애는 것은 거의 불가능하고 암을 달래며 생명을 연장하는 길을 모색해야겠다는 뉘앙스로 말을 이어갔다.

아이들은 돌아서서 훌쩍거리고, 나도 애써 울음을 참았다. '암과의 공생', 암을 잘 달래며 더불어 살자? 그렇게 사는 사람이 많단다. 5년, 10년, 20년을 누리는 사람들도 있다는 설명이다.

"방 한 칸 내줄 터이니 사이좋게 잘 지내자."

암 투병을 하고 있는 의사가 쓴 책의 한 구절이 생각난다.

396

2월 25일(수요일)

42번째 항암주사를 맞았다. 이때까지 써왔던 그 약제다. 또 쇼크가 와 잠깐 머물다가 장장 6시간이나 걸려 주사를 끝냈다. 치유가 아닌, 암을 달래는 주사인 셈이다.

지난 5년여의 긴 세월 동안 처절하게 싸워왔던 순간순간들이 떠오르고, 슬픔이 파도처럼 밀려온다. 그래도 아내는 당황하거나 좌절하는 기색이 없다. 어디서 그런 여유와 용기가 나오는 것일까? 이미 모든 것을 비우고 초연한 세상을 살고 있는 것일까?

캄캄해진 후 병원을 나섰다. 집으로 돌아오는 동안 서로 쳐다보고 미소만 지었을 뿐 한마디 말도 하지 않았다. 아내의 입에서 실망스러운 말이 또 튀어나오면 어떻게 대답할까? 그것이 너무 두려웠기 때문이다.

3일 만에 집 침대에 누웠다. 잠이 오지 않는다. 병실에서 거의 매일밤 깊은 잠을 못 잤으니 잠이 쏟아질 만한데, 계속 말똥말똥하다. 아내도 뒤척거린다. 이 귀한 시간들, 아끼고 아끼며 소중하게 써야한다. 자야 할 시간에 잠 못 드는 것은 이 황금 같은 시간을 낭비하는 것 같아 너무 아깝다.

2월 28일(토요일)

신기하게도 이번 항암치료에는 부작용이 심하게 따르지 않았다. 구토를 덜하고, 먹는 것도 비록 적은 양이지만 그런대로 받아들인다. 지금까지 써왔던 항암제인데 부작용이 덜하다니 이상하다. 규정시간보다 느리게 맞았기 때문일까? 아니면 그 단위를 크게 낮추었나? 부작용이 적으면 효과도 그만큼 떨어지는 것 아닐까? 별 생각이 다 든다.

같은 약제라도 부작용은 사람에 따라 다르고, 환자의 건강이나 심리상태 등에 따라 다를 수 있을 것이다. 아내의 경우 몸 상태는 아주 나쁜 수준이고, 정신적으로도 지쳐 있다. 혹시 지금까지 버텨온 강한 의지와 희망 등을 모두 버리고 자포자기에 이른 것은 아닐까? 무엇보다 가슴 아프고 슬픈 이유다.

아내는 그 동안 의사의 강한 권유에도 진통제 복용을 거부했다. 치료효과가 떨어지고, 중독이 될까 봐 두려워서다. 그러나 고집을 접고 오늘부터 진통제를 먹기 시작했다. 진통제의 부작용보다 수시로 몰려오는 견딜 수 없는 고통을 막아내는 것이 좋은 선택이라는 것을 터득했기 때문이다. 치료의 목적이 무엇인가? 그 1차적인 목표는 고통을 막는 것 아닌가.

3월 4일(수요일)

지난 며칠 동안은 어느 정도 몸 상태가 괜찮았다. 그러나 오늘부터 심한 복통과 함께 잦은 변의를 일으킨다. 화장실을 수없이 드나들었으나 변은 보지 못하고 배를 움켜 쥔 채 진땀을 뻘뻘 흘리며 침대에서 몸부림치고 있다.

부처님이시여,

가련한 생명, 좀 편하게 머물게 해주소서.

남은 시간 고통 없이 지내게 해주소서.

텃밭에 묻어 두었던 무를 파냈다. 갓 수확한 것처럼 싱싱하다. 길고 긴 고통을 겪고 난 아내는 지난가을 자신이 뿌린 씨에서 자란 무가 땅속에서 모진 겨울을 이겨내고 지금 앞에 나타나 있다는 사실에 감격한다. 아내는 그 무를 다듬어 김치를 담그느라 저녁 늦은 시간까지 몰두했다.

어떤 일에 빠지면 끝을 보고 마는 아내의 성격은 병마도 바꾸지 못한다. '3월 4일'이라고 적은 라벨을 용기에 붙이고, 그 용기들을 차곡차곡 김치냉장고에 넣었다. 그리고는 "혹시 내가 …" 라고 말하다가 그 말을 맺지 못한다. 아마도 내가 없더라도 두고두고 아이들과 잘 잡수시라고 말하고 싶었을지 모른다.

"내 이름으로 된 통장, 당신 이름으로 바꾸세요"

3월 9일(월요일)

심한 통증, 진한 혈변과 혈뇨, 거기에다가 기력이 너무 떨어져 병원으로 달려갔다. 혈액검사 결과 빈혈지수가 7.7이었다. 아주 낮은 상태라 두 팩의 피 주사를 케모포트를 통해서 주입하기 시작했다. 그러나 농도가 짙어 들어가지 않는다. 놀란 간호사가 수혈을 중단하고 이번엔 정맥주사를 시도했으나, 핏줄이 나오지 않아 거의 1시간 동안 수많은 곳을 찔러댔다. 아내는 물론 간호사도 녹초가 됐다.

또 수혈 중 심한 한기가 들어 담요를 몇 겹이나 덮었다. 그리고 장장 8시간이나 걸려 겨우 수혈을 끝냈다.

15일분의 진통제와 수면제 등을 병원 안 약국에서 지어 기진맥진한 상태로 집에 돌아왔다.

여전히 엄청난 통증이 몰려와 진통제를 복용해도 효과가 바로 나타나지 않는다.

"말기라 통증이 점점 더 심해지는군요. 이제 이 고통을 이겨낼 힘도 한계에 이른 것 같네요."

신음이 절규로 변해가는 이 순간순간 또 다른 아픔의 파도가 밀려온다.

3월 11일(수요일)

좋지 않은 일들의 연속이다. 혈변, 혈뇨는 갈수록 심해지고, 방광 통증이 온몸을 옥죄어 온다. 누워 있는 시간이 길어지고, 심한 한기로 전기담요까지 깔고 덮었다. 이번에는 땀을 뻘뻘 흘리며 답답해 한다. 체온 조절기능이 떨어진 탓인가 보다.

아래쪽 복부에서 딱딱한 덩어리가 만져졌다. 변을 제대로 보지 못해 그것이 뭉쳐 있는 것이라고 좋은 쪽으로 생각하려고 애썼으나, 불길한 예감 때문에 가슴이 철렁 내려앉는다.

면역기능 향상에 도움이 된다고 하여 오랫동안 복용해오던 대체의약품 아베마루, 게르마늄, 키토산, 선삼 등을 모두 끊었다. 이런 약들이 그들이 선전하는 대로라면 지금쯤 효과가 나타나야 하는 것이 마땅하다.

아내는 시시로 밀려오는 통증을 무릅쓰고 은행 일을 보고, 반찬거리를 사기 위해 슈퍼에 다녀왔다. 이웃들에게 아픈 모습을 보이지 않으려고 약간의 화장을 하고, 가발도 단정히 썼다.

누가 아내를 엄청난 고통 속에 빠져 있는 환자로 보겠는가. 주치의의 말처럼 너무 아깝다.

촉촉이 내리는 봄비. 우리의 고통, 절망, 슬픔, 모두 씻어갈 것이란 꿈을 꾸게 한다.

3월 14일(토요일)

말기 암 증상이 나타나는 것일까? 통증은 갈수록 더 견디기 힘든 단계로 치닫는다. 전신의 어느 곳 하나 아프지 않은 곳이 없다. 아내는 식은땀을 뻘뻘 흘리며 통증과의 처절한 싸움으로 몸부림치고 있다. 체온도 38.8도까지 올랐다.

병원 응급실로 달려갔다. 혈액과 소변을 채취하고, 한밤중에 CT
도 찍었다. 항생제와 진통제 등을 연달아 주사한 효과인지 통증이
가시고 열도 내리기 시작한다. 얼굴에 화색이 돈다.

시장바닥처럼 시끄럽고 혼잡스런 응급실 한복판에서 아내는 깊
은 잠에 빠졌다. 정말 오랜만의 축복이다.

3월 16일(일요일)

지옥 같은 응급실에서 15시간이나 머무르다가 새벽에야 7층 병실
로 옮겨졌다. 아내는 잠시 눈을 떴을 뿐 다시 잠이 들었다.

보조침대에 앉아 잠든 아내의 얼굴 바라보니 눈물이 쏟아진다.
아이들도 모두 돌아서서 훌쩍거린다.

자식과 남편만을 위해 살아온 아내, 이제 그도 여유와 편안함을
누려야 할 차례 아닌가. 너무 억울하고 가련하다.

혈액검사 결과 빈혈 등 지수들은 그런대로 괜찮다. 열이 나는 원
인은 확실치 않으나 요로감염일 가능성이 높다는 의사의 설명이다.

그 동안 여러 번 머물렀던 병실이어서 낯설지 않다. 대부분의 간
호사들도 낯익은 얼굴이고, 입원환자들 중에도 알고 인사하는 사람
들이 많아 안정에 많은 도움이 되는 것 같다.

아내는 물도 마시고, 과일도 약간 먹었다. 영양제와 항생제 주사
를 계속 맞고, 혈소판이 약간 부족해 8팩을 수혈했다.

작은딸 윤정은 어제 오후부터 계속 엄마 곁을 떠나지 않고 있다.
물수건으로 얼굴과 손발을 닦아주고, 자주 화장실을 드나드는 엄마
를 부축하느라 거의 한잠도 자지 못했다. 대부분 가족들이 아내를
돌보느라 힘든 시간을 보내고 있지만, 특히 작은딸의 고생이 이만
저만이 아니다.

저녁때부터 물도 못 마시는 금식이 시작됐다. 내일 요관을 교체하는 시술을 하기 위해서다.

3월 17일(월요일)

신장에서 방광으로 연결해 놓은 인공요관을 교체한다고 어제부터 물 한 모금도 마시지 못하게 해놓고 저녁 늦게 인턴이 오늘 시술을 못 한다고 통고해왔다. 수술환자가 너무 많아 불가피하다는 것이다.

24시간 동안 먹지도 마시지도 못하고 뜬눈으로 소변 양을 기록한 것 등이 모두 헛일로 끝나버렸다. 무책임한 처사에 분노가 끓어올랐으나 꾹꾹 참았다. 환자를 이렇게 취급해도 되는 것인가?

보리차 한 모금 바나나 한 토막을 겨우 먹었으나 곧 심한 복통이 오고 모두 토했다.

저녁 늦게 회진차 병실에 온 주치의는 또 절망적인 말을 했다. 복통이 계속되는 것은 암이 더욱 진행됐기 때문이라며, 이제 손을 쓸 수 있는 길이 거의 없다고 했다.

"그래도 아주머니는 명랑하고 긍정적이고…. 기적이란 것도 있으니 절망하지 마시고 최선을 다해봅시다."

얼마 전부터 하던 이야기다.

언제나 담담했던 아내,

"시간이 얼마 남지 않은 것 같아요. 정리할 일이 너무 많은데…."

그렁그렁한 눈으로 딸과 나를 번갈아 쳐다본다.

3월 18일(수요일)

주치의는 어제와는 180도 다른 말을 한다.

"모든 것이 많이 좋아졌습니다. 퇴원하면 가고 싶은 곳에 여행도 떠나세요."

의사의 한마디에 우리는 지옥에서 천국으로 떠올랐다. 아내의 기분도 좋아졌다. 그러나 미국에 있는 아들과의 통화에서는 말끝을 맺지 못하며 눈물을 글썽거렸다.

"내가 너희들이 올 때까지 살아 있어야 하는데 못 보고 떠나면 어떻게 하지?"

"어머니 왜 그런 말씀을 하세요, 두 달 후면 졸업하게 되고 바로 달려가겠어요. 힘내세요."

아들이 채 말을 잇지 못하고 울먹이는 소리가 수화기에서 흘러나온다. 또 한바탕 병실은 슬픔과 흐느낌으로 가득 찼다.

의사는 항암주사를 맞을 주기는 됐지만, 아직 염증 등이 완전히 가시지 않았고, 몸 상태도 항암제를 투입할 조건이 아니라며 좀더 미루자고 했다. 그때그때 몹시 아플 때만 복용하던 마약성분의 진통제를 오늘부터는 하루 3번씩, 시간을 정해놓고 먹기 시작했다.

3월 20일(금요일)

병원에 들어온 지 1주일 만에 밥을 조금 먹었고 물은 많이 마셨다. 그러나 소변은 탁하고, 심한 변비에 혈변이 여전하다. 혈압은 80에서 110 사이를 오르락내리락한다. 저녁 땐 열이 38도까지 올랐다. 아내는 아들과 전화하며 또 울먹였다. 입원기간이 길어지자 병원비 걱정까지 한다.

"내가 다 쓰고 가면 남은 사람들 어떻게 사나⋯. 그 동안 든 비용이 얼만데⋯."

아내의 근심은 끝없이 이어진다.

주치의가 병실에 들렀다. 혈변이 멈추지 않는다고 호소했으나 그의 대답은 "그 동안 이보다 더 큰 어려움도 잘 극복해 왔는데, 혈변 따위에 너무 신경 쓰지 마세요" 였다.

혈변은 그렇게 심각한 문제가 아니라는 듯 가볍게 말한다. 그런데 그 원인은 무엇이며, 왜 심각한 문제가 아닌지는 설명하지 않는다. 그는 굿 뉴스라며 몸 상태가 많이 좋아져서 내주 초에는 항암주사를 맞을 수 있게 될 것이라는 말을 던지고 병실을 나갔다.

3월 21일(토요일)

어제 밤부터 또 열(36. 8∼37. 2도)이 났다. 한기가 들어 담요 두 장을 더 덮었으나 병상이 흔들릴 정도로 덜덜 떨었다. 이상한 일이다. 발열의 원인인 염증은 거의 없어졌다는데 왜 이렇게 열이 떨어지지 않고 아내를 괴롭히는 것일까?

"이렇게 열이 떨어지지 않아 퇴원을 언제 할지 모르니 값이 싼 방으로 옮기자. 내가 다 써버리고 가면 남은 사람은 무엇으로 사느냐?"

아내는 또 '남은 사람' 이야기를 꺼내며 그 동안 몇 번씩 해온 이야기를 되풀이한다.

변의가 있어 변기에 앉아도 혈변만 조금 나올 뿐 괴로움의 연속이다.

"데리고 가려면 조용히 데리고 가지. 왜 이렇게 끝없는 고통을 안겨주는가?"

"지훈이 전화를 받을 때마다 울음이 쏟아지는 건 내가 눈을 감게 되어도 급히 올 수 없어 한 번 더 보지 못할 것 같은 생각이 들기 때문이에요."

"내 이름으로 된 예금을 당신 이름으로 바꾸시고, 대여금고에 보관돼 있는 패물을 찾아서 애들 것(돌반지)은 각각 돌려주세요…."

큰 결심이라도 한 듯 비관적이고 가슴 아린 이야기들을 쏟아낸다.

자정이 넘은 시간에 피 배양검사를 하기 위해 피를 여러 곳에서 뽑아야 한다며 젊은 여의사가 왔다. 양쪽 손목과 발목 등에서 피를 뽑으려 했으나, 혈관이 제대로 나오지 않아 2시간 이상 실랑이를 했다. 의사는 진땀을 쏟았고, 아내 역시 고통을 참느라 식은땀을 흘린다. 지친 아내, 이제 몸부림칠 기력까지 모두 소진해 버린 듯 착 가라앉아 미동도 하지 않는다.

먼동이 트는 파란 하늘엔 가느다란 조각달이 흘러가며 아내의 파리한 얼굴을 훔쳐본다.

3월 22일(일요일)

어제 밤부터 촉촉한 봄비가 내렸다. 병실 창문 밖 대모산의 나무들은 이제 곧 잎을 내밀 듯 생동감이 넘친다. 그러나 아내의 통증은 끝없이 밀려오고, 물 한 모금만 마셔도 그보다 훨씬 많은 양을 토해낸다. 열이 오르고, 한기가 드는 악순환도 계속된다. 고통을 호소해도 일요일이라 대부분의 의료진이 쉬기 때문인지 반응이 없다.

진통제를 먹기 시작하고부터 4일째 변을 보지 못하고 있다. 그 고통 또한 통증 못지않게 환자를 괴롭힌다.

저녁부터는 진통제, 변비 완화제 등 약들을 먹지 못하게 했다. 내일 요관 교체시술을 하기 위한 조치란다. 지난번 하루 종일 굶게 했다가 뒤로 미룬 그 시술이다.

다행히 아내는 잠이 들었다. 그 얼굴, 고통 없는 환한 모습이다. 그러나 지친 듯 창백하다.

3월 24일(화요일)

1,200cc의 피와 320cc의 혈소판 등을 오늘 새벽까지 수혈했다. 항

암주사를 맞을 수 있는 조건을 충족시키기 위해서다. 인위적으로 피의 지수를 올리고 약물을 투여하는 것은 바람직하지 않다고 계속 강조한 의사. 그러나 이번엔 '바람직하지 않은 방법'을 택했다. 무작정 항암주사를 연기할 수 없기 때문이리라.

오후 1시 반부터 43번째의 항암주사가 시작됐다. 아주 느리게 조심스럽게 약제를 주입했다. 그 동안 여러 번 쇼크로 위급한 상황을 맞은 적이 있었고, 아내의 지금 몸 상태가 좋지 않기 때문이다. 주사는 오후 늦게 끝났으나, 퇴원은 하지 않았다. 밤새 부작용이라도 생기면 얼마나 난감하고 당황스러울까?

43번의 항암주사, 그 하나하나마다 지긋지긋하고 몸서리쳐지는 고행이었다. 그러나 아내는 그 고비를 잘 견디며 넘어왔다. 끝내 이기겠다는 의지와 용기와 희망이 있었기 때문이다. 그리고 남편과 아이들에 대한 애정과 사랑이 있었기 때문이다. 사랑은 모든 것을 이긴다.

3월 26일(목요일)

어제 낮 12시 반에 불안한 퇴원을 했다. 좁은 공간, 아픈 사람으로 둘러싸인 환경에서 벗어나니 아내는 날아갈 듯 좋아한다.

항암제 부작용이 심하게 나타나 구토를 계속한다. 거의 먹지 못한 상태인데 위액까지도 모두 토해낸다. 혈변, 혈뇨도 멈추지 않는다. 고통과 안타까운 시간들의 연속이다.

아내는 얼마 전 세상을 떠난 여류화가 김점선 씨 이야기를 꺼냈다. 역시 난소암으로 고생하던 그는 "암 덩어리는 내 몸 속에 돋아난 종유석이다. 그래서 나는 그조차도 사랑한다"는 말을 했단다.

"그런데 나는 왜 5년 이상 암과 더불어 살아오면서 김점선 씨의 경지에 이르지 못할까?"라고 말한다.

"이렇게 고통스러운데, 그 고통을 주는 암을 사랑할 수 있을까? 나만 유독 아픈 것일까? 아니면 내가 수양이 덜 된 탓일까?"

이렇게 이야기를 이어간다. 나는 "때로는 적극적인 긍정은 절대적인 부정일 수도 있지 않느냐. 특히 예술하는 사람들은 더욱 그럴 것"이라고 대답해 주었다.

큰아들 장모께서 전복죽과 보약 등을 정성껏 마련해서 먼 길을 오셨다. 그 동안 우리는 너무 많은 신세를 졌다. 먹지 못하던 아내가 전복죽은 조금씩 먹기 시작했다. 만들어주고 싶었던 전복죽이 있어 행복하고 고마운 오늘이다.

3월 30일(월요일)

아내는 그제 집에 온 작은딸 윤정과 많은 이야기를 한 모양이다. 시간이 갈수록 병세가 나빠지니 남은 시간이 길지 않은 것 같다며 지금 살고 있는 이 집과 반포의 작은 아파트를 팔아 우면산 근처에 40평대 아파트를 장만하여 함께 살자는 말을 했단다.

"내가 잘못될 경우, 너희 아버지가 혼자 이 집에 살 수 없지 않느냐. 세상 물정 모르는 사람, 하루도 못 사실 것이다. 너희들, 특히 네가 아버지를 잘 모실 것으로 믿는다. 어린아이 같은 너의 아버지, 더 돌봐드리지 못하고 떠날 것 같아 그것이 제일 마음 아프다."

모녀는 밤새도록 한이불 안에 누워 가슴에 담아두었던 이런저런 이야기하며 많은 눈물을 흘렸으리라.

아내는 아침 식탁에서 느닷없이 예전에 부산의 강 사장 아들이 살았을 때 가보았던 우면산 동네로 이사갔으면 어떻겠느냐고 진지한 표정으로 내게 말을 건다. 그는 딸의 의견도 들었다며 그곳은 집값

408

이 비교적 싸고 주변 환경이 좋아 늙은이가 살기에는 최적지라며 며칠 내로 그곳에 가보자고 조른다. 대답 대신 눈물만 훔쳤다.

아! 아내는 마음속으로 떠날 준비를 하고 있구나.

나를 보내고 떠나야 할 아내가 먼저 간다고?

기가 막히고 억장이 무너진다.

저녁때 병원에서 알게 된 이웃 동네의 부부가 먹을 것을 잔뜩 들고 찾아왔다. 산딸기, 쑥떡, 도토리묵, 그리고 막걸리. 고향에서 가져온 것이라며 함께 먹자고 했다. 부인은 벌써 7년째 난소암을 앓고 있다. 병원 복도에서 우연히 만나 서로 가까운 곳에 살고 있음을 알고 자주 만났고 이제는 동병상련의 좋은 친구가 되었다. 막걸리를 마시고, 음식을 나누어 먹으며 울적한 마음을 달랬다.

4월 1일(수요일)

아내는 기어코 우면동으로 가자고 나를 떠민다. 병원에서 진료를 끝내고 그곳으로 차를 몰았다.

D건설이 지은 40평대의 아파트단지가 우면산을 뒤로 하고 정남향으로 잘 배치돼 있다. 몇 군데 복덕방에 들려 시세와 매물 등이 나와 있는지 물어봤다. 시세는 47평이 10~12억. 괜찮은 몇 개의 물건이 나와 있다고 알려준다. 중개인은 설명을 이어간다.

"이곳은 값의 변동이 거의 없어 시세차익을 노리는 사람보다는 안정적인 생활을 추구하는 중산층이 선호한다."

아내는 이곳이 딸의 직장에서도 그리 멀지 않고, 살기가 좋을 것 같다며 우리집을 빨리 정리하자고 말한다. 그러나 나는 아내를 설득했다.

"지금은 당신 치료가 더 급선무다. 이사는 나은 후에 해도 늦지 않다."

기분이 좋아진 아내는 점심때 작은아들 정훈과 함께 일식집에서 복지리를 시켜 오랜만에 제법 먹었다. 놀라운 발전이다.

4월 5일(일요일)

식목일이자 청명이다. 이름에 걸맞게 태양은 눈부시고, 파릇파릇 생명이 약동한다. 아내의 얼굴에도 불그스레한 생기가 돈다. 우리 집안에도 모처럼 화사한 봄기운이 넘친다.

아내는 느닷없이 피자를 먹고 싶어한다. 아내에게도 먹고 싶은 음식이 있다니 경탄할 일이다. 제일 큰 피자 한 판을 즉시 시켰다. 놀랍게도 아내는 두 쪽이나 먹었다.

그러나 행복의 시간은 한순간에 끝나고 말았다. 저녁때 높은 열과 통증으로 의식을 잃고 쓰러져 부랴부랴 삼성의료원 응급실로 달려 갔다. 검사결과 염증이 심하다며 해열제와 항생제 등을 집중적으로 투여한 후 그 원인을 찾아내기 위해 입원 치료를 해야 한다고 했다.

"내가 왜 이러지. 내 자신이 싫다. 이제 더 버틸 힘이 없다. 죽고 싶다."

아내는 절규한다. 아내를 어떻게 위로해야 좌절하지 않고 굳건하게 걸어갈 수 있게 할 수 있을까? 세상이 캄캄하고 아득하다.

최근 들어 응급실 행이 잦아졌다. 삼성의료원으로 옮기기 전인 작년 5월까지만 해도 응급실로 가는 일은 거의 없었다. 이제 응급실은 수시로 드나드는 곳이 되었다. 지긋지긋한 지옥 같은 곳, 이런 곳을 자주 찾게 된 아내의 심정은 오죽하랴.

4월 7일(화요일)

입원 3일째. 열은 내리고 혈액검사 결과 혈소판, 백혈구는 괜찮고, 빈혈지수는 입원하던 날 11.9이던 것이 오히려 9.9로 떨어졌다. 그러나 수혈하지 않아도 될 정도다. 회진 온 주치의는 "재빨리 병원으로 온 것이 정말 잘한 일"이라고 했다.

복통은 여전하고, 먹지 못하는데도 구역질은 계속 이어지고 있다. 입맛이 돌아오게 하는 약을 먹고 주사를 맞았으나, 효과는 좀처럼 나타나지 않는다. 실의와 좌절의 시간이 너무 길고 머나멀다.

폐암 선고를 받고 역시 삼성의료원에서 치료를 받고 있는 이웃 배 사장 부부가 병실에 찾아왔다. 딸기 등 과일과 깻잎, 장아찌, 김치 등 밑반찬까지 갖고 왔다. 아내가 이것들을 먹을 수 있었으면 얼마나 좋으랴.

그들은 오랫동안 병실에 머물며 투병기간이 긴 아내에게 이것저것 암 치료에 대한 궁금한 것들을 물어본다. 조직검사, CT 등 본격적인 검사와 치료를 앞두고 긴장되고 불안하기 때문일 것이다.

"폐암은 더 어렵다는데. 더 어렵다는데."

이 말을 되풀이하며 깊은 한숨을 내쉰다.

"잘 치료받으면 극복할 수 있다."

의례적인 말밖에 달리 위로해 줄 말이 없어 안타까웠다.

4월 9일(목요일)

주치의는 며칠 더 입원 치료를 받아야겠다며 아내를 직접 치료실로 데리고 가 문진하고 처치도 해주었다. 그리고 그는 "암 덩어리가 커지면서 방광 벽을 손상시켜 소변이 다른 기관으로 흘러 들어갈 수 있고, 심하면 직장벽도 뚫려 대변도 다른 장기로 스며들 수 있다"는 충격적인 말을 또 한다.

이어서 푸른색 액체를 방광에 주입했다. 소변이 다른 장기에 스며드는지 여부를 가려내기 위해서다. 그리고 2시간 후 다시 검사했다. 다른 장기에는 스며들지 않는 것으로 판명됐다. 불안에 떨다가 안도의 한숨이 터져 나왔다. 그러나 주치의가 말한 충격적인 현상은 뇌리에서 떠나지 않는다.

운명은 우리가 그토록 갈구하고 기도하는 방향과는 다른 곳으로 아내를 끌고 가고 있는 듯한 불길한 생각들이 섬뜩 섬뜩 스쳐간다. 괴로운 시간들의 연속선상에서 바들바들 떨고 있을 뿐 다른 길이 보이지 않는다.

오늘부터 다시 하루 3번씩 진통제를 먹기 시작했다. 고통은 많이 완화됐으나, 나른함이 계속되어 자리에 누우려고만 한다.

치료한 부위에 삽입해놓았던 거즈를 제거하는 과정에서 많은 출혈과 아픔이 뒤따라 또 다른 고통과 불안에 떨게 했다.

4월 12일(일요일)

절망의 날들은 가고 희망의 날들이 오는 작은 발자국 소리가 들리는 듯 오늘은 하늘이 푸르다.

아내의 몸 상태가 많이 좋아지고 있기 때문이다. 비록 양은 적으나 우유도 좀 마시고 떡 몇 조각도 먹었다. 병원 복도를 세 바퀴 돌았다. 아내의 보폭으로는 한 바퀴 도는 데 6백 보 정도 된다. 세 바퀴면 1천 8백 보. 대단한 발전이다. 항암주사까지 맞고 퇴원할 것 같은 기분이다.

화창한 봄날의 일요일, 산에 가자고 새벽부터 친구들의 전화가 빗발친다. 내 처지가 어떤지 제대로 모르는 모양이다. 좋은 날 좋은 친구들과 좋은 산에 갈 수 있다면 그 얼마나 큰 축복이랴.

4월 14일(화요일)

입원한 지 열 하루째, 44번째 항암주사를 맞는다. 지금까지 써왔던 그 약제다. 이 항암제는 그 동안 5번 맞았으나 별 효과가 없는 것으로 판명되었다. 종양이 줄기는커녕 오히려 더 커졌고, CA125도 23에서 75까지 올랐다. 머리가 빠지거나 심한 구토 등의 부작용은 덜했으나, 빈혈, 혈소판 감소현상은 어느 때보다 심했다.

이 약을 투여한 지난 6개월 사이 수없이 입원 치료하는 고통도 겪었다. 그럼에도 이 약제를 계속 투여하는 것은 발병 후 44번의 항암주사를 맞으면서 쓸 수 있는 약제는 모두 다 썼기 때문이란다. 새로운 약, 신약이 나오지 않는 한 쓸 약이 없다는 뜻이다. 효과가 나타나지 않는 약제를 그대로 쓰는 것은 전이를 막고, 급격한 악화를 방지하기 위한 궁여지책이다. 이 또한 충격적인 일이다.

지난밤 제대로 자지 못했기 때문인지 아내는 항암제가 한 방울 한 방울 핏줄을 타고 들어가는 동안 곤하게 잠이 들었다. 고통도, 지루함도, 불안함도 모두 날려버린 듯 아내의 얼굴이 밝고 평온해 보인다. 새근새근 가냘픈 아내의 숨소리가 착 가라앉은 병실의 공기를 흔들 뿐 적막이 흐른다.

아내가 병원에 머문 10여 일 사이, 바깥세상은 많이 변했다. 대모산의 찬란했던 꽃 향연은 끝나고, 연초록 잎들의 잔치가 펼쳐지고 있다. 둥글어 가던 달은 어느새 기울어 간다. 삼라만상은 끝없이 생성하고 소멸하는 윤회를 거듭한다. 우리의 인생도 또한 그렇다.

항암주사가 끝났다. 주치의는 내일 퇴원하라고 한다. 항생제는 예방 차원에서 처방한 것이니 부작용이 없을 경우 먹지 않아도 된다

고 했다. 가슴에 연결되어 있던 줄들을 모두 제거했다. 아내는 홀가
분해졌는지 기분 좋은 표정이다.

무엇인가 상큼한 것이 먹고 싶단다. 병원 안 빵집에서 초콜릿 케
이크를 사왔다. 아내는 케이크 한 조각을 맛있게 먹는다. 잔잔한 행
복을 느끼며 병원에서의 마지막 밤을 보낸다.

4월 16일(목요일)

퇴원하고 겨우 하룻밤을 보냈는데, 오랜 시간이 흐른 느낌이다.
어제 낮 한동안 장대비가 쏟아진 탓인지 공기는 더욱 상큼하고 앞산
의 신록은 한결 윤이 나고 짙어졌다.

수십 번 화장실을 드나든 끝에 겨우 새끼손가락만 한 변을 힘겹게
보았다. 알약으로 된 변비약보다 강력한 액상의 변비약을 먹었는데
도 별 효과가 없다. 변비를 유발하는 약들(진통제, 항생제, 항암제)
로 인한 부작용일까? 너무 오랫동안 변을 보지 못하고 있으니 답답
하고 미칠 지경이다. 먹는 것도 중요하지만, 배설하는 문제 역시 그
것 못지않다.

며칠 동안 조금씩 먹던 음식을 오늘 저녁부터는 거의 먹지 못한
다. 병원에 있을 때는 못 먹어도 영양제 주사 등으로 먹는 것을 대신
할 수 있었으나 집에서는 속수무책이다. 더구나 배설을 못하고 먹
지 못하니 불길한 생각들이 순간순간 스쳐간다. 암 덩어리가 점점
커져 장을 막아 변의 통로를 차단하고 있지나 않을까? 비극적이고
참담한 상상에 스스로 놀라 진저리친다.

텃밭의 마늘과 부추 그리고 쪽파는 지난겨울의 모진 추위를 견뎌
내고 한 뼘씩이나 자라있다. 이들 작물들을 조금씩 뽑아왔다. 아내
의 입맛을 돋구어볼까 해서다. 그러나 심한 통증과 구토 때문에 그

414

토록 좋아하던 이들 채소를 먹지 못한다. 작은 소망은 또 이렇게 허망하게 깨진다.

4월 18일(토요일)

화창한 봄날, 아내는 내일이 말날이라며 지난번 담근 장을 달여야 한다고 그 연약한 몸으로 아침부터 분주하다. 장을 달일 큰 솥을 준비하고, 장독을 씻어 햇볕에 말린다. 창문을 활짝 열고 발코니의 묵은 먼지를 털어내고, 관상수의 잎들을 닦아준다. 순식간에 온 집 안에 봄기운과 더불어 생기가 돈다.

그러나 이 생기 도는 봄날도 한순간, 오후 들어 아내의 몸 상태가 급격히 나빠졌다. 오한이 엄습해 오고 소변을 볼 때마다 심한 작열감이 느껴진다고 호소한다. 방광에 염증이 생겼기 때문에 일어나는 증세다.

서둘러 응급실로 달려갔다. 지겨운 검사가 시작됐다. 아내는 또 초주검이 됐고 기약 없는 기다림이 이어졌다. 자정 무렵 결과가 나왔다. 아내가 스스로 진단한 방광염으로 판명됐다. 입원할 것인지 집으로 갈 것인지를 결정하는 데도 긴 시간이 걸렸다.

4월 19일(일요일)

새벽 2시 입원했다. 퇴원한 지 불과 3일 만에 또 입원이라니, 참담하고 아내가 오늘따라 더 측은해 보인다.

인생은 누구나 생로병사의 길을 걷는다. 질병은 그 과정의 하나다. 그러나 질병의 과정을 짧게 하고, 덜 고통스럽게 하는 것이 의술이 지향하는 여러 가지 목표 중 하나가 아닌가.

'4·19 혁명', 49주년. 어느새 반세기가 훌쩍 흘렀다. 혈기방장

(血氣方丈) 했던 청년은 석양의 언덕에서 자꾸 자신에게서 떠나려고 하는 사랑하는 아내의 병상에 걸터앉아 있다. 아내가 애처로워 눈물을 흘리고, 나 스스로 처참하고 암담하여 눈물을 흘린다. 세상만사가 짜증스럽고 원망스럽다. 왜 이런 날 아이들은 옆에 없는가. 불만스런 독백을 하고 있다.

어젯밤 응급실에서 목격한 구박받는 늙은 부모의 모습까지 눈에 어른거린다. 늙고 병들면 가족으로부터 그런 대우를 받는 것인가? 부모에 대한 최소한의 존경심도 사라지는 세태다.

한 늙은이가 의식을 잃은 채 119 구급차에 실려온 후 두세 시간 만에 나타난 아들들. 그들은 어머니를 몰아붙였다.

"왜 아버지를 여기까지 데려오셨어요. 집 근처 병원에 가면 될 일을 이렇게 어렵게 만들어요!"

그의 어머니는 죄인처럼 어쩔 줄 몰라 하는 표정이 역력했다.

인간은 왜 늙고 병드는가. 늙지 않고, 병들지 않고 죽을 수는 없는가. 못난 자식들 …. 지금 내가 남의 일에 관심을 갖고 있을 만큼 한가하지 않다. 얼이 빠져도 크게 빠졌구나.

아내는 미음 한 모금 제대로 마시지 못하고 점점 기력을 잃어가고 있다. 잔인한 4월이다.

4월 21일(화요일)

41번째 결혼기념일. 만감이 가슴에 회오리친다. 나를 만나 열심히 살아온 아내, 언제나 건강하고, 어떤 어려움에도 미소를 잃지 않았던 아내, 네 아이들을 모두 남들이 부러워하는 대학(둘은 서울대, 하나는 이화여대, 또 하나는 연세대)에 보냈고, 저마다 좋은 직업을 가지고 앞으로 뻗어 나갈 토대를 만들어 놓은 아내, 그가 지금 삼성의료원 711호실 병상에 누워 있다.

벌써 1주일째 변 한번 못 보고, 3일째 물 한 모금 못 마시고, 각종 주사줄을 줄줄이 달고, 코에는 호스를 끼우고, 그의 일생에서 가장 괴롭고 고통스런 고비를 맞고 있다. 아내의 희생과 헌신으로 이루어진 우리의 행복이 무너져 내리고 있다.

이런 상황에서도 내 허리에 의지하여 병실 복도를 다섯 바퀴나 돌았다. 조금이라도 좋아지려는 아내의 처절한 노력과 의지가 눈물겹다.

어제 낮부터 봄비가 내리고 있다. 병실 밖 세상은 찬란한 생명들로 덮여가고 있다. 우리에게 이 좋은 계절은 언제 올 것인가?

결혼 당시 그 설레고 희망찼던 계절, 우리는 언제쯤 다시 찾을 수 있을까?

주치의는 진통 등의 원인을 시원하게 말해주지 않는다. 그러나 아내는 내 병은 내가 잘 안다며 스스로 진단한다.

"종양 덩어리가 커지면서 장을 막아 변비가 계속되는 것이고, 진통은 종양이 신경을 자극하여 일어나는 것이에요."

이 축복받은 날, 봄날의 광휘가 온 세상에 가득한 이날, 우리는 절망의 늪에서 한 줄기 빛을 찾아 처절한 몸부림을 치고 있다.

잇따른 호소와 절규에 의료진이 귀를 기울이기 시작한 듯 내과 등 다른 과와 협진을 하고, CT 촬영 등 각종 검사를 종일 계속했다. 이번 검사가 아내의 자가진단을 씻어주는 계기가 되었으면 하는 바람 간절하다.

주사자국으로 멍투성이인 아내의 손을 쥐어본다. 언제나 따뜻했던 그 손에 온기가 없다. 가냘픈 맥박이 평소보다 더 빠르게 뛰고 있다. 앞으로 이 결혼기념일을 몇 번이나 더 맞을 수 있을까? 주르륵 주르륵 눈물이 흘러내린다.

4월 24일(금요일)

　검사결과가 나왔다. 주치의는 구체적인 것은 말하지 않지만, 아내가 생각하고 있던 것과 비슷한 상황임이 확인된 것 같다.

　그는 복부를 열어 종양으로 문제가 생긴 장의 일부를 잘라내고 인공항문(장루)을 설치하는 것이 유일한 대안이라는 설명이다. 눈앞이 깜깜하다. 언제나 담담했던 아내는 장루를 설치해야 한다는 말에 큰 충격을 받고 펄쩍 뛴다.

　"그런 것을 달고 사는 것이 사는 것이냐. 차라리 이대로 버티다 죽겠다. 얼마나 더 살겠다고 그런 것을 달아야 하느냐."

　절규하며 눈물짓는다.

　하늘이 무너지는 듯한 충격이지만, 아내를 살릴 수 있는 길이라면 무엇이든 해야 한다. 무엇보다 아내를 설득하는 일이 어려운 일이다. 의료진들과 장루 전문가가 장루시술을 하고도 큰 불편 없이 생활하고 있는 환자들을 동원하여 아내의 마음을 돌리는 데 많은 힘을 쏟고 있다.

　"사랑하는 가족, 특히 남편과 오래도록 함께 살아야 되지 않겠느냐"는 주치의와 주변사람들의 간곡한 호소에 완강했던 아내의 마음이 조금씩 움직이는 듯한 기미를 보인다.

　의료보호장비의 비약적인 발전으로 외관상 표시가 나지 않을 뿐아니라 활동하는 데 거의 불편이 없다는 설명과 함께 변을 보지 못해 고통받는 것보다 훨씬 질 높은 삶을 누릴 수 있다는 점을 몇 번씩 애원하고 강조했다. 드디어 아내는 우리들의 눈물 어린 애원과 호소에 따르겠다는 뜻을 보이기 시작했다.

아! 절망의 끝에서 희망의 끈을 잡았구나. 이제까지 온갖 고통과 질곡의 험준한 산들을 넘으면서도 좌절하지 않고 잘 극복해 온 내 아내, 정말 내리기 힘든 결단을 또 한 번 내려주는구나.

그의 용기가 고맙고 눈물겹다. 아내에게 더 큰 희망과 축복을 내려주소서.

오늘 하루 동안 3번에 걸쳐 피를 뽑아갔다. 빈혈이 심해 혈소판을 수혈했고 전해질이 부족해 3번이나 칼륨주사를 맞았다. 칼륨주사는 상상할 수 없을 만큼 심한 혈관 통증을 수반하는 부작용이 따른다. 그러나 아내는 그 아픔을 조금도 내색하지 않고 견디고 있다.

대형 영양제, 항생제, 수혈 부작용 방지제, 속쓰림 방지제, 링거 등을 주입하는 수많은 호스들. 케모포트가 이 모두를 감당할 수 없다. 그래서 오른쪽 팔목 정맥에도 또 하나의 주사장치를 마련하고 그곳에도 호스를 연결했다. 콧줄까지 겹쳐 아내의 작은 체구에는 수많은 줄들이 얽히고 설켜 있다. 이 또한 우리를 슬프게 하고 비탄에 빠지게 한다.

10일 가까이 거의 먹지 못했던 아내가 먹을 것을 좀 달라는 신호를 보낸다. 놀랍고 반가운 일이다. 그러나 미음 한 모금 삼키자마자 심한 구역질을 하기 시작한다.

신이여, 너무 심하신 것 아닙니까.

왜 이토록 가혹한 시련을 계속 내리십니까.

이제 제발 자비를 좀 베풀어 주소서.

이런 상태인데도 아내는 집 걱정이 태산이다.

"냉장고에 넣어둔 쑥이 변했을 텐데. 장 담근 지 3개월이 가까워 오는데 달이지 못해 된장 맛이 없으면 어떻게 하지."

밖에는 봄비가 하루 종일 내린다.

텃밭의 채소들은 잘 자라고 있겠지. 발코니의 화초들은 따스한 봄볕을 받아 윤기를 더해가고 있겠지. 참 철없고 한가하고 사치스런 생각을 하고 있다. 정신 나간 얼간이, 때로 허황한 봄꿈을 꾸고 있다.

4월 25일 (토요일)

우선 아내의 걱정 한 가지라도 덜어주어야겠다. 장을 달이는 것이다. 장을 달이기로 마음먹었던 19일(말날) 하루 전에 응급실로 왔기 때문에 아내는 틈만 나면 그 이야기를 꺼낸다. 작은아들 정훈에게 엄마 곁에 있게 하고, 작은딸 윤정과 함께 병원을 나섰다.

1주일 만에 집에 가니 우편물이 잔뜩 쌓여 있고, 집안은 썰렁하다.

아내가 가르쳐준 대로 장독에서 메주를 건져내고, 큰 솥 2개에 장을 옮겨 담고 끓이기 시작했다. 1시간쯤 달이자 팔팔 끓는다. 약간의 부유물을 채로 건져내고 식혔다. 된장을 잘 주물러서 단지에 차곡차곡 담았다. 아내는 이 장을 담기 위해 정성을 많이 들였었다.

아내에게 전화했다. 장을 잘 달였다고. 빨리 일어나 이 장으로 음식을 만들어 함께 먹자고. 아내는 "그랬으면 얼마나 좋겠어요." 말끝을 제대로 맺지 못한다.

봄철에는 모든 생명들이 많은 수분을 필요로 한다. 특히 잎이 큰 식물이 더욱 그렇다. 발코니를 덮고 있는 호박잎은 축 처져 있다. 거름이 될까 하여 큰 화분에 묻었던 호박 껍질 속의 그 씨가 싹이 터 이렇게 자랐다. 옥수수도 이런 식으로 무성하게 자라 삭막했던 겨울날에도 푸름을 안겨주었다.

아내는 화분에 난 잡초도 뽑지 않는다. 무릇 생명 있는 것은 인간이 함부로 다루어서는 안 된다며. 그래서 우리집 화분에는 호박덩

굴도 있고 옥수수도 무성하다.

차 속에서 큰아들의 전화를 받았다. 오는 29일 마지막 시험이 끝나면 5월 11일 졸업식에서 MBA를 받는다는 내용이다. "엄마 곁에 있지 못해 미안해요"를 거듭한다.

7시간 만에 아내한테로 돌아왔다. 장을 잘 달렸노라고 대단한 일이라도 한 것처럼 뽐내며 아내 곁에 앉았다. 아내는 웃었다. 우리 모두 웃었다.

우리가 비운 사이 외과의사들이 다녀갔다. 월요일에라도 수술이 가능하지만 주치의와의 협의를 거쳐 내주 중에 수술일정을 잡자고 했단다.

4월 26일(일요일)

잔뜩 흐리다. 입원한 지 9일째. 그 사이 옆 병상의 주인은 여섯 번이나 바뀌었다. 그때마다 청소와 소독을 하고, 낯선 얼굴들이 몰려오고, 그래서 병실은 소란스럽다.

종합영양제를 24시간 투여하고 있지만, 아내는 기운을 차리지 못하고 거의 탈진상태다. 벌써 10여 일째 물 한 모금 제대로 못 마시고 있으니 살은 거의 빠지고 뼈만 앙상하다. 담요를 몇 겹씩 깔아도 돌출한 뼈 때문에 통증은 말할 수 없이 심하다. 변을 며칠째 보지 못했고, 화장실에서 변을 보려고 너무 힘을 주었기 때문인지 탈항 증세까지 보인다. 그래도 아내는 내 어깨에 매달려 병원 복도를 두 바퀴 돌았다. 쉬며 걸으며 지쳐서 발걸음을 옮겨 놓을 수 없을 때까지 걸었다.

아내는 병원에 들어온 후 샤워 한 번 했으면 좋겠다고 날마다 노래를 부른다. 그러나 그 작은 소망 한 번 들어주지 못했다. 오늘 작은딸이 큰마음 먹고 그 뜻을 이루어주었다.

　의자에 앉혀 넘어지지 않게 안전장치를 하고 따뜻한 물로 몸을 씻겼다. 감기에 걸릴까 봐, 주사자국에 물이 들어갈까 봐, 조심조심 조바심을 하며 샤워를 시켰다. 아내는 날아갈 듯 기분이 상쾌하단다. 아내는 이제 수술대에 몸을 올려놓아도 괜찮을 것 같다며 샤워의 행복에 젖어 있다.

　우리는 목마를 때 물 마시고, 씻고 싶을 때 샤워하고, 시원하게 변을 보고, 피곤하면 잠을 자고, 이 일상의 일들을 당연한 것으로 생각하며 살아간다. 그러나 이 사소한 것 같은 일상이 행복의 원천임을 깨닫는 순간, 우리에게 주어진 시간은 손안에 쥔 모래알처럼 빠져나가 버린다.

　우리는 행복이 바로 내 곁에 있다는 사실을 모르고 욕심을 부리고, 아웅다웅하며 거대한 물결에 밀려 흘러간다.

　바깥세상은 전직 대통령이 검찰에 불려 다니고, 국민들은 분노하고. 권력, 지위, 명예, 돈, 이런 것들이 행복의 조건이 아님을 실감나게 가르쳐주고 있다.

　4월 27일(월요일)

　수술 스케줄이 30일 오후로 잡혔다. 2004년 2월 첫 수술 후 다섯 번째 큰 수술이다.

　장을 막고 있는 종양 덩어리를 떼어내고, 배설물의 통로를 확보하는 것이 이번 수술의 첫 번째 목표다. 인간은 먹어야 살고, 먹기 위해선 순조로운 배설이 전제조건이다. 배설을 못하니 아내는 미음 한 숟가락 먹지 못하고 10여 일째 영양제에 의존해 생명을 이어가고 있다. 이번 수술의 두 번째 목표는 장과 그 주변에 퍼져 있는 암 조

422

직을 모두 제거하는 것이다. 그 동안 4번의 수술과 50번에 가까운 약물치료에도 불구하고 암 조직은 더 커지고 더 번졌다. 장을 막고, 방광을 압박해 배설이 불가능하게 하고, 엄청난 통증을 안겨주며, 먹지도 마시지도 못하게 하고 있다.

아내는 이번 수술을 앞두고 다른 때와는 달리 몹시 불안해 한다. 암이 너무 번져 복부를 열었다 다시 닫는 상황이 올지도 모른다며 비관적인 예단을 되풀이한다.

주치의는 외과팀과 영상자료 등을 면밀히 검토하여 최고 최선의 수술을 하겠노라며 아내를 안심시켰다. 더 향상된 의술과 우리나라 최고의 의료진을 신뢰하기에 이번 수술은 반드시 성공할 것이며, 이 수술이 치유란 희망을 이루어줄 것임을 굳게 믿는다.

오늘부터 수술을 받기 위한 각종 검사가 시작됐다. 아내는 휠체어를 탄 채 2층 검사실을 몇 번씩 오르내린다. 혈액응고 검사, 폐활량 검사, 초음파 검사를 받았다.

오늘은 소변 양이 너무 적고, 복통 또한 걷잡을 수 없을 정도로 심하다. 진통제 주사를 맞아도 가시지 않는다. 그 부작용으로 어지럽고, 토하고. 최악의 상황이다. 병원에 있으면서도 이런 문제가 해결되지 않으니 더욱 괴롭다.

4월 28일(화요일)

심한 복통으로 거의 뜬눈으로 밤을 새웠다. 새벽녘 진통제 주사를 맞고 겨우 잠들었다.

수술 이틀 전, 우리 가족은 긴장과 불안에 떨고 있다. 아침부터 몇 번 피를 뽑아가고, 속쓰림을 방지하는 주사 한 대 놓아주었을 뿐 별다른 조치는 없다.

운명의 시간은 시시각각으로 다가오는데, 옆 병상의 젊은 환자는 항암주사를 꽂자마자 심한 발작을 일으켜 한바탕 병실이 뒤집힐 듯 소란이 일었다. 아내도 쇼크를 받은 적은 있었지만, 이렇게 심하지는 않았다. 항암주사는 때로는 암세포를 죽이는 것이 아니라 그 숙주인 환자를 죽음의 늪으로 몰아넣기도 한다.

아내는 젊은 애기엄마가 측은하다며 눈물을 훔친다. 운명적인 수술을 앞둔 아내, 그래도 이웃의 아픔을 더 아파하는 아내, 그래서 우리들의 가슴을 뜨겁게 하고 저미게 한다.

4월 29일(수요일)

수술 날은 하루 앞으로 다가왔다. 피를 말리는 순간들이다. 이번 수술이 그 동안의 수술 중 가장 큰 수술이고, 어려운 수술이다. 더구나 인공장기를 달아야 하는 수술이기에 더욱 착잡하고 불안하다.

수술을 맡을 의료진 중 비뇨기계통을 맡게 될 비뇨기팀이 왔다. 수술부위가 방광과 맞닿아 있어 수술이 어렵고, 최악의 경우 방광도 건드려야 할 상황이 올지 모른다고 했다. 방광을 제거하게 되면 인공방광을 소장 쪽에 설치해야 한다는 말을 덧붙였다. 그렇게까지는 가지 않도록 최선을 다하겠다는 의지를 보였지만, 또 하나의 엄청난 충격이다.

마취팀도 와서 마취과정을 설명했다. 마지막으로 산부인과 의사들이 수술절차를 설명하며 아내를 안심시키려 노력했다. 주치의인 김 교수가 집도하여 암 덩어리를 떼어내고, 외과·비뇨기과 등 삼성의료원 최고의 의료진이 분야별로 최고 최선의 수술을 하게 될 것이라고 거듭 강조한다.

지난날 어느 때의 수술보다 많은 부위에 칼을 대야 하고, 인공방광, 인공항문(장루) 등까지 설치해야 한다니 가슴이 답답하고 앞이 캄캄하고 슬프고 참담하다.

한없이 가엾고 아까운 내 아내, 그의 손목을 살그머니 쥐어보니 팔딱팔딱 가냘픈 맥박이 뛰고 있다. 창백한 얼굴에 잔잔한 미소까지 머금고 있는 아내, 수없이 삶과 죽음의 경계를 넘나들며 초월의 경지에 이른 구도자의 모습이다.

"이 착하고 선한 내 아내를 살려주소서."

피를 말리는 큰 수술의 전야를 기구와 절규와 통한으로 보낸다.

4월 30일(수요일)

운명의 날이 밝았다. 수천만 길 벼랑 끝에 서 있는 듯 초조하고, 불안하고, 슬프다.

"너무 가혹하십니다. 오늘로써 우리에게 내려진 형벌 같은 시련을 거두어가소서."

다섯 번째의 큰 수술. 우리는 이것에 모든 것을 걸었다.

낮 12시, 수술 시작시간이다. 아내는 딸에게 물수건으로 몸을 닦아달라고 한다. 정갈한 몸으로 수술대에 올라야 한다며.

파란색 수술복으로 갈아입고 이동침대에 실렸다. 시간이 조금 늦어져 오후 1시에 병실을 떠나 3층 중앙수술실로 내려갔다.

수술실 문 앞에 이르러 잠시 머물 때 아내의 뺨에 나의 뺨을 비벼보고, 손을 꼭 잡았다. 조용히 웃으며 걱정하지 말라는 강한 전류를 보냈다. 육중한 문이 열리고, 아내를 태운 침상은 수술실 안으로 들어갔다.

불안한 기다림의 시간, 잔인한 고문 같은 시간이 시작됐다. 보호자 대기실의 전광판에 아내 이름이 나타나고 13시 20분 수술시작이란 글자가 떠오른다.

이제 마취제가 들어가고, 예리한 메스가 아내의 복부를 가르고, 암 덩어리를 찾아내고, 떼어내고, 유착된 장들을 잘라내고…. 진행되는 수술과정을 머릿속으로 상상하며 눈물을 삼키고, 기도하며 일생에서 가장 아프고 힘들고 비통한 순간순간들을 보내고 있다.

아내의 배를 열었던 의료진이 병소가 너무 번져 닫아버리고 수술 종료를 선언할까 봐 조바심이 난다. 불길한 생각들이 자꾸만 떠오른다. 모든 사람들은 수술이 빨리 끝나기를 바란다. 그러나 우리에겐 수술의 빠른 종결이 불안의 요인으로 작용하니 슬픈 일이다.

수술시작 5시간이 지나자, '정복숙 환자의 보호자님'을 찾는다는 연락이 왔다. 무슨 일인가? 불안에 떨며 수술실 복도 앞으로 달려갔다. 주치의 김 교수가 수술복 차림으로 서 있다. 웃음을 머금은 표정에 쾅쾅 뛰던 가슴이 안정을 되찾았다. 김 교수는 수술과정을 소상하게 설명해주었다.

"열어보았더니 예상과는 달리 종양이 내장 곳곳에 퍼져 있지는 않았습니다. 골반에 종유석처럼 치솟아 있는 암 덩어리도 영상에 나타난 것처럼 크지는 않았습니다. 대부분을 제거했으나, 골반에 붙어 있는 부분은 말끔히 긁어내지 못했습니다. 뿌리 밑까지 건드릴 경우 심각한 사태가 올 수 있기 때문입니다. 우려했던 방광부분은 괜찮았습니다. 장이 유착된 부분이 많아 어떤 곳은 잘록하고, 또 어떤 곳은 고무풍선처럼 부풀어 있었습니다. 잘록한 부분을 잘라내고, 풍선처럼 부풀어 엷어진 부분은 보강해야 하기 때문에 앞으로 서너 시간이 더 걸릴 것입니다. 지금부터의 수술은 외과팀이 맡아 합니다. 외과팀의 윤 교수는 우리 병원뿐 아니라 우리나라 최고의 권위자입니다. 잘 마무리해 줄 것입니다. 지금까지의 상황으로는 중환자실로 가지 않아도 될 것 같습니다."

너무 기뻐 큰 소리로 외치고, 깡충깡충 뛰고 싶었다.

부처님, 감사합니다.

이 환희가 영원히 이어지게 해주소서.

김 교수가 서너 시간 더 걸릴 것이란 말은 했지만, 3시간 정도 지나니 또 불안하고 초조했다. 수술환자 대기실에 꽉 차 있었던 환자 가족들은 거의 다 빠져 나가고 남은 사람은 6명뿐이다.

전광판에 나타난 '수술 중'도 사고환자인지 조금 전에 들어온 2명을 포함해 4명뿐이다. 오전 7시 25분에 시작한 어린이 환자는 13시간 만에 수술이 끝나 중환자실로 옮겨졌고, 8시 30분에 시작한 또 다른 환자도 12시간 만에 '중환자실로 이송 중'이란 전광판 사인이 떴다.

오늘 이 수술실에선 50명 가까운 환자들이 수술을 받았다. 아내는 이들 중 3번째로 가장 긴 시간 수술을 받은 환자다. 불안해 자리에 앉아 있을 수 없어 수술실 주변을 끝없이 오락가락 했다. 복도에서 아는 산부인과 의사를 만났다. 그는 이제 수술이 끝나 곧 회복실로 옮겨질 것이라고 알려줬다.

긴장이 확 풀린다. 더구나 긴 시간 수술을 받은 대부분의 환자들이 중환자실로 옮겨졌는데, 김 교수가 말했듯이 회복실로 간다니 믿기지 않는다.

"중환자실이 아니고 회복실로 간다고요?"

재차 확인했다.

"그렇다." 그는 말했다.

9시 42분, 수술 시작한 지 8시간 22분 만에 드디어 전광판에 '정복숙 회복실 이송'이란 사인이 나왔다. 8년 같기도 한 8시간 22분,

우리는 일생에서 가장 길었던 오늘 오후 1시 20분에서 9시 42분까지의 시간을 잊지 못할 것이다.

또 지루한 기다림이 이어진다. 두 시간이 지난 11시 40분, 아내는 회복실에서 나와 7층 병실로 옮겨졌다. 아직도 마취에서 덜 깨어난 듯 우리를 멀뚱히 쳐다보고 있을 뿐이다. 얼굴빛은 파리하고 창백하다.

얼굴엔 산소줄과 콧줄, 복부엔 2개의 피주머니, 소변주머니가 달려 있다. 링거, 항생제, 진통제, 영양제 등을 공급하는 줄들도 수없이 얽혀 있다. 또 복부엔 두 개의 구멍이 뚫려 있다. 장루를 설치할 곳이다. 앞으로 변을 받아낼 인공항문이다. 눈물이 핑 돈다. 그러나 웃어야 한다. 살아서 내 앞에 나타났으니 얼마나 큰 은총이고 축복인가.

이런 상처들은 세월이 지나면 아물 것이다. 장루의 불편함도 익숙해지면 별 문제가 없을 것이다.

아내가 구토할 경우 그 찌꺼기가 기도를 막아 폐질환을 일으킬 위험이 있다며 의사는 아내가 잠들지 못하게 하라고 일러준다. 그래서 우리는 아내가 잠들지 못하게 그 아픈 몸을 더 아프게 흔들고 고함지르며 잔인한 4월의 마지막 밤, 길고도 긴 밤을 지새우고 있다.

지순하고 가련한 이 여인을 살려주소서.

5월 1일(금요일)

5월의 첫날 새벽, 대모산의 신록이 싱그럽게 다가온다. 아내는 순간순간 눈을 뜨고 두리번거린다. 그러나 아직 의식이 완전히 돌아오지는 않았다. 두 개의 폴(약제 용기를 매다는 기둥)에 주렁주렁 매달린 각종 주사제들이 호스를 타고 방울방울 아내의 몸속으로 들어가고 있다.

아내의 몸은 만신창이가 돼 있다. 배에는 양쪽에 1개씩의 구멍이 뚫려 인공장기(장루)가 설치되었다. 그리고 수술부위와 연결된 두 개의 피주머니, 방광에 연결된 소변줄, 위장에 고이는 불순물을 내보내는 콧줄이 얽혀 있다. 이런 것들을 모두 걷어내고 병원 문을 나설 날은 언제일까. 가슴이 멘다.

찬란한 5월의 햇살이 아내의 병상을 비춰 주고 있다. 아내는 긴 잠에서 깨어난 듯 가냘픈 목소리로 무엇인가 의사표시를 하려 한다. 그리고 토하기 시작한다. 10여 일 동안 먹은 것이 아무것도 없는데, 장 속의 모든 것을 짜내려는 듯 토하고, 또 토한다. 견딜 수 없는 통증이 또 밀려온다. 의식이 없어야 모든 고통과 질곡에서 벗어날 수 있는 것일까? 가슴이 조여오고, 금방 질식할 것 같다고 호소한다.

뒤늦게 병실에 온 인턴이 콧줄이 제대로 연결되어 있지 않아 토하는 것 같다며 콧줄을 다시 끼웠다. 그 줄을 타고 장에 고여 있던 위액 등이 흘러나온다.

긴 시간이 흐른 후 구토도 멈추고, 통증도 서서히 가라앉기 시작했다. 정신이 오락가락하는 현상이 가시고 안정을 찾아간다.

아내의 수술부위, 복부 양쪽에 지름 3㎝ 가량의 구멍을 뚫어 루프를 삽입하고, 그 위에 장루를 설치해놓았다. 변 등 배설물이 이곳에 쌓이면 주기적으로 비워주면 된다. 그리고 5일마다 그 장루 세트를 모두 새것으로 교체하면 된다. 아무려면 천부의 장기만 한 것이 어디 있겠는가. 그러나 가족들이 사랑과 정성으로 관리하면 어려움을 잘 극복할 수 있을 것이다.

무엇보다 당면한 과제는 아내가 쇼크를 받지 않게 하는 것이다. 아내는 그 동안 인공장기 이야기가 나올 때마다 심한 거부반응을 보여왔기 때문이다. "그런 상태로 사느니 차라리 죽는 것이 좋은 선택 아니냐"며 눈물을 짓곤 했었다.

세상에는 가장 필요한 몸의 주요 부분들을 잃고도 좌절하지 않고 굳건하게 살아가는 사람들이 너무 많다. 그것에 비하면 인공장기는 조금 불편할 뿐 아무것도 아니다. 우리가 함께 오래 살기 위한 불가 피한 선택이니 이 운명을 잘 받아들이자고 몇 번씩 아내를 위로했다.

우리 함께 더 오래 살자. 우리가족 모두의 간절한 소망이다. 아내 가 좌절하지 않게 하고 사랑과 정성과 헌신으로 행복하게 함께 살아 가게 하는 것, 우리들의 모든 것이다.

5월 2일(토요일)

부처님 오신 날. 아침부터 부슬비가 내린다.

해마다 연등을 밝혔던 아내는 올해는 병상에 누운 채 부처님께 기 구한다. 사랑하는 가족들과 더불어 좀더 이승에 머물 수 있게 해달 라고.

일주일 만에 수지 집에 들렀다. 집안이 엉망이다. 관상수 등은 축 처져 있다. 화분에 흠뻑 물을 주고 아내가 신경을 쓰고 있는 간장, 된장을 점검했다. 아내의 관심에 보답하듯 잘 익어가고 있다.

지난 며칠 동안 잠을 설쳤기 때문인지 졸음이 몰려온다. 잠깐 침 대에 누웠는데, 깊은 잠에 빠졌다. 깜짝 놀라 깨었더니 늘 옆에 있 던 아내가 없다. 두 시간이 훌쩍 흘렀다. 세상에 나 혼자 내던져진 기분이다. 쓸쓸하고 허전하다.

수술한 지 3일이 지났으나 회복속도가 너무 느려 차도를 느끼지 못할 정도다. 두 개의 폴에 영양제 식염수, 진통제, 항생제, 전해 질, 알부민 등 8가지 약제 병이 주렁주렁 매달려 있다. 이렇듯 많은 종류의 약물들을 계속 투여하는데도 나아지는 기미가 보이지 않으니 가슴이 탄다. 너무 많은 곳을 가르고, 장기 등 많은 조직을 잘라냈기 때문인지 고통도 멎지 않는다.

주치의 김 교수가 휴일인데도 병실에 왔다.

"수술은 아주 잘 되었어요. 급한 불은 끈 것 같습니다. 이제는 산부인과보다 외과적인 치료가 더 필요해 외과병동으로 옮길지도 모르겠습니다."

"아내를 살려줘 고맙습니다. 그 은혜 잊지 않겠습니다."

머리를 조아려 감사를 표했다.

5월 3일(일요일)

집중적인 치료에도 불구하고 아내의 상태는 더 나빠졌다. 가슴이 답답해온다고 호소한다. 맥박은 120을 넘었다. 80～110 사이이던 산소혼합도가 100 이하로 떨어져 산소마스크를 댔다. 혈소판이 떨어져 8팩을 수혈했다. 약간의 열도 있다. 백혈구가 떨어져 '면회사절' 팻말을 붙였다. 심전도를 또 찍었다. 수술이 잘 되었다는데, 왜 고통의 수렁에서 벗어나지 못하는지 답답하다.

5월 4일(월요일)

외과 윤 교수 등 수술을 맡았던 외과팀이 병실로 찾아왔다. 수술부위를 살펴보고 운동을 하고 있느냐고 물었다.

"너무 아프고 기운이 없어 운동을 못했다."

정색을 하고 냉정하게 꾸짖는다.

"운동밖에 치료할 수 있는 방법이 없어요."

아파도 참고 움직이라고 말했다. 산부인과적으로 치료하면 쉽게 좋아지지 않을 것 같다며 병실이 나는 대로 외과병동(암병동)으로 옮기라고 했다. 그는 외과병동으로 오면 스파르타식으로 운동을 하게 하겠노라고 겁을 주고 떠났다.

아내도 운동이 최상의 치료법이라는 것을 잘 알고 있다. 그래서 가장 열심히 운동하는 환자 중 한 사람이었다. 최악의 상황에서도 병원 복도를 걷고 또 걸었다. 오늘은 외과팀이 오기 전부터 운동하려고 혼신의 힘을 쏟았다. 일어나 걸을 수 없어 휠체어를 타고 복도를 아주 느린 속도로 두 바퀴 돌았다. 그리고 병상에 30분 이상 앉아 있기도 했다.

수술 후 5일이 지났는데도 가스가 아직 나오지 않는다. 운동을 못해 장이 활동을 멈추었나? 배 사진을 찍어보았으나, 별 이상이 없단다. 다만 희망적인 것은 소변의 양이 많아지고 색깔이 맑아졌다는 점이다.

내일 병실을 옮긴다. 입원한 지 17일, 수술 후 5일 만에 진료과와 병실을 바꾼다. 그 동안 우리를 친절하게 돌봐준 산부인과 의료진들에게 고맙다는 인사를 했다.

5월 5일(화요일)

무엇이든 시작하면 단김에 해치워야 직성이 풀리는 아내는 아침 일찍 병동을 옮길 채비를 끝내고 기다리고 기다린다. 그러나 오후 3시가 돼서야 병실이 났다.

아내는 휠체어를 타고, 우리는 이부자리, 먹을거리, 옷가지 등을 카트에 싣고 긴 복도를 거쳐 암병동 7층으로 올라갔다. 개원한 지 얼마 되지 않은 새 건물에 최신의 시설이다. 병실은 넓고 아늑하다. 같은 병원인데도 분위기나 느낌이 아주 다르다. 의료진도 야전병원의 군의관처럼 약간 와일드하고 박력이 있어 보인다. 좋은 치료가 이뤄질 것 같은 예감이 든다.

엑스레이를 찍고, 피, 소변검사 등 의례적인 검사를 끝냈다. 문을 걸어 잠그고 윤정과 둘이서 처음으로 장루교환을 했다. 긴장되어 손이 좀 떨렸으나, 교육받은 대로 하니 어렵지 않게 잘 마무리되었다. 변의 양이 좀더 많았으면 좋으련만 그렇지 못해 아쉽다.

병동과 병실이 바뀌어도 아내의 큰 통증은 바뀌지 않는다. 또 고통의 밤을 보낸다.

5월 6일(수요일)

혈소판이 크게 떨어졌다. 12팩의 혈소판을 수혈했다. 체중은 0.7kg이 올라 47.5kg이 되었다. 윤 교수, 주치의 윤 레지던트, 내과의사, 심전도 담당이 병실에 왔다.

내과전문의는 항암제 영향으로 혈소판이 떨어진 것이지 다른 내과적인 요인은 없다고 했다. 심전도 담당도 심장에 문제는 없다고 했다.

잠깐씩 일어나 운동하려고 애썼으나, 몇 걸음 걷지 못하고 병상에 돌아오곤 한다. 지금까지 이런 적이 없었는데 이번 수술 후 몸 상태가 크게 나빠졌다. 너무 큰 수술이었기에 회복도 더딜 것이라고 스스로 위로해 본다.

5월 7일(목요일)

윤 교수가 오전 7시 30분에 회진을 왔다.

"회복이 늦다고 초조하게 생각하지 마세요. 수술이 워낙 컸으니 회복이 늦어지는 것은 당연해요."

우리 생각과 다르지 않다.

새벽에 또 엑스레이를 찍고, 혈액검사를 했다. 혈소판 등의 수치가 조금씩 올랐다. 그러나 체중은 어제 불어났던 0.7kg이 그대로 줄었다. 날마다 체중이 오르락내리락 한다. 콧줄을 제거했다.

두 번 정도 일어나 복도를 조금 걸었지만, 10분도 못 버티고 누워 버린다.

5월 8일(금요일)

어버이날이다. 병실 문에 빨간 카네이션 3송이가 꽂혀 있다. 외국에 나가 있는 아이들까지 어버이날 선물을 보내왔다. 작은딸은 빨간 카네이션 두 송이를 갖고 와 한 송이는 엄마의 환의에 꽂아 주고 또 한 송이는 내 가슴에 달아주었다.

하늘나라로 떠난 어머니를 잊지 못해 이웃 엄마들에게 카네이션을 달아준 한 여인의 선행이 어머니날의 유래라니, 오늘의 이날이 유난히 가슴 저미게 만든다.

수술한 지 9일째. 보통 때 같으면 물도 마시고 음식물을 먹을 단계를 넘어섰다. 그러나 이번엔 복통과 혈뇨 등을 동반한 최악의 상태가 계속되고 있다. 체중은 또 0.8kg나 줄었다. 소변의 양에 따라 몸무게가 들쭉날쭉 하는 것 같다.

식염수 1천 cc, 종합영양제 1,500cc, 항생제 등을 희석한 식염수 300cc, 이것들이 오늘 아내에게 공급된 생명수다.

3일 만에 또 장루를 교체했다. 그렇게 번거로운 것은 아니지만, 가족의 사랑과 애정이 없으면 아내가 슬퍼할 것 같다.

많은 양의 변이 쌓여 있었으면 얼마나 좋을까. 먹은 것이 없으니 변은 거의 없고, 위액 등만 약간 고여 있을 뿐이다. 그나마 아래쪽 장루에는 아무것도 없다. 계속 이런 상태가 유지되면 이 장루는 없애고 원상으로 회복된다니 그날이 빨리 오면 좋겠다.

5월 9일(토요일)

절망의 연속이다. 체중이 또 줄었다. 무려 1.2kg나. 소변도 시원하게 나오지 않고, 변도 나오지 않는 상태에서 수액 등은 계속 들어가는데도 체중이 줄어드는 것이 이상하다. 의료진은 명쾌한 설명을 해주지 않는다.

암세포가 다시 자라나 모든 영양소를 소진시키는 것일까? 혈뇨도 심하다. 혈소판이 떨어져 피가 굳어지지 않아 혈뇨가 나오는 것 같다고 호소했으나, 의료진은 별다른 반응을 보이지 않는다. 혈액검사 결과 혈소판이 바닥으로 떨어진 것을 확인하고 나서야 부랴부랴 8팩의 혈소판을 주입했다.

수술한 지 10일째, 몹시 기다렸던 가스가 드디어 나왔다. 장루가 항문 역할을 제대로 하고 있다는 의미다.

이제까지 4번의 수술에선 2~3일이면 가스가 나왔다. 그러나 이번엔 잘라낸 부분이 많은 큰 수술이었기 때문에 가스도 그만큼 늦게 나온 것일까? 가스가 나온다는 것은 물을 마시고 음식물을 먹으면 받아들일 수 있는 준비가 돼 있다는 신호이기도 하다. 그런데도 주치의는 나를 문 밖으로 불러내 좀 실망스런 이야기를 한다.

"지금의 상황은 매우 어렵습니다. 암 조직을 모두 긁어낼 수 없었던 부분이 있었고, 그밖에도 많은 문제가 도사리고 있습니다."

그렇다면 수술이 잘 돼 3년은 더 살 수 있게 됐다고 한 산부인과 의사의 말은 무엇인가? 이 의사의 말을 애써 무시하려고 애썼으나, 절망적인 그 말이 자꾸 자꾸 떠오른다.

아내는 배가 너무 아프다며 몸부림을 치고 있다. 복부, 옆구리, 가슴 등에 엑스레이 촬영을 했다. 그러나 아무런 이상 증세를 찾아내지 못했다. 진통제만 계속 투여하고 있으나, 그 지속시간은 점점 짧아지고, 통증은 더욱 심해졌다.

의사는 운동하지 않기 때문이라며 운동, 운동만 강조한다. 그러나 몸을 일으키고 움직일 수 있는 기력이 없으니 어찌하랴.

아내는 퇴원이 생각보다 훨씬 늦어지겠다며 2인실로 옮기자고 계속 조른다.

"혼자 돈을 다 쓰고 가면 남은 사람은 무엇으로 살아요."

그 동안 수없이 해왔던 말을 또 되풀이한다.

결국 2인실로 옮겼다. 말벗이 될 만한 좋은 이웃을 만났으니 감사할 일이다.

5월 11일(월요일)

오늘은 기록할 일이 참 많다. 첫 번째는 아내가 미음을 먹기 시작한 것이다. 아침 회진 때 윤 교수는 "검사상의 모든 수치는 많이 향상됐어요. 우선 미음부터 먹는 연습을 해야겠어요"라고 선언했다. 점심때부터 미음이 나왔다. 아내는 조심스럽게 다섯 숟갈의 미음을 아주 천천히 삼켰다. 입을 축일 정도의 물도 마시고, 점심과 저녁 사이에 나오는 간식인 양송이 수프도 네 숟갈 정도 먹었다.

입원한 날인 4월 18일 오전에 약간의 음식물을 섭취한 뒤 실로 20여 일 만에 입에 대는 곡기다. 아주 작은 양이지만, 물과 미음을 먹고도 위 경직이나 복통이 일어나지 않은 것 또한 큰 위안이요 발전이다.

두 번째는 음식물을 섭취했기 때문인지 엄지보다 굵은 숙변이 장루의 절반을 채울 만큼 많이 나왔다는 사실이다. 4개월 전부터 변다운 변을 한 번도 보지 못해 이루 헤아릴 수 없는 고통을 받아온 아내, 비록 인공장기를 통한 것이지만, 변을 이렇게 많이 본 것은 경이요 축복이다.

우리는 소리 없는 환성을 지르고, 밀려오는 기쁨에 뜨거운 눈물을 흘렸다.

세 번째는 수술시 장 속 깊숙한 곳에 꽂아 놓았던 2개의 호스 중 1개를 뽑아냈다는 점이다. 장에 고이는 피 등 불순물을 몸 밖으로 배출시키기 위해 장치한 것이다. 콧줄을 뽑아내고 장에 연결된 또 하나의 줄을 뽑아냈다는 것은 그만큼 좋아지고 있다는 것을 의미한다.

체중이 조금 늘고, 혈압은 정상 수준을 유지하고 있다. 진통제 주입 버튼을 누르는 빈도도 낮아지고 있다.

또 하나 기쁜 일이 더 있다. 큰아들 지훈이 듀크(Duke) 대에서 MBA 학위를 받았다. 아픈 엄마를 두고 유학길에 올라 걱정이 많았는데, 드디어 졸업했다. 아내가 아프지 않았더라면 오늘 졸업식에 꼭 참석했을 것이다.

이른 아침부터 제법 굵은 빗방울이 끝없이 병실의 창문을 씻어내리고 있다. 어제 수지 집에 잠깐 들러 텃밭에 50포기의 고추를 심었는데, 때맞추어 흡족한 비까지 내리니 세상은 모두 우리편인 것처럼 느껴진다.

그러나 서강대 장영희 교수가 하늘나라로 갔다는 뉴스가 나를 슬프게 한다. 좋은 글로 많은 사람, 특히 암을 앓는 수천, 수만의 사람들에게 용기와 희망을 주었던 그가 결국 암으로 영원한 이별을 고했다니 더욱 애석하다. 57세의 젊은 나이, 아내보다 아홉 살 아래다.

아내가 알게 되면 충격을 받을까 봐 두려웠으나, 옆 병상의 보호자가 발설해 버렸다.

"암은 결국 죽어야 끝이 나는군요."

아내는 눈물을 글썽이며 가슴을 찌르는 한마디를 던졌다.

장 교수는 나의 대학은사이셨던 장왕록 교수의 딸이다. 그래서 더 관심을 가졌고, 암을 앓고 있으면서도 좋은 글을 남겨 그가 쓴 책은 거의 모두 읽었다. 아내도 그의 열렬한 팬이다.

5월 12일(화요일)

아내는 미음 3분의 2 그릇, 수프 반 컵, 물 50cc 정도를 먹고 마셨다. 기분이 많이 좋아졌다. 회진을 온 윤 교수의 얼굴에 웃음이 가득하다.

서초자, 김화자, 민서영 등 아내의 대전여고 동창 10여 명이 한꺼번에 찾아왔다. 면회시간이 아니어서 아내가 휠체어를 타고 1층 로비로 내려갔다. 아내는 반가워 놀라고, 너무 많은 친구들이 한꺼번에 와주어 놀랐다. 진심 어린 친구들의 격려에 아내는 기운과 용기가 치솟는 듯 얼굴이 불그스레 상기됐다.

아내의 친구들은 모두 건강하고 행복해 보였다. 아내도 이 지독한 병마에 사로잡히기 전까지는 그들 못지 않게 건강하고 활달했다.

저녁부터 미음은 죽으로 격상됐다. 그러나 죽을 먹은 후 먹은 양보다 훨씬 많이 토했다. 주치의는 다시 미음으로 바꾸라고 한다.

여전히 복통이 심하고 기침도 멈추지 않는다. 가슴, 배, 옆구리 등을 촬영했다. 너무 괴롭고 속상하다.

세상은 결코 넓은 것이 아니다. 옆 병상의 젊은 환자는 며느리가 다니는 의류회사의 디자이너였다. 남편은 그 회사 임원이자 나와는 동향이었다. 인연이란 이렇듯 신비한 것이다. 서로 대화도 되고 의

기도 맞아 곧 친해졌다. 저녁 땐 그 고향 후배와 함께 병원 밖 음식점으로 나가 식사에 곁들여 맥주 몇 잔 나누었다.

5월 14일(목요일)

어젯밤 혈소판 지수가 너무 낮아 8팩의 혈소판을 수혈했다. 장 속에 꽂아 놓았던 또 하나의 호스를 뽑아내고 종합영양제 공급도 끝냈다. 주렁주렁 달려 있던 대부분의 줄들이 제거되었다. 이제 남은 것은 소변줄과 식염수와 포도당을 공급하는 줄 뿐이다.

복부 절개부분을 봉합한 스테이플(요즘엔 실이 아닌 철제)도 뜯어냈다. 물을 어느 정도 마시고, 수프도 조금씩 자주 먹었다. 가스가 연달아 나왔다. 쉬며 걸으며 병실 복도를 네 바퀴 걸었다. 이런 템포로 호전되면 곧 퇴원해도 되지 않을까 하는 성급한 생각도 든다. 그러나 빈혈상태가 너무 심해 800cc의 피 주사를 맞았다. 일어서면 어지럽고, 혈압이 70대까지 떨어지는 것은 피가 모자라기 때문이란다.

장루를 교환했다. 익숙해지니 어렵지도, 번거롭지도 않다. 아내도 조금씩 장루의 쇼크에서 벗어나는 듯하다. 지난 며칠 동안 교환하고, 관리하며 느낀 것은 장루가 그렇게 거추장스럽고, 혐오스런 것이 아니라는 것이다. 오히려 좋은 선택이었다는 생각이다. 변을 보지 못하는 고통과 아픔에 비하면 장루 설치의 거부반응은 한갓 편견과 오해의 소산일 뿐이다. 다만 아내의 상실감을 덜어주기 위해 가족들의 끝없는 사랑과 정성이 절대적으로 필요하다는 점을 잊어서는 안 된다.

지난밤 비교적 잘 잤고 기침이 진정되어 가래를 뱉어내는 빈도도 크게 줄었다. 아침에 의사 지시대로 미음 대신 딸이 외부에서 사온 호박죽을 반 그릇 정도 먹었다.

저녁때 윤 교수가 병실에 들렀다.

"우리가 치료할 것은 여기까지입니다."

더 치료할 것이 없으니 퇴원해도 좋다는 뜻으로 들렸다. 그러나 기쁨보다 불안감이 더 무겁게 다가온다. 아직 복통이 심하고, 소화도 제대로 되지 않는다. 무엇보다 먹지 못하고 있다.

주말까지 더 치료를 받아보고 그때 가서 퇴원 여부를 결정했으면 좋겠다고 했더니 윤 교수도 고개를 끄덕였다. 저녁 늦게 아내는 오늘 종일 먹은 것보다 더 많은 양을 토했다. 퇴원해서는 안 되는 일이 일어난 것이다.

5월 16일(토요일)

어제부터 몹시 후텁지근하더니 종일 초여름 비가 부슬부슬 내린다. 수술 후 16일간이나 달고 다녔던 소변줄을 떼어냈다. 이제 장기와 연결된 모든 줄들은 제거된 셈이다. 외견상 본궤도에 오른 것 같다. 그러나 먹고 소화시키는 것을 정상화하기까지는 더 많은 치료가 필요할 것 같다.

외과의 윤 교수, 레지던트 윤 씨 등은 매우 친절하고 열심이다. 특히 활달한 윤 교수는 환자를 잘 웃기고, 운동 운동을 강조하며 그야말로 스파르타식으로 환자들을 계속 움직이게 만든다.

담당 간호사 김단비 씨는 긴 병원생활 중 우리가 만났던 수십 수백 명의 간호사들 중 가장 헌신적이다. 자기가 하지 않아도 되는 궂은일까지도 성의를 다해 처리해준다. 오래도록 기억에 남을 것 같다.

이 병동에서 만난 잊혀지지 않을 또 한 사람으로는 옆 병상의 하씨의 부인 홍 씨를 꼽을 수 있다. 49세의 홍 씨는 지난 2월 직장암 수술을 받았다. 1차 항암주사를 맞은 뒤 부작용이 너무 심해 몇 차례 응급실에 실려 오기도 했단다. 이번에는 장이 꼬이고 막혀 입원했다. 헝클어진 장을 정리하고 막힌 부분을 잘라냈다. 그러나 예후가 좋지 않아 먹지 못한다. 앞으로 항암주사를 맞을 것인지, 아예 깊은 산속으로 들어갈 것인지 깊은 회의에 빠져 있다.

같은 병을 앓는 사람이나 그 보호자들은 금방 친해진다. 그러다 병실을 옮기면 헤어진다. 그가 먼 산 속으로 떠나게 되면 자주 못 만날 것 같은 기분이 들어 몹시 섭섭하다.

같은 삼성의료원이지만, 암병동의 분위기는 사뭇 다르다. 입원 환자 대부분이 암 수술을 받았기 때문에 열심히 복도를 걷는다. 긴 복도에는 새벽부터 운동하는 행렬로 가득하다.

피주머니, 소변주머니, 수많은 약제들이 주렁주렁 매달린 폴을 밀고 더러는 휠체어를 타고 복도를 개미 쳇바퀴 돌 듯 끝없이 돈다. 쾌유나 생명을 더 잇기 위한 그 행렬은 엄숙하고, 절실하고, 때로는 눈물겹고 처절하다.

아내도 3일 전부터 이 대열에 합류했다. 첫날은 몇 발자국 걷다가 휠체어를 타고 복도 한 바퀴를 겨우 돌았다. 둘째 날은 두 바퀴, 그리고 오늘은 다섯 바퀴를 돌았다. 의지와 정신력으로 힘겨운 걷기 운동을 하고 있다. 주치의는 운동하는 아내를 칭찬하고 격려했다.

외과병동(암병동)에 온 지 12일. 이제 암병동에서는 더 이상 해줄 것이 없다고 한다. 내일이면 산부인과 병동으로 옮긴다. 모든 치료가 끝나 집으로 돌아가는 것이 아니어서 못내 아쉽다.

5월 17일(일요일)

오후 3시 산부인과 병동으로 옮겨왔다. 우리는 일반병동으로 가면서 상냥한 말벗이었던 옆 병상의 홍 씨, 그 동안 아내를 성심껏 치료하고 돌봐주었던 의료진, 그리고 도우미 아주머니 등과 작별인사를 했다. 곧 나아서 병원이 아닌 곳에서 다시 만나자고. 그러나 같은 병원 안에서의 헤어짐도 기약 없는 이별은 마음이 아리다.

홍 씨의 남편 하 씨와는 병원 밖 음식점에서 점심을 함께하며 인연을 계속 이어가자고 다짐했다. 그리하여 아내들을 살리는 일에 서로 돕고 유익한 정보를 공유하자고 약속했다.

산부인과 병동은 지난 1년 동안 수없이 드나들어 낯설지 않다. 간호사 등 의료진들도 대부분 잘 알고, 병실들도 머물렀던 곳이라 어색하지 않다.

저녁부터 아내는 죽을 4분의 1 공기 먹고, 물은 600cc 정도 마셨다. 진통제를 복용했기 때문인지 잠도 비교적 잘 잤다. 외과병동과는 달리 조용하다. 일요일이라 더욱 그렇다. 2인실인데도 옆 병상이 비어 있어 신경 쓸 일이 없어 더욱 좋다.

어제부터 다시 마약성분의 진통제를 복용하고 있기 때문인지 가스와 변의 양이 크게 줄었다. 장루를 설치했는데도 변비 현상이 생기는 것일까?

"더 이상 해드릴 게 없습니다"

5월 18일(월요일)

입원한 지 꼭 1달. 이렇게 계속하여 오랫동안 입원한 것은 지난 5년여의 투병기간 중 처음이다. 설날(1월 26일) 이후 입원 퇴원을 되풀이하며 대부분의 날들을 병원에서 보낸 셈이다. 그 기간 내내 아내는 변을 제대로 보지 못했고 변을 못 보니 먹지도 못했다. 그 사이 체중은 48.9kg에서 42kg으로 7kg가량 크게 줄었다. 특히 이번 수술 후 급격히 떨어졌다.

10여 일 만에 김 교수가 저녁때 회진을 왔다. 그는 깜짝 놀란다. "왜 이렇게 마르셨어요." 기력회복이 급선무니 가리지 말고 무엇이든지 많이 먹으라고 강조한다.

환자의 상태를 제대로 모르고 하는 말 같다. 아내는 그 동안 먹으려고 눈물겨운 노력을 쏟아왔다. 그러나 복통, 변비, 구토 등으로 음식을 섭취할 수 있는 조건이 갖추어지지 않았다.

아내는 정말 많이 말랐다. 탄탄하던 피부는 탄력을 잃었고, 팔다리는 앙상하다. '피골상접'이란 이런 경우를 말하는 것이리라. 측은해 눈물이 난다.

오전까지 아내의 상태는 좋은 편이었다. 아침에 나온 죽 반 그릇, 국 3분의 1 정도를 먹었고 유동식도 80cc 정도 마셨다. 아내가 정한 오늘의 물 섭취양은 1,500cc인데, 점심 전까지 600cc나 마셨다. 그러나 그 이상 몸에서 받아주지 않는다. 마시면 모두 토한다. 변과 가스는 어제보다 덜 나온다. 좋아졌다 나빠졌다를 끝없이 되풀이하고 있다.

운동도 열심히 한다. 기진맥진한 상태의 몸으로 복도를 일곱 바퀴나 돌았다. 1시간이 더 걸렸다. 병마를 떨쳐버리고 일어서려는 처절한 몸부림이다.

아내는 매콤하고 달콤한 것을 먹고 싶어한다. 작은딸 윤정이 퇴근길에 케이크와 비스킷을 사왔다. 케이크를 몇 입 받아먹더니 고개를 저었다. 생각했던 그 맛이 아니란다.

옆 병상에 거제도에서 오신 스님이 수술을 받기 위해 드셨다. 병은 성직자라고 해서 피해가지 않는가 보다.

3시까지 온다고 약속한 장루 전문가가 오지 않는다. 며칠 전에도 약속을 어기더니 오늘 또 우리를 실망시킨다.

5월 19일(화요일)

병원생활 한 달을 넘기고 나니 시간 개념이 없어지는 것 같다. 봄이 가고 여름이 왔는데도 그것을 실감하지 못한다. 벌거벗은 산들이 녹음으로 덮여 가는데도 계절의 변화가 느껴지지 않는다. 하얀 벽으로 싸인 병실, 긴 복도, 고통과 근심으로 가득 찬 얼굴들, 신음소리 울음소리, 우울하고 슬픈 공기가 감각을 무디게 한다.

하 씨와 함께 병원 밖 음식점으로 걸어가는 동안 다리가 후들거리고 쓰러질 것만 같았다. 날마다 병실, 복도, 그리고 엘리베이터를 타고 지하 1층의 식당을 오가는 것이 전부인 나에게 1km의 길은 먼 길이었나 보다.

옆 병상의 스님이 4시간의 수술을 마치고 병실로 돌아왔다. 종양으로 의심됐던 덩어리는 물혹임이 확인되어 암의 공포에서 벗어났다. 아내가 더 기뻐한다.

19세에 출가하여 해인사에서 수행하고, 부산을 거쳐 거제에 아담한 절을 지어 지금은 그 절의 주지 스님으로 있단다. 아내와 이틀 사이 많은 이야기를 나누고, 백년지기처럼 친해졌다. 아내는 병이 나으면 가장 먼저 스님의 절로 가겠노라고 굳은 언약을 했다. 스님과 이렇게 만난 것, 대단한 인연이다.

5월 20일(수요일)

스님이 옆방 1인실로 갔다. 잦은 화장실 출입이 몹시 미안하고 신경 쓰였는데, 다른 방으로 옮겨서 서운하지만 기분은 가벼워졌다. 여전히 복통이 심하고 소변이 잦다.

계속 가라앉아 있어 진통제 단위를 조금 낮추었다. 배 엑스레이를 또 찍었다. 장루를 설치한 후 가장 많은 양(120cc 정도)의 변이 나왔다. 이제 장이 제자리를 찾았고, 활동도 제대로 하는 것 같아 기쁘다. 장루의 처리과정도 단순하여 앞으로 생활하는 데 별 장애가 되지 않을 것 같다.

옆 병상에는 목사 부인이 들어왔다. 남편인 목사는 아내의 손을 잡고 아침저녁 긴 시간 간곡한 기도를 한다.

김 교수가 회진을 왔다.

"체력 보강이 최우선입니다. 그 연후에 치료방법 등을 강구합시다."

어떻게 해야 체력을 올릴 수 있을까? 무엇보다 먹어야 한다. 그러나 그것이 제대로 되지 않으니 어찌할 것인가.

5월 21일(목요일)

새벽부터 강한 빗줄기가 종일 줄기차게 내린다. 올해는 봄비가 자주 흡족하게 내려 봄 채소 생장에 좋은 조건을 제공하고 있다. 텃밭의 상추, 쑥갓, 열무가 싱싱하게 잘 자라고 있을 것이다. 아내가 빨리 좋아져야 그가 무엇보다 좋아하는 상추쌈을 먹게 될 것 아닌가.

혈액검사 결과가 모두 좋게 나왔다. 다만 칼륨이 부족해 칼륨제를 오렌지주스에 타 마셨다.

옆 병상 목사 부인은 6인실로 가고, 안양에 산다는 할머니가 들어왔다. 간병하러 온 그의 딸이 너무 설치고 다녀 기분이 상한다.

암 병동의 같은 방에 있었던 홍 씨는 오늘 퇴원해 집으로 돌아간다며 찾아왔다. 짧은 기간이지만, 깊은 정이 들어 서로 껴안고 아쉬운 작별을 고했다.

"언니(홍 씨는 아내를 그렇게 불렀다), 빨리 나아 밖에서 만나요. 그때 맛있는 것 사먹고 함께 여행도 가요."

"살아서 만날 수 있는 날이 올까?"

아내는 눈물을 글썽이며 잡은 손을 놓지 못한다.

비가 퍼붓는데도 아내의 여고동창 윤재영, 이은영 씨가 찾아왔다. 전복죽을 정성들여 쑤어왔다. 울적했던 아내가 다시 환해졌다. 아침 점심을 비교적 잘 먹은 아내였지만, 그 죽을 간식으로 맛있게 먹었다.

그러나 그것도 잠시, 소화력이 한계에 부딪쳤다. 한동안 고통받다가 저녁은 한 숟가락도 뜨지 못했다.

변은 200cc 정도 나오고, 가스도 잘 나왔다. 그런대로 배설문제는 해소되어가고 있다는 느낌이 든다. 이번 수술의 주목적이 배설장애를 해결하는 것이었으니 기쁜 일이다.

우리는 같은 병실에서 이틀 밤 사흘 낮을 함께 보낸 자원 스님과 매우 친해졌다. 스님이 우리 병실로 오기도 하고, 우리가 그의 병실로 가기도 하며 많은 이야기를 나누곤 한다. 차도 마시고, 아내가 열심히 믿는 불교 이야기도 하며 긴 시간을 보낸다. 그가 젊은 나이에 출가한 이야기, 해인사에서 수행한 이야기, 그리고 거제도에 지금의 도량을 이룩한 이야기도 들려줬다. 그는 '광명진언'이란 불경 구절을 적어주며 시간 나는 대로 염송하라고 당부했다. 열심히 기구하면 병마를 물리치고 모든 일이 순조롭게 풀릴 것이라고 했다.

그는 악성이 아닌 단순한 물혹을 제거하는 수술이었기에 더 이상의 치료가 필요 없다. 오늘이라도 퇴원할 수 있으나, 만약을 위해 24일까지 병원에서 쉬어가기로 했다며 환하게 웃으신다. 반가운 소식이 너무 부럽다.

5월 22일(금요일)

칼륨을 복용한 후 그 수치가 정상으로 돌아왔다. 아침, 점심, 저녁을 그런대로 잘 먹은 편이다. 그래서인지 기력이 조금씩 회복되어 복도를 일곱 바퀴나 돌았다.

장루를 교환했다. 이제 숙변은 거의 없어지고 변 본연의 색깔을 찾아가고 있다. 굵기도 정상이다. 변이 장루 벽에 심하게 달라붙는 현상도 줄어들었다. 변을 보지 못해 고통받던 아내를 생각하면 장루를 비우는 일이 즐겁고 행복하다.

김 교수는 아내의 얼굴색이 좋아졌다며 기뻐한다. 아내가 옆구리 통증을 호소하자, 그것은 오히려 좋은 현상이라고 한다. 옆구리 통증보다 더 심한 통증들이 사라졌기 때문에 나타나는 바람직한 신호라는 것이다. 그는 또 수술, 치료 등 긴 과정을 거치느라 미뤄왔던 항암치료를 무작정 더 미룰 수 없다며 1, 2주 후에 시작해야 한다고 했다.

'아, 끝이 없구나.' 아내는 또 큰 충격을 받았다.

아내의 좋은 말벗이자 격려자인 스님은 시간만 나면 아내를 찾아오신다.

"빨리 나아 거제 저의 절로 오세요. 머무를 곳도 마련해 주고, 거제의 좋은 곳을 모두 구경시켜 드릴 게요."

아내도 나으면 제일 먼저 스님의 절로 달려가겠노라고 몇 번이고 약속했다. 그날이 언제일까? 그 희망의 날이여, 어서 오소서.

윤정은 퇴근하자마자 바로 엄마 곁으로 달려온다. 힘든 일 궂은 일은 윤정이 다 맡아 한다. 몸을 씻어주는 일, 옷을 갈아입히는 일, 먹을거리를 만들어 입맛을 돋우는 일, 모두 그의 몫이다.

만약 딸이 곁에 없었더라면 아내는 얼마나 더 어렵고 쓸쓸하고 고통스러웠을까.

5월 23일(토요일)

새벽에 배가 고프다고 했다. 얼마나 기다리고 기다렸던 순간인가. '아침햇살'이란 음료수를 조금 마시고, 비스킷과 치즈 몇 조각을 먹었다. 아내는 어느 날보다 기분이 좋아 보인다.

그의 오랜 친구 김명순 씨가 오랜만에 찾아와 어린 시절, 여고시절, 대학시절 등의 이야기를 나눴다. 아픔도, 잦은 소변의 번거로움도 모두 잊은 듯 마냥 즐거워한다.

조금 여유가 생기자 비워놓은 집 생각이 나 정훈이차로 모처럼 집에 갔다. 두 달 가까이 청소를 하지 않아 발에 무엇인가 밟히는 것 같고, 장식장의 유리 선반엔 먼지가 뽀얗게 앉아있다. 화분 속의 식물들은 수분 부족으로 축 늘어져 있다. 난들은 생기를 잃었고, 일부는 누렇게 말라가고 있다. 오랜 세월 우리 가족, 특히 아내의 사랑을 받으며 싱싱한 삶을 누려온 그들, 안주인이 병원에 누워있으니 고아처럼 외롭고 지쳐 있다.

5월 24일(일요일)

짧은 기간 깊은 인연을 쌓았던 자원 스님이 퇴원하셨다. 18일 입원, 19일 수술, 회복속도가 빨라 22일 퇴원하라는 병원의 통보에도 3일을 더 머물다 오늘 거제로 떠나신 것이다.

건강을 되찾아 돌아가시는 스님이 부럽다. 우리는 언제쯤 이 병원을 나갈 수 있을까? 아내와 스님은 몇 번씩 포옹을 하며 헤어짐을 아쉬워했다. 스님은 4시경 전화를 주셨다.

"잘 왔어요, 아침저녁으로 부처님께 기도할게요. 빨리 나아서 여기로 오세요."

5월 25일(월요일)

아침식사로 죽 3분의 1 그릇, 국 반 그릇, 약간의 연두부를 김과 함께 먹었으나 소화가 되지 않아 소화제와 장운동 촉진제 등을 복용했다. 그래도 숨이 막힐 정도로 속이 답답하다고 호소한다. 점심과 저녁은 조금도 먹지 못했다. 저녁때 딸이 퇴근해 토할 것 같다는 엄마의 등을 계속 두들겼더니 아침에 먹었던 음식물들이 그대로 다 나왔다.

이런 상황을 의료팀에게 수없이 호소했으나, 대수롭지 않다는 듯 아무런 반응이 없다가 밤늦게야 복부 엑스레이를 찍고, '금식' 표지판을 침대 머리맡에 매달았다.

절망의 틈바구니 속에서 바람직한 현상이 일어났다. 두 곳의 장루에서 아침에 50cc 정도, 점심에 50cc 정도, 밤에는 두 번을 합친 것보다 더 많은 변이 나왔다. 이 양이면 정상에 가깝다. 그 동안 먹지 못했다는 점을 감안하면 더욱 그렇다. 변이 잘 나오는데, 장이 막혔다고 생각할 수는 없다.

5월 26일(화요일)

물 한 모금 마시지 못하고 하얀 영양제 하나 더 넣어주는 것에 의존하고 있다.

5일 만에 병실에 온 김 교수는 엑스레이 상에는 아무런 이상이 없으니 오늘 저녁부터 물을 조금씩 마시고 내일 아침부터는 미음을 먹으라고 했다. 하지만 물을 마셨더니 그대로 토한다. 그러자 이번엔 물을 마시지 말라고 한다. 환자의 상태를 제대로 파악이나 하고 처방을 내리는 것인가? 너무 쉽게 결정하고, 너무 쉽게 철회한다. 그 사이 환자는 지치고 죽어가고 ….

입원한 지 38일, 수술한 지 27일, 지루하고 고통스런 긴 시간이다. 아내는 그래도 잘 견뎌내고 있다. 복도를 아홉 바퀴나 돌았다.

내일 윤희가 온다. 아내는 좋은 모습을 모여야 한다며 약식으로 샤워를 하고 머리를 손질했다. 큰딸이 오면 할 이야기가 많은 듯 밤 늦게까지 잠을 이루지 못한다.

5월 27일(수요일)

새벽 4시에 일어나 간호사들에게 아내를 부탁하고 인천공항으로 달려갔다. 지금쯤 1층 영상의학실에서 배 사진을 찍고 있을 텐데, 돌봐주는 사람이 없어 얼마나 힘들까?

7시 20분에 윤희가 나왔다. 여섯 달 만에 보는 얼굴이다.

"엄마는 좀 어떠세요? 아빠 너무 말랐어요."

눈물을 글썽거린다. 윤희도 무척 말랐다.

모녀의 상봉은 눈물이다. 6개월 전보다 훨씬 말라버린 엄마, 창백한 얼굴, 앙상한 팔다리, 주렁주렁 매달린 각종 약제, 그 많은 주사바늘을 꽂고 있는 엄마를 보고 윤희는 한없이 눈물을 쏟는다. 아내도 눈물을 글썽이며 딸의 손을 쥐고 놓을 줄 모른다.

여전히 못 먹고 토하기만 한다. 위액, 장액까지 다 나오는지 파란색, 노란색이다. 내과의사들은 엑스레이 상에는 문제가 없으니 위내시경 시술을 해보자고 한다. 이상이 없는데 왜 물 한 방울 못 마시고 토하기만 하는 것일까?

장루 전문가가 또 왔다. 그는 장루 교환하는 시범을 보이며 우리를 가르친다. 이미 우리는 장루 교환을 능숙하게 하고 있는데도 말이다. 다만 장루를 처음 보는 윤희만 눈을 반짝이며 지켜본다. 그는 엄마가 왜 이 지경에까지 이르렀을까를 생각하며 마음속으로 피눈물을 쏟고 있을 것이다.

5월 28일(목요일)

위내시경 시술을 했다. 왜 소화가 안 되고 계속 토하는지 그 원인을 규명하기 위해서다. 그 결과 위벽에 약간의 염증(누구에게나 있는)이 있을 뿐 문제가 없단다. 엑스레이 상으로도 문제가 없고, 내시경으로도 문제가 없다는데, 무슨 조화인가?

물 마시고, 미음 먹으라고 하여 물 두 모금, 미음 세 숟갈, 조심스럽게 마시고 먹었다. 금방 문제가 생겨 모두 토했다. 대한민국 제일의 병원에서 문제의 원인을 찾아내지 못하다니 황당하다.

5월 29일(금요일)

　오늘 피를 두 번 뽑아 갔다. 첫 번째 피검사 결과는 간 지수가 너무 높게 나왔다. 오랫동안의 약물 투여로 인한 간 손상일 수도 있고, 최악의 경우 종양이 전이됐을 가능성도 있다는 의료진의 설명이다. 또 가슴이 철렁 내려앉는다. 그러나 두 번째 혈액검사 결과는 정상으로 나왔다. 오락가락하는 간 수치가 우리를 깊은 혼란 속에 빠뜨린다.

　물 좀 마시고, 아침에는 미음 세 숟갈, 점심에는 다섯 숟갈, 저녁에는 여섯 숟갈을 먹었다. 오늘은 모두 11바퀴나 돌았다. 그러나 변은 나오지 않고, 가스만 약간 나왔을 뿐이다. 변이 많이 나오는 날이 행복한 날, 오늘은 그렇지 못해 슬프다.

5월 30일(토요일)

　눈 뜨자마자 쉬지 않고 복도를 세 바퀴 돌았다. 한 바퀴 도는 것도 힘들어 했는데 큰 진전이다. 그러나 물 한 모금 마신 것이 위 경직을 불러왔다. 장루를 설치했는데도 변의를 느껴 변기에 앉을 때마다 피가 나온다. 소변보는 빈도가 높아져 화장실을 자주 드나든다. 깊은 잠은 그래서 불가능하다.

6월 1일(월요일)

　한 고비 넘으면 또 다른 고통, 가물거리는 불빛, 영롱한 무지개, 그리고 또 천 길의 낭떠러지. 이래서 인생을 고해라 했던가.

　핏기 없는 얼굴, 가늘어진 팔다리, 백발로 변해가는 머리카락, 깊이 주름지고 탄력을 잃은 피부, 불과 40여 일 사이 아내는 이렇게 변했다. 만져보고 바라볼 때마다 가슴이 멘다.

　아내는 수술 후 한 번도 제대로 먹고 마신 적이 없다. 끝없이 이어지는 통증으로 깊은 잠은 거의 못 잔다. 배설문제가 해결되면 다른 문제도 사라질 것으로 기대하며 최후의 선택으로 장루까지 설치했다. 그러나 지금까지는 기대했던 수준에 못 미친다.

수술 후 너무 오랫동안 소변유도 호스를 끼워 놓았기 때문인지 소변을 제어하는 기능을 잃었다. 이 때문에 수없이 화장실을 드나들고 깊은 잠을 못 잔다.

그래도 오늘 낮에는 복도를 17바퀴나 돌았다. 수술 후 가장 많이 걸었다.

6월 2일(화요일)

캄캄한 하늘에서 한동안 천둥번개가 치더니 폭우가 쏟아졌다. 시들시들하던 녹음이 생기를 되찾았다.

그러나 병원에는 아픔과 불안과 초조만이 가득 차 있다. 사람이 세상에 태어나 가지 말아야 할 곳, 병원과 교도소다. 죄짓지 않은 선량한 사람이 가는 교도소, 그곳이 병원이다. 병으로 인해 고통받는 당사자는 물론, 그 가족들 모두는 모든 것을 다 잃는다. 정상적인 생활이 없고, 시간도, 공간도 없다. 자유도 없고, 기쁨도, 즐거움도 없다. 높은 담장과 감시자만 없을 뿐 교도소인들 이렇듯 답답하고 불안하고 가슴 조일까?

아내는 눕기만 하면 가라앉는다. 진통제 탓일까? 먹지 못하는 탓일까? 잠에 빠진 아내의 얼굴은 너무 창백하다. 아주 가냘픈 숨소리만 들릴 뿐 미동도 하지 않는다. 눈물이 나고 때로는 분노가 치솟는다.

물 한 모금이 조금씩 좋아져 가던 아내의 소화기능을 마비시켰다. 물이 뭉친다는 말은 상식적으로 있을 수 없는 일이다. 그러나 한 모금의 물이 위를 경직시켰는지 복부가 딴딴해졌다. 물과 음식을 조금도 받아들이지 않는다. 그래도 아내는 기를 쓰며 복도를 12바퀴나 돌았다.

6월 3일(수요일)
새벽의 요란한 천둥 번개가 겨우 잠든 아내를 깨웠다.

수술 후 처음으로 죽을 먹었다. 미음과 죽 사이가 이렇게 멀고 먼 것인가? 아침, 점심, 저녁, 죽을 제법 먹었고 시리얼, 아침햇살, 치즈 등 간식도 조금씩 먹었다. 잃었던 입맛을 되찾아가는 듯해 아내는 물론 우리 모두 행복감에 젖어 있다.

그러나 기쁨도 한순간. 옆 병상의 환자가 먹어보라고 준 오이 한 조각이 찰나적인 행복을 날려 버렸다. 그 오이를 맛있게 먹은 후 종일 토한다. 아침에 복용한 장운동 촉진제 캡슐이 녹지 않고 그대로 나와 우리를 놀라게 했다.

12시간 전에 먹은 알약이 그대로 위에 머물러 있었다니. 결국 녹지 않아 흡수되지 않았고 그래서 아무런 효과가 없었다는 말 아닌가.

이렇게 효과를 발휘하지 못하는 약을 복용하고 불필요한 수술을 받게 되는 경우도 있었을 것이란 생각이 든다. 기분이 찜찜하다. 의사에게 이런 점들을 말했으나 대답은 하지 않은 채 배 엑스레이를 찍고, 섭취량과 배설량을 또 기록하라는 말만 하고 가버렸다.

아내는 기운이 없기 때문인지 항문과 방광이 빠지는 듯한 통증이 온다고 호소한다. 특히 걸을 때는 그 정도가 더 심하다고 했으나 의사는 치료방법이 없다며 참고 기다리라고 한다.

6월 4일(목요일)
김 교수가 10여 일 만에 회진을 왔다. 궁금한 것이 많아 이것저것 물었으나, 시원한 대답이 나오지 않는다.

미음이나마 비교적 잘 먹었다. 그러나 지난 1일 장루 교환 이후 가스도, 변도 나오지 않아 걱정이다. 또 장이 꼬이고 유착되면 어떻게 하나?

자원 스님이 퇴원 후 10여 일 만에 찾아오셨다. 스님은 염주와 쾌유의 염원을 담은 복장품을 넣은 주머니를 아내의 가슴에 안겨 주시고 꽤 긴 시간 이야기를 나누다 떠나셨다.

홍 씨 부부도 찾아왔다. 항암치료는 받지 않고 산 속으로 들어가기로 결심했단다. 환자복을 입고 있을 때는 지친 모습이었으나, 오늘은 정장차림의 멋쟁이로 바뀌어 있었다. 대체요법에 성공해 건강한 모습으로 다시 만나자고 서로 굳게 약속하고 아쉬운 작별을 했다.

많은 사람들이 찾아와 격려해준 덕택인지 수술 후 최고기록인 23바퀴를 돌았다. 아내를 부축해 걸을 때마다 환자들과 그 보호자들, 그리고 간호사들이 격려의 박수를 보낸다.

6월 5일(금요일)

아내의 컨디션이 많이 좋아졌다. 나온 죽을 거의 다 먹고 물도 제법 마셨다. 다섯 바퀴나 쉬지 않고 도는 등 어제보다 더 많은 25바퀴를 돌았다. 무려 7천여 보를 걸은 셈, 대단한 운동량이다.

김 교수는 엑스레이 상에는 아무런 이상이 없으니 음식을 조금씩 자주 먹으라고 권했다. 빈혈증세가 있어 철분주사를 맞았다.

6월 7일(월요일)

딸들이 서초구 서래마을에 있는 꽤 알려진 보신탕집에서 특별히 주문한 보신탕을 사왔다. 뇌종양 수술 후 의사의 권유로 보신탕을 먹고 빠른 회복을 했다는 친구 어머니의 체험담을 듣고서다.

독실한 불교신자인 아내는 평소 개고기라면 펄쩍 뛰었다. 어쩌다 내가 그 고기를 먹었다면 근처에도 못 오게 했다. 그런데 오늘 아내는 보신탕 국물을 점심, 저녁에 조금씩 먹었다. 얼마나 절실했기에 강한 종교적 신념도 접을 수 있었을까. 애처롭고 눈물겹다.

간호사가 아내의 장루를 교환하고, 깨끗하게 소독해 주었다. 앞으로 이 일은 내가 계속해야 하기에 처치하고 교환하는 과정을 열심히 배웠다. 그 동안 줄곧 이 일을 나와 딸들이 해왔지만, 역시 전문가가 하는 손놀림이 유연하고 순조로웠다.

6월 8일(월요일)

아침, 점심은 비교적 잘 먹었으나 늘 저녁때만 되면 기진맥진해 가라앉는다. 간식으로 먹은 비스킷이 문제였는지 소화가 되지 않고 물 한 모금 마신 것도 체했다.

아내가 보신탕을 먹었다는 이야기는 우리 친척들에겐 큰 뉴스요 사건이었다. 시골 누나는 보신탕 예찬과 함께 내일이라도 좋은 황구를 구하여 몸에 좋은 약제와 함께 정성껏 끓여 보내겠노라고 했다. 그러나 필요할 때 부탁드릴 테니 그때 보내달라고 했다.

6월 9일(화요일)

의사의 지시에 따라 무려 50여 일 만에 밥을 먹었다. 환희요 감격이다. 병원에서 나오는 밥은 안 된다며 딸들은 특별히 유기농 쌀로 지은 밥을 집에서 가져왔다. 아내는 조심스럽게 조금씩 먹고 물도 제법 마셨다. 초조하게 기다린 변도 나왔다.

더딘 발전이지만, 건강의 문이 열리는 것 같아 하늘로 날아오르는 기분이다. 성급한 예단은 항상 실망으로 끝나곤 했지만, 일단 먹고 마시고 배설하는 문제가 조금씩 풀려가는 듯한 느낌이 들어 행복하다.

6월 10일(수요일)

겨우 밥 두 끼 먹고 오늘부터 또 죽으로 바뀌었다. 아침에 먹은 샐러드 탓인지 소화가 되지 않기 때문이다.

헤모글로빈 지수가 낮아 800cc의 피주사를 맞았다. 배가 몹시 아파 저녁은 굶었다. 상태가 좋지 않아 일곱 바퀴밖에 돌지 못했다.

구름 많은 하늘의 태양인가, 희망과 행복의 빛은 잠깐 잠깐만 비춰 준다.

6월 11일(목요일)

큰아들 지훈네가 귀국했다. 예쁜 손녀 혜준이까지 태어나 출국할 때 세 명의 가족이 네 식구로 불어나 돌아왔다. 인천공항으로 마중 가고 싶었으나, 상태가 악화된 아내를 두고 갈 수 없어 포기했다.

지훈은 짐을 풀자마자 병원으로 달려왔다. 1년 만의 모자 상봉, 서로 말없이 눈물만 흘리며 포옹했다.

그 사이 엄마는 엄청 변해 병상에 누워 있다. 몸은 바짝 말랐고 다시 난 짧은 머리카락은 거의 백발에 가깝다. 전선처럼 연결돼 있는 호스를 통해 각종 약제들이 방울방울 떨어져 엄마의 가슴 속으로 들어가고 있다. 처참해진 상황에 아들은 엄마 손을 꼭 쥐고 한없이 오열한다.

아들을 보지 못하고 큰일을 당할지 모른다며 늘 눈물짓곤 했던 아내, 숱한 고비를 넘기고 지금 믿음직한 큰아들 곁에 누워 살아 있음에 감사하는 기쁨의 눈물을 삼키고 있다.

아침 점심 저녁, 죽만 약간씩 먹었다. 오늘부터 섭취량, 배설량을 기록하지 않아도 된다고 했다.

6월 12일(금요일)

큰며느리 정강은, 손녀 혜인, 혜준 등 큰아들네 식구들이 모두 다 병원으로 왔다. 태어난 지 7개월 된 혜준은 우리와 처음으로 만났다. 너무 예쁘고 귀엽게 잘 자랐다. 할머니의 피가 흐르고 있기 때문인가, 태어나서 처음으로 만나는 데도 눈을 맞추며 계속 빵긋빵긋 웃는다. 혜인이도 그 사이 무척 자랐고, 영어를 곧잘 한다.

호진, 용진 등 윤희네 가족들도 모두 왔다. 병실이 비좁다. 손자 손녀를 쓰다듬고 안아보고, 아내는 오랜만에 행복에 젖은 표정이다. 그러나 곧 지쳐 병상에 누웠다. 그리고 아이들이 병원에 오래 있으면 좋지 않다고 집으로 가라고 손짓한다.

장루를 교환했다. 왼쪽 것은 제대로 기능을 발휘하고 있으나, 오른쪽 것은 거의 빈 상태다. 의사는 조금 더 두고 보았다가 계속 아무 것도 나오지 않으면 원상회복을 할 수 있다고 했다.

김 교수가 회진했다. 치즈 등 기름진 음식을 먹었더니 복통이 심하고 설사가 난다고 했더니 새로운 배변 시스템에 적응하기까지는 많은 시행착오가 필요하다고 했다. 맞는 음식을 체험을 통해 골라내야 한다는 이야기다.

6월 13일(토요일)

아내가 느닷없이 일본식으로 조리한 장어구이가 먹고 싶다고 했다. 가장 반가운 소리다. 몸의 기능이 제대로 작동하기 시작했다는 신호로 들려 작은딸에게 급히 연락했다. 딸은 일식집에서 신경 써서 만든 장어구이를 사왔다. 아내는 두 조각을 맛있게 먹었다. 일본식 장국도 꽤 많이 마셨다.

여기까지는 아내도 행복했고, 우리도 흐뭇했다. 그러나 잠시 후 심한 복통이 오고 곧 이어 설사가 시작됐다. 무엇이든 먹고 일어서려는 아내의 처절한 몸부림에 소화기관들이 따라주지 않는다. 아내는 오후 내내 가라앉아 누워 있다. 우울한 주말이다.

6월 14일(일요일)

아내가 또 무엇인가 먹고 싶어한다. 복통 등 부작용이 뒤따르지만, 그것이 가시면 또 먹고 싶어지는 것은 희망적인 변화다. 그래서 우리는 신이 나 과자도 먹게 하고, 콘플레이크도 먹게 했다. 음료수인 아침햇살과 사과 등 과일도 권했다. 적은 양이지만 음식물을 섭취하니 생기가 돈다.

퇴원의 꿈을 꾸기 시작했다. 우리는 여러 번 마음속으로 퇴원일정을 잡곤 했다. 윤희가 오는 날(5월 27일), 외손자들이 오는 날(6월 6일), 그리고 지훈이네가 오는 날(6월 11일) 등으로.

그러나 소망은 이루어지지 않았다. 이제는 오는 19일로 퇴원날짜를 잡고 있다. 윤희네가 출국하는 20일 전 모든 가족이 모여 저녁 한 끼라도 했으면 하는 바람이다.

6월 15일(월요일)

점심 후 수련의가 왔다.

"이제 더 이상 치료할 것이 없어요. 연달아 너무 오랫동안 입원해 있으면 보험상 불이익이 올 수도 있어요. 교수님과 상의하여 퇴원하셔도 될 것 같습니다.”

갑자기 퇴원이라니. 반가우면서도 불안하다.

저녁때 김 교수가 왔다.

“요관을 교체하도록 비뇨기과와 협의해 놓았으니 요관교체가 끝나면 이번 주 중 퇴원해도 좋습니다. 요관교체가 언제 이루어질지 모르니 저녁 먹은 후로는 일체 군것질하지 마세요. 물도 안 됩니다.”

퇴원절차가 빠르게 진행되고 있다. 이렇게 빨리 퇴원하리라곤 생각하지 못했다. 아내의 상태가 퇴원할 만큼 좋아지지 않았기 때문이다. 그래서 퇴원이 즐겁지만은 않다.

어느새 이 병원에 들어온 지 두 달이 됐다.

요관시술은 다른 수술의 자투리 시간을 이용하는 모양이다. 그래서 그 시간을 미리 잡아주지 않는다. 무조건 기다리는 수밖에 없다.

6월 16일(화요일)

어제부터 물도 마시지 못하고 기다려온 요관교체 시술을 오후 2시 22분에 시작했다. 아내를 수술실로 들여보내고 보호자 대기실에 앉아 불안에 떨며 기다렸다.

지난 5년여의 긴 세월, 얼마나 이런 처지를 겪었던가. 수술받는 당사자는 마취상태에 빠져 아무것도 모르지만, 바깥사람들은 온갖 불길한 사태를 상정하며 두려움으로 초주검이 되곤 한다.

요관을 갈아 끼우는 데 거의 한 시간이 걸렸다. 상황판에 ‘병실로 이동’이란 문자가 떴다. 수술실 앞으로 달려갔다.

“방광의 종양이 커져서 관을 끼우는 데 무척 애를 먹었어요. 소변이 제어되지 않고 자주 나오는 것도 이 때문입니다.”

인턴의 정제되지 않은 한마디가 비수가 되어 가슴에 꽂힌다. …

병실에 돌아오니 주치의가 왔다.

"김 교수님은 학회에 가셨습니다. 내일 퇴원하셔도 좋다는 말씀을 남겼습니다."

퇴원? 이런 상태에서 퇴원해도 되는 것일까.

오랜 병원생활을 하다 보니 침구 옷가지 음식물 등 챙겨가야 할 물건들이 큰 가방으로 몇 개나 될 것 같다. 저녁부터 짐을 싸 미리 보냈다.

장루 전문가가 왔다. 퇴원을 앞두고 마지막으로 장루상태를 점검하고, 관리와 교환방법 등을 다시 한 번 교육시키기 위해서다. 오른쪽 장루는 가스와 변이 나오지 않아 정리해도 될 것 같다며 캡슐을 제거했다.

내일, 그토록 염원했던 집으로 가는 날이다. 그러나 이런 생각 저런 생각 때문에 잠이 오지 않는다. 아직 제대로 먹지 못하는 아내에게 무엇을 먹도록 해야 하며, 주사로 보충하던 각종 영양분 등을 무엇으로 채울 것인가? 열이 나고, 통증이 심하고, 변이 나오지 않으면 어떻게 할 것인가?

감당하기 어려운 문제들이 자꾸 떠오른다. 집에 간다는 기대와 그 이후에 전개될 일들이 끝없이 되풀이된다.

6월 17일(수요일)

드디어 퇴원을 한다. 입원한 지 64일, 수술한 지 49일 만이다. 보통사람들은 평생을 살면서도 결코 겪지 못할 긴 시간이다. 삶과 죽음의 경계를 수없이 넘나든 세월이었다.

삼성의료원으로 옮겨온 후 1년이 넘도록 줄곧 입원하고 퇴원했던

동(東) 7병동의 의료진들, 그들은 아내의 퇴원을 진심으로 기뻐했다.

오전 11시 40분, 아내는 큰아들 지훈의 부축을 받으며 병실을 나섰다. 귀가 길에 실로 오랜만의 외식을 했다. …

모처럼 집에서 아내와 같은 침대에 누웠다. 아내의 숨결이 내 뺨에 와 닿는다. 감격의 눈물이 주르륵 흐른다.

6월 18일(목요일)

아내의 따뜻한 체온을 느끼며 단잠을 잤다. 아내는 어제, 오늘 그동안 먹지 못했던 여러 가지 음식들을 잘 먹었다. 물도 의사가 권장하는 하루 2리터에 가까운 양을 마셨다. 소화를 시키지 못하면 어떻게 하나 걱정이다.

저녁 무렵 천천히 걸어 아파트단지를 한 바퀴 돌았다. 대충 8~9백 보는 될 것 같다.

지훈네도 오고 윤희네도 왔다. 사람 사는 집 모습을 되찾았다. 미국에서 태어난 둘째손녀를 안아보려고 했으나, 힘에 부쳐 뜻을 이루지 못한다.

복통이 더 심해져 하루 두 번씩 먹던 진통제를 세 번으로 늘려도 효과가 나지 않는다. 변까지 나오지 않아 불안하고 심란하다.

6월 19일(금요일)

우리 가족이 모두 모였다. 이렇게 한 사람도 빠지지 않고 모인다는 것은 정말 어려운 일이다.

근처 식당에서 저녁식사를 함께 했다. 큰며느리는 미국에서 돌아올 때 사온 선물들을 모두에게 전했다. 유럽여행에서 오늘 오전 도착한 작은아들도 작은 선물 한 가지씩 조카들 손에 쥐어주었다. 세

심한 배려들이 작은 감동을 일으킨다.

좀처럼 갖기 힘든 모임이지만 분위기는 착 가라앉았다. 식사 중에도 아내는 몇 번 화장실에 다녀왔다. 소변 조절기능이 제대로 회복되지 않아 소변을 참지 못한다.

윤희네는 내일 아침 떠난다. 윤희는 4주, 사위와 손자들은 2주 동안 머물렀다. 윤희는 대부분의 날들을 엄마와 함께 병원에서 보냈다. 윤희는 엄마 얼굴을 감싸고 눈물을 글썽거린다. 아내도 "내가 살아서 너희들을 다시 볼 수 있게 될는지…" 말끝을 흐리며 눈물짓는다. 눈물이 많은 모녀지만, 오늘 같은 눈물은 이제까지 보지 못했던 진한 것이다.

아내는 사위에게 "무리하지 말고, 몸 관리 잘하고, 가족들의 건강 잘 챙겨주어라. 내가 아파 보니 건강이 제일이더라"하며, 오늘은 유난히 건강을 강조했다.

"내가 아이들을 또 보아야 할 텐데…" 계속 잠을 못 이루고 깊은 탄식을 한다. 슬프고 아린 여름밤이다.

6월 21일(일요일)

어떻게 하면 아내의 입맛이 돌아오게 할 수 있을까? 작은딸 윤정과 함께 백화점에 가서 문어, 꽃게, 전복, 생선초밥 등을 사왔다. 서툰 솜씨지만 딸과 함께 정성을 다해 요리했다. 그러나 아내는 한 젓가락씩 맛을 볼 뿐 먹지 못한다.

수지 집에서 작은손녀 혜준의 출생신고를 위한 서류를 찾느라 한바탕 소란을 피웠다. 아내가 전화로 보관해둔 곳을 알려주는데도 한참 헤맸다. 아내 손이 거치지 않으면 매사가 이렇다. 작은 집안일도 제대로 못해 쩔쩔맬 때마다 아내는 긴 탄식을 한다.

"저런 양반을 두고 어떻게 떠나나."

6월 22일(월요일)

아내는 종일 통증에 시달렸다. 복통과 함께 허리통증까지 겹쳤다. 척추 아래쪽 골반과 연결된 부위가 튀어나온 것 같다. 너무 말랐기 때문일까? 골반에 암 뿌리가 약간 남아 있을 수도 있다는 주치의의 말이 떠올라 불안감이 밀려온다.

아내는 더위에 목이 말랐던지 시켜온 냉면을 반 그릇 정도 먹었다. 아이스크림과 우유도 약간 마셨다. 그러나 이 정도로는 기력 회복은커녕 현상 유지도 안 된다. 통증까지 심하니 하루하루 더 말라가고 있다.

강한 집념도, 의지도 단말마처럼 몰려오는 통증과 기력저하로 서서히 허물어져가는 듯해 가슴이 멘다. 누워있는 시간이 점점 길어지고 있다.

아내에게 일어설 수 있는 기력과 의지를 주소서.

6월 23일(화요일)

아이들은 평소 아내가 즐먹인 음식들을 사 나르느라 분주하다.

"압구정동의 그집 초밥이 맛이 있었는데 … 너희 학교 앞 그 중국집 탕수육이 괜찮았는데."

큰아들은 점심때 그 초밥집에서 생선초밥을 사왔다. 하지만 아내는 한 조각 먹고는 그 전 그 맛이 아니라고 더 먹지 않는다. 작은딸은 퇴근하면서 그 중국집 탕수육을 포장해왔다. 역시 한 젓가락 먹고는 고개를 내젓는다.

퇴원한 지 엿새. 입맛이 돌아올 때도 되었는데 오히려 더 잃어가고 있다. 시간이 지나면 좋아져야 하는 것 아닌가?

울고 싶고, 때로는 죽고 싶은 충동도 느낀다. 죽다니! 아픈 아내를 두고 죽다니 말도 안 된다. 배신이요 죄악이다.

나 혼자 힘으로 장루를 교환했다. 약간 떨렸으나, 차분하게 배운 대로 잘했다. 아내도 거부감 없이 적응을 잘하고 있다.

아무리 힘들고, 어려워도 할 수 있는 일은 다하고 있다고 생각하는데, 그 끝이 보이지 않는다. 아직 우리의 정성이 미치지 못하고 있는가 보다. 아내를 꼭 살려야 한다.

6월 24일(수요일)

통증이 너무 심해 삼성의료원 산부인과 상담간호사 노 씨를 찾아갔다. 새로운 진통제를 처방해준다. 가슴에 붙이는 것과 지금 아내가 복용하는 진통제보다 더 강한 진통제(모르핀), 이것들을 적당히 병용하여 통증을 제어하라고 한다.

먼저 붙이는 진통제를 가슴에 붙였다. 투명테이프 같은 가로 세로 1㎝의 진통제다. 그것을 붙인 후 아내는 곧 깊은 잠에 빠졌다. 무엇보다 효과가 금방 나타나 기뻤다.

기력회복에 도움이 될까 하여 진흙을 발라 구운 유황오리 한 마리를 사왔다. 아내는 껍질만 약간 먹었다. 또 저녁 땐 큰아들 지훈이게 요리 전문점에서 게살로 만든 죽을 사왔다.

지훈이 왔다간 사실도 모를 정도로 깊은 잠에 빠졌다 깨어난 아내는 게죽 한 숟갈을 뜨자마자 먹지 못하겠다고 밀어냈다. 맛있다는 음식이 아무런 의미가 없다.

아내를 위해 만들거나 사온 음식들이 냉장고, 냉동고에 수없이 쌓여가고 있다. 큰아들 장모께서 쑤어온 전복죽, 잣죽, 친구가 갖고 온 녹두죽, 깨죽, 그리고 먹다 남은 보신탕도 있다. 그리고 키토산, 노니, 암브로토스, AHCC, 아베마루, EMX 등 저항력을 키운다는 보조식품들도 차곡차곡 쌓여 있다.

6월 25일(목요일)

때로는 아주 작은 자극이 인생의 행로를 엉뚱한 곳으로 바꾼다. 끝없이 이어지는 아내의 병마와의 싸움은 무엇 때문일까? 40여 년을 함께 살아오면서 무심코 던진 한마디 말, 뜻밖의 행동이 여린 마음을 상처를 내, 아내를 이 지경에 이르게 하지나 않았을까, 때늦은 자각과 깨달음이 가슴을 죄어온다.

새로운 진통제 복용과 가슴에 붙이는 진통제는 아내의 지독한 통증을 덜어주고 있다. 그러나 그 부작용은 통증 못지않게 심하다. 심한 울렁거림과 구토증으로 먹은 모든 것을 토해내게 한다. 그리고 이제까지 한 번도 없었던 증세, 부종이 생기기 시작했다.

양쪽 발과 다리가 퉁퉁 부어올랐다. 특히 왼쪽 발에 왜 이런 증상이 생기는 것일까? 어제만 해도 복도를 돌거나 아파트단지 안을 걸었다. 이제는 그것도 불가능해졌다.

이 일을 어떻게 해야 하나? 이 일을 어떻게 해야 하나? 발을 구르고 있을 뿐이다.

6월 27일(토요일)

부종이 가라앉지 않는다. 병원에 연락했더니 다리를 베개 등으로 고여 놓고 며칠 더 기다려보라는 대답이다. 썩 내키지 않았던 퇴원이 후회스럽다. 며칠 전부터는 음식을 제대로 먹지 못한다. 큰며느리가 만들어 온 오이소박이 등 아내가 평소 좋아했던 반찬들도 잃어버린 식욕을 되돌리는 데는 도움이 되지 못한다.

아내가 초봄에 수지 집을 떠났기에 여름옷이 없다. 여름옷을 제대로 찾지 못해, 또 은행용 도장을 찾지 못해 또 한바탕 난리를 쳤다. 전화를 하고, 장롱을 뒤지고, 참 한심하다. 아내가 없으면 잠시도 홀로 설 수 없는 처지가 초라하고 불쌍하다.

6월 28일(일요일)

조금 먹고 양쪽 다리의 부종도 어느 정도 가라앉았다.

"샤워 좀 했으면 좋겠다. 윤정아, 물 좀 끼얹어줘."

기운이 약간 생길 때마다 되풀이하는 아내의 소원이었다. 그러나 주렁주렁 달린 주사줄과 완전하게 원상회복이 안 된 수술자국, 이런 것들 때문에 소원을 들어주지 못했다. 그러나 드디어 오늘 그 소원을 들어주었다. 작은딸이 화장실 샤워대 앞에 나무의자를 놓고 엄마를 부축하여 앉혔다. 그리고 수온을 조절하고, 약하게 물을 틀어 서서히 끼얹었다. 머리를 샴푸로 감고 몸을 조심스럽게 씻겼다. 이렇게 본격적으로 샤워를 한 것은 3월 이후 처음이다.

앙상하게 뼈만 남은 몸, 약간만 힘주어 안으면 바스러질 것만 같다. 아내는 너무 좋아 어쩔 줄 몰라 한다. 하지만 우리는 통한의 눈물을 삼킨다.

6월 29일(월요일)

오전엔 한바탕 소나기가 퍼부어 상쾌했으나, 시간이 흐를수록 무덥고, 불쾌지수도 높아졌다.

나날이 아내의 몸 상태가 나빠지고 있다. 기력이 없어 거동이 어려워지고 팔과 다리는 더 부어오른다. 진통제를 먹어도 효과가 지

속되지 않는다. 시간이 지나면 좋아질 것이라고 희망하며 기다리기
엔 상황이 급박하다.

　김 교수의 진료를 받으려 했으나, 예약이 꽉 차 있어 7월 1일 오후
2시에 겨우 시간을 잡았다. 한시가 급한데 병원은 환자의 처지를 제
대로 이해하지 못하는 것 같다. 초조하고 불안하다.

6월 30일(화요일)
　너무 힘들고 고통으로 채워졌던 6월이 끝났다. 악몽과도 같았던
올해의 절반도 이렇게 지나가고 있다.

　아침에 화장실에서 넘어졌다. 잠시 자리를 비운 사이 변기에서
스스로 일어서려다 앞으로 쓰러져 머리를 부딪쳤다. 비명소리에 달
려갔더니 얼굴 왼쪽이 벌겋게 멍이 들었다. 부축하여 일으켜 앉혔
다. 쑥스러워하는 표정으로, 그리고 웃는 얼굴로 나를 쳐다본다.

　"변소에서 넘어지면 죽는다는데."

　들릴 듯 말 듯 중얼거린다. 가슴이 저며 온다.

　침대에 눕히고 어린애 잠재우듯 다독거렸다. 엎드린 상태에서 넘
어졌기에 다행히 다친 데는 없었다. 제대로 먹지 못하는데다 통증
에 부종, 쓰러질 수밖에 없는 지경인데, 한눈을 판 내 불찰이다.

　점점 의지가 떨어지고 좌절하는 아내. 인간의 무력함이 우리를
미치게 한다.

　아내는 넘어진 쇼크까지 겹친 최악의 순간에도 지금 우리가 머물
고 있는 반포의 아파트를 리모델링할 생각을 하고 있다. 발코니까
지 거실을 넓히고 구조를 바꾸는 등 모든 것을 새롭게 꾸미고 싶어
한다. 무엇이 이런 결심을 하게 하는 것일까?

　거기에는 말하지 않는 깊고 깊은 뜻이 숨어 있다. '어떤 일'이 닥

칠 경우를 대비하고 있음이 분명하다.

"어느 날 내가 홀연히 떠나고 나면 당신은 아무래도 작은딸과 사셔야 좋을 것 같아요."

지난봄부터 이런 말을 하곤 하여, "무슨 그런 불길한 말을 하고 있느냐"고 꾸짖기도 했다. 내가 아무리 기분 나쁘게 반응하고 생각해도 아내는 꾸준히 이 작은 아파트를 개조하는 일을 생각하고, 이를 실행하려 하고 있다.

지난봄 병원에 입원하기 직전에는 우면산 남쪽 기슭에 자리 잡은 40평대 아파트를 몇 군데 돌아보았고, 수지 집과 반포 집을 정리하여 그곳으로 옮겼으면 좋겠다는 뜻을 내비치기도 했었다.

아내의 이런 생각들이 슬픔으로 받아들여졌지만, 지금은 아내의 마음을 거슬리게 할 용기가 없다. 아내가 원하는 것은 무엇이든 따르기로 했다. 그래서 지난번 수지 집 거실공사를 맡아 해줬던 이 사장을 불렀다. 아내는 이 사장에게 공사견적을 내도록 했다. 그리고 공사는 딸이 방학 중인 7월 말이나 8월 초에 해달라고 몇 번씩 부탁했다. 아내 얼굴 바라보며 고통스럽고 한스런 이 6월의 마지막 밤을 보낸다.

7월 1일(수요일)

아내가 못 견디게 아파해 병원으로 달려갔다. 이동하는 것조차 힘들고 어렵다. 차를 타는 것도 어렵고, 걷는 것은 더더욱 그렇다. 조심스럽게 병원에 가 휠체어를 타고 진료실까지 이동했다. 지난 5년 반의 긴 세월 수없이 병원을 드나들었지만 휠체어를 타고 진료실을 찾은 것은 이번이 처음이다.

김 교수를 만나 진찰을 받았다. 못 먹고, 부종이 생기고, 통증이 심한 것 등은 정밀검사를 해보아야 그 원인을 찾아낼 수 있다며 즉시 입원하라고 한다. 그러나 병실이 없어 방이 나면 연락을 주겠다는 약속을 받고 집으로 돌아왔다. 우리는 한시가 급한데 병원은 태연하고 사무적이다. 개개인의 사정은 고려대상이 아니다.

저녁때 피자 한 조각을 겨우 먹었다. 그러나 아침에 먹은 콘플레이크와 약까지 모두 토했다. 못 먹고 양쪽 다리는 부어오르고 잦은 소변 밀려오는 통증 등 최악의 상태, 가혹한 고문이 이어지고 있다.

퇴근길의 작은아들 내외가 왔다. 아내가 잠든 사이 아들을 데리고 밖으로 나왔다. 정말 하기 힘든 말을 꺼냈다.

"아무래도 엄마를 놓아줄 준비를 서서히 하여야겠다. 슬프지만 마음을 굳게 먹고 현실을 받아들일 각오를 해나가야겠다. 우선 엄마 사진부터 준비해두는 것이 좋겠다."

아들의 눈에 눈물이 고인다. 슬픈 감정이 오래오래 진정되지 않는다.

저녁때 집수리를 맡은 이 사장이 왔다. 공사내용, 공사 소요기간, 비용 등을 딸에게 설명해주었다. 그러나 상황은 어제와는 아주 달라졌다. 공사를 생각할 작은 틈도 없어졌다.

7월 2일(목요일)

번개 불빛이 방안을 대낮같이 밝히고 온 세상을 흔들 듯한 천둥소리가 고막을 찌른다. 그 바람에 고통과 무더위로 어렵게 잠든 아내가 눈을 떴다.

아내의 숨소리는 점점 거칠어지고 통증은 한층 더 심하게 몰려온다. 비가 이렇게 퍼부어대면 병원가기가 힘들 텐데, 병원에서는 연락이 오지 않으니 초조하고 불안하다.

12시가 지나도 연락이 없어 병원에 전화를 걸었으나 모든 입원실이 다 찼단다. 한시가 급한데 난감하다. 얼마 지나지 않아 병원에서 전화가 걸려왔다. 19층에 특실이 하나 났는데 오겠느냐는 것이다. 아내는 싫단다. 방값이 너무 비싸고(52만 원), 7층인 산부인과와 멀리 떨어져 있어 더욱 싫단다. 이젠 아무리 아파도 참으며 기약 없이 기다릴 수밖에 없게 됐다.

서울의 큰 병원들은 병실잡기가 하늘의 별따기다. 다인실의 경우는 더 심하고, 특히 암병동 입원실 구하기는 치열하다. 웬만한 병원들은 별도로 암센터 등을 확충하고 있지만 수요를 따르지 못한다. 그만큼 암환자가 폭증하고 있기 때문이다. 또 의사와 시설 등 질적인 차이가 너무 커 대부분의 환자들이 큰 병원으로만 쏠리기 때문이기도 하다.

의료보험으로 의료비 부담이 상당부분 커버되니 대부분의 환자들이 지방병원이나 소규모의 병원을 외면하고 서울의 큰 병원으로 몰려온다. 좋은 시설이 있고, 좋은 의사가 있는 곳에서 치료받으려고 하는 것은 너무도 당연하다. 이런 현상 때문에 시간을 다투는 절박한 환자들이 제때 입원하지 못하고 치료받지 못한다.

7월 3일(금요일)

오전 10시경 의료원에서 병실이 나왔다며 전화가 걸려왔다. 착잡한 마음으로 입원생활에 필요한 물건들을 챙겼다. 옷가지며 자질구레한 일용품을 가방에 담다 보니 짐이 꽤 무거워졌다.

지난 5년 6개월 동안 입원하고 퇴원하는 일을 지겹도록 반복해 이제 이골이 났지만, 병원에서 생활하다 보면 준비 못한 것들이 허다하다. 그래서 언제나 짐이 커진다.

2시 30분경 병원에 도착했다. 간호사 등 의료진들과 친해졌고 모든 시설이 낯익은 동병동을 원했으나, 업무량의 형평을 유지하기 위해 서병동밖에 되지 않는다고 했다. 환자의 편의나 바람은 통하지 않는다.

아내도 쉽게 뜻을 접지 않는다. 그 동안 친분이 두터워진 수간호사 등을 통해 동병동에 입원할 수 있었다. 2인실인데도 다른 환자가 없어 1인실처럼 사용하게 돼 무엇보다 기뻤다.

김 교수가 5시에 병실에 찾아와 먼저 검사부터 해보자고 했다. 예상했던 대로 피검사 결과 모든 것이 부족하다. 2팩(800cc)의 혈액을 맞고, 염소(NaCl), 알부민, 그리고 각종 전해질 제제를 주사했다.

양쪽 다리와 발이 부은 것은 알부민 부족으로 인한 것이거나 혈전이 미세혈관을 막아 일어난 것 같다는 김 교수의 소견이다.

가슴과 배 사진을 찍고, 소변검사도 했다. 소변검사 결과 약간의 잡균이 검출되었다고 했다. 영양제와 수액을 주사하고 있기 때문인지 30분~1시간마다 소변이 마려워 밤새도록 화장실을 드나든다. 그때마다 소변양은 겨우 50~70cc 정도.

진통제 주사를 맞아도 통증이 가시지 않는다.

7월 4일(토요일)

41, 42kg 사이에서 오르락내리락 한 아내의 몸무게가 44.3kg으로 불어났다. 부종 때문인 것 같다. 복수가 차기 시작했는지 배도 약간 팽팽해졌다.

주변의 많은 암환자들이 부종에 시달리고 복수가 차 고생하는 모습을 수없이 보아왔다. 아내에게도 이런 현상이 나타나다니 눈앞이 캄캄하다.

영양제, 수혈 등 집중적인 치료에도 불구하고 아내의 병세는 좋아질 기미를 보이지 않는다. 엉치뼈 부위의 진통이 특히 심하고 소변은 더욱 잦아져 한순간도 편하게 자리에 누워 있을 수가 없다.

이제 기력은 바닥에까지 떨어졌고, 정신력 또한 한계에 이른 듯하다.

"당신과 정을 떼려고 점점 어려운 단계로 끌고 가는 것 같네요. 이 고통은 죽어야 끝이 날 것 같기도 하고⋯."

신음 속에 섞여 나온 들릴 듯 말 듯한 아내의 비탄, 나를 아픔과 슬픔의 나락으로 빠뜨린다.

세상만사가 원망스럽고, 한탄스럽다.

"왜 좀더 빨리 오지 않았느냐."

엄마를 돌보고 있는 작은딸 윤정에게 공연한 짜증을 냈다.

아내는 자기 때문에 화를 내고 있다고 생각하고 있을지 모른다. 아차, 내가 잘못을 저질렀구나.

"윤정아, 미안해. 아빠가 잘못했다."

어깨를 다독이며 사과했다. 윤정은 눈물을 주르르 흘렸고, 나는 돌아서서 눈물을 훔쳤다.

7월 5일(일요일)

아내의 몸무게 46.8kg. 하루 사이 무려 2.5kg이나 늘어났다. 급격한 몸무게의 증가는 소변을 보지 못하기 때문인 것 같다. 그런데도 의사는 수액을 더 주입해야 소변을 볼 수 있다며, 수액주사를 계속한다. 그러나 소변은 나오지 않는다. 이 수액주사로 인해 다리가 더 붓고 복수가 더 차오르는 것이 아닐까?

일어나 앉을 수 없을 정도로 몸 상태가 악화됐으나 좀 걸어보자고 은근한 눈길을 보낸다. 내 허리에 매달리다시피 의지해 겨우겨우 발걸음을 옮겨놓는다. 걷다 서다를 되풀이하며 복도를 반쯤 돌았다. 더 이상 걷기엔 무리일 것 같아 휠체어에 태워 세 바퀴를 돌았다. 낯익은 환자들은 "왜 이렇게 며칠 사이 나빠졌느냐"고 놀란다. 그러면서도 투병기간 중 이런 현상은 흔히 있는 일이라며 아내를 위로한다.

7월 6일(월요일)

입원 4일째. 좋아지기는커녕 점점 나빠지고 있다. 이뇨제를 주사해도 소변은 나오지 않는다. 그래서 몸무게는 어제보다 무려 4.7kg이나 크게 불어났다. 복수는 더 찼고, 양 다리도 더 부었다. 심각한 상태가 빠른 걸음으로 달려오고 있음이 분명한데, 의료진은 아무런 조치가 없다. 오후 2시가 넘어서야 또 CT를 찍겠다며 음식은 물론 물도 마시지 말라고 한다.

종일 누워만 있다가 저녁때 이를 악물고 복도를 두 바퀴 돌고, 휠체어 타고 세 바퀴 돌았다. 일어서겠다는 의지가 눈물겹도록 고마울 뿐이다.

며칠 동안 가스와 변이 나오지 않는다. 먹는 것이 없으니 어쩌면 당연한 것인지 모른다. 이제 소변 조절기능은 완전히 상실했다. 디펜더(소변 등을 흡수하는 일종의 패드)를 깔고 그 위에 또 타월 등을 깔아 수시로 처리한다. 그럴 때마다 아내는 몹시 부끄러워하고 미안해 한다.

"추한 모습만 보여 미안해요. 이렇게 사는 게, 사는 것인가요. 잠시나마 고통을 잊고 조용히 떠나는 것이 저의 마지막 소망이에요."

아내는 낮은 목소리로 절규하며 끝없이 눈물을 쏟는다.

"부부란 서로 의지하고 돕는 것 아니겠어요. 빨리 나아 이 다음에 내가 아플 때 당신도 이렇게 해줘요."

위로해 줄 말을 찾을 수 없다. 눈물로 얼룩진 아내의 얼굴을 가슴에 안으며 함께 오열한다.

7월 7일(화요일)

신장에서 호스를 통해 직접 소변을 빼내는 시술을 했다. 지난 3일 입원한 후 불과 4일 만에 아내의 몸무게가 무려 10kg이나 늘었다. 주치의는 "신장에 관을 삽입하고 소변을 빼내지 않으면 허파까지 물이 차 심각한 결과가 온다"며 시술준비를 서두른다. 또 CT를 찍고, 폐와 복부사진을 찍었다.

오후 3시 20분 아내는 이동병상에 뉘어져 1층에 있는 혈관조영실로 옮겨졌다. 왜 수술실이 아닌 혈관조영실인가? 환자를 이동하는 일을 맡고 있는 아저씨는 요로시술은 주로 이곳에서 한다며 "대기자가 없으면 30분, 대기자가 있으면 1시간 또는 1시간 반이 걸린다"고 친절하게 말해준다.

4시 35분 혈관조영실 문이 열리고 창백한 얼굴의 아내가 이동병상에 실려 나왔다. 불그스레한 혈뇨가 담긴 주머니를 좌우에 1개씩 2개나 달았다. 2개의 장루에 2개의 소변주머니, 가련한 내 아내는 만신창이가 되었구나.

아내를 괴롭혀온 소변이 2개의 요관을 통해 술술 잘 나온다. 2시간 사이 520cc의 소변이 나왔다. 신기하게도 발등의 붓기가 조금 빠진 것 같다. 저녁에 나온 미음을 거의 다 마시고, 물 3백 cc를 마셨다. 많은 것을 잃고 건진 소중한 대가다.

이 와중에도 아내는 곧 아기를 낳게 되는 작은며느리 은희에게 산후조리에 쓰라며 봉투 하나를 보냈다. 언제 이런 것을 준비해두었을까? 사려 깊고 자상한 시어머니다.

비 온 뒤 깨끗해진 하늘, 보름달이 휘황하다. 이제는 소변 때문에 자주 깨지 않아도 된다. 달빛이 깊은 잠에 빠진 창백한 아내의 얼굴을 비춰주고 있다.

7월 8일(수요일)

천붕지통(天崩之痛)이란 말이 있다. 하늘이 무너지는 듯한 슬픔을 표현하는 말이다.

"남은 날이 얼마 되지 않은 것 같습니다. 마음의 준비를 단단히 하셔야겠습니다."

오후 6시 30분 병실 밖 복도에서 김 교수가 괴로운 표정으로 조용히 이 말을 꺼냈다. 차라리 하늘이 무너졌으면 이 슬픔과 회한은 없을 것 아닌가. 눈앞이 깜깜하고 가슴이 죄어온다.

지난 4월 30일 큰 수술 때 암 덩어리들을 모두 떼어냈기 때문에 최소한 2, 3년은 버틸 수 있을 것이라고 자신 있게 말했던 주치의. 이번에 찍은 CT상에서 암이 간 등 다른 장기로 퍼진 것을 확인했다고 같은 입으로 말한다. 4월 14일 항암주사를 끝낸 후 큰 수술과 그 후유증으로 항암치료를 못했기 때문에 그 사이 암이 여러 장기로 전이됐다는 설명이다.

이제는 더 이상 손을 쓸 수 없는 단계, 이승에 남은 시간은 길어야 3~6개월, 떠나보낼 각오를 해야 한다고 거듭 말한다. 이렇게 허망하게 떠나보낼 것을 그토록 고통스런 투병생활(다섯 번의 큰 수술, 사이버 나이프 수술까지 포함하면 6번, 장류와 인공요관 시술, 50번에 가까운 항암주사와 방사선치료)을 해왔던가.

뜨거운 눈물이 울컥울컥 솟구친다. 회한과 분노도 치솟는다. 왜 이런 결과를 예측 못하고, 그 큰 수술(마지막 수술)을 강행했던가. 성한 곳 하나 없이 만신창이로 만들어 보내야만 하는 것인가?

김 교수는 이런 말도 해준다. 이제 민간요법도 해보고, 환자가 원하는 것, 할 수 있는 것이 있다면 무엇이든 다 해보라는 말이다.

사람은 누구나 죽는다. 그러나 아내를 지금 떠나보내기엔 너무 젊고 아깝다. 적어도 나보다 며칠이라도 더 살아야 순리가 아닌가?

병실에 들어왔으나 차마 아내의 얼굴을 바라볼 수 없다. 내 얼굴이 벌겋게 달아올랐나? 윤정이는 '아빠가 왜 이래?' 의아한 눈초리로 내 표정을 살핀다. 아내 또한 그랬다.

짐짓 아무 일도 없었던 것처럼 딸에게 저녁 먹으러 가자고 식당으로 내려갔다. 딸도 알고 마음의 준비를 해야겠기에 김 교수한테서 들은 이야기를 대충 해줬다. 큰 충격에 눈물을 펑펑 쏟는다.

"엄마가 눈치 채지 않도록 조심하자."

몇 번씩 당부하고 병실로 돌아왔다.

이런 절망적인 상황 속에서도 치료는 계속됐다. 피검사 결과 염분이 모자라 그것을 보충하는 주사를 맞고, 알부민 주사도 맞았다. 복수가 허파 밑까지 찬 듯해 이뇨제 주사도 놓았다. 오늘 체중은 52.3kg. 어제와 같다. 낮동안 2,600cc의 소변이 새로 설치한 요관을 통해 배출됐다. 수분이 더 이상 몸속에 쌓이지 않으니 체중의 변화가 없는 것 같다.

윤정이를 집으로 보내고 혼자 아내 곁에 남았다. 수면제와 진통제의 힘인가. 아내는 깊은 잠에 빠졌다. 불을 끄고 보호자용 침대에 누웠으나, 온갖 상념이 끝없이 이어진다.

아내가 떠난 후 초라하고 처참해진 내 모습도 떠오른다. 사랑하는 아내를 먼저 보내고 살아간다는 것, 그보다 더 불행한 것이 어디 있으랴. 눈물이 자꾸 흐른다.

아내의 숨소리가 고르지 못하다. 복수가 허파까지 차면 숨이 가쁘다는데, 그것 때문일까? 잠이 오지 않는다. 내 인생에서 가장 긴 밤이요 가장 슬픈 밤이요 가장 분한 밤이다.

7월 9일(목요일)

종일 폭우가 쏟아지고 세찬 바람까지 몰아친다. 비바람이 아무리 창문을 두들겨도 아내는 천사 같은 얼굴로 계속 깊은 잠에 빠져 있다. 고통과 고뇌에 지친 영육이 모처럼의 안식을 취하고 있는 모습이다. 그런 얼굴, 그런 표정이 나를 더 슬프게 하고 깊은 허무감에 빠지게 한다. 텅 비고 멍한 상태로 창밖의 먼 하늘을 바라보니 시커먼 구름이 몰려온다. 운명의 수레처럼 거침없이 다가온다.

미국의 큰처남이 다른 날과는 달리 이른 새벽 시간에 전화를 해왔다. 무엇인가 이상한 느낌이 드는지 꼬치꼬치 물으며 울먹인다. 아무도 말하지 않았는데, 지금 우리의 상황을 어떻게 아는가? 전혀 엉뚱한 대답만 되풀이했지만, 무엇인가 감이 잡혔던지 알았다며 전화를 끊는다.

이뇨제 효과인가 보다. 새벽 1시 20분부터 자정까지 23시간 동안 무려 4,540cc의 소변이 나왔다. 몸무게는 52.1kg. 겨우 200g이 줄었을 뿐이다. 희한한 일이다. 어쨌든 부은 것은 조금 빠진 것 같다. 탱탱했던 종아리와 허벅지가 약간 물렁물렁해졌다. 피는 두 차례나 뽑아갔고, 오전 오후 각각 가슴 엑스레이를 찍었다.

염화나트륨(소금) 수치가 낮아 오늘부터 시간당 10cc씩 종일 주사한다. 소금은 건강을 해치는 최악의 조미료라고 말하지만, 우리

478

가 살아가는 데 필수적인 역할을 하고 있다. 그것이 부족하면 근력이 없어지고, 무기력증에 빠진단다. 세상에 존재하는 모든 것은 나름의 존재이유가 있는 것 같다.

두 개의 요관을 통해 소변이 배설되지만, 때때로 본래의 기능도 살아난다. 변의 경우도 그렇다. 두 군데의 장루를 통해 변이 나오지만, 가끔은 기능을 잃게 한 항문을 통해 그것이 나오기도 한다. 참 신기한 일이다. 하기야 다리를 절단한 사람도 다리의 통증을 느낀다고 하지 않는가.

이제 우리에게는 조금도 한가한 생각과 행동을 할 시간이 없다. 한 시간을 하루같이, 하루를 한 달같이 살아도 아깝고, 소중한 시간이다. 더 보듬고, 더 사랑하고, 더 비비고, 더 말하고, 더 서로의 숨결을 느껴야 할 소중한 순간순간들이다.

째깍째깍 시간이 흐른다. 시간을 멈추게 할 수는 없을까? 시간의 소중함을 깨닫는 순간, 그 시간의 잔고는 이미 바닥을 보인다.

7월 10일(금요일)

또 가슴과 배 엑스레이를 찍고, 두 번의 채혈을 했다. 헤모글로빈 지수가 7.3으로 떨어져 있어 철분주사를 맞았다.

병원마다 치료방법과 병원문화가 다르다. 5년 가까이 치료를 받았던 강남성모병원의 경우 빈혈수치가 조금만 떨어져도 수혈할 것을 권고했다. 그러나 삼성의료원은 인위적으로 그 수치를 올리는 것은 바람직하지 않다며 수혈을 잘 해주지 않는다. 어느 쪽 진료방법이 바람직한 것인지 모른다. 다만 최악의 상태에 이른 환자가 스스로 빈혈을 극복할 수 있을지는 의문이다.

소변은 새벽부터 자정까지 24시간 동안 3천cc 정도 나왔다. 그래도 복수는 폐를 위협하고 있다. 의사는 숨이 차지 않느냐고 물어본다. 숨소리가 거칠기는 해도 숨이 찬 증세는 보이지 않는다. 부종은 조금씩 호전되는 듯하나, 진통은 더 심해졌다. 두 번 맞던 모르핀 주사를 세 번으로 늘렸다.

잘 웃는 아내인데 요즈음엔 미소를 찾을 수 없다. 말을 걸어도 별다른 반응이 없다. 너무 아파 모든 것이 힘들고 귀찮아진 것 같다.

큰아들 지훈이가 왔다. 그도 엄마의 지금 상황을 알아야 하기에 휴게실로 데리고 나갔다. 김 교수가 말한 내용을 그대로 전했다. 눈물을 글썽이며 "어떻게 해야 해요?" 하며 울먹인다.

어떻게 해야 조금이라도 더 붙잡고 있을 수 있을까? 어떻게 해야 아름다운 마무리를 할 수 있을까? 운명이 하는 일을 우리는 과연 얼마만큼 지연시킬 수 있을까?

아내는 병실에 누워만 있어 몹시 답답해한다. 아들이 부축해 복도를 반 바퀴 정도 걸었다. 그리고 휠체어를 타고 아주 느린 속도로 세 바퀴 돌았다. 아내의 체력은 하루하루 급격히 떨어지고 있다. 한 달 전만 해도 하루 20바퀴 이상 걸었다. 이 병동에서 가장 열심히 걷는 환자였다. 아침부터 밤늦게까지 틈만 나면 나의 손을 잡거나 어깨에 의지하여 끝없이 돌았다. 그래서 의료진을 포함, 환자와 보호자들은 "참 보기가 아름답다. 너무 행복한 부부다"고 저마다 한마디씩 하곤 했다. 그러나 지금은 병상에서 불과 5m도 안 되는 화장실에 드나드는 것도 몹시 힘들어 한다.

옆 병상의 울진 아줌마는 오후에 퇴원했다. 연락처를 적어주며 자연산 해산물이 필요하면 연락하란다. 동병상련, 며칠 사이 정이 들었다.

7월 11일(토요일)

많은 검사가 쇠약한 아내를 더 쇠약하게 하고, 힘들게 한다.

아침에 어렵게 피를 뽑아갔는데, 두 시간 후 다시 피를 뽑아갔다. 아침에 뽑은 피가 굳어버려 검사불능이라고 했다. 피 한 번 뽑기가 얼마나 고통스러운 일인데. 너무 소홀한 것 같아 분통이 터진다.

저녁때 또 피를 뽑아갔다. 24시간 주입하고 있는 염화칼슘의 농도를 체크하기 위해서라고 한다. 소변검사도 오늘따라 요란하다. 아침에 3곳의 요로에서 소변을 뽑아가더니 오후에 또 그런 방법으로 소변을 채취했다. 아픔과 괴로움의 연속이다. 실험대상이 되는 것 같은 기분이 들어 불쾌하고 씁쓸하다.

빈혈지수가 9에서 7점대로 떨어진 것은 5일 전. 그때마다 철분제만 주사하더니 오늘은 수혈을 해야겠단다. 2팩(800cc)의 피를 5시간에 걸쳐 느리게 주사했다.

복수가 허파를 위협할 정도로 차오르고 있는지 오늘부터는 숨을 헐떡이는 등 괴로워한다. 산소줄을 코에 걸고 산소를 공급하기 시작했다. 또 귀가 몹시 아프다고 호소한다. 안 좋은 증상들이 자꾸 나타난다.

작은며느리 은희가 진통이 시작됐단다. 곧 새로운 생명의 탄생을 예고하고 있다. 아내는 고통 속에서도 그 소식 듣고 환해졌다.

"그놈을 한번 안아보고 죽어야 할 텐데."

아내의 또 하나의 소원이다.

큰 비가 오려나. 검은 구름이 낮게 드리워지기 시작한다.

7월 12일(일요일)

새 생명을 이 세상에 보내기 위해 이렇게 요란한 폭우와 강풍이 몰아치고 있는 것인가. 작은아들의 아들, 우리 손자가 집중호우가 쏟아지던 오늘 오전 10시 15분 드디어 이 세상에 태어났다. 축복받은 이 순간 시간당 100㎜의 기록적인 비가 내렸다. 대기도 씻어가고, 거리와 건물, 그리고 하천들을 말끔하게 씻어갔다.

큰아들 지훈과 손녀 혜인, 그리고 나는 큰며느리가 마련해준 축하케이크를 들고, 분당 메디파크 병원으로 달려갔다. 새까만 머리, 또렷한 얼굴, 포동포동한 팔과 다리, 귀여운 아기는 쌔근쌔근 잠들어 있다. 손자를 보지 못해 몹시 궁금해 하는 아내에게 전화로 아기의 모습이며 산모의 상태 등을 자세히 알려줬다. 오죽이나 보고 싶고 달려오고 싶을까?

병실로 돌아왔다. 아내는 가냘픈 목소리로 갓 태어난 손자가 얼마나 예쁘고 건강한지 계속 묻는다. 곧 좋아질 터이니 손자를 보러 가자고 했다.

이 손자가 자라 아장아장 걷는 모습을 볼 수 있게 아내에게 이 세상에 머물 수 있는 시간을 허락하소서.

한바탕 비바람이 휩쓸고 간 후 사위는 한결 고요하다. 아내의 고르지 못한 숨소리와 신음이 깊은 정적을 흔든다. 모르핀 투여빈도를 세 번으로 늘려도 진통은 나날이 더 심해지고 있다. 새 생명이 태어난 축복받은 날, 아내는 어디를 향해 달려가고 있는가?

7월 13일(월요일)

아내의 아픔이 너무 심하다. 모르핀을 맞아도 통증이 약간 완화될 뿐이다. 그나마 그 지속시간도 12시간에서 9시간, 6시간, 4시간 이런 식으로 줄어든다. 내장의 상당부분을 잘라내고 짜깁기한 큰 수술과 요도관 시술 등의 후유증으로 생각하며 고통을 참아왔으나,

482

시간이 지날수록 그 고통이 더 심해지니 불길한 예감이 자꾸 든다.

"말기가 되면 참을 수 없는 고통이 온다는데, 지금이 그 현상 같군요."

아내는 나를 빤히 쳐다보며 말한다.

"마음의 준비가 다 돼 있어요."

"큰 수술 후유증이니 조금만 더 참읍시다."

그 동안 해온 말을 오늘은 더 되풀이할 용기가 나지 않는다.

이 병동에는 수많은 부인암 환자들이 수술을 받거나 항암치료를 받고 있다. 수술을 받고 치료를 거듭할수록 그들은 생기를 잃어간다. 바짝 마른 사람도 있고, 퉁퉁 부은 사람도 있다. 그래도 그들은 병실 복도를 열심히 걷는다. 살기 위한 처절한 몸부림이 감동을 주기도 하고, 때로는 한없이 슬프고 서글프게 한다.

모두가 착하고 선량해 보이는 그들, 사랑받는 아내요 자상한 엄마다. 무엇이 이들을 괴롭히고, 이들에게 형벌 같은 고통을 안겨주고 있는가.

과연 부처님이 계시고 하나님이 존재하시나.

7월 14일(화요일)

오랜만에 김 교수가 병실에 들렀다. 아내의 상태를 점검하고 나가면서 나를 나오라고 손짓한다.

"아무래도 오랫동안 입원이 필요한 상황이니 완화병동이나 집 근처의 요양병원으로 옮기시는 것이 좋을 것 같습니다. 사실상 치유를 위한 치료는 한계를 넘어섰습니다. 그런 곳으로 가시면 환자가 편안하게 안정을 취할 수 있고, 종합적으로 케어해줄 수 있어 훨씬 좋을 것입니다."

치료 포기를 선언하는 것처럼 들린다. 넋 나간 사람처럼 멍하게 서 있자,

"주말까지 잘 생각해보세요."

그는 이 말을 남기고 다른 병실로 가 버렸다.

완화병동 같은 데서 고통을 더는 치료만 받으면서 조용히 '그날'을 기다리라는 뜻이 아닌가. 이런 암시는 몇 차례 수련의 등을 통해 들었지만, 김 교수가 직접 이런 말을 하니 큰 충격이다.

흥분을 삭이느라 한참 머물다 병실에 들어갔더니 아내는 그 선량한 눈으로 나를 뚫어지게 쳐다본다. 무슨 일이 있었느냐고 추궁하는 듯한 표정이다. 완화치료를 받으면 고통을 덜어낼 수 있다는 이야기를 들었다며 얼버무렸다.

아내는 '완화병동'이 무엇을 하는 곳인지 잘 알고 있다. 5년이 넘는 기나긴 세월, 그렇게도 처절하게 암과 싸워온 아내, 이제 이렇게 허황하게 그 종착점에 다가서고 있다고 생각하니 허망하고 기가 찬다.

늦은 시간 지훈이가 왔기에 휴게실에 앉아 김 교수가 한 말을 전했다. 지훈은 계속 눈물만 훔친다.

"하늘이 무너져도 솟아날 구멍이 있다고 하지 않느냐. 슬퍼만 하고 있을 것이 아니라 엄마에게 남은 시간동안 더 사랑하고, 모든 것을 다 바쳐 돌보자. 최상의 행복 만들기에 정성을 다 쏟자."

울먹이며 말을 이어갔다.

아내는 요즈음 들어 왼쪽 귀가 잘 들리지 않을 뿐 아니라 비행기가 급상승할 때처럼 멍멍하고 아프다고 호소하곤 한다. 그리고 이런 현상을 심각하게 받아들이고 있다.

아내의 고민을 하나라도 덜어주기 위해 이비인후과의 진단을 본격적으로 받았다. 청력검사도 받고 그 밖의 귀에 관한 모든 검사를

꼼꼼히 다 받았다. 결과는 신경성이자 노화현상일 뿐 다른 이상이 없는 것으로 판명됐다. 청력이 떨어진 것은 고주파 영역의 신경기능 저하로, 그 밖의 증상들은 신경성이며 별도의 치료방법은 없고 그런 상태로 살아가는 수밖에 없다는 결론을 내려준다. 아내의 고민은 이렇게 풀려 모처럼 활짝 웃는 얼굴을 볼 수 있었다.

아내는 양배추와 양파 샐러드가 먹고 싶다는 말을 한다. 딸은 이런 것들을 구입해 샐러드를 만들어왔다. 아내가 몇 젓가락 먹었다. 아마도 기대했던 맛이 아닌 것 같다.

차가버섯 원액을 오늘부터 조금씩 희석하여 마시기 시작했다. 항암효과가 뛰어나다고 알려져 많은 암환자들이 복용하고 있는 일종의 대체의약품이다. 그러나 우리는 항암치료 중 부작용을 일으킬까 봐 복용하지 않았었다. 이제 아내가 조금이라도 원하거나 아내에게 도움이 되리라고 생각하는 일들은 무엇이든지 다 하기로 했다.

인간이 할 수 있는 일을 다 한 연후의 일들은 하늘의 몫이요 운명의 몫이다.

7월 15일(수요일)

습도 높은 후텁지근한 날. 차를 몰아 수지 집으로 갔다. 정돈이 되지 않아 뒤숭숭하다. 위급한 상태에서 황급히 몸만 빠져 나온 흔적이 역력하다. 침대는 흩어져 있고, 아내가 집안에서 입던 옷가지가 여기저기 흩어져 있다.

아내가 집을 떠난 날은 4월 18일, 거의 3개월의 시간이 흘렀다. 또 얼마나 더 긴 시간이 지나야 아내는 '즐거운 나의 집'으로 돌아올 수 있을 것인가? 아니면 남은 시간이 다해 간다니 살아서는 영영 돌아오지 못할 것인가?

해질 무렵 병원으로 돌아왔다. 아내는 몹시 기다렸다는 듯한 표정으로 나를 쳐다본다. 숨소리가 더 거칠어지고, 고통을 참지 못해 터져 나오는 신음소리가 더 잦아졌다.

7월 16일(목요일)

울고 싶은 날들의 연속이다. 아내는 내게 모든 것을 다 가르쳐주려고 안간힘을 쓴다. 저금통장과 도장은 장롱 안 몇 째 서랍에 들어 있고, 비밀번호는 뭐며, 은행 대여금고의 비밀번호는 0000이고 엄지지문이 입력돼 있다는 설명을 되풀이한다.

그리고 며칠 내로 은행에 윤정과 함께 가 그 금고 속에 있는 아이들의 것은 모두 찾아내 본인들에 돌려주라고 몇 번씩 당부한다. 그리고 우리 가족의 생일 등 각종 기념일, 조상들의 제삿날은 빨간 표지의 여고 동창수첩에 기록돼 있다며 참조하라고 했다. 또 무엇인가 긴 말을 꺼내려는 것을 "왜 자꾸 이러느냐"고 막았다.

갈 길이 촉박하다는 것을 예감하고 그 준비를 서두르는 것 같아 너무 슬프다. 통증이 심해 연달아 모르핀을 맞아야 하는 극한상황에도 남편과 아이들만 생각하는 아내가 가엽고 눈물겹다.

호흡곤란 증세가 또 온다. 급히 산소줄을 연결했다. 공기혼합지수가 100 아래로 떨어졌다가 다시 정상 수준으로 올라갔다.

윤정이 밥을 지어 어제 수확해온 고추와 상추를 갖고 왔다. 아내는 우리가 가꾼 채소라며 조금씩 먹어 본다.

한화콘도 계약기간이 7월 말로 끝나게 돼 오늘 재계약을 하면서 큰아들 지훈 명의로 바꾸었다. 20년 전 한창 일하던 시절 1천 2백만 원을 들여 마련한 것이다. 은퇴하면 아내와 더불어 여행도 다니며 여유를 좀 누려볼까 해서 당시로선 제법 큰돈을 들인 것이다. 이젠

486

그 꿈도 이루어지지 않을 것 같아 아들에게 넘겼다. 이 또한 가슴 아픈 일이다.

그 동안 이 멤버십으로 이웃, 친구들과 함께 설악산, 제주도, 백암, 지리산, 대천 등에 가끔 여행했다. 그 여행 중 가장 기억에 남는 것은 2006년 12월 아내, 작은딸과 함께 3박 4일 동안 제주도에 다녀온 것이다. 아내 투병 중 얼마 동안 좋아졌던 때였다.

우리는 그곳에서 오름도 오르고, 성산포의 일출봉, 서귀포의 바닷가, 천제연 폭포, 우도 등을 돌며 아름다운 자연과 맛있는 음식 등을 찾아 즐겼다. 그때 우리는 다시 이곳에 와 더 오래도록 머물자고 굳게 약속했었다.

아내의 숨이 가빠온다. 그 약속을 어찌할 것인가?

7월 17일(금요일)

우리의 염원을 멀리한 채 아내의 몸 상태는 점점 나빠져 간다. 견디기 어려운 통증을 모르핀 투여로 진정시키려 하고 있으나, 약의 효과가 제대로 나타나지 않는다.

의사 박 씨, 또 가슴 아픈 이야기를 전한다.

"치료의 한계를 넘었으니 완화병동이나 동네 요양병원으로 옮기는 것이 최선입니다."

김 교수가 한 말, 그대로다. 아마도 김 교수가 다시 말하기 곤란하여 박 씨에서 시킨 것인지도 모른다. 그는 내일까지 결론을 내리라고 재촉해 가족들과 상의할 시간을 달라고 했다.

"그렇게 여유를 부릴 때가 아니다. 남은 시간이 그리 길지 않다."

그는 듣기 힘든 압박을 해왔다.

또 피가 모자라 2팩(800cc)을 수혈했다. 제대로 먹지 못하는 상태에서 날마다 두세 번씩 피를 뽑아가고, 인공요관에서 출혈이 잦으며, 항암제 부작용으로 조혈기능이 망가졌으니 빈혈이 되지 않을 수 없다.

이번에는 냉면이 먹고 싶단다. 매우 반가운 소리다. 큰아들과 함께 수서역 근처 냉면집으로 단숨에 달려가 한 그릇 사왔다. 역시 겨우 몇 젓가락 먹고는 그것으로 끝이다. 그러나 이렇게 무엇인가 먹고 싶어하는 생각을 가져주는 것만으로도 기쁘고 고맙다.

7월 18일(토요일)

어제 밤부터 천둥번개와 더불어 시작된 폭우는 오늘도 그칠 줄 모른다.

소변이 거의 나오지 않아 이뇨제를 놓아도 거의 효과가 없다. 두 개의 요관을 신장에 연결해 놓은 대가가 너무 적다. 가슴에 물이 차고 있기 때문인지 오른쪽 갈비뼈 부근이 너무 아프다고 몸부림을 친다. 통증으로 온몸이 땀으로 흠뻑 젖었다. 차마 볼 수가 없다.

아픔에 기진맥진해 먹는 것은 거의 포기했다. 먹고 싶다고 하여 아들이 생선초밥을 사왔으나 거들떠보지도 않는다.

7월 19일(일요일)

계속된 통증으로 초주검이 됐다.

배뇨량이 급격히 줄었다. 링거를 주사하고, 영양제를 공급하고, 적은 양이지만 물을 마시는데, 소변이 나오지 않다니. 결국 복수가 그만큼 불어난다는 이야기다. 또 오른쪽 가슴이 찢어지듯 아프다고 호소한다. 모두 복수 탓인 것 같다.

고통으로 울부짖는 아내를 지켜보며 새삼 인간의 무력함을 뼈저리게 느낀다.

　최악의 날. 우측 가슴의 물을 빼기로 했다. 부분마취를 하고, 가슴에 구멍을 뚫어 가느다란 호스를 밀어 넣었다. 복수가 펑펑 쏟아져 나올 것으로 기대했으나, 웬일인지 물이 거의 나오지 않는다. 큰 주사기로 물 뽑는 것을 시도했으나, 겨우 50cc 정도 나왔을 뿐이다. 그나마 핏물이다. 왜 핏물일까? 시술을 담당한 수련의는 그 이유를 말할 수 없단다.

　"교수님께 여쭤 보세요."

　김 교수가 왔다.

　"암이 상상할 수 없을 만큼 빠른 속도로 진행되고 있군요. 남은 시간이 정말 길지 않습니다. 빨리 완화병동 등으로 옮기시는 것이 최선일 것 같습니다."

　지난 4월 30일 큰 수술 직후 "수술이 잘 되었습니다. 2, 3년은 더 번 것 같습니다"라고 말한 사람이 누구인가. 그로부터 겨우 81일째인 오늘, 절망의 단애에 서 있다.

　분노가 치솟고 억장이 무너진다. 이 정도 더 버티기 위해 그토록 힘든 수술을 하고, 하루도 제대로 일어나지 못하는 희생을 감수했던가. 수술하지 않았어도 이보다는 훨씬 질 높은 삶을 유지할 수 있었을 것이다.

　운명은 아무도 모른다. 하기야 지금이라도 그때의 상황이 온다면 그 선택을 했을 것이다. 그래도 전문가들은 큰 수술 후 회복이 평균적인 수준에 미치지 못해 장기간 항암치료를 못하게 될 경우 어떻게 된다는 것쯤은 예상했어야 할 것 아닌가. 그 점이 나로 하여금 미치게 만든다.

미련을 갖고 이 병원에 더 머물러 있을 필요가 없다.

"남궁 박사님의 치료를 다시 받아보았으면 좋겠어요. 언제나 격려해주시고 따뜻하게 대해주시던 박사님을 잊을 수 없어요."

언젠가 아내가 한 말이 번쩍 떠올랐다. 어차피 완화병동으로 옮긴다면 가장 역사가 깊고, 그 분야의 의료진이 우수하다는 강남성모병원이 어떠랴 싶었다.

오후 4시 30분 남궁 박사 사무실(의무원장실)로 갔다. 예고 없이 무례를 했으나, 반갑게 맞아주었다. 아내의 저간의 사정을 설명하고 남궁 박사의 치료를 다시 받고 싶어하는 아내의 뜻을 전했다. 남궁 박사는 기꺼이 받아들였다.

"금요일(24일) 오전에 오세요."

감사하다며 허리를 꾸벅이고 사무실에서 나왔다.

새로 지어 얼마 전에 문을 연 강남성모병원, 으리으리하고 당당한 위용으로 바뀌어 있었다.

나를 기다렸다는 표정이 역력한 아내에게 남궁 박사와 만난 이야기를 자세히 해주었다.

"복숙 씨의 안부를 늘 궁금하게 생각하고 있었어요."

남궁 박사가 한 말을 그대로 전했다.

7월 21일(화요일)

연속되는 최악의 날. 아내는 아무것도 먹지 못한다. 이런 상황을 가리켜 곡기(穀氣)를 끊었다고 하는 것인가? 통증은 더 심하고, 숨은 더 거칠어지고 있다. 아침저녁으로 피 뽑아가고, 가슴과 배 옆구리 사진도 되풀이해 찍었다. 이뇨제를 두 번이나 투입했다. 핏덩어리가 소변과 함께 섞여 나온다.

윤희는 시간마다 전화를 한다. 엄마가 전화를 제대로 못 받으니 매우 불안한가 보다. "먹지 못해 말하는 것도 힘들어 해. 그래서 전화를 바꿔주지 못할 뿐 그렇게 염려할 상태는 아니야"라고 안심시켰다.

복도에서 어제 복부의 왼쪽 요관을 소독한 수련의를 만났다.

"복수가 제대로 빠지지 않는 것은 그것이 단순한 물이 아니라 암세포가 젤리처럼 엉켜져 있기 때문인 것 같다."

날마다 충격적인 이야기다. 하루하루 가까이 다가오는 듯한 불운의 발자국 소리에 자꾸 눈물이 난다.

윤정이 북엇국을 끓여왔다. 시원한 국물은 엄마가 마실 수 있지 않을까 해서. 숟가락으로 조금씩 입안으로 떠 넣었으나 거의 삼키지 못한다. 퇴근한 아이들이 모두 왔다. 병상 곁에 둘러 서 있으나 아무것도 해줄 것이 없다.

7월 22일(수요일)

금세기 최대의 일식. 검은 태양이 떴다. 한동안 한낮이 한밤으로 변했다. 우리의 오늘 또한 그렇다. 대낮인데도 눈앞이 캄캄하다. 맥박은 117로 치솟고, 산소줄을 크게 끼웠는데도 산소혼합지수는 90대에서 오르락내리락하고 있다. 모르핀을 계속 주사해도 통증은 멈추지 않고 아무리 이뇨제를 투여해도 소변이 나오지 않는다.

이제 사랑하는 내 아내, 인자한 아이들의 엄마는 성실히 살아온 지난날들과 아득하고 먼 미래의 경계선에 서 있다. 무엇이 아내를 멀고 먼 길로 떠나라고 떠밀고 있는가?

아이들은 퉁퉁 부은 엄마의 양 다리를 주무르고, 팽팽해진 복부를 쓰다듬으며 훌쩍훌쩍 울고 있다.

찬란했던 태양이 한순간 빛을 잃은 긴 여름날, 우리는 떠나려는 아내를, 엄마를 붙잡고 발버둥치고 있다. 제발 한순간이라도 더 머물러 달라고 절규하고 있다.

7월 23일(목요일)

현실을 인정해야 할 단계에 이른 것 같다. 아무리 아우성치고 울부짖어도 운명의 수레바퀴를 멈추게 할 수는 없는 일이다.

큰아들 지훈이 어머니를 어디로 모셔야 할 것이냐고 조심스럽게 말을 꺼낸다. 진주의 선영은 너무 멀어 자주 찾아가 뵈올 수 없을 것 같고, 그래서 서울 근교가 좋을 것 같다는 의견을 내놓았다. 그러면서 고등학교 후배가 그의 아버지 때부터 운영해온 용인의 용인공원이 어떻겠냐고 묻는다. 슬픈 일이지만 받아들이지 않을 수 없다.

이따금씩 의식까지 희미해지는 아내 곁에 작은딸 윤정을 있게 하고, 지훈이 차를 타고 용인공원으로 갔다. 분당을 거쳐 현장까지 약 50km, 1시간 정도 걸렸다. 광주산맥이 병풍처럼 감싼 양지바른 곳, 50만 평이 넘는 광활한 묘역이었다. 30여 년 전부터 조성되어 이미 3만여 기의 묘소가 들어차 있다.

지훈의 경기고 후배 김 사장이 우리를 맞아줬다. 몇 군데 좋다는 곳을 답사했다. 유택의 번지 69-1-826. 그곳을 아내와 내가 영원히 쉴 곳으로 정했다. 곧 계약하기로 하고 아내 곁으로 돌아왔다.

아내는 여전히 깊은 신음을 계속하고 있다. 정말 힘든 이별의 준비가 또 다른 슬픔을 몰고 온다.

7월 24일(금요일)

간호사실에서 김 교수를 만났다. 그는 컴퓨터 모니터를 켜고 지난 4월에 찍은 CT 영상과 7월에 찍은 영상을 비교하며 자세한 설명을 해준다. 4월에는 깨끗했던 간인데, 이제 간까지 암이 전이되어 그 덩어리가 간 전체를 덮었다고 긴 한숨을 쉰다. 이처럼 급격히 암이 번지는 사례는 드물단다. 이미 폐까지 물이 차올랐고, 암 덩어리가 콩팥을 누르고 있어 기능을 마비시키고 있기에 소변이 나오지 않는다는 말도 해준다.

"남은 시간이 정말 얼마 안돼요. 보내드릴 준비를 단단히 해야 할 때입니다."

그는 '남은 시간', '마음의 준비'를 거듭 힘주어 말한다.

모든 희망이 사라졌다. 그래도 치료는 계속됐다. 알부민 등 영양제를 계속 투입하고, 피도 뽑아갔다. 가슴과 배 옆구리의 엑스레이 촬영도 그대로 진행했다.

남궁 박사와 통화했다. 상태가 너무 안 좋아 강남성모병원으로 옮기는 약속을 지키지 못하고 있다고 말했다. 남궁 박사는 언제라도 형편이 닿는 대로 오라고 친절하게 대답했다.

창밖에는 멎었던 장맛비가 퍼붓고 있다. 째깍째깍 아내와 영원한 안녕을 고해야 할 시간이 다가오고 있다. 우리에게 주어진 소중한 순간순간이 자꾸자꾸 줄어들고 있다.

살아 있는 모든 것들은 한정된 시간을 살고 간다. 비록 그 한계가 내일이라 할지라도 그 순간을 모르기에 영원히 살 것처럼 살고 있다. 그러나 이별을 고해야 할 시간을 안다는 것은 가혹한 형벌이요 가슴을 도리는 슬픔이다.

부산의 강 사장이 병실로 찾아왔다. 아내는 강 사장이 온 것도 모르고 깊은 혼수상태에 빠져 있다. 불과 몇 달 사이 너무도 달라진 아내를 본 강 사장은 어이가 없는 듯 말을 잊었다.

아내를 어떻게 보낼 것인가?

어떻게 나보다 먼저 떠나게 할 것인가?

7월 25일(토요일)

이 세상 무엇과도 바꿀 수 없는 귀한 시간이 24시간이나 날아가 버렸다. 1분 1초가 한없이 아까운 시간, 아내는 한마디 말이 없고, 그 해맑은 미소 한번 지어주지 않는다. 수천 배 수만 배 더 농도 짙게 살아야 할 이 순간, 이 절박한 시간에 꿈꾸듯 아무런 표정이 없다. 그 동안 하지 못했던 말, 하고 싶었던 말, 꼭 남기고 싶은 말, 우리들에게 들려줄 말이 얼마나 많을 것인가? 왜 입을 다물고 누워만 있는가? 말 좀 해줘요. 눈이라도 좀 떠봐요.

가슴이 저며 오고, 눈물이 끝없이 흐른다.

가끔 아내는 감정이 북받치는 듯 심장박동수가 급히 치솟는다. 말은 못하지만 그의 영혼이 우리들의 이 처절한 모습을 환히 꿰뚫어 보고 있다는 신호다.

아내 곁을 떠날 형편이 못되었지만, 아이들에게 돌보게 하고 수지 집으로 갔다. 집안을 정리하고 청소를 하기 위해서다. 아내가 조금이라도 더 좋아지는 날, 평소 그렇게도 오고 싶어했던 이 집에 잠시라도 머물게 하고 싶어서다.

아내는 지난 3월 수지 집을 떠난 후 한 번도 와보지 못했다. 큰 수술 후 퇴원이 허락됐을 때 이곳으로 오고 싶어했으나, 불안한 생각을 떨쳐버릴 수 없어 병원에서 가까운 반포 집으로 갔다. 좀더 좋아져 수지 집으로 가자고 날마다 빌었으나 끝내 그날은 오지 않았고, 다시 입원해 오늘에 이르렀다.

단 하룻밤이라도 안방에서 편안한 잠을 잘 수 있게 해주소서. 빌

며 애걸하며 집안을 치우고 정리하려 했으나, 모두가 아내의 흔적
이라 손을 댈 수가 없다. 심지어 아내의 손길이 거친 휴지통의 쓰레
기도 버릴 수 없다. 안방과 거실의 먼지만 청소기로 대충 닦아내고
병원으로 돌아왔다.

아내는 여전히 신음하며 혼수상태에서 벗어나지 못하고 있다. 김
교수가 토요일인데도 병실에 왔다. 가슴까지 차오른 물을 흉부외과
의료진과 협의하여 조치하겠다고 했다. 물을 빼면 일단 숨찬 것은
덜할 것 아닌가. 빨리 해주었으면 좋겠다고 몇 번이나 간청했다.

아내와 더불어 머물 수 있는 시간, 그 귀중한 하루가 또 저물어 간
다. 행복도, 희망도, 기쁨도 둑 터진 봇물처럼 빠져나간다. 우리가
함께했던 삶의 불이 재만 남기고 서서히 꺼져 가고 있다.

7월 26일(일요일)

음식을 거의 먹지 못한다. 물도 겨우 입술을 적실 정도로 마실 뿐
이다. 먹어야겠다는 의지는 크지만, 몸이 받아주지 않는다. 통증도
더 심해지고 있다. 놓을 수 있는 한계를 넘어선 모르핀의 투여에도
별 효과가 나타나지 않는다. 극한의 통증은 모든 것을 빼앗아가고
있다. 기력도, 사고력도 모두 앗아가고 있다.

아내는 우리가 지난 30여 년간 수시로 사용해 온 외환은행 계좌번
호를 생각해내는 데도 긴 시간이 걸렸다. 그것을 내 수첩에 적을 기
력도 없다. 030-13-, 여기까지 겨우 쓰고 볼펜을 스르르 떨어뜨렸
다. 아내가 이 세상에 남긴 마지막 글씨가 되지 않기를 간절히 빌고
또 빈다. …

아내의 생명의 불은 이렇게 아물아물 꺼져가고 있다. 우리 곁을
떠나려 하고 있다.

밤늦게 의식이 조금 돌아오자, 화장실에 가고 싶다고 내게 손을 내밀었다. 나 혼자 기력이 없는 아내를 부축하기엔 너무 벅차다. 더구나 수많은 영양제와 약제, 각종 기기들을 매달아 놓은 2개의 폴을 끌고 간다는 것은 모험에 가까운 일이다. 축 처진 아내를 업어 가까스로 변기에 앉혔다. 그러나 소변은 나오지 않는다. 다시 병상으로 옮겼다. 한바탕 안간힘을 썼더니 땀에 흠뻑 젖었다. 아내는 애처롭다는 듯 나를 쳐다보며 무언가 말하려 하는 것 같으나, 말이 나오지 않는다.

이 세상 그 무엇보다 소중한 순간순간들은 덧없이 흘러가고 있다. 아내를 보내고 어떻게 살아갈 것인가. 아내 곁에 누웠으나 잠은 오지 않고 슬픈 상념들이 끝없이 명멸한다.

7월 27일(월요일)

삼성의료원에는 본관 1층에 엑스레이 등 각종 사진을 찍는 영상실이 있다. 지난해 5월 이 병원으로 옮겨온 후 언제나 이곳에서 사진을 찍었다. 그때는 아내 혼자 잘 해냈다. 지난 4월 30일 큰 수술을 받고 나서도 부축을 조금만 해주면 가능했다. 그러나 지난 3일 입원한 후에는 휠체어 아니면 이동이 불가능했고, 오늘부터는 병상에 누워 이동하기 시작했다. 누운 상태에서 각종 사진을 찍었다. 서서 스스로 움직이다가 급기야 누워서 이동하는 과정이 태어나서 성장하고, 살아가는 인생의 역순인 것 같아 서글프다.

아내는 의식만 돌아오면, "이제 얼마 남지 않은 것 같아요. 무엇보다 당신을 혼자 두고 가는 것이 슬퍼요." 이 말을 자꾸 꺼낸다. 그리고 마른 뺨 위로 눈물을 주르르 흘린다.

담당 간호사가 오늘 CT를 찍는다며 물도 마시지 말라고 한다. 그러나 저녁때 회진 온 김 교수는 "CT 찍을래요?"라고 묻는다. 이때까지 아무것도 먹지 못하게 해놓고 무슨 말인가? CT는 찍어서 무엇 하겠느냐는 뉘앙스로 들린다. 기분이 몹시 상한다.

"그쪽에서 결정해놓고 누구에게 물어보느냐?"고 항의하듯 말했다. 지난주 금요일 회진 때 "흉부외과와 협의해 가슴에 찬 물을 빼내도록 하겠다"고 약속한 부분은 아무 말이 없다. 우리는 그 조치에 큰 기대를 걸고 초조하게 기다리고 있는데 말이다. 저녁 늦게 CT를 찍었다.

심장의 박동수가 너무 잦다. 높을 경우 140, 평균 100~110 사이에서 오락가락한다. 정상적인 수치보다 40~70 이상 높다. 잔인한 순간들의 연속이다.

윤정은 새벽부터 저녁 늦게까지 엄마의 병상에서 잠시도 떠나지 않고 있다. 병상 난간을 잡고 꾸벅꾸벅 조는 모습이 애처롭다.

7월 28일(화요일)

또 놀랍고, 슬프고, 절망적인 결과가 나왔다.

어제 밤 찍은 CT를 판독한 의료진은 말한다.

"가슴까지 차 있는 물은 단순한 복수가 아닙니다. 피와 물과 암 덩어리가 엉켜 있는 것입니다. 그래서 주사기로도 잘 빼낼 수 없고, 그 밖의 물리적인 방법으로 뽑아낼 경우 심각한 상태에 빠질 수 있습니다."

복수가 시시각각으로 차올라 숨 쉬기가 어렵고, 맥박은 걷잡을 수 없이 빠르게 뛰고 있는데, 복수를 빼낼 수 없다니 온 천지가 새까맣다.

"이제 정말 남은 시간이 거의 소진된 것 같아요."

엄마의 말에 아이들은 모두 울었다.

윤희의 전화가 오늘 들어 6번째 걸려왔다. 끝까지 이런 상황을 말하지 않을 수 없어 대충 설명해 주었더니 엉엉 울었다.

지난 19일 51kg이었던 몸무게는 53.8kg으로 3kg 가까이 불어났다. 몸은 더 바짝 말라가는데, 복수가 더 많이 찼다는 뜻이다.

아내는 정신이 혼미해지는 듯 작은아들에게 "정훈이는 많이 아픈데 어떻게 왔느냐?"고 엉뚱한 말을 한다.

세 번째로 침대에 실려 1층 촬영실로 옮겨져 가슴과 배, 옆구리 사진을 찍었다. 더 심해진 통증, 가슴을 찢는 듯한 신음.

모르핀도 듣지 않는다. 이제 통증이라도 덜게 완화치료를 받아야겠다. 남궁 박사를 찾아가야겠다. 편하게 떠날 수 있도록 놓아주어야겠다.

7월 29일(수요일)

캄캄한 새벽, 작은딸 윤정은 병원 밖 정원에 앉아 언니와 긴 통화를 했다. 눈물의 대화를 한 모양이다. 눈이 퉁퉁 부었다. 주말에 언니(윤희)가 온단다. 이른 아침 미국의 큰처남이 전화했다. 역시 눈물의 대화였다.

통증이 너무 심해 잠을 못 자고 계속 신음하고 있다. 이제 먹고 마시는 것은 거의 불가능한 상태라 영양제 주사로 생명을 이어가고 있다. 위급한 상황인데도 검사는 계속됐다. 피 뽑고, 가슴, 배, 옆구리 엑스레이를 찍었다.

주말에 온다고 했던 윤희가 그때까지 미루기엔 너무 불안했던지 오늘밤 비행기로 출발하겠다고 알려 왔다. 모든 상황이 급박하게 돌아가고 있다.

김 교수는 아침에 찍은 배와 가슴사진을 보이며 악화의 속도가 예상보다 훨씬 빨리 진행돼 물이 폐 윗부분까지 차올랐다고 했다. 1～3달의 시한부가 아니라 오늘밤이라도 최악의 상황을 맞을 수 있다는 말을 했다. 그는 또 극한의 상태가 오더라도 심폐소생술 등 생명을 연장하는 일체의 조치는 의미가 없으니 생명연장 시술을 원하지 않겠다는 서약을 하도록 요구했다.

그리고 그는 복수를 빼내는 시술을 했다. 3리터 정도 나올 것이라고 했으나, 진하고 불그스레한 복수 1리터를 겨우 뽑아냈다. 그 동안 말해왔던 대로 단순한 물이 아니었다. 이 정도 뽑아냈는데도 맥박은 130에서 110으로 떨어졌고, 숨이 찬 것도 약간 줄어들어 아내의 표정이 다소 밝아졌다.

남궁 박사와 금요일 오전에 만나기로 약속했다. 수지 집에 가서 아내의 여름옷 등을 챙겨왔다.

7월 30일(목요일)

큰딸 윤희가 새벽에 귀국했다. 아내는 1개월 만에 딸을 만났는데도 별 반응이 없다. 의식이 가물가물해진 탓인가 보다. 너무 많이 변해버린 엄마의 손을 잡고 윤희는 계속 눈물을 흘린다. 아이들이 모두 함께 울었다.

성모병원으로 갈 때까지라도 편하게 머물게 하기 위해 1인실로 옮겼다. 정작 본인은 넓은 방으로 옮긴 것을 알고나 있을까. 그러나 가족, 친지, 친구들이 더 가까이서 아내를 보게 되고, 서로 뺨을 비비거나 손도 잡아보고, 가끔씩은 눈 맞추며 교감할 수 있어 좋았다. 의식이 돌아오면 들릴 듯 말 듯한 목소리로 의사표시를 하려고 한다.

4남매, 두 며느리 등 우리 가족이 모두 모였다. '엄마, 엄마' 하고 부르자 아내는 힘겹게 손을 들어 아이들 하나하나의 뺨을 만지며 작별을 고하는 듯한 표정을 지었다. 그리고 두 눈에선 눈물이 흘러내렸다. 모두 어깨를 들먹이며 흐느껴 울었다.

아내가 잠든 순간 아이들을 데리고 휴게실로 나갔다.

"이제 이 슬픈 현실을 받아들일 수밖에 없는 한계에 이른 것 같으니 엄마를 편하게 보내드릴 수 있도록 최선을 다하고, 마음의 각오를 굳게 하자."

나는 타일렀다. 아이들은 계속 울먹였다.

오후엔 소견서와 각종 영상자료, 기록들을 받았다. 내일 남궁 박사를 만날 때 보여주기 위해서다. 아내와 떨어져 반포 집에서 잠을 잤다. 딸들이 아내 곁에 있고, 내일 아침 이른 시간에 남궁 박사를 만나려면 성모병원과 지척인 반포에서 자는 것이 편리하다. 자정께 자리에 들었으나, 병원에 누워 있는 아내가 계속 눈앞에 아른거린다.

방안에 가득 찬 아내의 흔적들, 아내의 체취 은은한 이 침대에서 언제 다시 함께 누워 행복의 꿈을 꿀 수 있을까.

7월 31일(금요일)

새벽 3시에 눈이 떠졌다. 무의식중에 팔을 뻗어 더듬어보았으나 아내는 잡히지 않는다. 외롭고 쓸쓸한 밤이다. 다시 눈을 감고 잠을 청했으나, 눈물만 흘러내린다.

샤워를 하고 아파트 밖으로 나와 아내와 성모병원에 오갈 때마다 넘나들었던 서래풀공원의 산마루 길에 올랐다. 멀리 아차산 동쪽 하늘에 눈부신 아침 해가 솟아올랐다. 쭉쭉 뻗은 은사시나무 가지 사이로 찬란한 햇살이 쏟아졌다. 이른 아침부터 매미소리는 왜 이렇듯 구성진가. 이 길엔 지난날 아내가 남겨놓은 수많은 발자국들이 아득히 이어져 있다. 가슴에 또 다른 슬픔의 발자국도 남아 있다.

삼성의료원으로 옮겨가기 전까지 4년여의 긴 세월 무수히 드나들었던 병동(지금은 별관으로 전락해 폐가처럼 돼 있다) 주변을 맴돌았다. 아내가 세 번이나 큰 수술을 받았던 3층 중앙수술실 앞에도 가보고, 6층의 입원실에도 가보았다.

나아서 우리와 더불어 더 오래 머물기 위해 처절한 싸움을 벌여왔던 그 자리. 먼지와 쓰레기에 덮여 있긴 해도 아내의 천 가지 만 가지 모습들이 배어 있다. 죽음의 문턱에서도 언제나 용기 의지 희망으로 가득 차 있었던 아내의 영혼들이 밤하늘의 별처럼 빛나고 있었다. 그러나 이제 그 빛은 서서히 꺼져가고 있다.

7시 20분, 6층 남궁 박사 사무실로 올라갔다. 반갑게 맞아주었다. 3층 산부인과에 가서 갖고 온 CD 등 자료를 접수시키고, 8시 30분 그곳 외래진료실에서 보자고 했다. 새로 지은 병원 이곳저곳 돌아다니며 시간을 보내다 남궁 박사를 다시 만났다. 모니터로 영상자료 등을 살피던 남궁 박사의 표정이 어두워졌다.

"아! 아! 더 해드릴 게 없네요. 일단 산부인과로 입원하세요. 완화팀과 연결해 완화치료를 하도록 합시다."

월요일(8월 3일) 입원예약을 했다.

로비 벤치에 풀썩 주저앉았다. 잔잔한 슈베르트의 아베마리아 선율이 흘러나온다. 날마다 아침 8시 45분이면 이 곡이 병실 등 어느 곳에나 울려 퍼진다. 일과 시작을 알리는 메시지다. 우리는 이 성가를 병실에서, 진료실에서, 때로는 수술실에서 수없이 들었다.

"은총이 가득하신 마리아님, 기뻐하소서! 주님께서 함께 계시니 여인 중에 복되시며 태중의 아들 예수님 또한 복되시나이다. 천주의 성모 마리아님, 이제와 저희 죽을 때에 저희 죄인을 위하여 빌어주소서.”

　지훈을 만나 10시가 넘어 늦은 아침을 사먹고 아내 곁으로 돌아왔다. 거의 11시간 만이다. 이렇듯 긴 시간 아내와 떨어져 있었던 적은 거의 없다. 잠시만 자리를 비우면 몹시 찾던 아내, 오늘은 이렇게 오랫동안 떨어져 있었는데도 멍하게 쳐다보고 있을 뿐이다.

　아! 의식이 점점 떨어져 가는구나. 가슴이 철렁 내려앉는다.

　침대에 누운 상태에서 운반해온 각종 촬영기로 가슴, 배, 옆구리 등의 사진을 찍었다. 소변이 나오지 않아 두 번이나 이뇨제를 투여했고, 통증은 한층 더 심해졌다. 산소공급량을 최대로 올려도 숨이 차다. 맥박은 130까지 오를 정도로 빠르게 뛰고 있다. 어디를 향해 이렇듯 숨이 차도록 달려가고 있을까? 아내의 상태는 시시각각으로 나빠지고 있다.

　김 교수가 왔다. 완화의료시스템이 비교적 잘 갖추어져 있는 성모병원으로 월요일에 가겠다고 말했다.

　“좋아져서 퇴원하셔야 하는데 좋지 않은 상태로 떠나시게 되어 마음이 무겁습니다. 외래진료 등이 필요하면 언제든지 오세요. 환영하겠습니다.”

　마음이 여리고 순수한 김 교수, 정말 섭섭한 표정이다.

　“그 동안 신세 많이 졌습니다. 그 은혜 잊지 않겠습니다.”

　또 하루가 줄어들었다. 큰 희망과 꼭 나을 수 있다는 기대를 안고 찾아왔던 삼성의료원. 1년 2개월이 넘는 세월, 숱한 항암치료와 큰 수술, 수백 번 피를 뽑고, 수혈을 하고, 사진을 찍고, 수없이 요관을 바꾸어 끼우고, 끝내는 인공항문인 장루까지 2개씩이나 달고, 때로는 응급실로 달려오고, 수없이 입원과 퇴원을 되풀이해온 지난 14개월.

502

처절하고, 아프고, 또 불안하고, 그리고 아내가 너무 불쌍해 눈물이 마르지 않은 시간들의 연속이었다. 이제 이 병원을 떠난다. 더 악화되어 의식이 없는 상태로 이 병원을 떠난다. 치유를 위한 치료는 접어두고 고통을 덜어주기 위한 최후의 길을 찾아 이 병원을 떠난다.

두 딸은 24시간 엄마 곁에 붙어 있다. 이 또한 눈물겹다.

"여보, 금방 다녀올게요"

8월 1일(토요일)

최악의 날들이 계속되고 있다. 새벽 1시부터 맥박은 140을 넘어서고, 산소포화량은 89까지 떨어졌다. 열은 37.4도로 올랐다. 간호사가 달려와 해열제를 투여하고, 산소줄을 산소마스크로 바꾸었다. 붙잡아도 붙잡아도 아내는 우리 곁에서 자꾸 멀어져 가고 있다. 너무 슬프고 불안한 8월의 시작이다.

응급조치의 효과인지 새벽 2시가 지나니 맥박은 110~130으로 떨어지고, 산소포화량은 94~98선을 유지한다. 그러나 제대로 숨을 쉬지 못해 몹시 답답해한다. 시시각각으로 차오르는 복수와 불어나는 암세포가 호흡곤란 증세를 더욱 악화시키고 있는 것 아닐까?

삼키고 마시는 기능도 잃어가고 있다. 물 한 모금, 국 한 순갈도 넘기지 못한다. 딸들이 계속 물과 국물을 떠 넣어도 그대로 흘려버린다. 입이 바짝바짝 말라 물을 찾지만, 그것을 받아들이지 못한다. 딸들은 빨대에 물을 담아 몇 방울씩 입 속에 넣어주고 있다. 그것도 불가능할 경우엔 거즈에 물을 적셔 입술을 덮어준다. 그 정도의 물기로 갈증을 덜어주기엔 턱없이 부족하지만, 입이 마르는 현상은 어느 정도 막아줄 수 있지 않을까?

모르핀을 계속 투여해도 지독한 통증은 가라앉지 않는다. 양쪽 다리는 더 많이 부었다. 곡기를 끊은 지 벌써 며칠째 인가? 딸들의 지극한 돌봄에도 아무런 반응이 없다. 자원 스님과 미국 처남으로

504

부터 전화가 왔으나, 제대로 응답하지 못했다.

8월 2일(일요일)

몇 번의 시도 끝에 복수를 650cc 정도 뽑아냈다. 근육 수축으로 인해 오는 통증을 완화하기 위한 주사도 맞았다. 그러나 통증이 더 심해지는 듯 신음은 더욱 높아지고 있다.

저녁때 회진차 병실에 온 주치의.

"황달이 급속히 오고 있습니다. 그것이 뇌에 미치면 완전히 의식을 잃게 됩니다."

절망의 강도가 갈수록 커진다.

아내는 이미 의식을 잃었다. 친한 이웃들(이종한 사장 내외분, 우종일 사장 내외분)이 찾아왔는데도 제대로 알아보지 못한다. 그들은 불과 며칠 전과 너무 달라진 아내의 모습에 놀라며 눈물을 글썽거렸다.

얇은 실 같은 희망과 기대를 걸고 내일 이 병원을 떠난다. 수많은 기억들이 끝없이 밀려온다. 가파른 고개를 넘고 넘으며 이른 오늘, 우리는 생명의 끝과도 같은 아찔한 낭떠러지 위에 서 있다. 아내에게 남겨진 시간은 얼마일까. 나아서 돌아가리라는 희망을 간직하고 들어왔던 이 병원을 이제 기력, 정신력, 의지력 등 모든 것들을 거의 소진한 상태에서 떠난다. 아내는 성모병원으로 간다는 사실을 알고나 있을까.

저녁때 안아 일으켜달라는 신호를 보내는 것 같아 두 딸과 부축해 겨우 앉혔다. 하고 싶은 말, 얼마나 많을까. 감정이 솟구치는 듯한 전류가 흐르고 있음이 느껴진다. 모니터의 맥박수가 계속 올라간다. 말은 못해도 맥박과 숨결로 그 뜻을 우리들에게 표현하려고 혼신의 힘을 쏟고 있음이 분명하다. 아마도 아내는 그 동안 수없이 이런 사인을 보냈을 것이다. 아내는 의식이 어느 정도 있을 때 "초점이 맞지 않는다", "말귀를 못 알아듣는다" 등의 말을 하곤 했다. 말귀를 못 알아들은 우리들, 왜 세심한 표정변화를 읽지 못했던가?

딸들은 잠시도 쉬지 않고 엄마의 뺨에 얼굴을 비벼 보고, 팔다리도 주무르고, 등을 두드려주며 이 병원에서의 마지막 밤을 보내고 있다.

8월 3일(월요일)

허용한도를 초과하면서까지 모르핀을 계속 주입해도 그 아픔이 줄어들지 않는다. 한밤중부터 시작된 상상을 초월한 통증은 두 딸과 아들의 눈물겨운 간호와 뜨거운 효심에도 진정되지 않는다. 심한 갈증을 느끼는지 물을 달라는 표정을 짓는다. 거즈에 물을 흠뻑 적셔 입 위에 얹었으나 그 적은 양의 물도 삼키지 못하고 그대로 뺨 위로 흘러보내 버린다. 가쁜 숨소리와 신음소리가 무겁게 가라앉은 병실의 공기를 흔든다.

지옥 같은 시간이 흐르고 이 병원을 떠날 순간이 다가왔다. 짐들을 챙겼다. 아내가 이 병원에 들어올 때 입었던 옷가지, 신었던 신발, 안경, 세면도구, 간단한 화장품 등을 가방에 차곡차곡 넣었다. 분홍빛 테의 안경, 며느리가 이태리 출장길에 선물로 사다주었던 신발, 자원 스님이 쾌유를 빌며 걸어주었던 염주, 결혼 초 동남아 취재를 마치고 홍콩을 경유하며 사다 주었던 오래된 손목시계.

모두 아내가 애지중지했던 것들이다. 언제 이것들을 다시 몸에 지니랴, 이것들과도 영원한 이별을 고하게 되는 것 같아 자꾸 눈물이 난다.

지난 1년 2개월 동안 무수히 입원하고 퇴원을 되풀이하는 사이 7

506

병동의 간호사, 의사, 청소아줌마, 입원환자들과는 끈끈한 인간관계가 만들어졌다. 그들은 오늘 아내가 의식이 없을 정도로 좋지 않은 상태에서 퇴원하게 된 것을 마음 아파한다. 특히 아내가 입원해 있을 때마다 정성을 다해 보살펴준 간호사들은 눈물을 글썽이며 아내 손을 쥐어보기도 하고, 볼에 입맞춤을 하기도 한다.

아! 아! 언제 우리 다시 만나랴.

떠날 시간, 아내는 각종 약제와 산소마스크, 산소포화도, 박동수 등을 체크하는 기기를 달고 조심스럽게 앰뷸런스에 옮겨졌다. 의사도 동승했다. 앰뷸런스는 사이렌을 울리며 개포IC, 경부고속도로, 반포 IC를 지나 강남성모병원까지 순식간에 달려왔다.

남궁 박사의 배려로 18동 208호실 병상에 뉘어졌다. 완화병동이 아닌 산부인과 병동이다. 북쪽으로 난 창밖으로 한강의 푸른 물결이 출렁거리고 멀리 북악의 영봉이 끝없는 파노라마처럼 펼쳐져 있다. 아내가 이때까지 입원했던 어떤 병실보다 분위기가 좋고, 전망이 뛰어났다. 아내는 이 바뀐 분위기를 느끼기나 할 것인가?

남궁 박사가 병실로 왔다.

"복숙 씨, 복숙 씨."

큰 목소리로 불렀으나 대답이 없다. 남궁 박사는 손을 잡아보고 복부를 쓰다듬는다.

"이제 암이 온몸으로 번져 손을 쓸 수 없습니다. 고통을 덜어 주는 방법밖에는 없습니다. 마음의 준비를 단단히 하세요."

슬픈 눈빛으로 우리를 바라본다. 내일 아침까지는 산부인과적인 치료를 하게 된다며 종합영양제는 아주 느린 속도로 주입하고, 진통제는 시간당 20cc 정도 들어가게 조절했다. 그리고 피도 뽑아가고, 소변 검사도 했다.

조용한 음악이 통증 완화에 도움을 준다며 큰아들 지훈은 오디오 시스템과 함께 아내가 평소 즐겨 듣던 바흐의 〈골드베르크 변주곡〉 등의 CD를 갖고 와 들려주었다. 그 잔잔한 선율이 효과를 발휘하는지 맥박은 98~120, 산소혼합률은 95~98을 계속 유지하고 있다.

환한 달빛이 강물따라 흐르고, 멀리 남산타워의 불빛이 영혼을 이끄는 등대처럼 빛난다. 어디론가 힘겹게 달려가는지 숨결이 점점 거칠어진다.

아들 딸 우리 모두는 떠나지 말라고 절규하며 통한의 밤을 보내고 있다.

8월 4일(화요일)

모두 뜬눈으로 지난밤을 새웠다. 병원은 바뀌었으나, 통증은 변화가 없다. 8시경 남궁 박사가 병실에 왔다. 이제부터 통증완화전문 의료진이 아내를 돌볼 것이라고 했다. 원칙적으로는 완화병동(호스피스병동)으로 옮겨야 하지만, 이 병실에서 계속 처치를 받을 수 있게 배려해 주었다.

잠시 후 완화팀 의사들이 찾아왔다. 완화팀 방식대로 진료를 받겠다는 서명을 요구했다. 이제부터 치료개념의 진료는 없고, 통증없이 남은 시간을 보내는 수단과 방법을 강구하는 돌봄이 있을 뿐이란다. 주렁주렁 달려 있던 각종치료제가 든 링거 병들을 모두 걷어갔다. 영양제와 진통제만 공급할 뿐 피를 뽑아가거나 이뇨제를 주사 하는 등의 치료행위는 없어졌다.

오후 3시경 통증완화 전문의인 임 교수가 병실에 왔다.

"이 시간부터 남은 짧은 시간이 이제까지 살아온 긴 시간보다 더 소중합니다. 환자는 기력이 떨어져 하고 싶은 말을 못하고 있을 뿐 듣고, 피부로 느끼는 기능은 그 역할을 하고 있습니다. 따뜻한 말, 영원히 사랑한다는 말을 계속 속삭여주고, 손도 잡아주고, 입맞춤도 계속하세요."

아! 그 동안 우리들은 무의식중에 아내의 마음을 아프게 한 말이나 행동을 하지 않았을까. 울고 흐느끼는 소리를 듣고 아내는 얼마나 좌절하고 슬퍼했을까.

"여보, 그 동안 언짢게 들린 말, 기분 나쁘게 느껴진 행동이 있었다면 용서해 줘요. 우리는 언제나 당신을 사랑하고 영원히 당신과 함께 머물기를 빌고 있다는 것, 잘 알고 있잖아요. 당신은 영원한 내 아내며 아이들의 엄마요. 당신과 결혼한 것 하늘이 내게 내린 최상의 축복이요 행복이고요. 사랑해요. 그리고 너무 소중해요."

이렇게 계속 속삭여 주었다.

부산 강 사장의 친구인 신부님 한 분이 오셔서 간곡한 기도를 해 주셨다. 아내는 분명 이 기도를 듣고 있다. 심장박동수가 솟구친다. 현숙과 대전 할머니가 오셨다. 계속 우신다. 이웃의 김문진, 이종한, 이정복, 우종일 사장 내외, 그리고 친구 박용배와 그의 부인 문미애 씨도 왔다. 달라진 아내의 모습에 모두들 할 말을 잊고 눈물만 흘린다.

완화치료의 효과는 어디까지일까. 의사도 간호사도 자주 오지 않는다. 산소공급량을 계속 늘려도 숨이 찬 듯 숨소리는 고르지 못하고 거칠다.

이 절박한 순간, 신부님의 간곡한 기도를 들어주소서.

그리하여 하고 싶은 말 한마디라도 할 수 있는 힘을 주소서.

맑은 정신으로 우리들을 한 번이라도 더 볼 수 있게 하소서.

8월 5일(수요일)

검은 구름이 밀려오는 듯 천지가 캄캄하다. 빌고 애원하고 울부짖어도 운명의 수레바퀴는 멈추지 않는다. 아내에게 주어진 생명의 불꽃이 아물아물 흔들거린다.

세균에 감염되었는지 체온이 40도까지 치솟는다. 저항력이 바닥까지 떨어져 세균이 급격히 퍼졌다며 항생제 주사 한 대를 놓아준다. 몰아쉬는 숨소리가 처절하다. 맥박은 150까지 크게 오르고, 산소포화량은 98, 95, 93, 90으로 연달아 떨어진다. 90 이하로 내려가면 경고음이 울리고 그러면 산소공급량을 더 늘려 90대 이상으로 올리려고 혼신의 힘을 쏟는다.

두 딸은 찬 물수건으로 엄마의 얼굴, 팔다리, 가슴과 등 등 온몸을 닦아주며 밤을 꼬박 새웠다. 그래도 열은 떨어지지 않고, 숨결은 더욱 거칠다. 의사와 간호사가 들렀다.

"인간이 할 수 있는 일은 여기까지인 것 같습니다. 보내드려야 할 시간이 정말 얼마 남지 않았습니다."

아이들은 모두 흐느끼며 엄마를 부른다.

"엄마, 엄마, 엄마."

어쩌면 이승에서 아내의 마지막 날이 될지도 모르는 오늘, 아내의 병상을 돌려 창밖의 하늘을 향하게 했다. 마음의 눈으로 그가 살아온 세상을 좀더 보게 하고 그가 호흡해온 대기를 좀더 마시게 하기 위해서다.

멀리 북한산이 웅장한 자태로 서 있고, 남산도 보인다. 눈을 아래로 돌리면 햇볕에 빛나는 한강이 조용히 흐르고 있다. 한남대교 너머, 결혼 후 대부분의 세월을 살아온 아파트촌도 보인다. 아내의 순수한 영혼 속에 아름다운 세상, 행복한 추억, 고운 기억들만 담겨지

길 기원하며 보내는 이날의 낮과 밤, 차라리 내 종말의 날이 되었으면 이토록 비참한 나락에서 헤매고 있지는 않을 것 아닌가.

고운 달빛이 유난히 환한 밤, 아내의 얼굴 또한 환해졌다. 그러나 생명의 불꽃은 가물가물 꺼져가고 있다.

8월 6일(목요일)

자정을 넘기자 아내는 모든 기능이 급격히 떨어졌다. 150까지 치솟았던 맥박은 140, 120, 110, 90, 70, 60, 50으로 쭉쭉 가파른 하강곡선을 그었다. 산소혼합률은 90 이하로 낮아져 경고음이 계속 울렸다. 모니터에 나타나는 모든 선들은 조금 전과는 아주 다르게 그어지고 있었다. 그리고 6시 모든 계기가 멈췄다. 꼭 쥐고 있는 손의 온기도 서서히 식어갔다.

달려온 의사는 청진기로 심장이 뛰고 있는지를 체크했다.

"너무 슬프군요. 하늘나라로 돌아가셨습니다. 살아 있는 자, 그 누구나 이 순간을 맞습니다. 이제 영원한 곳에서 편히 쉬시도록 놓아드리세요."

아내의 임종을 선언했다.

2009년 8월 6일 새벽 6시. 사랑하는 내 아내, 자상한 아이들의 어머니는 조용히 눈을 감았다.

보름달이 서쪽 하늘로 넘어가고 장엄한 태양이 멀리 아차산 쪽에서 떠오르는 순간이었다.

아! 아내는 갔다. 돌아올 수 없는 머나먼 길을 떠났다. 고통으로 가득 찼던 이승을 떠났다. 한마디 말, 찰나의 미소, 가벼운 손짓 하나 없이 가버렸다. 이렇듯 황망히 떠나려고 그 고통의 낮과 밤을 버텨왔던가? 온 세상이 캄캄하다. 수만 길 나락으로 떨어진다.

이 세상에 태어나서 66년 5개월 16일, 결혼한 지 41년 3개월 16일, 암과 처절한 싸움을 벌여온 지 5년 7개월, 2,036일 만에 아내는 우리 곁을 영원히 떠났다. 아무리 울부짖고 발버둥쳐도 돌아오지 않는다.

정월 대보름달과 함께 이 세상에 왔던 아내, 그 달과 더불어 영원한 피안의 세계로 떠났다.

숨을 거두기 전까지만 해도 고통스러움이 역력했던 아내의 표정이 환하고 평온한 모습으로 돌아왔다. 쏟아져 들어오는 아침 햇살을 받으며 조용히 눈을 감고 잠자듯 누워 있는 아내는 천사의 얼굴이었다.

주렁주렁 달려 있던 줄들을 걷어내고 깨끗한 옷으로 갈아 입혔다. 그리고 하얀 시트를 덮고 이동용 침대로 옮겨졌다. 긴 복도를 지나 엘리베이터를 타고 지하로 내려갔다. 대기중이던 앰뷸런스를 타고 장례식장으로 옮겨졌다. 시트를 걷고 아이들은 엄마의 얼굴에 눈물의 키스를 하며 가시지 말라고 울부짖었다.

차디찬 4호실에 안치됐다. 허무하다는 말로 표현하기엔 너무 비통하고, 잔혹하다.

아내는 갔다. 고통도, 집착도, 미련도, 모든 것 다 털어버리고 훨훨 천사가 되어 날아갔다. 끝내 붙잡지 못하고 보낸 아내가 아깝고 측은해 울고, 내 신세가 처량해 울고 또 울었다.

이 비극의 날에도 시간은 흐른다. 이제 아내가 떠나는 길을 평탄하게 만들어 주어야 할 일, 산 사람의 몫이다.

8월 7일(금요일)
비탄과 눈물의 낮과 밤이 지나고, 또 슬픔의 날이 열렸다. 하늘도

512

슬퍼하는지 부슬부슬 비가 내린다. 이승에서 아내의 모습을 마지막으로 보는 시간이 다가왔다.

오전 10시 입관절차가 이루어졌다. 차디찬 안치실 문이 열리고 하얀 시트에 싸여진 아내가 모습을 드러냈다. 입관실 좌대에 뉘어진 아내는 고통의 흔적을 찾아볼 수 없는 환한 얼굴에 평화로운 모습이다.

"여보."

벌떡 일어날 듯한 아내, 달려가 얼굴에 뺨을 대보고, 만져보아도 아무런 반응이 없다. 싸늘해진 얼굴, 굳어진 손.

아! 아내는 정말 멀리 떠났구나. 아이들 모두 엄마 얼굴에 얼굴을 대며 뜨거운 눈물을 끝없이 흘렸다.

수의를 입히고, 꽁꽁 묶는 염습이 시작됐다. 고통의 상징이었던 환의를 벗기고 노란 안동포 수의로 갈아 입혔다. 바지, 치마, 저고리, 두루마기, 머리엔 수건과 고깔모자, 버선, 손싸개, 머나먼 저승길을 떠나는 행색을 갖추었다. 얼굴 화장도 약간 하고, 립스틱도 엷게 발랐다. 생전 외출할 때의 얼굴 모습 그대로다.

"여보, 금방 다녀올게요."

나에게 속삭이던 평소의 그 모습이다. 다리, 허벅지, 배 가슴이 차례로 묶이고, 머리도 묶였다. 얼굴이 하얀 천으로 가려지고, 또 묶였다. 10시 40분, 이승에서 마지막으로 아내의 얼굴을 본 순간이었다.

아내는 삼베 이불에 싸여, 아이들에 안겨 관 속으로 들어갔다. 육중한 관 뚜껑이 덮였다. 나무못으로 관 뚜껑을 고정하고, 다시 차디찬 안치실 안으로 들어갔다. 10시 45분, 아내를 떠나보낼 모든 절차가 끝났다.

한평생 올곧고 알뜰하게 살아온 아내, 그가 가지고 간 것은 무엇인가. 모든 것 다 두고 달랑 삼베옷 한 벌 걸치고 황망히 떠나갔다. 허무하고 허무하다. 아내 없는 세상 어떻게 살아갈 것인가.

많은 친척, 이웃, 친구, 후배들이 왔다. 모두들 위로의 말을 해주었으나, 나는 멍하게 앉아 있었을 뿐이다.

조문객들이 모두 떠난 한밤중 아내의 영정 앞에 앉았다. 향불은 끝없이 타오르고, 아내의 미소가 은은하다. 아내와 함께한 40여 년은 참 행복했다. 집안엔 언제나 웃음이 가득했고, 아이들은 잘 자라주었다. 나 또한 모든 일이 잘 풀렸다.

아! 그러나 즐거운 날, 행복한 인생은 끝이 났구나. 아내와 함께 모든 것이 떠났다.

8월 8일(토요일)

비가 부슬부슬 내린다. 눈물도 주르륵 흐른다.

오전 8시 강남성모병원 장례예식장. 아내를 영원한 나라로 떠나보내는 의식이 암울한 분위기 속에서 진행되었다. 얼마의 시간이 흐른 후 영구차에 아내가 태워졌다. 고통과 좌절, 때로는 작은 희망의 불빛을 쫓아 질주했던 경부고속도로 달래내 고개를 넘었다. 대학시절과 결혼, 일가를 이루고, 아이들을 키우고, 우리의 젊은 날의 꿈이 이루어진 곳인 서울과도 영원한 이별을 고했다. 아내는 이제 서울에 다시 오지 못한다. 그러나 영혼으로 서울 하늘을 훨훨 날 것이다.

30분쯤 달려서 지난 3월 응급실로 실려 간 후 아내는 끝내 불귀의 객이 되어 수지 집에 돌아왔다. 아내가 그토록 아끼고 가꾸었던 그 집에 아들 품에 안긴 영정으로 돌아왔다. 아내의 정성과 체취가 겹

514

겹이 배어 있는 안방과 거실, 피아노방, 아이들방, 서재, 부엌, 화장실, 발코니 등을 둘러보았다. 그리고 이 집과도 안녕을 해야 할 순간이 다가왔다.

많은 이웃들이 말없이 떠나는 아내를 배웅하며 흐느꼈다.

"잘 가세요."

아파트 단지에서 빠져 나와 멀리 사라질 때까지 그들은 손을 흔들어주었다.

그대의 짧은 삶은 부끄럽지 아니하였소.

당신은 혼자가 아니었소.

당신은 지혜로웠고, 존경받았소.

어찌할 수 없을 때, 패배하는 것도 아름답소.

먼 길, 부디 편안히 가소서.

오전 10시 30분, 경기도 용인시 모현면 초부리 용인공원.

아내가 영원한 안식을 취할 곳에 도착했다. 아내는 아들들 친구들의 부축을 받아 묘역으로 옮겨졌고, 곧 깊이 1m 가까운 땅속에 조용히 내려졌다.

흙 한 삽을 뿌렸다. 아들, 딸, 며느리, 사위, 조카, 친척들, 친구들이 차례로 흙을 떠 부었다. 이제 아내는 땅속의 침묵 속에 영원히 잠들었다. 이승과의 모든 인연을 끊고 피안의 정토, 고통도 없고, 슬픔도 없는 곳에서 나를 맞을 준비를 하고 있을 것이다.

11시 30분, 흙으로 모두 채워지고 평토제를 올렸다. 하늘도 슬픈지 검은 구름이 얕게 깔리고 순간순간 비를 뿌린다. 12시, 무덤의 형상을 모두 갖추었다. 아내를 어두운 지하에 혼자 남겨두고 우리는 내려왔다.

공원묘지 관리사무실 옆 식당에서 이곳까지 와주신 많은 분들과 점심을 함께 했다.

아내의 영정은 사위 품에 안겨 압구정동 큰아들 집으로 돌아왔다.

아내의 일생은 이렇게 허무하게 막을 내렸다.

이 캄캄한 밤, 바람 없이 무더운 이 밤, 아내는 어떻게 이 외롭고 슬픈 밤을 지내고 있을까.

이렇게 보낼 것을 왜 평소에 더 잘해 주지 못했던가.

결국 빈손으로 떠난 아내를 위해 과연 모든 것을 다 바쳐 치료하고, 최선을 다해 돌봐주었던가.

왜 의식이 아직 좀 있었을 때 무엇인가 말하려 했던 것을 마음 약한 소리라며 못하게 말렸던가.

하지 않겠다는 마지막 큰 수술을 왜 해야 한다고 우겼던가. 그 수술을 하지 않았더라면 마지막이 그렇게 고통스럽지 않고 단 며칠이라도 우리와 함께 더 머물지 않았을까.

영혼을 찢는 듯한 상념과 후회들이 끝없이 교차한다.

8월 9일(일요일)

통한과 고독의 밤이 가고, 또 외롭고 슬픈 하루가 시작됐다. 아들, 딸, 며느리, 사위, 손자, 손녀들과 함께 수지 집으로 돌아왔다. 텅 빈 집안, 아내의 흔적뿐이다. 향긋한 아내의 내음, 낭랑한 목소리가 느껴지고 들려온다. 환한 미소를 지으며 현관 밖에서 달려올 것만 같다.

아내가 투병기간 중 즐겨 앉아 있곤 했던 발코니의 안락의자에 앉았다. 아내는 이 의자에서 창밖의 네 계절을 즐겼고, 햇볕도 쪼였고, 책을 읽거나 음악을 들었다. 아내의 모든 것이 녹아 있는 이 의자, 나는 여기에 앉아 아내가 머물고 있는 남동쪽 하늘을 멍하니 바라보고 있다.

뭉게구름 몇 덩어리가 천천히 떠간다. 단아한 모습의 아내가 그 구름 속에서 환하게 웃고 있다. 저승과 이승은 이렇듯 먼 것인가?

두 아들네, 사위와 손자들은 저녁때 모두 돌아갔다. 두 딸과 나만 남았다. 두 딸은 내일 삼우제를 지내기 위한 준비를 하다가도 엄마 사진을 보고 울고, 엄마 옷가지 만져보며 운다.

아내 떠나간 휑한 안방, 온통 아내의 환상과 체취로 가득 차 있다.

침대에 누웠다. 몇 달 만에 누워보는 내 자리다. 아무리 눈을 감아도 아내의 모습이 어른거릴 뿐 잠이 오지 않는다.

아내가 잠들어 있는 남쪽 하늘엔 환한 달이 떠 있다.

8월 10일(월요일)

뜨거운 태양이 대지를 내려 쪼이고 있다. 아내가 잠들어 있는 이 산기슭에도 숨 막히는 열기가 끝없이 밀려온다.

아내를 두고 간 지 3일 만에 아내 곁에 다시 왔다. 삼우제(三虞祭)를 지내는 날. 우리 가족들 전부와 일부 친척, 몇몇 친구들이 참석했다. 무덤 봉분은 제 모양을 갖추었고, 잔디도 심어졌다. 상석도 놓여졌고, 향로, 꽃을 꽂는 화병도 제자리에 배치되었다.

준비해간 제물을 차리고, 생화와 조화를 몇 다발 꽂았다. 향도 피웠다. 아이들은 쭉 늘어서서 흐느끼며 엄마한테 절을 한다. 못 마시는 술도 계속 부어 놓는다. 한 시간이 넘도록 그곳에서 맴돌았다.

그 시간, 옆 묘지에 정(鄭) 씨라는 54세의 여인이 묻혔다. 아내가 눈을 감은 그날에 떠났으나, 5일장을 하느라 오늘 이곳에 왔다고 했다.

아내보다 더 젊은 여인도 이렇게 떠났구나. 애석하다. 성도 같은 정 씨이고, 이웃이 되었으니 '언니, 아우' 하고 지내면 덜 외롭고 좋 겠다는 생각이 들어 약간은 위안이 됐다.

나처럼 불행한 남자가 또 있구나. 그분을 위로하고 아내 곁을 떠 났다. 몇 번씩 뒤돌아보고 뒤돌아보며 언덕길을 내려왔다.

아내가 아끼던 한복 한 벌, 즐겨 신던 신발 한 켤레, 속옷 등을 관 리소에 맡겼다. 요즈음엔 공해문제로 일정기간 모았다가 한꺼번에 소각장에서 태운단다.

관리소 옆 식당에서 늦은 점심을 먹었다. 멀리서 온 친척, 친구들 도 있어 맥주도 시키고, 소주도 시켰다. 나도 맥주 한 잔 마시고, 밥 몇 숟갈 먹었다.

밥과 술이 넘어가다니. 이래서 산 사람은 산다고 했던가.

우리 가족은 수지 집으로 돌아왔다. 20㎞ 남짓한 가까운 거리, 그 래도 길이 막혀 거의 1시간이 걸렸다.

아내 없는 집은 슬픔과 외로움만 가득 차 있다. 아이들은 늦은 시 간에 다 가고 두 딸과 나만 남았다.

딸들은 엄마의 유품들을 챙기며 또 울음을 터뜨렸다.

엄마가 아끼고 아끼던 패물들, 체취가 물씬한 옷가지, 반들반들 윤이 나는 그릇이며 주방기구, 그리고 냉장고, 냉동고 등에 가득 채 워둔 갖가지 밑반찬과 간식용 먹거리, 이렇게 쉽게 떠날 사람이 누구 를 위해 이렇게 알뜰하게 저장해 두었을까. 이 물건들과 음식들을 어 떻게 처리하고 먹을 것인가.

넋이 나간 듯 멍하니 먼 산만 바라보고 있다.

삶이 소중한 이유는 언젠가 끝나기 때문이라 했던가.

소중한 삶을 살고 떠나간 사랑하는 내 아내여,

이별 없고 고통 없는 그 세상에서 편히 쉬고 계시오.
나 이제 곧 그곳에 가리니.

아제아제 바라아제 바라승아제 모지사바하
(揭諦揭諦 波羅揭諦 波羅僧揭諦 菩提薩婆訶)
아제아제 바라아제 바라승아제 모지사바하.

가세 가세
건너가세
저 언덕 넘어가세
저 높은 피안(彼岸)을 향하여
모든 것을 넘어서
저 높은 열반의 세계로.

손자와 즐긴 싱가포르 여행.
2007년 12월, 큰딸과 사위가 살고 있는 싱가포르에 다녀왔다.
말레이시아를 거쳐 히말라야까지 구도자와 같은 여행을 꿈꾸었던 아내.
— 2007 싱가포르, Singapore Zoo에서 손자와 함께 트램을 타고

사랑이여, 그대는 나를 위해 울지 마요

김세호
전〈경향신문〉기자, 홍성조류탐사과학관 연구위원

생사의 기로에 선 아내를 간병하는 2,042일의 긴 간병기록, 간병일기다. 힘겹게 투병하는 아내를 지켜본 간병기록이라지만, 이 책은 아내와 일심동체(一心同體)가 된 남편이 뿌리는 눈물과 감동의 투병기록이다. 병으로 상처받은 영혼의 진솔한 고백이자 아내에게 보내는 불멸의 러브레터다.

난소암을 앓는 아내 곁에서 고통과 절망을 온몸으로 헤쳐나간 한 사나이의 '난중일기'(亂中日記)는 차라리 '로미오와 줄리엣'이 되어 우리에게 다가온다. 장애물을 만나면 사랑은 더 깊어진다. 암이라는 넘기 어려운 장애, 무력한 남편의 불운한 운명과 상흔, 죽음이라는 참담한 비극 앞에 선 부부애는 슬프고도 아름다운 한 편의 위대한 서사(敍事)이자 너무도 인간적인 비애(悲哀)의 대장정이다.

암과의 전쟁에서 그들은 결국 패배하였으나 그 투쟁은 치열했다.

그들은 용감한 투사가 되었고 물러서지 않는 전사가 되었다. 참혹했던 전쟁은 끝났다. 간절히 바랐으나 승리는 우리 편이 아니었다. 분전한 아군은 개선(凱旋)하지 못하였다. 죽은 자와 살아남은 자는 하나의 역사가 되어 우리 앞에서 오열하고 있다.

알마 파렌스 레룸(alma Parens rerum)
주여, 인자하신 당신의 뜻이 결국 이런 것입니까.

눈물이 메마른 시대에도 우리는 울지 않으면 읽을 수 없는 또 한 권의 책을 만난다. 페이지를 한 장 한 장 넘기면서 내내 눈시울이 뜨거웠다. 때로는 주체할 수 없이 쏟아지는 눈물 때문에 안경을 벗고 손수건으로 눈 부위를 훔쳐야 했다.

아내의 신음과 흐느낌, 약물에 지친 아내의 힘없는 표정, 앙상하게 마른 아내의 불쌍한 모습, 피눈물이 밴 병상, 무서운 수술과 차가운 메스에 어지럽게 난자된 몸과 흉터, 수없는 주사바늘 자국, 반복적으로 이어지는 마취와 혼수상태, 먹지도 못하고 먹으면 토하는 기막힌 역류, 항암제에 강요당한 삭발, 기약 없는 완치(完治)의 아픈 시간들, 다가오는 죽음에 대한 두려움. 잠 못 이루는 길고 깊은 밤…. 그리고 용기와 포기, 극복과 굴복, 기도와 체념 사이의 너무도 먼 거리. 암 앞에서 약해진 인간의 한계는 과연 어디에 위치하는가, 또 인간의 인내와 존엄성은 과연 어디까지 버틸 수 있는가.

병원이나 응급실에서 우리는 또다시 깊은 상처를 입는다. 환자뿐만이 아니라 환자 보호자에게 병원은 누군가에게는 희망의 입구이지만 누군가에게는 절망의 출구가 된다. 병원에서 인간은 명쾌한 이분법으로 엄격히 구분된다. 산 자와 죽은 자. 그 이상도 그 이하도 아니다. 병원은 우리의 삶과 죽음이 엇갈리는 교차로에 있다. 병원에는 오늘 이 시간에도 산 자와 죽은 자들이 분주히 오고 간다. 병원에는 삶과 죽음, 인간은 왜 병들고, 언제 죽는가 라는 인간이 아직도 풀지 못하고 있는 수수께끼가 있다. 병원은 우리를 좌절시키고 슬프게 한다. 힘든 투병기와 간병기록에 우리가 감동을 하고 기록문학(記錄文學)으로서의 존재가치와 비중을 중요시하는 이유다.

우리는 이 책을 통해 기록문학의 정수(精髓)를 확인한다. 사실(fact)은 때로 진실보다 신성하고 강력하다. 기록문학은 확고한 사실성과 표현의 탁월함으로 평가를 받는다. 즉, 만들어지거나 가공이 없는, 있는 그대로의 사실에 충실한 예술작품만이 기록문학이다. 간병일기의 어떤 부분은 사실을 충실히 전달하는 보고나 르포(reportage)이지만, 대부분의 일기들은 하나하나가 격조 높은 에세이(essay)이자 주옥같은 시(詩)이며 은총을 구하는 기도문이다. 그래서 한 편 한 편의 기록들은 각각 빼어난 한 폭의 맑은 수채화를 방불케 한다.

이 점에서 이 책은 우리 기록문학의 예술적 수준과 지성적 토양을 극적으로 변화시키고 풍성하게 하는 역작이다. 우리가 외면할 수 없는 암에 대한 정교하고도 숙련된 기술(記述)이 돋보이는 기념비적인 저작을 낸 저자의 역량에 새삼 감사하고 경의를 표한다. 이 책은 암에 관한 하나의 이정표다.

암은 우리나라 한 해 전체 사망자의 사망원인 1위의 질병이다. 지난 2007년 이후 매년 15만 명 이상이 새로 암 진단(2010년의 경우 202,053명. 보건복지부 집계)을 받아 투병을 시작하며, 지난 2011년의 경우 암(악성 신생물)으로 인한 사망자는 71,579명으로 인구 10만 명당 142.8명에 이르러 전체 사망자의 27.8%를 차지한 것으로 나타났다(2011년 통계청 사망원인 통계).

문제는 더욱 심각하다. 암 환자는 지속적인 증가추세를 보이고 있으며, 최근 10년간 가장 증가한 사인(死因) 1위 역시 암이다. 사망자들의 평균 수명까지 생존 시 누적암 발생위험은 남자는 32%, 여성은 26%에 달한다. 결국 암으로 죽을 확률이 남자는 3분의 1, 여자는 4분의 1 이상이라는 것이다.

건강보험심사평가원의 2012년 1/4분기 진료비 통계에 따르면 암으로 병원에 입원한 환자는 모두 135,833명으로 지난 2011년의 114,873명에 비해 18.2%나 급증했다. 또 2011년의 암 진료를 받은 전체 인원은 335,198명으로 집계됐다. 한편 암에 관한 각종 통계자료는 일반적으로 약 2년 정도의 시차를 갖게 된다는 것이 전문가들의 견해다.

이런 우리의 현실은 이 책의 중요함과 대중성을 더욱 주목하게 만든다. 의학의 전문영역 속에 한정돼 있던 암을 문학의 대지(大地)로, 또 건설적이고 넓은 공론의 장으로 이끌어내는 데 기여한다. 또 암을 치료하는 의사의 성역(聖域)이었던 암병동의 현실과 진상을 실감나게 증언하면서, 의사나 병원에 의해 환자나 그 보호자가 주변화하고 소외되는 배경과 이면을 사명감을 갖고 폭로한다. 이는 우리 기록문학사의 보기 드문 성과이자 저자의 빛나는 공로다.

저자는 간병일기에서 아내, 암, 환자, 의사, 병원을 사적·주관적으로만 보고 있지는 않다. 그는 사건과 사고, 뉴스를 추적하듯이 공적·객관적인 시각에서 사실과 진실을 탐색하고 평가하면서 암을 공적 의제(*agenda*)로 등장시킨다. 간병일기는 세포의 이상증식이라는 암과 암의 수술과 치료에 대한 근본적인 의문과 문제를 제기한다. 암세포뿐만 아니라 건강한 정상세포도 동시에 공격해 죽이는 화약요법이나 항암제의 심각한 부작용에 대한 현대 의학의 숙제도 글에서는 크게 부각된다. 따라서 책은 투병하는 암환자와 간병하는 가족들에게도 도움을 주는 안내서 역할을 충분히 하고 있다. 일본의 저명한 저술가 다치바나 다카시(立花隆)의 암 투병기《암, 생과 사의 수수께끼에 도전한다》를 능가하는 역작이다.

이 책의 시간과 공간은 주로 암병동이기도 하지만 사실상의 무대는 우리들 인생이고 우리가 사는 자연이다. 부부의 시선은 병원에만 머물러 있지 않았다. 이 부분은 이 책을 더욱 주목하게 만드는 가치이며 우리 인식의 지평을 넓히는 지각의 새로운 확장이다. 인간은 더 멀리, 더 자세히 보려 망원경과 현미경을 만들었고, 청각을 확장하려 라디오와 전화를 발명했다. 시청각 등의 확장은 또 인터넷, 스마트폰, 유비쿼터스 등으로 이어진다. 지각의 확장은 이처럼 중요하다. 이 책은 암에 대처하는 우리의 지각을 크게 확장시킨다.

특히 죽음을 앞두고 부부는 잘 선택된 여행을 통해 병마(病魔)로부터의 해방, 죽음의 공포로부터의 자유, 역경에 직면한 인간의 진정한 용기와 승리를 염원한다. 반복되는 입원과 퇴원의 일상에서 행운의 호전상태를 맞거나 일시적 퇴원을 했을 때, 그들은 우리 산하(山河)를 찾아 짧고도 소중한 시간을 보내면서 자연의 치유와 가르침을 기구한다. 그들의 인상적인 여행은 관광이 아니었고, 평온한 마음과 구원을 찾는 종교적 순례였다.

계속되는 마음의 여행을 통해서도 절망과 두려움, 좌절은 계속된다. 그러나 안타까운 처지의 부부는 걷는 여행과 땀 흘리는 텃밭 가꾸기 등을 통해 자연과 인생을 새로 배우고, 느끼고, 탐구하고, 깊은 이야기를 나눈다. 건강이 허락하는 한 그들은 자연과 생명, 신앙과 영혼을 위한 겸허한 여정을 꾸준히 이어간다. 나름대로 치료를 위한 현실적인 목적도 있겠지만, 이것은 독자들에게 중요하고도 새로운 극복과 치유의 강렬한 메시지를 던진다. 여행 역시 좋은 책을 읽는 것처럼 우리를 해독(解毒)하고 치유한다. 경관 수려한 자연을 찾는 여행, 작은 텃밭에서의 먹거리 재배와 수확은 우리를 사색하게 하고, 안목을 높이고, 우리의 심신을 더욱 가다듬게 한다. 그리고 우리를 치유하고 위로하면서 우리를 더 높은 곳으로 올린다.

이 책은 우리를 성찰하게 하면서, 진정한 사랑과 치유의 핵심이 무엇인지를 우리에게 묻고 있다. 힐링은 명상과 위로, 통찰과 영감이며 사랑은 서로 기도하면서 많은 것을 용서하는 것이다. '암과의 공생'까지 꿈꾸던 그들은 암이나 죽음까지도 끝내 용서한다. 용서받는 쪽보다 용서하는 쪽이 더 강할 것이다. 그들의 진정한 사랑의 힘은 받는 것이 아니라 주는 것이었고, 서로의 가슴 속에서 살아남는 것이었고, 서로가 발견하고 기억하는 것이라는 질문과 대답의 끝없는 교신(交信)이었다.

생사의 경계에 선 아내를 위해 흐르는 강물과도 같은 여행의 시간을 갖는 그 깊은 의미는 슬픔과 고통이 없는 어떤 유토피아를 찾는 여정일 수도 있고, 젊은 날의 초상과 추억을 더듬는 과거로의 회상이며, 알 수 없는 미래를 기다리는 사색과 통찰의 시간이기도 하다. 모진 병과 감당키 어려운 시련, 고단한 기억들을 잊고자 하는 몸부림일 수도 있고, 불행을 넘어서고자 하는 희망이나 채울 수 없는 갈증의 대안일 수도 있다고 보인다.

그래서 이 책은 일반적인 투병기나 간병기와는 확연한 차이가 난다. 책은 병상일기(病床日記)나 체험수기(體驗手記)의 차원을 넘어서, 뛰어난 기행문의 성격을 갖춤으로써 맥락의 정채(精彩)를 더하고, 품격과 수준을 높인 것이 남다른 장점이다. 이 책은 진지하고 성실한 인간의 삶을 보여주는 하나의 자서전이며, 뼈아픈 회고록이며, 유용한 인생론이다. 그들의 마지막 여행들은 자연의 혜택, 가족의 의미, 그리고 인간의 진실을 깨우치게 하는 감동의 궤적이었으며, 마침내 우리가 영원히 잊을 수 없는 장엄한 노을이 되었다. 프랑스의 작가이자 철학자인 시몬 드 보부아르가 어머니의 최후를 지켜보며 쓴 장편소설 〈죽음의 춤〉에 못지않은 감동을 준다.

독자들에게 위안이 되고 길잡이가 되는 책을 쓴 저자는 유능한 기자였고, 인간미 넘치는 훌륭한 선배였으며, 기상이 높은 지식인이었고 존경받는 저널리스트였다. 그리고 아름다운 글을 쓰고 남겼다. 신뢰받는 남편이었고, 믿음직한 가장이었고, 모범적인 아버지였고, 무엇보다도 좋은 인간이었다. 선배와 동료들은 그에게 넓은 바다처럼 마음을 열었고, 후배들은 높은 산을 찾듯 흔쾌한 마음으로 그를 따랐으며 좋아했다.

고인(故人)은 피아노와 음악, 남편을 사랑했고 네 자녀를 어질고 부드러운 사람으로 이끌고 만들었다. 그는 겸손하고 너그러웠으며, 밤늦게 선배 언론인의 집을 찾는 후배기자들에게 풍성한 안주와 좋은 술을 내주기를 아끼지 않았다. 이른 새벽에는 따뜻하고도 시원한 해장국까지 준비할 정도로 세심한 배려를 했다. 어린 동생 같은 젊은 기자들을 진심으로 격려했고, 언제나 안부를 물었다. 지적(知的)이고 친절했으며, 젊은 기자들의 자애로운 어머니였고, 어여쁜 누님이었고, 인심 좋은 이모였고 온화한 고모였다.

이 세상에는 수많은 남편들과 그만큼의 아내들이 존재한다. 그리고 수많은 젊은 남녀가 바람직한 남편이 되기 위해, 또는 좋은 아내가 되기 위해 결혼을 하고, 가난한 연인들은 결혼을 애타게 기다리기도 한다. 결혼식장은 언제나 결혼을 하는 신혼부부들을 위해 만원을 이룬다. 마치 병원이 환자와 그 보호자로 가득 차듯이.

사랑한다고 모두 결혼하는 것도 아니지만, 결혼했다고 모두가 사랑하는 것도 아니다. 진정한 사랑과 희생을 모르고 또 잊은 채 사는 부부가 너무도 많다. 부부는 많으나 진실로 사랑하는 부부는 얼마나 드문 것인지를 생각한다. 그리고 불행히도 모든 결혼이 행복으로 끝나지는 않는다. 해피엔딩은 드물고 파경이 오히려 흔해지는 세상이 되었다. 사랑이 한없이 가벼운 시대, '돌아서면 남이다'는 말처럼 부부의 인연도 쉽게 끊어지는 세태다. 연리지와 비익조의 '순애보'나 '쌍학명'(雙鶴銘)의 애틋한 이야기는 먼 나라의 전설이나 박제된 표본으로만 남아 있고, 잃어버린 미덕에 대한 우리의 기억은 잔해가 되었다.

　이 책을 읽으면서 아내의 길, 남편의 길, 가족의 길, 그리고 인간의 가야 할 길, 지켜야 할 도(道)가 무엇인지를 무거운 마음이 되어 돌아본다.

　결혼한 당신은 아내에게 또는 남편에게 최선을 다했는가. 또는 당신은 왜 최선을 다하지 못했거나 않았던가. 결혼을 준비하는 당신은 과거와 현재, 다가올 미래의 사랑 앞에서 얼마나 떳떳할 수 있을까. 나와 그는 오직 한 번뿐인 우리의 인생을 사랑이라는 이름으로 설명할 수 있을 것인가. 책의 아우라는 우리를 자책과 후회, 회의와 욕망으로 착색한다.

　결혼이란 무엇인가. 남녀는 어떻게 만나고 어떻게 헤어져야 하는가. 가장 중요한 '부부의 조건'이라는 것이 있다면, 과연 그것은 무엇인가. 더 성숙한 부부가 되는 길은 무엇인가. 좋은 아내, 좋은 남편이란 누구를 말하는 것인가. 위기의 부부―힐링은 가능한가. 부부의 소통과 공감이란 무엇인가.

　당신의 가정은 어떻게 해야 행복해질 것인가. 어떤 가정이 성공하고 행복한가, 또는 실패하고 불행한가. 가족의 유대와 일체감은 어디에서 오는가. 부모와 자식의 관계와 의미란 무엇이며 가정의 훈도(薰陶)란 과연 어떻게 해야 이루어질 수 있는가. 가족의 이상(理想)과 완성형은 어떤 것인가. "행복한 가정은 모두 비슷하고 불행한 가정은 불행한 이유가 제각기 다르다"는 '안나 카레리나의 법칙'이 오늘의 우리에게 주는 교훈은 무엇인가.

　작품이 우리에게 묻는 이런 수많은 자기증명(自己證明)의 근본적인 질문들 앞에서 우리는 부끄럽고, 특별히 할 말이 없으며 얼굴을 들지 못한다. 이 책은 우리에게 화두를 던지고, 그 멀고도 가까운 원근법(遠近法)의 문맥과 디테일은 우리의 가장 내밀한 부분까지를 비추는 거울, 하나의 귀감(龜鑑)이 된다.

살아남은 남편의 아픔, 슬픔을 전하는 이 책이 저 생(生)에 사는 그에게 작은 위로가 되리라 믿는다. 먼저 떠난 그의 어두운 영전은 이 책이 있음으로써 밝아질 것이다. 이 생(生)의 모든 것을 잊는다는 망각의 강, 레테의 강을 눈물에 젖어 넘어갔던 고인은 하나의 책이 되어 다시 돌아와 우리들 정신사의 눈부신 존재로 부활했고, 생로병사(生老病死)의 고통과 슬픔 가득한 이 세상에서 치유의 희망으로 재탄생했다.

그의 부재(不在)를 참으로 애통해한다.
부디 편안히 잠드소서.

나남
nanam
031-955-4601
www.nanam.net